ものと人間の文化史 102

箸

向井由紀子
橋本慶子

法政大学出版局

序

近頃、「お箸の国」と言えば、日本のことだそうである。それほど箸は日本の象徴的存在になったらしいが、肝心の日本人で箸の歴史や民俗についての意義を正しく知っている人は至って少ない。この問題に焦点をあてられて何年来精緻な研究を熱心に進めてこられたのが本書を成された向井、橋本の両先生である。東洋、とくに日本を中心とする箸について、その起源から変遷を、そして歴史の上に持っている意義をほとんど余すところなく公平客観的に検討し、これを総合された労作が本書である。私もその一部を拝読して感嘆したと同時に、本書のおかげで、日本の歴史だけではなく、民俗や無形文化財に関連しても教示されることときわめて大きいのを理解し、両先生のご努力に厚く感謝したのであった。ただ箸については、その歴史実証の遺物が少なく、本書でも両先生が相当苦労なさった様子であるが、これは今後の問題として、この偉業の残務を吾々の責務として今後へ一点でも多くの史料を持ち寄り将来に大成したいと考えた。両先生の労を厚く感謝しながら、一言本書完成の祝意を表したいと思った次第である。

平成四年四月一七日

國學院大學名誉教授
栃木短期大学長
樋口清之

右の序文は本書の粗稿を通読してくださってお寄せいただいたものである。最後の詰めのご指導を受けられないうちに平成九年二月二一日ご他界され、一時は途方に暮れたことであった。先生ご存命中にお手元にお届けできなかったことはまことに無念である。

著　者

はじめに

世界地図を広げると、北半球、南半球、あるいは寒帯や熱帯にわたり、海洋や大陸、平野や山地など変化のあるなかに、それぞれの色で塗り分けられた国々のあることが示されている。そこには生活する人間の姿があり、人々をとりまく外的、内的条件に影響されながら、民族独自の、あるいは人類に共通の文化が育まれている。

「食」の立場からは、伝統的な食材や調味料、調理や加工方法、そして食べ方や食の思想などで区分された、新たな世界地図が描けるはずである。それは人間の多様性、未開拓分野への可能性を気づかせ、生活を豊かにする方向を示唆すると予想される。ずいぶん前のNHK外国人弁論大会でタンザニア出身の青年が、「食事をするときに、日本では箸を、ヨーロッパではフォークを使うが、私の国では手で食べます。もしも神様がこのようにいろいろな習慣を持つ人間を創らないで、同じ様式で食事をし、同じ思想をもち、そして同じ顔をしている人間ばかりお創りになっていたら、このように興味のある世界にはなっていなかったでしょう」といっていた。まさにそのとおりである。

人間は道具を使う動物であるといわれる。人間の特性は、発達した手の機能の延長といえる道具を工夫し、これを使いこなし、より効率よい仕事をするところにある。チンパンジーも木の実をつぶしたりするのに力学的に工夫した石の使い方をするし、木のうろの中にある蜜を舐めるのに藁蕊《わらしべ》を使ったりするなどよく聞くことである。しかし、食物を食べるときに、食事専用の道具を使って食べるのは人間にのみ見られる行為である。

人は火を使う。火力を調節するのに使っていた木切れを、加熱調理するときの杓子や箸やフォーク状の道具に工夫し、料理が冷めないうちに食べたいときの道具にもするようになったのであろう。加熱調理しても冷めない熱帯地域や、加熱調理できなかった寒帯に住んでいた人々にはこのような道具は不要であった。

箸発祥の地域は、黄河文明発祥地にあると推定されている。そこでは、狩猟民族のように大きな獣肉の塊をナイフで削って食べるということはしないで、獣肉や野菜を包丁と俎《まないた》で食べやすい大きさに料理して食べていた。食べるときに、フォークや匙でなくて、手食の感覚を延長して、汁の実などを挟みあげたくなったのであろう。熱い食べ物を取り出すのに、指先に代わる竹ぎれか木ぎれを使ったのが、箸食の始まりといわれる。一本の棒では食べ物を固定できないので、二本でそれをしっかり挟み上げるようにしたのである。江戸時代の狂歌師手柄岡持は、四方赤良《よものあから》編『徳和歌後万載集』(一七八五年)に、「ちきられぬ物とハいまそしるこ餅　一本箸の片思ひにて」と、箸の機能をよく表現している。

米食と箸食は切り離せないように考えられがちであるが、たとえばインディカ種の米飯は箸では口に運びにくく、同じ米食でも、インドや東南アジアでは手で食べる。一方、モチ種の飯は粘着性があり、箸よりも手でとってまるめながら食べる方が食べやすいという雲南地方の風習もある。

日本ではこの箸が、神事や弘法大師の行《ぎょう》と結びついて、単なる二本の棒ではなく、また単なる食事用の道具としてだけでなく、日本人の精神構造の上に大きな影響を与えてきた。箸は指の機能を延長した補助的な道具であるが、命の糧を運ぶ、あるいは神事に使われ神の依《よ》り代《しろ》として、一種の霊力を宿しているとみたのである。

　昭和の中頃まで、山仕事をする人や歩く旅人たちは、弁当の箸を手近な木の小枝を折って使っていたという話を聞く。また、その頃の中学生たちは奈良県宇陀郡では櫟《くぬぎ》などの小枝を折って、神奈川県伊勢原の辺では黒文字《くろもじ》の木の小枝を削って弁当の箸を作ったという。これらの木の小枝の箸は食事の終わった後、必ず折って捨てた。そうしないと、狼に襲われるとか、山の神の祟りがあるとかいわれたそうだが、小枝の箸を折ることは、使い済みの印であったろうし、山を荒らさないという、食後の後片づけの心構えにもなったであろう。以前は、駅弁で使った割箸も折って片づけていたが、これも昔の人が自然の木の枝を箸に使っていた名残である。現在では、耐久性のある銘々箸が愛用され、使用後の箸を捨てるという習慣は、割箸にしか残っていない。

　箸は、人間が使用目的に合わせて製造し、見ただけでその機能がわかるフォークやスプーンと異なって、人の手に持たれなければ何の変哲もない細くて短い二本の棒である。それにもかかわらず、この棒について箸食文化圏では多くの研究がなされている。著者らは「箸の使い勝手について」研究していくうちに、箸に魅了され、箸のことをもっと知りたくなった。日本食生活文化財団の援助を得て、一部ではあるが箸文化圏の調査をすることもできた。

　現在では、料理の形も変化し、食べ方も多様になり、箸のみに依存する食事は減っているが、「箸」で浮かんでくる人間との関わりあいをあらためて見ていきたい。

目次

第三章　箸の種類　71

第六章　絵巻物などに描かれた箸　255

第一章　箸の誕生

人間の日常の食行動の中から人々が価値あるものとして認め、パターン化されて実践されていく有形無形のものが食文化であって、地球上では、手食文化圏、箸食文化圏、およびナイフ・フォーク食文化圏と三大別でき、それぞれの特徴的な食文化が形成され、継承されている。

人間が食べ物を口に運ぶのに手に代わる道具を使い始めたのはいつ頃のことで、なぜ食べる時に手に代わって道具が使われるようになったのか、世界の中では、現代でも手で直接食べ物を口に運ぶマナーが存続するのであるから、箸やナイフ・フォークが必要とされるマナーがどういうきっかけで現われたのか、興味が持たれる。箸文化発祥の地、中国でも、箸が、古来、人々の生活と密接にかかわってきた話題は多い。箸の発祥は、遺物や記録から類推するしか方法はないが、一様に、殷墟の発見された黄河中原地域とされている。

日常の食事に箸を使っている国々の範囲は、中国、朝鮮半島、日本およびベトナムである。黄河流域に興った漢文化が、一〇世紀よりも早い時代に伝播した地域が箸食文化圏となっている。

箸食文化圏で、食事用の箸が用いられ始めたのはいつ頃のことか、主に出土品からみていくことにする。

一　中国と朝鮮半島での箸の発祥

殷墟の祭器

箸の起源は、世界四大文明発祥地の一つ、黄河流域にその源をたどることができる。それは、年代的にいつ頃まで遡れるか、金則恭氏の「(甘粛) 仰韶文化土坑葬随葬品種類統計表」には、三足器、鉢、椀など食器類の中に骨匕《こっかい》(骨の匙) しか報告されていない。

殷 (商) 墟からは、中国歴史博物館館長兪偉超氏の御協力によって確認した (一九八八年一〇月) のであるが、一九三四年九月より一九三六年一二月にかけて発掘された河南省安陽県殷墟侯家庄西北岡一〇〇五号墓より、木の柄をつけた銅箸六本 (三双) が出土した報告が見られる。

殷墟は紀元前一八世紀頃より紀元前一一世紀頃まで栄えた殷王朝の遺跡で、祭祀に使われたといわれる精妙豪華な饕餮文《とうてつもん》の青銅器の数々が出土しているので有名である。したがって、出土した銅の箸も青銅製の副葬品で、箸に木製の柄が付いていたのは、食事用ではなくて食べ物を取り分ける箸であるとされている。銅箸が三双と鉢や壺、柶《し》 (薄い靴べら状の匙や杓文字《しゃもじ》、食べ物を掬《すく》う用具、骨製が多い) 各三つずつと共にあったのは、当時の食具の組み合わせを示している。この青銅の箸は発掘記録のみで、実物の寸法や図版は報告されていない。

一方、林巳奈夫氏の『殷周時代青銅器の研究』や綏徳《すいとく》県博物館の報告には、多数の匕や柶が出てくるが、箸の記載はない。これは遺物として残るような箸がなかったのか、実際に箸が用いられていなかったのか決めかねる問題である。

一九七三年の太田昌子氏の研究によると、殷・周時代の甲骨文《こうこつもん》には竹に伴う字が見られず、同時代の金文（青銅器の銘文）には、地名として「筥《ジュ》」、「筍《シュン》」、管楽器の「簫《シャオ》」、筮竹の「筮《シイ》」や竹の「節《ジェ》」など数文字が見られるのみで、「箸」に類する字は見られないということである。そして、殷墟の青銅の鼎《かなえ》の銘文に図1－1のような象形文字があり、これは郷または饗（会食）を表わす文字で、簋《き》に盛った稲粱《とうりょう》（食べ物）を向かいあった二人の人物が左右から手で食べている形で示している。したがって、殷代には食事に箸は用いられていなかったであろうとされている。

殷代末まで中国では手食であったという証左のもう一つは、紀元前一一世紀より前六世紀に至る間の、黄河流域での、王宮、宗廟、労働者や農民たちの祭祀や行事、また男女のやりとり、日常生活に関する歌謡三〇五篇を集めた中国最古の詩集『詩経』の中に、箸の字がまったく見あたらないことである。

『詩経』小雅の「大東」の一節には、

饛《もう》たる簋飧《きさん》あり、捄《きゅう》たる棘匕《きょくひ》あり……

すなわち、「食器に高く盛り上げた夕食があり、しなやかな曲線をもった柄の棗《なつめ》の木で作った匙もあり……（しかし、ご馳走の飯も肉も調っていた西方への道は遠く）」と詠われていて、鼎《かなえ》の肉をすくいとる「匕」すなわち匙がでてくる。

このことからも、殷墟の木柄付きの青銅箸は祭器であると考えられている。

竹筴

「よみがえる中国戦国時代の美と音」というテーマで曾侯乙墓展が東京国立博物館において平成四年三月に開かれた。一九七八年に中国湖北省随県擂鼓墩《れいぐどん》で発掘された春秋時代（紀元前七七〇～同四〇二年）の曽侯乙墓（紀元前四三三年）は「曽」を治めていた「乙」という領主の墓で、ここから世界最大の編鐘をはじめとする多種多量の、当時の工芸の粋を尽くした豊富な副葬品が発見されている。その副葬品である食具類の中に銅勺《どうしゃく》一件などと共に竹筴《ちっきょう》一件がある。さらに「酒具箱」には、外側が黒漆、内側が赤漆の長方形の箱があり、箱の中には漆耳杯《じはい》（漆塗の、汁物や酒を入れる耳の形をした杯）一六個、円木の蓋付きの箱一個、小さな方形の箱が四個、長さ三〇センチの木杓子が二個、そして竹莢が二個入っている。竹筴とは竹製のピンセット状の挟み道具で、大きい方は長さ三七〜三八センチあり、幅一・八〜二・〇センチ位の折箸状となっている（図1-2）。直接、食べ物を口に運ぶ道具ではなくて、炭をついだりする火挟みに近い形状である。実際に見ることはできなかったが、湖北省博物館館長、后徳俊氏の説明（一九八三年）によると、当時、この竹筴は、携帯用として他の食具類と共に食具箱や酒具箱に入れておき、方形の箱に入った酒のつまみなどを取り出すのに用い、同時に出土している耳杯に木の杓で酒を汲んで飲んだのであろう、ということである。

このことから、紀元前五世紀頃には二本の箸は使われていなかったと推察される。

日本古来の箸はピンセット状の折箸であったという説が多いが、中国ではここに見られるようにすでに紀元前五世紀以前から使われており、それが中国から日本に伝えられたことは十分に考えられるので、ピンセット状の折箸が日本古来のものとはいえないと思われる。

雲南の青銅の箸

長江（揚子江）以南では、戦国時代（紀元前四〇三〜同二二一年）中期のものと言われている雲南祥雲大波那木槨銅棺墓より青銅の箸三本が出土している（図1-3）。『考古』一九六九年第一二期に、

1－1　「郷」の字の原型（『金文総集』）

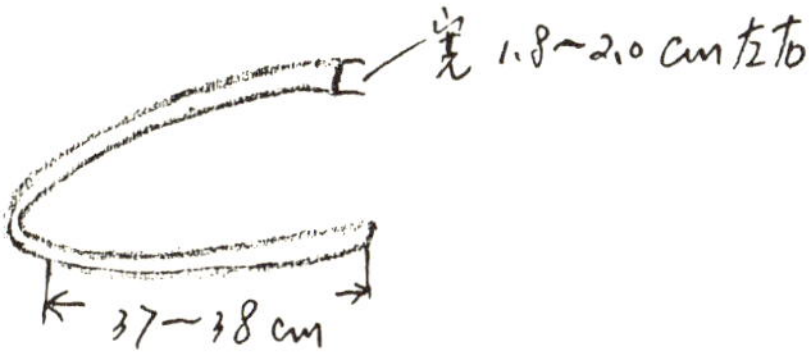

1－2　曾侯乙墓出土の竹筴（湖北省博物館・后徳俊館長の書信より）

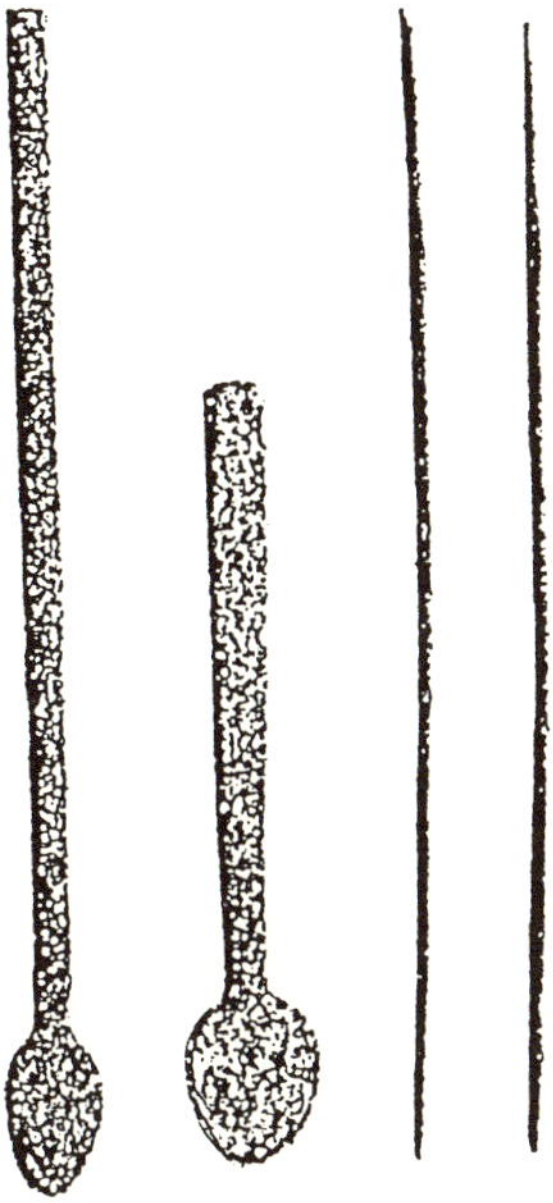

1－3　雲南祥雲大波那木槨銅棺墓出土の青銅箸

箸、三件、原《もと》は二対であった。その中の一対の長さ二八センチ、別の一つの長さ
二四センチ

と報告されている。同時に「匕」は五件の記載があり、短いもので長さ一八・四センチ、長いものは二八・七センチある。

　雲南地方では早くから稲が栽培され、米を食していたことが出土した箸との関連を考えさせる。この地方は中原地域よりも木や竹の利用が考えられるから、もし必要であれば、現在のように木や竹製の二本箸が用いられたであろう。出所が『中国軽工業報』か『北京日報』に掲載されていたと思われる記事が手元にある。

　遠古時期的筷子実際就是樹枝或竹棍。大約在原始社会末期、經過割削的木筷和竹筷才得以使用。夏周至漢魏時期牙筷、玉筷、銅筷、鐵筷、漆筷相繼出現。

すなわち、

昔の箸は木の枝や竹の棒であった、原始社会の末期に、割ったり、削ったりした木箸や竹箸を使用、夏周（およそ紀元前二〇世紀～紀元前三世紀頃）から漢魏（紀元前三世紀～紀元三世紀頃）の時代になって、牙、玉、銅、鉄や漆塗の箸が相次いで出現した。と推察している。夏周時代以前の木や竹の箸の出土品は見あたらないからあくまでも推測である。手頃な細い棒を見つければ箸にしたであろうと思うのは箸文化圏の人々に共通している。

大波那木槨銅棺墓の青銅の箸は、殷墟の箸には木の柄がついていたのに対して、木の柄がついていないので、食事用の箸の形をした出土品としては最も古いと思われる。けれども、この銅箸が一般の日用品とは考えにくい。出土した青銅の箸は墓主のための陪葬品である。

竹　箸

一九七五年一〇月から一一月にかけて、湖北省江陵楚紀南故城で、西漢（前漢、紀元前二〇〇～紀元八年）初期の江陵鳳凰山一六七漢墓が発掘され、被葬者は地主階級といわれ、この墓から出土した七四枚の木簡が完全に保存されている。

「杙箸筲一」と記された木簡のとおりに、竹筒の中に漆の匙一本、竹箸二一本が入っている。竹箸の長さは約二〇センチで、現代の箸とほとんど同じである。把持部は角形で、先細りになっている。長い年月の経過のために老朽化して短くなったものもあるが、図1－4の左端にあるように原型をとどめているものもある。箸は出土の様子から考えると、竹筒に納めてくりかえし使用していたのではないかと思われる。

その他の木簡の記載には、魚や栗、梅、李などの果物、また漆器、陶器など多数あり、当時の食生活が偲ばれる。

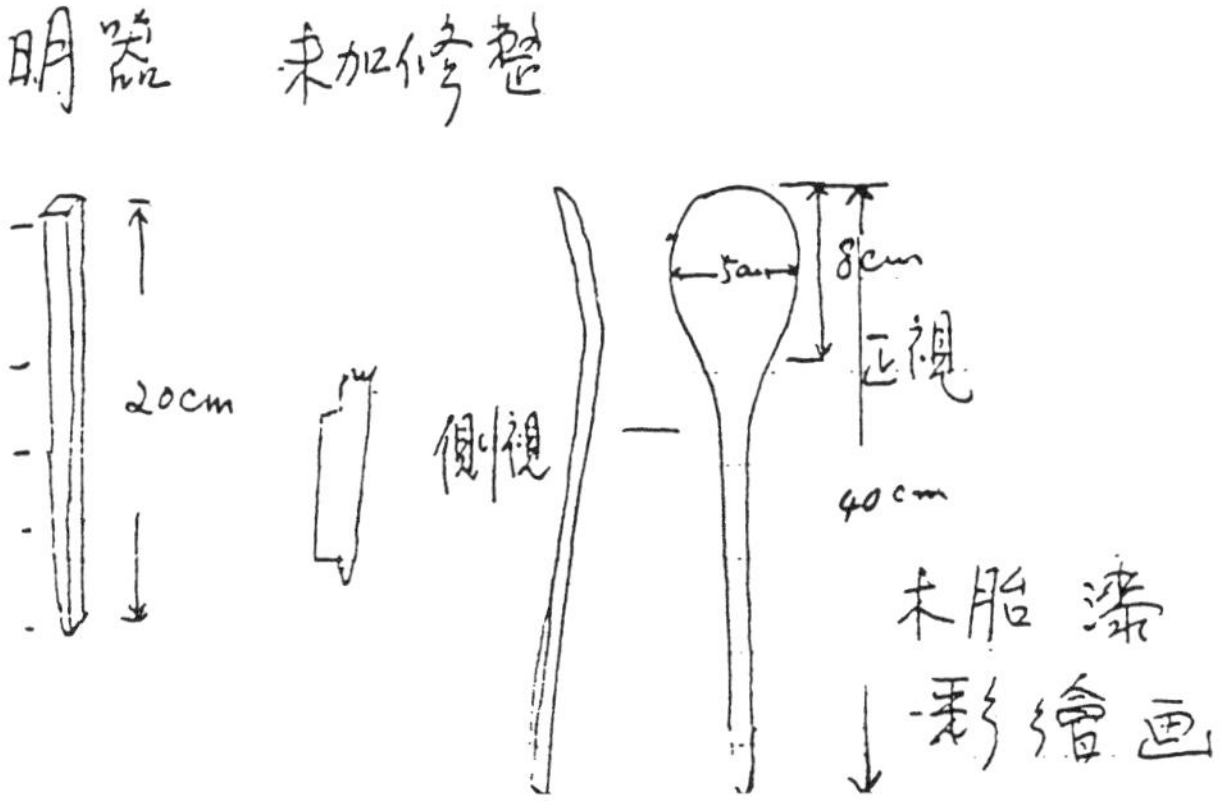

1-4　江陵鳳凰山167号漢墓発掘品の竹筷断片と漆塗の匙
（中国湖北荊州博物館彭浩館長のスケッチ）

1-5　雲夢大坟頭西漢墓出土の竹筒と竹箸

ほぼ同時代の湖北省雲夢大坟頭《だいふえんとう》西漢墓からも、竹筒とそれに入った竹箸が出土している（図1-5）。この竹筒は、下部に竹の節があり、上部には長方形の孔が一つあり、長さは二〇・三センチ、円径は二・二センチと比較的細い。筒に入れてある竹箸は一六本で、長さ二四センチ、太い方の端の径は〇・三センチ、細い方の端の径は〇・二センチの円い竹箸である。把持部が円柱形で先の細い箸はこの墳墓出土のものが最も早い。

前漢時代の墓からの箸は箸筒に納められて出土している。墓に納められた箸などの明器（埋葬用の品）は被葬者が来世も不自由なく生活できるように、身の回りの品々を一緒に埋葬するものであるから、これらの出土品から当時の生活の様子を知ることができる。

軑侯夫人の食膳

前項と同じ前漢時代の遺跡（推定紀元前一六八年）の、有名な馬王堆《まおうたい》一号漢墓の軑《だい》侯夫人の副葬品の中に当時の食膳がある。長沙地域を支配する貴族、軑侯夫人の食生活が鮮明にわかる。従来、一般の食器などは出土することがあっても、その器がどんな食物を盛ったものかわからないことが多いのであるが、馬王堆の発掘品は一緒に埋められた品物のリストが完全な形で発見され、また炭化した食品そのものも残っているので、当時の食様式や調理法を知る手がかりとしても大変貴重である。

軑侯夫人と共に二千年も眠っていた漆の食具類には漆塗りの鼎《かなえ》があり、その中に「漆塗り匕六」と書かれた竹簡どおりの漆の匕（匙）が入っている。内側は赤色、外側は黒色で幾何学的雲文入りである（図1−6）。料理したものをこの鼎（図1−7）に入れ、匕で掬ったものと思われる。

埋葬品のリストである竹簡三一二本のうち、約半分は食物に関するものの記録であり、当時伝統的な最高級のご馳走とされる肉類のスープ「狗酪羹一鼎（調味料や野菜を入れない仔犬のスープ鼎一ぱい）」をはじめとして、牛、羊、鹿、豚、兎、犬、鴨、雉、などのスープ、またそれらの丸焼きのもの、串焼きのもの、干物、さらに牛肉、羊肉、鹿肉などの刺身もあったようである。漢代には、このように多種類の獣肉が供されていたのである。

高度な漆技術を施した食案（食事用膳）には、主人公が今にも箸を取り上げるばかりに料理された品々が、漆器の盤（皿）や耳杯（汁物や酒を入れる器）に残されている。その耳杯の上に置かれた箸は細く扁平でしなしなした竹製で（図1−8）、漆ではなくて朱紅顔料が塗られており、実用品でなくて明器として作られた箸ではないかといわれる。漆塗りの豪華な匙や盤に対して、この箸が比較的粗末な竹製ということは、箸が陪葬品として形だけのものであったためか、長い年月の間に変形したのか、あるいは実際に、

馬王堆一号漢墓出土品　漆塗のしゃくし（図1-6）、漆塗りの鼎（図1-7）、軑侯夫人の食案（図1-8）

1-7

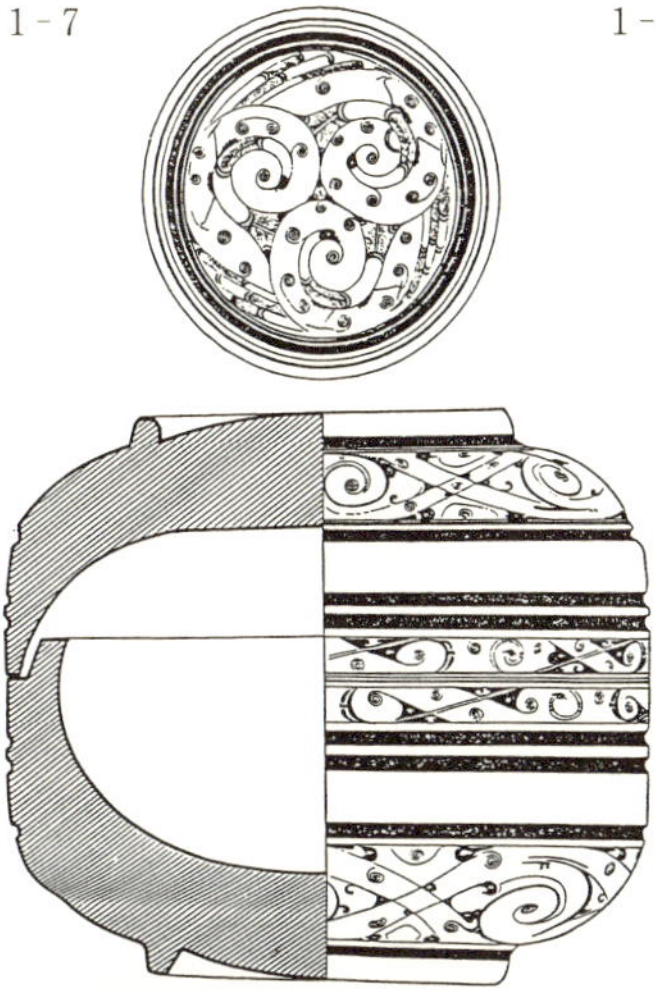

1-6

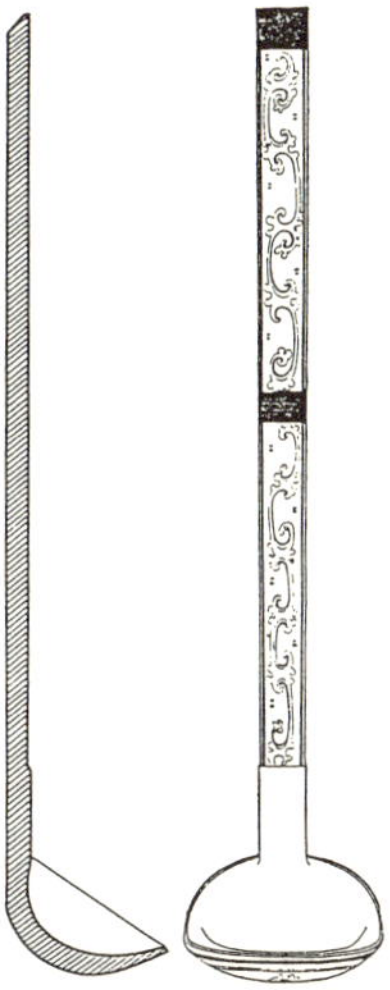

1-8

当時は主として手食で、菜や小さいものをつまむ時にだけこのような箸が用いられていたためなのかいずれかであろう。箸が食膳につけてあることは、少なくとも前漢時代には、箸が必要であったことを示している。

紀元以降になると、箸の発掘品は中国各地から出土しており、たとえば、後漢時代（二五～二二〇年）の遺跡甘粛酒泉下河清一八号墓からは青銅製の長さ一七・七センチの箸が二本出土している。また、湖南省常徳県東漢墓からも銅筷子《クワイズ》（青銅の箸、長さ二一・六センチ、径〇・六センチ）が出ている。

蜀漢時代（二二一～二六三年）の四川省忠県涂井蜀漢崖墓からも長さ二三・五センチの銅箸一双が見つかっている。したがって、このように箸の埋葬品には軑侯夫人の墳墓からのような竹製の箸と、早くから見られる金属製の箸があり、前者は被埋葬者の日常的な箸をかたどっていて、後者は主として祭器であると考えられる。

隋代（五八九～六一八年）に入ると、銀製の箸では、最も早期のものが長安城外の李静訓墓より出土している。銀筷子一対と長柄の銀勺（銀の匙）である。箸の長さは二九センチとやや長めで円柱体の両細、勺の全長は二九・五センチで匙面は長円形をしてまっすぐな柄がついている。

「箸」は些細なことの比喩に使われるくらい小さい道具で、材質的にも朽ちやすいものであるから、いつごろ使われ始めて現在に至ったのか、人間との関わりをたどるには文献からだけでは困難であるが、地中から出た歴史の遺物は私たちにさまざまなことを語ってくれる。とりわけ長沙馬王堆から出土した文物は保存度が高く、貴重な資料といえる。

画像石と壁画

後漢（東漢、紀元二五〜二二〇年）から魏、晋の時代（二二〇〜四二〇年）になると、画像石や壁画が数多く出土している。画像石や壁画には、葬られた人の現世での生活に関連した事柄が、石板に浮き彫りにされたり、描かれたりしていて、当時の日常生活を垣間見ることができる。

甘粛省酒泉県西方にある、魏、晋時代（三世紀頃）の嘉峪関漢画像磚墓の内壁は、磚《せん》（焼き煉瓦）を積み重ねて築かれている。磚には一枚ごと、あるいは数枚ごとに被葬者の生前の様子や一般庶民の生活風景の絵が黒や朱、白の絵具で描かれている。すなわち、狩猟、遊技、農耕や牧畜の情景、台所で調理をしている様子、あるいは料理を食べているところなど、生活の様子が具体的に残されている。墓主らしい人物の傍らの案《あん》の上に二本箸がある。

画像石の中には、随所に、当時宴会で食事に箸が使われている場面（図1－9）や、宴会の料理に箸がそえられている様子（図1－10）などがみられる。

西涼（四〜五世紀はじめ）の頃のトゥルファン・アスターナ古墓より出土した壁画の下絵といわれる宴楽図（図1－11）は、現在、ロンドンの博物館にあって、解説には、

最も重要な人物は、左手にうちわを持ち、右手に耳杯を受けている。座床の脇に筆墨とおぼしき物があり

となっているが、宴楽図の場面なので、筆ではなく箸のように見える。それは、後漢時代の河南省密県打虎亭漢墓の墓室壁画や遼寧省棒台子墳墓壁画楽技図にも、この時代にしばしば見られる墓主を囲んでの盛大な饗宴の場面が描かれていて、

官吏を集めて会食し、雑技を観賞することが当時の娯楽であり、権力の表現でもあった。……客席の前には杯、椀、箸などを載せた膳がおかれている

から、宴楽図の筆墨とおぼしき物も箸ではないかと思ってしまう。

一方、唐代（六一八〜九〇七年）後期を描いた壁画に敦煌莫高窟の宴飲図がある（図1－12）。テントの中央に置かれた細長い大きい卓を前にして、四人の男性と五人の女性が向かい合って並び、卓の上に食べ物を入れた大皿や酒杯、そしてとり分け用の小皿のようなものが並べられている。各人の前にそれぞれ一組の箸と匙が置かれている。田中淡氏によると、西域起源の椅坐式家具による食卓形式であるが、長安付近でもこの時代にはすでに椅子を使用しているので、漢民族の食様式と考えられるとのことである。

さらに、遼代（九一六〜一一二五年）には内蒙古哲里木盟奈林稿代壁画墓に図1－13のような壁画がみられる。図の女は、

髪は二つ編み、大きな衿、長衣裳、束帯をつけ、左手に勺と筷（箸）を持ち……


と説明があり、不鮮明であるが婦女（侍者）が、右手に器を持ち、左手に箸と匙を持っているのが見られる。器と箸の持ち方が使い勝手と逆になっているのは、侍者が主人に向かって食器を置くのに便なためではないかと考えられる。

このように中国では、近年墳墓の発掘が盛んに行なわれていて、出土した副葬品の年代の測定も正確にされている。殷墟の祭器としての二本箸以来、明器としての箸の出土も多いが、後漢時代には壁画にも描かれているので、中国での食事用の箸の発祥は前漢（紀元前二世紀頃）以前で、後漢（紀元後一〜三世紀初頭まで）に入ると急速に普及したと考えられる。

中国における箸の変遷について、最近、『考古学報』（一九九〇年第三期）に王仁湘氏の総説が発表されている。

1－9・10　嘉峪関魏晋墓室壁画

1－11　トゥルファン・
アスターナ古墓の壁画

1－12　敦煌莫高窟の
宴飲図

1－13　内家古哲里木盟
奈林稿代壁画墓

武氏祠画像石と楽浪の彩画篋

画像石関係で興味のあるのは、中国の山東省嘉祥県の武氏《ぶし》祠の画像石と朝鮮半島平壌郊外の楽浪《らくろう》郡彩《さい》篋《きょう》塚遺跡に残る孝子伝図である。

後漢時代の遺跡、山東省嘉祥県の武氏石祠堂の画像石には、当時の風俗を知るのに貴重な画像が彫られている。その中に一連の孝子伝図があって、その一つに邢渠《けいきょ》という孝行息子が、箸で、父親に食事をさせている図1‐14がある。晋（二六五～四二〇年）の蕭廣済《しょうこうさい》の『孝子伝』に次のような一節がある。

邢渠は母が亡くなってから父の仲《ちゅう》と住んだ。心厚く、貧しくて子も無かったが、人に雇われた金で父を養った。父は年老い歯が抜け、物を食べるのも困難であったから、いつも嚙み砕いて食べさせ、自分も一所懸命で、父のせわしい息をのみこむようにした。かくして父の仲は健康を保ち、抜けた歯も生え、百歳あまりまで生き延びた

この説話はよほど有名であったらしく、武氏祠だけで第三石の他に三カ所に見られる。

このテーマが、朝鮮半島平壌郊外の楽浪郡（紀元前一〇八年～紀元三一三年）の遺跡、彩篋塚から出土の竹皮で編んだ三八×一八センチの彩篋の漆枠（皮製）にも用いられている（図1‐15、16）。写真に見るように、楽浪の彩篋の邢渠は武氏祠の画像石の邢渠が箸を用いているのに対して、匙で、父親に食事を与えている。楽浪の彩篋塚からは同時に漆塗りの匙や木皿の出土はあるが、箸は見あたらない。後漢時代には大陸と半島の間の往来は盛んであったと思われるが、同時代の同テーマの画像がその地それぞれの文化風俗で残っているのは興味深い。朝鮮半島の匙文化は古代朝鮮時代より続いて、汁や飯は匙で食べ、箸は従属的で現在に至っている。匙が尊重されるのは儒教の祖、孔子が匙食であったからと伝えられる。

1－14　武氏石祠堂の画像石

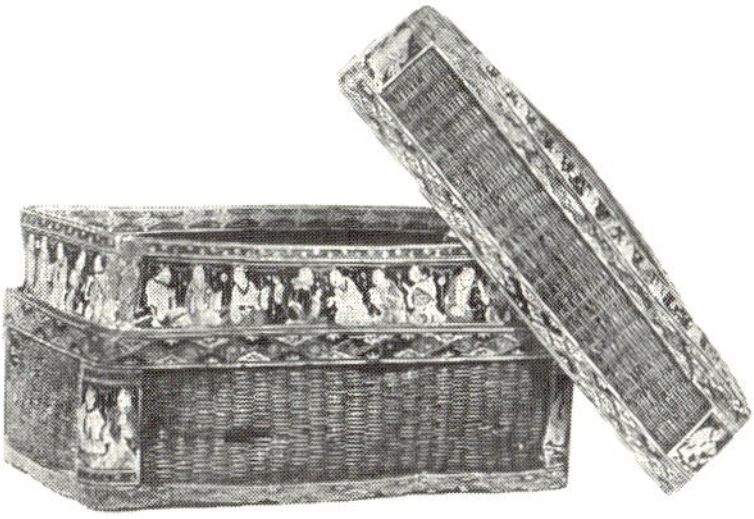

1－15•16　彩篋塚出土の彩画漆篋と描かれた孝子伝

百済武寧王陵の箸と匙

朝鮮半島では、箸の出現に先立って、匙の遺物が多く見られる。匙は部族連盟時代（紀元前七〇〇～紀元前六〇〇年）の咸鏡北道羅津《らしん》遺跡から骨製の匙が現われている（図1－17）。

三国時代（紀元後七世紀頃まで）になると青銅製の匙の出土もあるが、百済武寧王陵（在位、紀元五〇一～五二三年）より青銅製の匙と共に初めて青銅製の箸（長さ二一センチ、把持部の直径〇・五センチ、箸先の直径〇・三センチ）が現われている（図1－18）。箸の形は両端にいくに従って細くなる形である。

統一新羅時代（六七六～九三五年）の遺跡の一つである慶州雁鴨池《アナプチ》出土品に、青銅製の匙がある。匙面が円形のものと楕円形のものがセットになり匙の柄はゆるやかにカーブしている（図1－19）。この匙は正倉院に納められている佐波理《さはり》（銅、錫、鉛の合金）の匙と同じ形状をしている。正倉院の匙に添えられた紙片には新羅古文字があり、彼の地よりもたらされた同時代のものと考えられる。この時代の朝鮮半島の金属の加工技術は相当優れたものがあり、また芸術的でもある。

高麗時代（九三六〜一三九二年）になると、銀製、青銅製の箸と匙が数多く出土している（図1-20）。箸の形は武寧王陵出土品と似ているが、匙は、柄が大きく曲がり、柄の端は燕の尾のような装飾がついている。これは器の形が匙の形に影響を及ぼし、食べ物をすくいやすいように、また、匙を置いた時、柄が器の縁にかかるように、器の丸みにそって曲げたものと思われる。この時代は中国の遼時代、日本の平安・鎌倉時代に相当し、箸が一般化してきたと考えられる。

朝鮮時代（李朝、一三九二〜一八八六年）では図1-21のように、箸の形は高麗時代と同じであるが、匙の柄の湾曲が少なくなり、匙の面は丸形と楕円形の中間の形になり、芸術性に実用性が加えられた形になっている。

以上のように、朝鮮半島では匙の出土品が箸よりも古くからみられる。箸は六世紀以後の遺跡から出土し、必ず匙と共にあり、材質は青銅製や銀を使った金属製である。中国や日本では木や竹製の箸の出土が見られるが、朝鮮半島では、金属製だけで木製のものはみられない。そして、現在にいたっても箸食文化圏の中では唯一金属製の箸が、出土品よりもずっと使いやすい形になって用いられている。

中国および朝鮮半島での箸の発祥の内、中国での箸の発祥の一部を示したものが表1-2、図1-22である。

また、朝鮮半島における遺跡出土の匙箸例は表1-1のとおりで、箸は、五二三年の百済武寧王陵より出土があって以来、匙と共に出土していて、朝鮮半島には匙箸文化が残されているということができる。

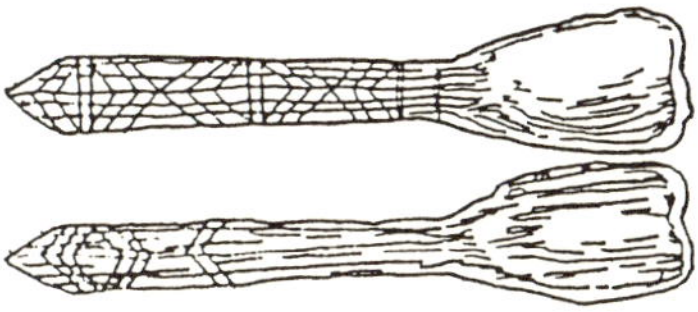

1 -17　部族連盟時代の骨製の匙
(咸鏡北道羅津遺跡)

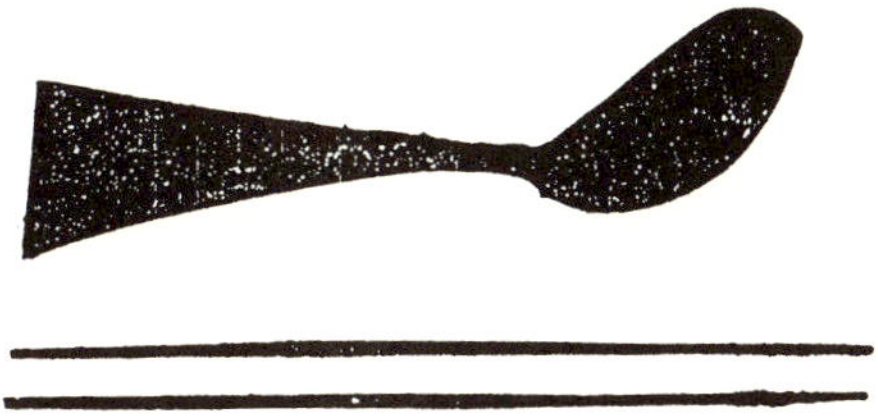

1 -18　三国時代の青銅製の箸と
匙（武寧王陵）

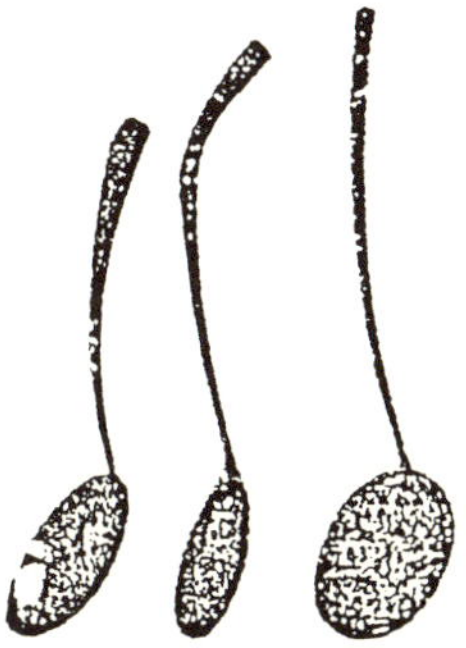

1 -19　統一新羅時代の青銅製の
匙（慶州雁鴨池）

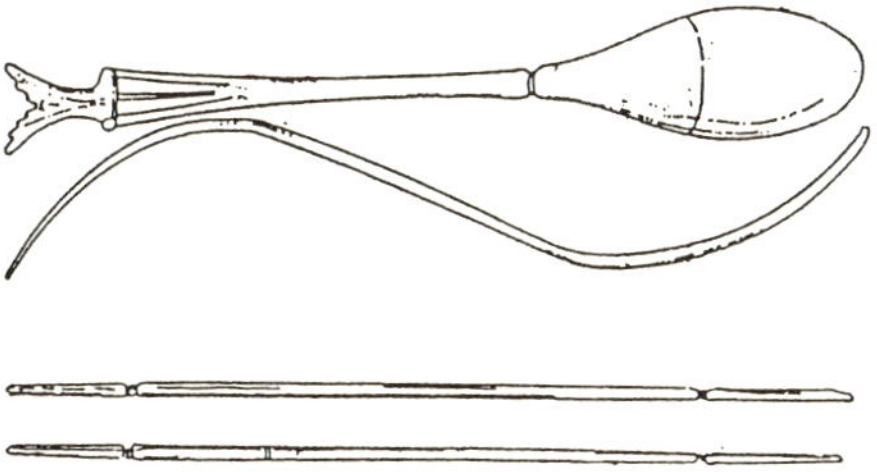

1 -20　高麗時代の青銅製の箸と
匙（三東面松亭里）

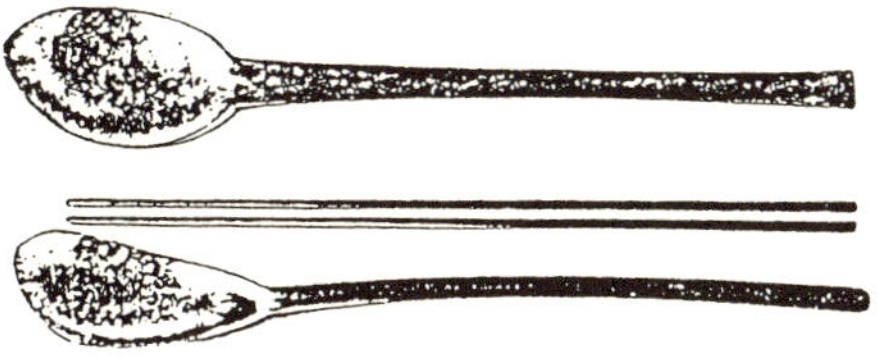

1 -21　朝鮮時代末期の真鍮製の
箸と匙

表１－１　朝鮮半島における遺跡出土の匙箸例

時代	遺　跡	匙箸	材質	全長	匙面長さ	匙面幅	形　状
部族連盟体社会 B.C.700〜600	咸鏡北道羅津の草島	匙	骨	—	—	—	柄に模様を彫刻
三国時代 A.D.53〜668	黄海道黄州	匙１	青銅	13.6	9.0	8.0	杓子形
	百済武寧王陵（A.D.523）	匙３	青銅	22.0	8.0	4.7	楕円形
		箸１対	青銅	21.0	持把部0.5	箸先0.3	両細
	慶州金冠塚	匙３	青銅	?	4.0	4.0	円形
	咸恩寺西塔	匙１	竹	12.5	1.4	—	円形
統一新羅時代 676〜935	黄海道平山面山城里	匙１セット	青銅	25.3	6.5	6.5	円形
		匙１セット	青銅	26.0	7.1	—	楕円形
	雁鴨池	匙数種	青銅	17.4	6.0	6.0	円形
			青銅	18.0	7.0	7.0	円形
			青銅	19.0	6.6	6.6	円形
			青銅	26.6	6.4	2.2	楕円形
	忠清南道扶余扶蘇山	匙３	青銅	18〜18.5	6.5	7.0	円形
		匙３	青銅	18〜19.0	7.5	3.5	楕円形
	慶尚北道永州郡北安面龍渓里	匙２	青銅	24.2	—	—	楕円形
	忠清北道陰城郡大所面美谷里山	匙１	青銅	—	—	—	楕円形
高麗時代 936〜1392	仁宗長陵	匙１	銀	32.5	8.0	3.7	楕円形
		箸１件	青銅	23.7	—		円柱形，片細
	京畿道坡州郡州内面延豊里山	匙１	銀	31.0	8.0	3.8	楕円形
		箸１件	銀	23.5	—	—	角形，片細
	平安南道江西郡曾瓦山面化善里	匙１	銀	30.6	6.9	3.8	—
		箸１件	銀	25.4	—		角形，片細
	水原市長安面石浦里	匙１	青銅	20.3	7.0	3.0	楕円形
		箸１件	青銅	17.8	—		八角形
	京畿道楊州楊東面梅月里	匙１	青銅	10.0	—	—	—
	慶尚北道聞郡虎形面鳳樓山	匙１	青銅	23.2	7.7	3.6	楕円形

	京畿道華城郡東灘面新里	匙 1	青銅	22.0	7.0	3.2	先端角形
	仁川市孝城洞山65	匙 1	青銅	22.5	5.8	3.3	楕円形
		箸 1 件	竹	23.2			—
	慶尚南道南海郡三東面松亭里	匙 1	青銅	26.3	9.0	4.0	柄が燕尾形
		箸 1 件	青銅	25.4	—		八角形
	忠清北道鎮川郡徳山面黄上里	匙 2	青銅	24.6	7.0	3.4	柄が燕尾形
		箸 1 件	青銅	20.4	—		四角形
	京畿道江華郡松雲面下道里	匙 3	青銅	22.0〜24.0	7.7〜7.8	3.2〜3.5	—
	京畿道華城郡麻道面雙松里	匙 1	青銅	26.0	8.0	3.5	—
	黄海道殷栗郡長連面稗田里	匙 4	青銅	24.4	9.0	3.5	—
		箸 1 件	青銅	26.0	—		六角形，竹節の装飾
	京畿道坡州郡炭県面金山里	匙 1	青銅	29.5	7.5	3.3	—
		箸 1 件	青銅	26.2	—		四角形，竹節の装飾
	開城市中西面麗陵里陵洞	匙 2	青銅	21.5	6.5	3.5	—
	開城王月郊面古南里妣殿洞	匙 2	青銅	21.3	7.7	3.5	—
	平安北道定州郡商安面漁湖洞	匙 2	青銅	20.0	—	—	先端欠失
	江原道華川郡看東面梧陰里	匙 1	青銅	22.2	7.2	3.5	—
朝鮮王朝時代 1393〜1886	ソウル温寧君墓	匙 1	青銅	24.0	8.0	4.0	—
		箸 1 件	青銅	25.4	—		四角形やや片細
	忠清北道鎮川郡草坪面永九里	匙 1	青銅	25.0	9.5	3.5	楕円形
		箸 1 件	青銅	24.0	—		四角形やや片細
	ソウル西大門区星山洞	匙 1	青銅	25.0	9.5	3.5	楕円形
	ソウル西大門区北加比洞	匙 1	青銅	23.0	8.0	3.5	楕円形
	咸鏡北道咸興市山手町	匙 1	青銅	23.0	—	—	—
		箸 1 件	青銅	23.3	—		—
	ソウル崇仁洞	匙 2	青銅	18.8	7.6	7.5	円形

注 1）長さの単位は cm．注 2）雁鴨池遺跡には他に長さ4.7〜6.7，1.4〜2.6，0.8〜1.2の木の葉形，柳葉形などの匙．
『韓国食品文化史』，「韓国匙箸の形式分類」，『百済武寧王陵発掘報告書』等より作成．『日本食生活文化調査研究　昭和58・59年度報告集』参照．

表1-2　中国における遺跡の箸匙例

推定年代	遺　跡	箸匙	材質	形　状
B.C.1750～1020	①河南省安陽県殷墟侯家庄西北岡1005号墓	箸3件	青銅	木柄付き，寸法不明
		柶各種	骨製	
B.C.433	②湖北省随県擂鼓墩曾侯乙墓	竹筴3	竹	その内の一つ，全長37cm，幅1.8～2.0cm（竹筴とはピンセット状の挟み道具）
B.C.403～221	③雲南省祥雲大波那木椁銅棺墓	箸3本	青銅	一対28cm，他の一つ24cm
		匕5件	青銅	匙長18.4～28.7cm
B.C.200～A.D.8	④湖北省江陵楚紀南故城江陵鳳凰山167漢墓	箸21本	竹	長さ20cm，把持部角，先細
		漆匕1	木	長さ40cm，匙面長さ8cm，匙幅5cm
	⑤湖北省雲夢大坟頭西漢墓	漆匕1	木	長さ40cm，匙面長さ8cm，匙面5cm
		箸16本	竹	長さ24cm，把持部径0.3cm，箸先径0.2cm，円柱形
？B.C.168	⑥長沙馬王堆一号漢墓	箸1件	竹	約17cm
A.D.25～220	⑦甘粛省酒泉下河清18号墓	箸2件	青銅	長さ17.7cm
	⑧湖南省常徳県東漢墓	箸1件	青銅	長さ21.6cm，把持部径0.6cm
221～263	⑨四川省忠県涂井蜀漢崖墓	箸1件	銅	長さ23.5cm
589～618	⑩長安城外李静訓墓	箸1件	銀	長さ29cm，円柱形，両細
		勺1件	銀	長さ29.5cm

○内の番号は図中の所在番号である．
「我が国と中国，朝鮮半島，ベトナム等における食事用箸の変遷とその歴史的背景及び食事形態の差異による比較検討」『日本食生活文化調査研究　昭和58・59年度報告集』（1985）参照．

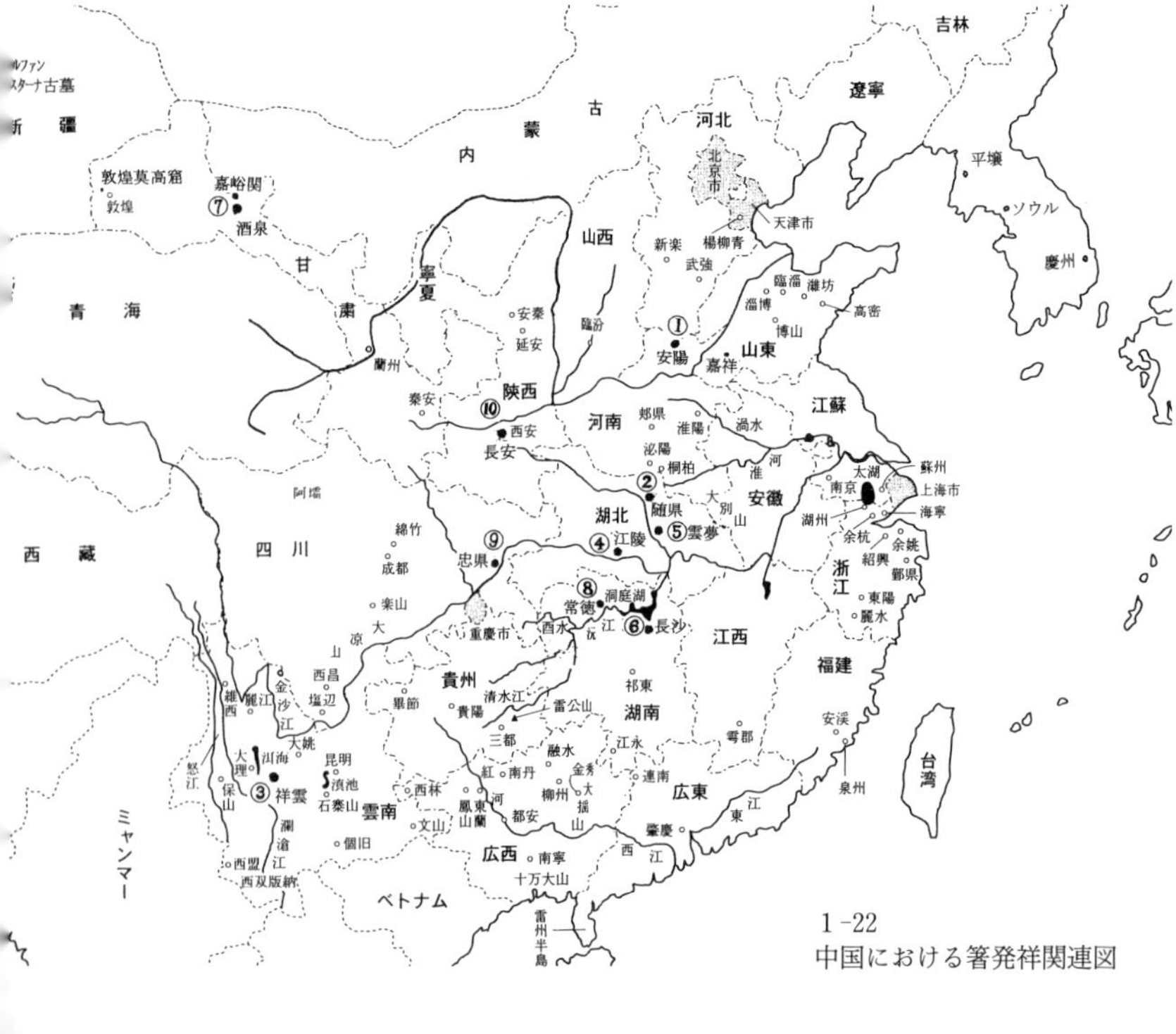

1-22
中国における箸発祥関連図

二　日本での箸の発祥

日本での箸の発祥は、記録や出土品から推察すると中国本土よりも数世紀遅れている。日本に漢字が伝えられたのは紀元一世紀に遡ることができるといわれるが、当時のわが国独自の記録は乏しく、生活に関する情報は中国の史書の中の『魏書』あるいは『隋書』のような記録からしか得られない。

中国に遅れをとる数世紀の間、中国の史書にあるように、日本ではまったく箸が用いられていなかったのか、あるいは木の小枝や竹片を使ったと思われる箸は、使い捨てのために川に流されたり、土中に朽ちたり、あるいは燃やされてしまったりして、箸の形骸が残らなかったのか、結論はできない。

飛鳥板葺宮の箸

紀元前三世紀の弥生式文化の代表的遺跡である静岡の登呂《とろ》遺跡（図1‐23）や奈良県の唐古《からこ》遺跡の出土品（図1‐24）には木匙は出ているが、木の箸は今までのところこれらの遺跡からは出土されていない。ただ登呂遺跡などに、串一二本として分類されている長さ三五センチ、幅〇・二～〇・六センチの杉材は箸と考えられなくもないが、長さから見て食事用ではない。

わが国で最も古いと思われる二本組の箸は、七世紀の遺跡である奈良県の飛鳥板葺宮遺跡から出土した檜の箸（図1‐25）であり、長さは三〇～三三センチ、箸先の直径〇・三～一・〇センチで、全体を粗く削って形づくり、さらに両端または一端を細く削ったものが見られる。これは日常の食器ではなくて祭器ではなかったかと推察されている。

1-23　登呂遺跡出土の木匙

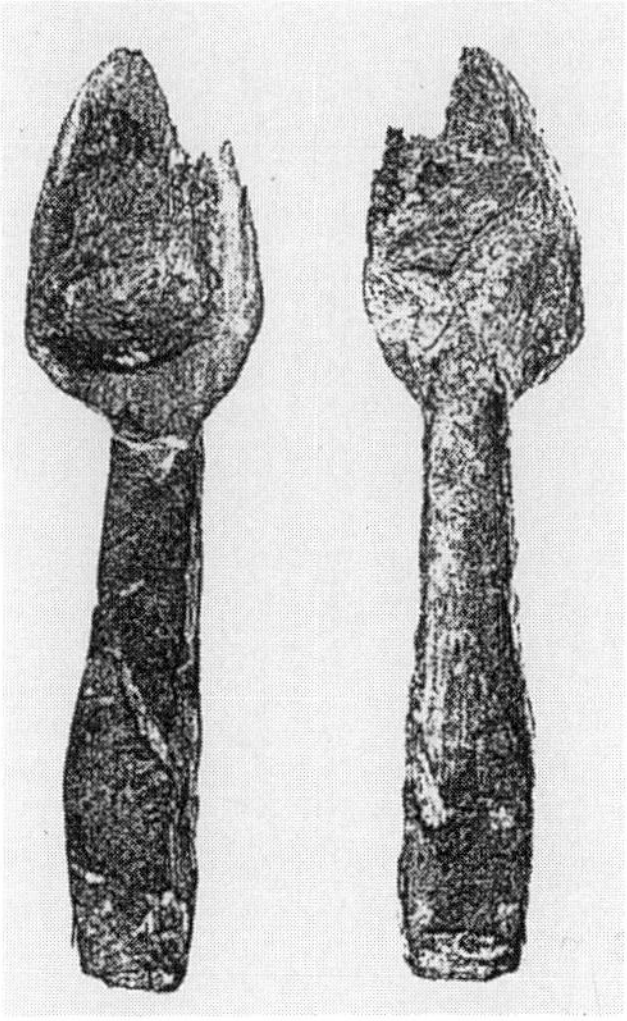

1-24　唐古遺跡出土の木匙

六九四～七一〇年の遺跡、藤原京跡からも、おそらく箸として使われたかと考えられる檜の箸が出土している（図1-26）。長さ約一五～二三センチ、径〇・四～〇・七センチで先端が削られている。藤原宮の箸はその長さから食事に使用されたと思われる。同時に出土した匙の材質も檜で、長さ約一六センチ、弥生時代より続いて木製の匙が使われていたと考えられる。当時宮殿の建築には檜が主として用いられているので建築廃材から作られたのではないかと思われる。

平城京の箸

平城京跡からは、宮内省大膳職の建物跡や、堀や大井戸から多数の檜の箸が出土している。木片を縦割りにして棒状に削ったもので（図1-27）、両細にしたものや一片の端だけ削ったものがみられる。径〇・五センチ、長さ一三～一七センチのもの一六本、一七～二一センチのもの二三本、二一～二六・五センチのもの一五本などが報告されている。平城宮築造か改築に参加した人たちの食事用に、おそらく使い捨てに用

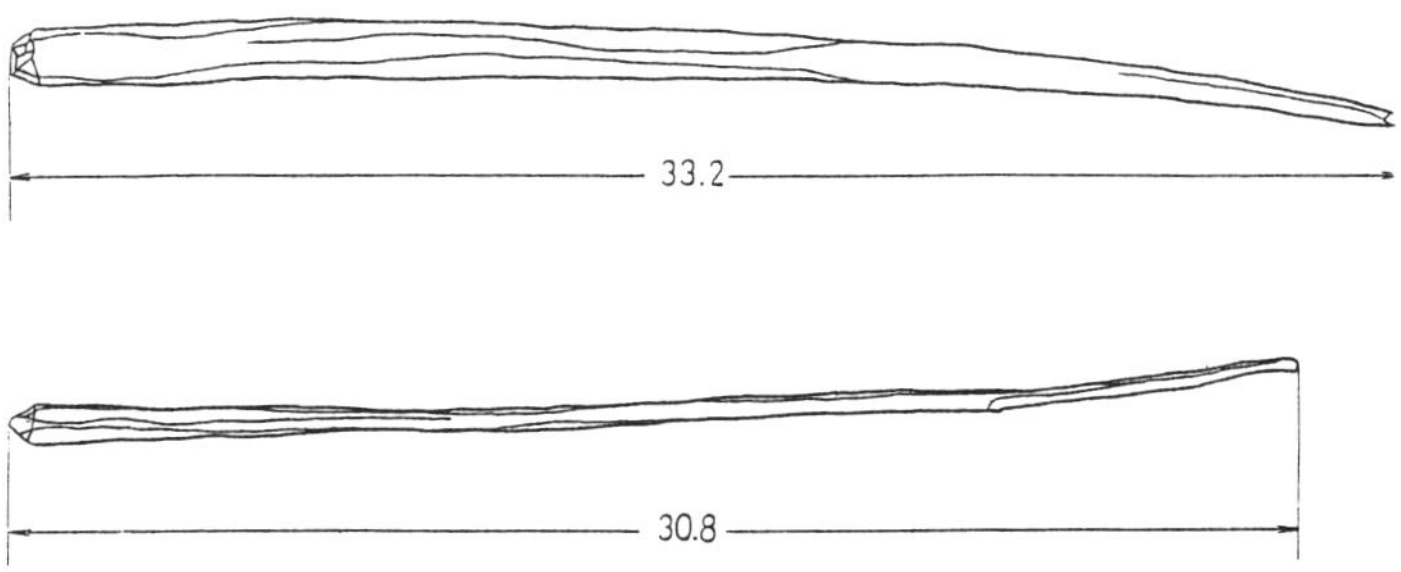

1 -25　飛鳥板葺宮出土の檜製の箸（藤井氏スケッチ）

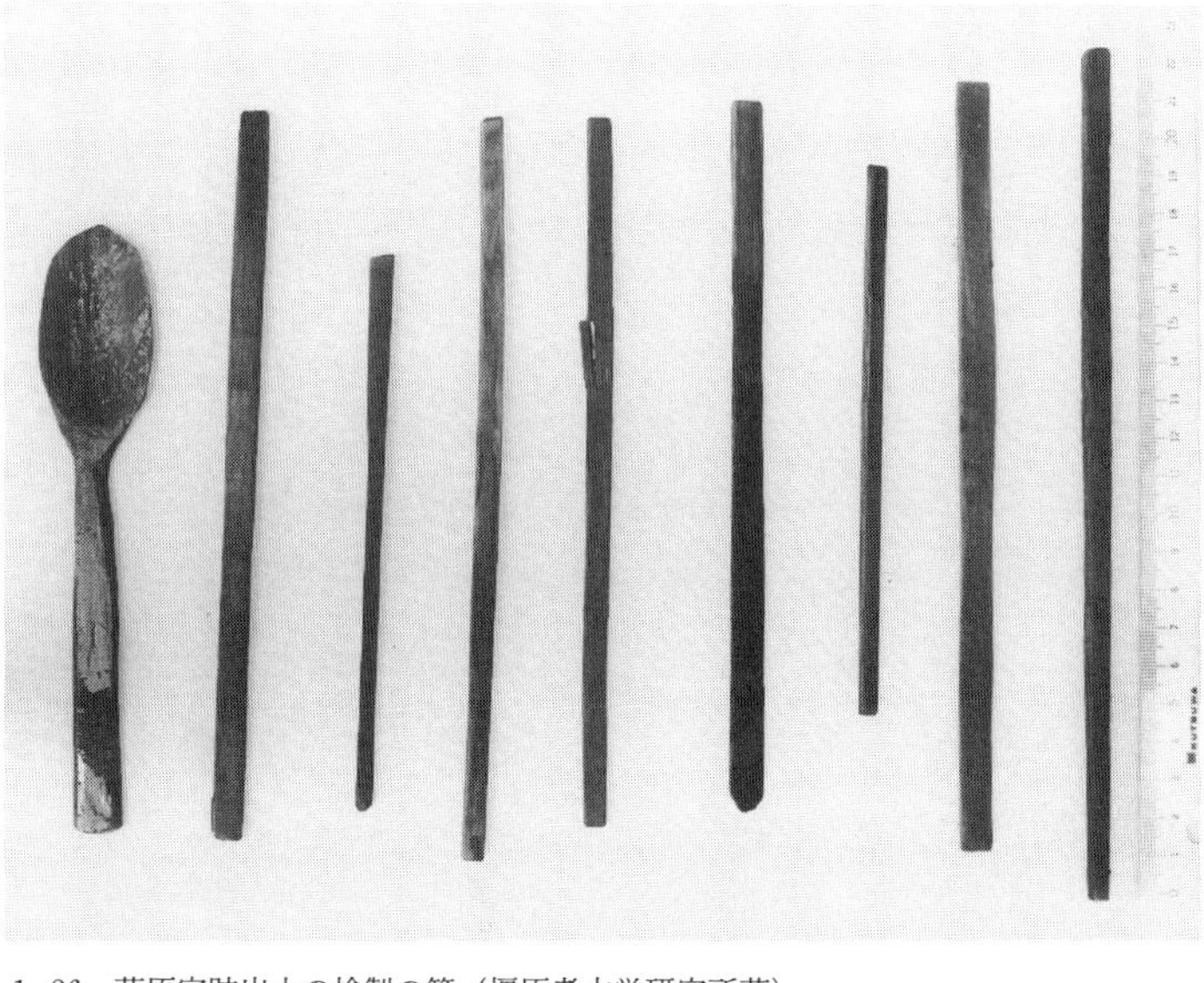
1 -26　藤原宮跡出土の檜製の箸（橿原考古学研究所蔵）

いられたのであろう。その材質、寸法は今日使用されている一般家庭の箸とあまり変わらない。出土した箸に檜が多いのは、大仏殿や回廊の建築に使った檜材の余りを利用したからではないかといわれている。

昭和六三年三月には、木箸が東大寺境内から木簡と一緒に二〇〇〜三〇〇本出土している。箸の長さは二五センチ前後で、箸先〇・五センチ、把持部一・五センチ位、割箸でなく削箸状である。削り方は両細または片細状になっている。出土した場所が大仏の鋳造所に近いところから、木簡と一緒に出土しているので、鋳造人の食事用に使用したものではないかと考えられている。

このように、七世紀以後の遺跡からは木製削箸状の出土品が見られるが、関根真隆氏によれば、東大寺の『献物帳』の玳瑁《たいまい》箸は黒柿をくりぬいた箸入れに納められ、また『正倉院雑物出入帳』には「納箸花盤一口」とあるように花形の盤が用意され、貴人用の材質の立派な箸は使い捨てではなかったと思われる。

伊場遺跡の箸

弥生時代から平安時代頃までの遺跡のある静岡県浜松市の伊場《いば》遺跡からも八世紀後半の箸状の出土品がある。材質は檜で、長さ二二から二六センチ、径〇・六センチで丁寧な面取りがしてあり、多面体両細である（図1−28）。

以上のことから、わが国の箸の起源をみると、弥生式文化の遺跡である登呂遺跡（静岡）や、唐古遺跡（奈良）の出土品には、木杓子や匙は出土しているが、木の二本箸は現在のところみられないこと、六世紀には仏教が伝来して、大陸との交渉が一層頻繁になったこと、七世紀初頭には遣隋使が送られ、また中国より裴世清《はいせいせい》が来朝していて、聖徳太子がこの使節を大陸風にもてなされたであろうことなどから、上流

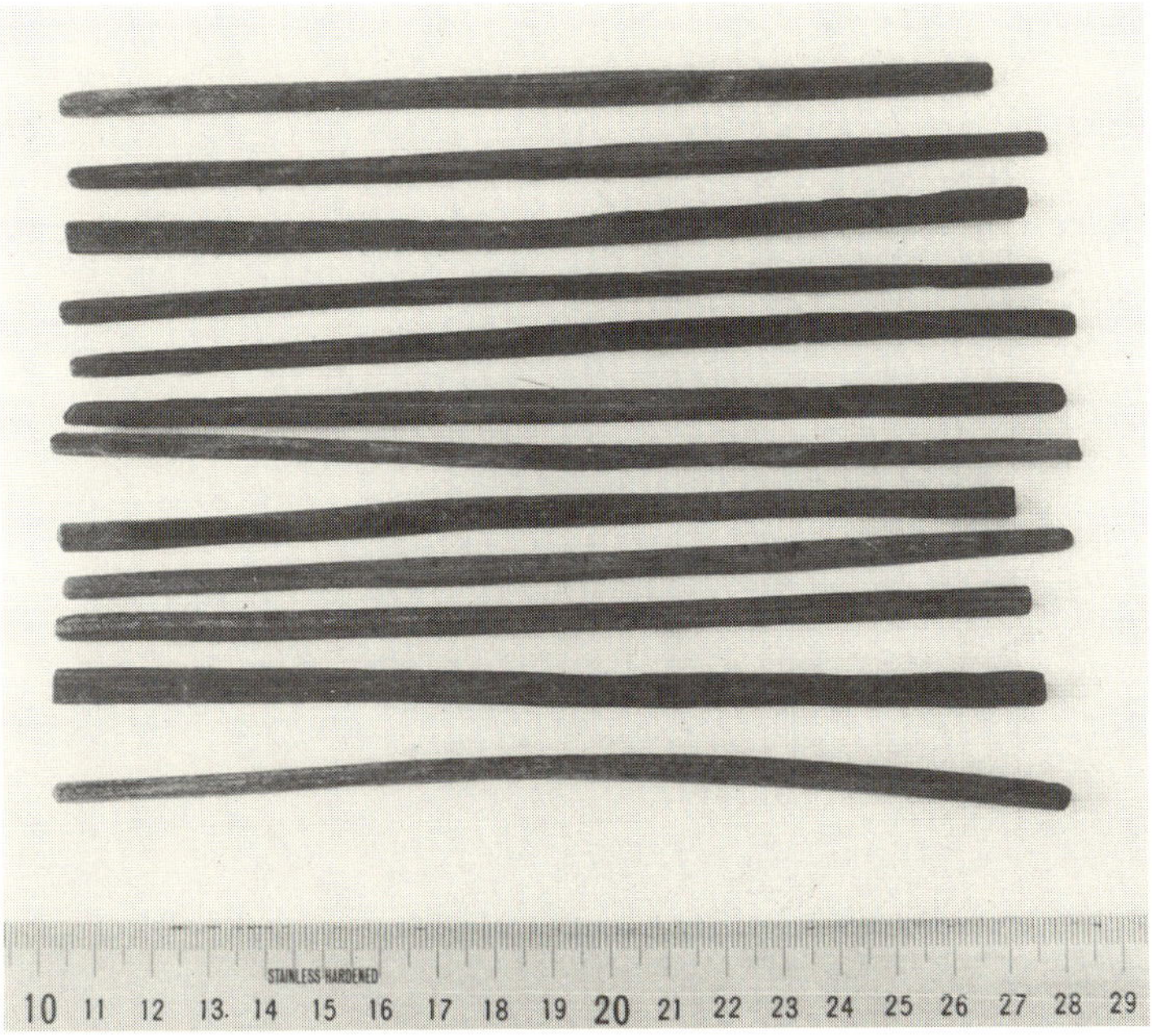

1 -27　平城宮跡出土の檜製の箸

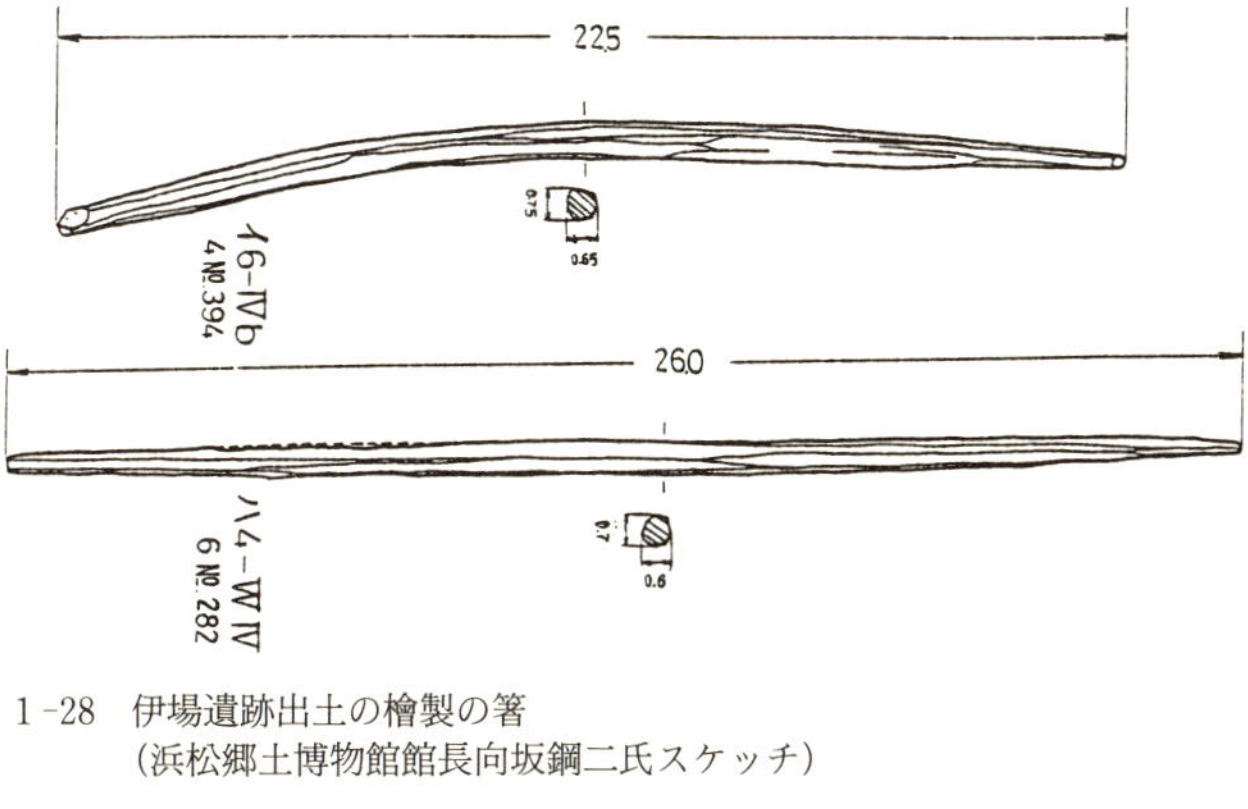

1 -28　伊場遺跡出土の檜製の箸
（浜松郷土博物館館長向坂鋼二氏スケッチ）

階級にはこのころには金属製の唐箸が匙と共に用いられていたと思われる。

七世紀後半の遺跡である板葺宮遺跡や藤原宮遺跡から檜製箸状の出土品が匙形の物と共にみられること、平城京跡や長屋王（六八四〜七二九年）の邸跡からも木製の箸や匙が出土していることから、箸は七世紀以降になって一般に普及したと思われる。

田中淡氏は『東アジアの食文化』の中で、「古代中国の割烹と飲食」として、後漢以降、金（一一一五〜一二三四年）に至る間の墳墓の壁画、画像石や磚九二点より、これらの時代の割烹技法や食生活習慣を考証しておられるが、発掘品による考証は資料そのものが偶然性に負うている部分が多い点と、時代や地域への普遍性が乏しい点を危惧しておられる。このことはよく心していなければならない。

三　箸以外の食具

鉗

鉗《かん》はカナバサミとも読み、物を挟みとる金属製の食具である（図1－29）。中国の春秋時代末期の曾侯乙墓の出土品にみられる竹筴も同じ用途と思われる。正倉院には計八〇本の鉗があり、一一・二センチの一本のみ銀製で他はすべて鉄製である。長さ一六・五センチのもの四八本、九・七センチのもの一八本、一三・二センチのものが八本あり、二五・三、二四・〇、二三・四、一九・五および七・五センチのものは各一本ずつ収納されている。実物はかなり華奢で、必ずしも調理用とは考えられないが、菜箸のように使ったり、料理を取り分けたり盛り付けたりするには便利である。

この鉗について、関根真隆氏は『奈良朝の食生活の研究』の中で、匙が『飯高嶋足買物解』（七五二年）

などに「鈚箸」と並記されているのに対し、『東院資材帳』（七六一年）には「鈚鉗」と書かれているから、鉗は箸と同じ機能をするものとして用いられていた、と述べている。写経所関係の各種食用具を記す文書などには鉗の名はなく、その使用はごく一部の階層にのみ使われていたとされる。ただ大嘗祭などの神饌用にこれに類したものが用いられるのは、鉗を実用していたころの様式と思われる。（鈚は金属製の匙）

この鉗の形は鳥の嘴に似ており、江馬務氏は木や竹を削って同様の形に作ったものを箸の原形とされているが、二本箸にくらべて加工度が高く、使用上の自由度に制約があるので、限られた範囲でしか使用されなかったのではないかと思われる。第一節で述べたように、中国では戦国時代（紀元前四三〇年頃）に湖北省随県曾侯乙墓（第一章第一節「竹筴」参照）から竹筴が出土しており、中国との交流によってもたらされたことも考えられるので、ピンセット状の折箸が日本古来の箸とは考えにくい。

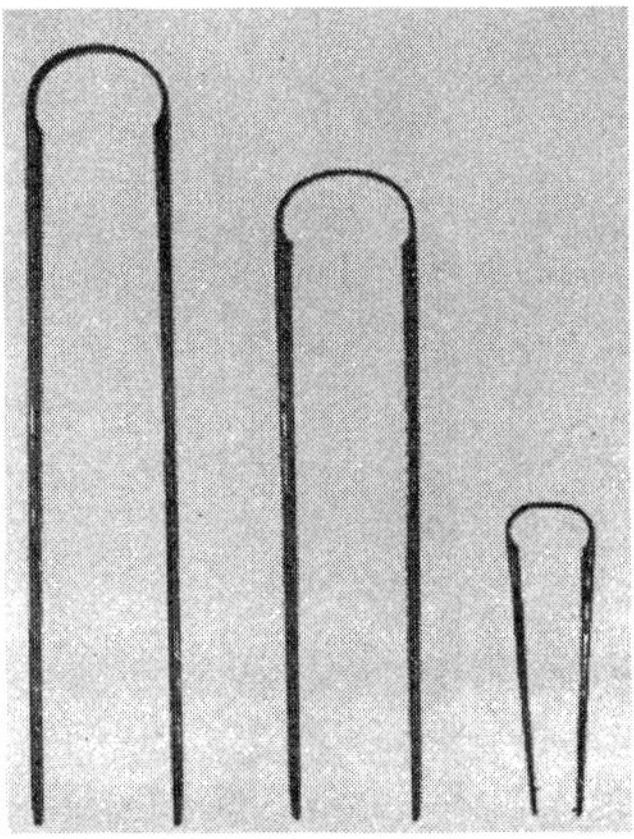
1-29　鉄挟子（鉗）　正倉院蔵

日本で、ピンセット状の箸は神奈川県下曾我遺跡から樋口清之氏発掘の出土がある（国学院大学蔵）。また、大阪府豊中市の島田遺跡（八世紀、名神高速道路豊中インター付近）からも出土している。島田遺跡から出土した折箸は木製で湾曲部は薄く削られてあり、長さ二〇・五センチ、幅一・三センチ、一方の端は丸く、もう一方の端はやや尖っている。ピンセット状の折箸を使うときは「挟む」だけで、二本の箸を使う時のような、手の高度な技術の必要はないが、日常の食事には、二本の木切れに対して、加工度の高い折箸を使って食べていたとは考えにくい。ピンセット状の箸は、神饌用、料理の取り分け用に使われていたと考えられる。
この形の挟み道具で、第二次大戦後（一九四五年）までしばらく使われていたブリキの火挟みがあるが、炭火が使われなくなって姿を消している。

餐叉

中国では紀元前二〇〇〇年、二本箸より早くすでに餐叉《さんさ》（フォーク）が使われていた。王仁湘氏の報文によれば、甘粛省武威皇娘娘台の斉家文化遺跡より骨製の餐叉が出土している。斉家文化の始まった年代は不詳であるが、殷の時代より古く、紀元前二〇〇四年頃まで甘粛省から青海省にまたがる洮河《ちょうが》などの流域に繁栄し、石器と共に銅器も併せ用いた文化である。

これらの餐叉は斉家文化時代のものの他、元代（一四世紀）に至る間のものが約六〇～七〇本出土している。餐叉は、斉家、商代および戦国時代までは骨製で、元代の餐叉は鉄製で餐刀と共に出土しているものもあり、食事用であると報告されている（表1－3）。図1－30は古い順に、①甘粛武威皇娘娘台（斉家文化）、②河南鄭州二里岡（商代）、戦国早期のものは③山西侯馬牛村古城、④山西侯馬西侯馬村、⑤河南洛陽西工区、⑥⑦⑧は河南洛陽中州路から出た五一本の一部である。

東漢時代の銅製のものが⑨甘粛酒泉下河清より出ている。これは他の餐叉に比べて二倍近い長さがあり、料理用かと思われる。元代には⑩山東嘉祥石林村から鉄製のものが、⑪甘粛漳県徐家坪から骨製のものが出土している。斉家や商代のものは三歯であるが、その後は双歯が多い。また、戦国早期のものには幾何的模様がきざんである。元代の餐叉は餐刀とセットになっていて、鉄製のものには骨製の柄が取り付けられており、餐刀は竹の鞘に納められている。

表1－3　中国古代の餐叉

時代	出土地点	数量	材料	全長(cm)	歯長(cm)	形　状
斉家文化	甘粛武威皇娘娘台	1	骨	?	?	扁平形，三歯　①
商代	河南鄭州二里岡	1	骨	8.7	2.5	柄磨有刃口，三歯　②
戦国早期	山西侯馬牛村古城	1	骨	?	?	双歯　③
	山西侯馬西侯馬村	1	骨	?	?	双歯，歯根部有幾何形波花④
	河南洛陽西工区	1	骨	18.2	4	双歯，柄部飾弦紋　⑤
	河南洛陽中州路	51	骨	12.1～12.7	4	双歯　⑥⑦⑧
東漢	甘粛酒泉下河清	2	銅	26.3	7.5	双歯，柄端有一小環　⑨
東晋	広東始興赤土鈴	4	鉄	～15	～4	欠
元代	山東嘉祥石林村	1	鉄	15.5	～4	双歯，骨柄，帯鞘　⑩
	甘粛漳県徐家坪	1	骨	19.5	5	双歯　⑪

注1）元代のものは餐叉と餐刀のセットになっている．
注2）形状欄の○印の番号は，図1～30の各餐叉の番号で，年代順になっている．
注3）「中国古代進食具匕箸叉研究」より作成．

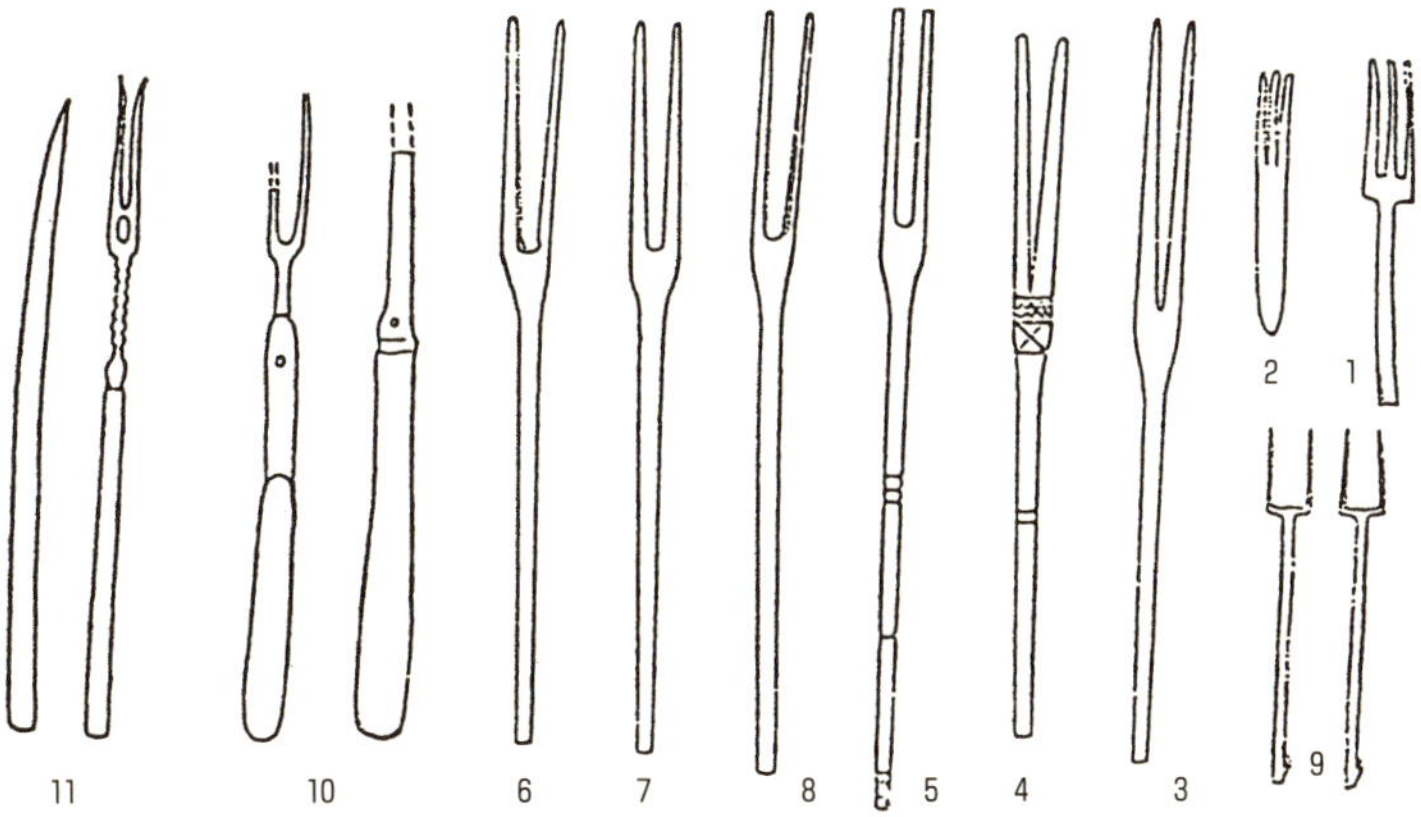

1－30　中国古代の餐叉

斉家文化の時代は手食が主であったと思われるが、その時代において食事の補助的なものであったにせよ、食べ物を口に運ぶ道具が用いられていたことは中国の食文化の奥深さが察しられる。

元代には餐叉と共に餐刀が組み合わされて出土していることから、ナイフ・フォークとして使われた形跡があるが、いずれも高貴な人たちに用いられたにとどまり、一般に普及したとは考えにくい。

餐叉が食事用具として定着しなかったのは、斉家文化からの記録が乏しいので不明であるが、おそらくその頃は手食が主であり、『礼記』にあるように汁の実をとるのに、餐叉よりもほとんど加工を必要としない木や竹の二本の棒を用いているうちに、箸として使いこなせるようになったからではないかと考えられる。餐叉の機能は「突き刺す」「すくう」だけであるのに対して、箸の機能は手指の延長のように多様である。


以上のように、食事用の箸の発祥を中国、朝鮮半島および日本のピックアップした遺跡出土品から類推してきたが、中国が起源であることは明らかである。中国では新石器時代の河北省武安の遺跡（約七〇〇〇年前）から骨製の匕（匙）と勺が、朝鮮半島でも部族連盟時代の咸鏡北道羅津遺跡（紀元前六世紀）から骨匙が出土しているように、箸よりも匙の出現の方が早い。

食べ物を口に運ぶ道具として、いつ頃から箸が用いられるようになったかについては、中国では文献、出土品からほぼ紀元前三〜二世紀であることがわかった。

朝鮮半島では、百済の武寧王陵から箸匙がセットで出土しているので、匙と共に箸が用いられ始めたのは五世紀頃と考えられる。

わが国では遣隋使による中国との正式な交流が始まる以前より、大陸との往来はあったので、細い棒二本の箸を用いる人もいたはずであるが、記録による証拠は『魏志倭人伝』の書かれた三世紀以後、遅くとも七世紀頃の大和の都では箸が用いられたと思われる。

わが国の箸の出土品は金属製の物はほとんど見あたらず、正倉院に納められている御物、銀製金メッキの箸は新羅からの舶来品である。二本になっている箸を「唐箸」というのは「舶来の箸」という意味で、日本の木製の箸に対して金属製の箸を指したものと思われる。

第二章　手食から箸食へ

前章で食べ物を口に運ぶ道具として箸が現われたのはいつの時代であったのか、主に考古学的な角度から述べた。ではなぜ、箸が使われるようになったか。食事をするのに手で直接食べてもよいし、実際に手だけで食事をする国々もある中で、手食から箸を使って食事をするようになっていった経過を、主に中国や日本の記録や文学作品から類推していくことにする。

一　中国の箸食

子公の食指

春秋時代に、魯国（山東省曲阜県の辺）の隠公から哀公まで一二代（紀元前七七二〜同四八一年）にわたって宮廷で起こった出来事を記した『春秋左氏伝』の隠公元年の項に次のような話がある。

鄭の荘公が潁考叔《えいこうしゆく》に食を賜った。潁が肉を食べないのを見て、公がその理由を問うたとき、潁は答えて、「小人（私）には母がいます。一緒に小人の食（貧しい食事）を嘗《な》めています。まだ君（荘公）の羹《あつもの》（肉などの入った実の多い汁物）を嘗めたことはありません。これをいただいて帰って母に嘗めさせてやりたいのです」。

これを聞いた鄭の荘公は事情があって母を遠ざけていたので、潁の話に感動して母と和解するのである。ここでは「食べる」にあたるところを「嘗める」といい、箸についての記述はない。

また、同じ『春秋左氏伝』の宣公四年の項に、宣公が他国の戦乱を武力で抑えたために、礼儀にかなった方法で治めなかったとして、これを諫める次のような例話がある。

楚の人がすっぽんを鄭の霊公に献上した折、ちょうど霊公に面会するために公子宗と公子家が宮廷にあがった。すると、子公（子宗）の食指《しょくし》がぴくぴく動いたので、子公が子家に、「いつも食指が動くと必ず珍しいご馳走にありつくのだよ」と言った。ちょうど料理人がすっぽんを捌いていたので、やはり、と二人は期待した。……しかし、霊公は子公たちにこのすっぽんの料理をあたえなかった。子公は腹を立てて、すっぽんの入っている鼎《かなえ》（脚のついた鍋）に（直接）指をつっこみ、その指を嘗めながら宮廷を退出した。霊公は怒り、子公を殺そうと企てたが、……逆に子公に討たれてしまった。

食指は人さし指のことで、「食指がぴくぴく動く」のは、この時代には手指を使って食べるのが主であったからではないかと考えられる。「食指が動く」という表現は、現在では食べ物だけでなく興味あるものや試してみたいものに魅かれたときにも使われる。

古代の中国では、『論語』郷党篇に、

君（王）から食をいただくときは必ず席を正しくしてはじめてこれを嘗める

とあるように、「食べる」ではなくて「嘗める（味わう）」と表現する。

わが国では宮中行事として行なわれる神嘗祭《かんなめ》、新嘗祭《にいなめ》の「嘗」がある。神嘗祭は、一〇月一七日に天皇がその年の新穀を伊勢神宮に奉る祭りで、新嘗祭は、一一月二三日（現、勤労感謝の日）に、天皇がその年の新穀を天神《てんじん》、地祇《ちぎ》にすすめ共食される祭りである。これは、『礼記』月令篇（四季に応じて、月々の天文や農事、食べ物などの記事や行事の内容を記述）に由来すると思われる。ここには宗廟に仕える天子（祭主）が季節毎に行なう「嘗祭」の、

……祖霊を祀って、その時節の農産物や魚、家畜などの初物を捧げ、自ら嘗めて祖霊に薦める礼式をいう。

に拠っている。民間では祭祀の後の直会《なおらい》で、神主が神饌を箸で氏子の手の窪に移し、氏子は直接それをいただくのが本来の姿である。

「嘗める」と表現されていた時代には、箸は用いられていなかったのではないかと思われる。

紂王の象箸

『韓非子《かんぴし》』の「喩老篇《ゆろう》」や「説林上篇《せつりん》」に、殷の紂《ちゅう》王が象牙の箸を作らせた話がある。この書は戦国時代の韓非（?〜紀元前二三三年）およびその学派の人々の著作を集めたもので、諸侯の治世や乱の事実、説話や老子の思想などに基づいた教訓的な内容になっている。

その一つに紂王の叔父の箕子《きし》が、紂王の専横を予見した話がある。

昔、紂王が象牙の箸を作ったのを見て箕子は怖れた。象牙の箸を使うようになれば、土器を使わないで、犀角や玉製の杯（食器）を用いるようになり、そこに肉汁を盛るであろう。象牙の箸や玉製の杯を用いるようになれば、杯には豆の実や葉の汁などは盛らずに、牛や象の肉そして豹の胎児などを盛るようになるだろう。このような食事をするようになれば粗末な毛衣を着て草葺きの屋根の下には住まず、きっと錦衣を九枚も重ね着して、高い建物の広い部屋に住むようになるであろう。

このように始めは小さな箸から始まっても贅沢をすれば際限がなく、天下の財を尽くしても足りる

ものではない、と。聖人は箸のような微かな端緒でも、将来、明らかになる結果を見通すことができる。ゆえに象牙の箸を見て怖れ、天下の不足を知るのである。

と、箕子の先見の明を讃える教訓である。殷が滅んだのは紂王（紀元前一一世紀？）が専横で贅を極めたのが一因と伝えられている。殷の時代に食事に箸を用いていたとはまだ確かめられていないが、『韓非子』が書かれたのは戦国時代以後であり、この記事は、二本箸の箸が日常生活で使われるようになっていて、象牙の箸が贅沢品であり、紂王の仕業の譬えに適切であったことがうかがえる。（韓は山西省南東部から河南省新鄭県の辺）

山頂の木と箸

戦国時代の作といわれる趙（河北省西部から山西省北部の辺）の儒者荀子《じゅんし》の著『荀子』解蔽《かいへい》篇（紀元前二三〇年頃）には、次のような一節がある。

山の麓から山頂をはるかに見上げると、一〇仭《じん》（約八〇尺）の大木もまるで箸が並んでいるように小さく見えるが、誰も箸を求めてその木を折りに山に登ろうとはしない。それは山の高さが木の大きいことを錯覚させているからである。

この節の前後には、「暗闇で倒木を見ると、虎が臥しているように見える。それは暗闇では真の姿が見えないから。山上から麓の牛を見下ろすと羊のように見えるけれども、誰もその羊を連れにいこうとはしない。それは距離の差が真の大きさを蔽《おお》い隠しているのを知っているから。すべて物事を観察するのに、疑い惑う気持ちがあって、内心が治まり静まっていなかったら、外界の事物を明瞭に捉えることはできない。疑己の思慮がはっきりしない状態で物事の是非を決めることはできない」という教訓が記されている。

山頂の大木も、下から見れば箸のように小さく見えると、真の姿との差を小さな箸にたとえているのであり、『荀子』の書かれた戦国時代末期には、木の箸が日常生活の中に定着していたことがうかがえる。

先生の食事

書物に「箸」が現われるようになると、箸を用いるマナーが書かれた書物も出るようになる。中国戦国時代から紀元前後の漢時代までの思想や礼法を集めた書『管子』の弟子職《てししょく》篇には、先生のもとに弟子入りした書生が、先生と起居を共にして修行する時の規律が書かれている。

先生が食事をされようとしたら、弟子は食事を勧める。その時、弟子は裳の袵（注――この字は衽《おくみ》であるが、襟の意もある）を整えて盥で手を洗い口を漱いで、自らを潔め、ひざまずいて食事を勧める。……（料理や調味料は配膳の順を違えないようにそれぞれ定位置におく。たとえば、鳥、獣、魚、すっぽんよりも野菜の羹を先にする。食べる人から見て、切り肉料理は左、羹は右、調味料の醤は食べる人から見て手前に置き、切り肉は向こう側に置く。食べるとき便利だからである。配膳は方形に陳《なら》べる。等々）……

弟子は左手に器か豆《たかつき》（高杯）を持ち、右手に梜（箸）もしくは匕（匙）を持って給仕する。匕には鼎の実を載せる。……先生が食事を終えられたらこれをさげ、うがいを勧め、前を払って、食事を始める前に神に祭った食べ物（食事の前に各器からひとつまみずつ料理をとり、膳に置き、礼をした）を片づける。……先生より食事をするように言われたら、長幼の序に従って座し、飯は必ず捧擥《ほうらん》し（右手指でつまみ丸めて食べる）、羹は手でなくて箸を用いる。

中国では、紀元前三世紀には箸と匙が日常的に使われるようになったが、飯は手指で食べるのが作法で、

2－1
中国歴史博物館
発掘品の匜と盤

箸は羹の中の菜（汁の実）をつまむのに用いていた。黍《きび》の飯は手でとって食べるので食卓には匜盤《いばん》といって手を洗う器が用意されていた（図２－１）。

なお、この文中には「梜は挾から作り、挾は箸である」と注があり、「梜」は木偏に「挾む」という箸の機能を表わす字が使われている。梜の字は文献に表われるだけである。

酈食其と周亜夫

以上述べてきたように、中国では遅くとも、紀元前三世紀頃には箸が用いられ始めたと思われる。前漢（省都は陝西省長安）の一〇〇年（紀元前九〇年）頃に完成したといわれる『史記』の「留《りゅう》侯世家篇」には、漢王劉邦に関して次のような話が記されている。

> 漢の三年（紀元前二〇四年）に、項羽が突然、漢王劉邦を栄陽（河南省）において包囲したので、漢王は酈食其《れきいき》と共に楚の権力を弱めようと謀る。……ちょうどその場に張良がやって来て王に拝謁した。漢王は食事中であった。酈食其の意見を告げて相談すると、張良は、「こんな計画は失敗に終わります。御前にある箸をお借りして説明させていただきたい」。

といって、膳上の箸を使って戦略の欠点を順に八つあげたので、漢王の食膳には少なくとも八本すなわち四膳の箸がおかれていたことになる。

また、「絳《こう》侯周勃《しゅうぼつ》世家篇」には、

……匈奴の王らが景帝に下った。景帝は彼らを侯に列しようとした。條侯周亜夫《しゅうあぶ》が、「主君に背いて降参してきた彼らを侯にすると、人臣の節を守らない者を責めることができなくなりますから」と進言したところ、容《い》れられず、景帝は彼らを侯にした。周亜夫は病と称して引きこもり、やがて丞相《じょうしょう》の任も解かれた。しばらくして景帝は、禁中に條侯周亜夫を召しだし食事を賜った。ただ、大きな肉片が切らないで置いてあり、また箸がなかったので、條侯は心中穏やかでなく、尚席《しょうせき》（食堂の長）に箸を持って来るように命じた。景帝はこれを見て笑って言った、「君のところに何か足らないものがあるか」。條侯は冠をぬいで陳謝して退出した。……

という話がある。周亜夫は、親の周勃の代から朝廷に仕えた名門の出で、優秀な軍司令官であり、景帝は大臣にまで昇進させたが、景帝の意に添わないこともした。景帝は周亜夫を試すためにわざと箸を置かなかったのである。この事件は紀元前一四七年頃のことで、この頃には、箸がなければ要求するほど食膳につきものだったことがわかる。『史記』原文中の箸の字は木偏に箸の旁《つくり》になっていて、木製の箸であることが強調されている。

また、前漢時代における箸の記事として、『淮南子《えなんじ》』斉俗訓篇に「糟丘生乎象箸」がある（著者劉安は安徽省淮南の王）。これは前述の『韓非子』喩老篇にも同じ話があるが、紂王が酒粕を積み上げて丘を作るような贅沢をしたのも、その端緒は、象牙の箸から始まったといっている。身近にある小さな箸の贅沢は人々に理解されやすい譬えなのである。

飯は手、汁の実は箸

前漢時代（紀元前二〇六年～紀元八年）に完成したといわれる『礼記』の「曲礼」（礼儀作法について、礼の精神や意義も含めて詳細に記されている）の上篇に箸の作法がある。

……長者のような目上の方と食事をするときは、……共に（一つの器で）食事をするのであるから、手指を揉み垢を取るような仕草をするな。飯を鷲掴みに取るな。手についた飯を器に放ち戻すな。汁をすすり流し込むな。音を立てて食べるな。骨を齧るな。食べかけの魚や肉を（元の皿に）かえすな。犬に骨を投げ与えるな。自分の好むものをしっかり獲得するな。（熱気を取ろうとして）飯をかき上げるな。黍を食べるのに箸でするな（指でつまんで食べるのが作法である）。

……羹（濃厚な汁物）に菜（汁の実）が入っている場合は梜（はし）を用い、菜が入っていない場合は梜を用いない（汁だけの時はじかにすする）。

以上のことから、前漢時代には箸はあったが、手食が原則で、箸は汁の実など菜をつまむ補助的な用いられ方をしていたと思われる。熱い汁には匕（さじ）を使用していたのであろう。ここには「箸」と「梜」の字があって、箸は一般的な概念で使われ、梜は木の箸を使う具体的な場面に使われていたと思われる。

四川省成都出身の揚雄（紀元前五三年～紀元一八年）が、各地から来る使者の地方の言葉を集録した前漢末期の字書（辞書）『方言』には次のような記述がある。

箸筩《とう》（竹筒）は匕と箸をいれる籠であるが、陳、楚、宋、および魏ではこれを筲《しょう》（中国古代の一斗二升入りの竹籠）あるいは籯《えい》（箸筒または物を入れておく竹で作った籠）といい、国境付近では桶《とう》（筒形になった丸い桶）、檧《そう》（小さい籠）といい、いずれも箸を入れる竹筒、または竹籠である。

地方によって箸や匙を入れる器物があり、それを各々、箸筩、筲、籯、桶、檧などと呼んでいたことを示している。

このことから、紀元前後になると箸は庶民に普及しており、使用後には洗って筒や籠状の箸立てに入れ、くりかえし使用していたと思われる。

江南の粘質米

中国の古代文化の栄えた黄河流域、いわゆる中原地域の主要穀物は、粟、黍、小麦、稲など豊かであった。仰韶《ぎょうしょう》時代には稲はないともいわれたが、アンダーソン（Johan Gunnar Andersson、一八七四〜一九六〇年、スエーデンの地質学者）は、仰韶時代の土器の底の破片に、はっきり栽培種の米の圧痕が残っていたことを発見したと報告している。

秦の始皇帝の時代（紀元前二五六〜前二一〇年）に、稲は五穀の一つに数えられているが、長江以北では、米よりもむしろ黍や小麦の方が多く食べられていた。これらの穀類を食べるのに『詩経』や『礼記』から見てきたように、まだ、紀元前三世紀頃には手食であった。

青木正児氏の「用匙喫飯考」は、飯（穀類）を食べるのに手から匙、箸へ移り変わった理由についておよそ次のように考察している。

『礼記』の前漢時代には、汁物に実が入っているときは箸を用いるが、飯は手で食べていた。後漢時代には、『説文解字』に「匕は飯をすくい取るもの」とあるように、飯を匙で食べるようになった。それは、『三国志』の『魏志』の董卓《とうたく》伝や『蜀志』の先生伝の文中に、「匕箸を取り落とした」と驚く場面があったり、唐の玄宗（七一二〜七五六年）の東宮に仕えた薛令之《へきれいし》という人が、薄給の貧乏を嘆いて、「鉢の中にはウマゴヤシしか入っていないし、飯は粘って匙につき、汁の実はまばらで箸にかからない」と宮殿の壁に落書きしたといい、同じ頃の杜甫《とほ》（七一二〜七七〇年）の詩には「（空に散る）雲のような白い飯をすくい、水晶のようなつめたい瓜を嚙む」、また、韓愈《かんゆ》（七六八〜八二四年）の詩には「私の歯はまばらに抜け、残っている歯も皆危ない。匙でやわらかく炊いた飯をすくってそろそろ運び、口を合わせて牛の反芻のようにそっと嚙む」があり、飯をすくうのは箸ではなくて匙を用い、食事には匙と箸が併用されていた。その頃は、さらさらの飯が好まれていたかららしい。南宋初期の詩人范成大《はんせいだい》（一一二六〜一一九三年）の詩や元《げん》の音曲《おんぎょく》の歌詞に「一つの口（あるいは一椀の飯）に二本の匙は使えない」というのがあるから、一二世紀頃までは匙が用いられていたと思われる。やがて南方の粘質米が普及し、明代になり箸で飯を食べるようになっていった。それは、一五世紀頃に朝鮮の崔世珍が著した『老乞大集覧』の「紅漆匙」の項に「蒙古人と満人は匙を用い、……旅行している人も匙を持っている。漢人一般は匙を用いない」とあるので、その頃には、北方では匙がまだ用いられていたが、南方では飯を箸で食べるようになったと考えられる。

と、南方の粘質米が米飯を箸で食べることを可能にしたといわれる。

杜甫の詩に、長安にいた頃、三月三日の上巳《じょうし》の節句に長安の曲江に遊ぶ楊貴妃らの栄耀を詠った「麗人行」がある。

……長安曲江の水辺に高貴な麗人たちが遊ぶ……紫駱駝の瘤の料理が緑色の（翡翠？）の釜から出され、水晶の大皿には銀鱗の魚（の膾）が盛られているが、もう、そういったご馳走には飽きて、誰もまだ犀角（で作った）筯（箸の異字）をつけないでいる……

また、杜甫が都から離れた田舎にいた頃、近所の農夫から朱桜（桜桃）を貰って、かつて都の役人であった自分が四月一日に宮中に参上し、宗廟に初物として供えた桜桃のお下がりを賜った時のことを思い出し、……宮中で味わった桜桃も、今、手にしている桜桃も同じである。（けれどもその時の）黄金の皿や玉製の筋にはそれきりでもう出会うことはない。……（野人送朱桜）

というように高貴な人の用いる犀角や玉製の箸が詠われている。飯を食べる以外は箸が用いられていたことが明らかである。

そして杜甫は、長安から華州の田舎の役人になって友人の草堂を訪れたときに、

……大皿には、白鴉谷の入口付近で採れた（名物の）栗が剥いてあり、飯には青泥の堤で採れた芹が煮込んである。……（崔氏東山草堂）

と詠い、同じ頃、二〇年ぶりに旧知の衛八処士を訪ねて、

……（あなたは）子供たちに酒や飲み物を並べさせ、夜雨の中、春韮を剪りに行かせる。新しく炊いてくれた白い飯には黄色い粟粒が散らばっている。……（贈衛八処士）

といった、白飯に色鮮やかな緑の芹や、黄金色にきらきらする粟粒の混じった飯の詩があり、これらの飯は匙ですくって食べられていたと思われる。

青木正児氏は元の時代（紀元一二七一〜一三六八年）に蒙古の治世となり、漢民族は、主都河南省開封から江南の浙江省に逃れ、江南の粘質な米を主食とするようになって、米飯を食べるのに匙よりも箸が次第に用いられるようになり、箸が主で、匙が従になっていったという説である。

このように、穀類を最初は手で食べ、次に匙を使って食べていた漢民族が、江南の粘質米に出会って箸を用いて食べるようになり、箸食が一層普及したといえる。その江南の粘質米を手でも匙でもなく、箸を使って食べた最初の人は、おそらく、菜（おかず）をつまむのに使っていた箸で、粘り気のある米飯を食することの便利さを最初に発見した人であろう。唐代の詩にあるように、米飯は匙でも充分食べられたで

あろうが、匙と箸を持ちかえる繁雑さから解放されたのは事実である。

二　日本の箸食

わが国で箸を用いるようになったのは、次に述べるように紀元三世紀以後とする説が圧倒的である。わが国に記録が残っていないので、文字のある国の記述に従うしかない。

卑弥呼の箸

卑弥呼の時代には箸は使われていたのであろうか。弥生後期の三世紀頃の日本のことを書いた『魏志』（撰者、晋の陳寿）の「倭人伝」には、中国の魏（河南省の辺）から、東方の海を渡って倭の国へおもむいた時のことが書かれていて、政治や地理の記事ばかりでなく、生活風俗についても、かなり詳しく記されている。当時、倭国の王は卑弥呼であった。

倭の地は温暖で冬も夏も生野菜を食べる、……食飲には籩豆《へんとう》（たかつき。籩は竹製、豆は木製）を用いて手食する。

というように、当時、わが国では手食であったと書かれている。すでに、『礼記』にあるように、紀元前三世紀には、箸の作法のあった中国人たちが自国の優位性を示している面もあると思われるが、三世紀当時の日本では食事に手食もみられたことがわかる。卑弥呼は箸を用いなかったのかもしれない。

また、七世紀の『隋書』の「倭国伝」には、

一般民衆の間では盤俎《ばんそ》（食物を載せる長方形の台）が無く、食べ物を載せるのに槲《かしわ》の葉を用い、手で食

べている。

と記されている。『隋書』は、六〇八年に遣隋使小野妹子に伴われて隋使裴世清が随員と共に来朝した時の見聞をもとに書かれたもので、随員の目に入ったのは、一般庶民が軽食を摂っているときの様子であったのかもしれない。この年以前からも中国本土や朝鮮半島との交流は密で、大国である中国と正式な国交を開くなど、文化の吸収に積極的であった朝廷は、裴世清大使一行をもてなすのに手食ではなく、箸、匙を用意したが、一般庶民の間では、まだ手食が見られたらしい。

有間皇子《ありまのみこ》(六四〇〜六五八年)の『万葉集』の歌(巻二―一四二)、

家にあれば　笥《け》に盛る飯を　草枕　旅にしあれば　椎の葉に盛る

によれば、(謀反の疑いをかけられて逐われる)旅先であるから、やむをえず椎の葉に盛った粗末な食事をしなければならない、家にいたら「笥」すなわち食器に盛ったおいしい食事ができるのに、と詠われていることからも、屋外の軽食の場では木の葉が食器で、おそらく傍らの木の枝を折って箸としたと想像される。

神話の箸

わが国の記録に箸が見えるのは、『古事記』や『日本書紀』で、

須佐之男命《すさのおのみこと》が天の原を追われて、出雲国の肥《ひ》の川の上流にある鳥髪という所に降りられた。この時その川に箸が流れてきた。命はその上流に人が住んでいるのを知り川を上っていった。そこに、老夫足名椎《あしなづち》と老女手名椎《てなづち》が娘の櫛名田比売《くしなだひめ》を中にして泣いていた。……

そして、人身御供《ひとみごくう》として八岐大蛇《やまたのおろち》に襲われそうになった櫛名田比売は須佐之男命に助けられる。櫛名田比

売の父の足名椎が神官であったとして、この肥の川を流れてきた箸が神事に使うピンセット状の折箸であった、という説が多い。曲がっているから箸だとわかるが、二本箸であると、箸だか木切れだかわからないということである。その木切れが、複数の人が使った二本箸で、長さも太さもほぼ揃った何本かが、まとまって流れてきたとすれば、誰でも箸であると判断できると思われる。

この箸流れ伝説は、上流に人が住む隠れ里のある証として使われている。流れてきた箸は二本箸である可能性が高い。『古事記』は、八世紀に入って編纂されているので、内容は神話時代のことでも、生活描写は箸が普及してからのものである。この物語の書かれた時代の人々は手近にある木の枝で箸を削り、使用後は川に流して(納めて)いたのであろう。

『万葉集』(巻九―一八〇四)には、

父母が　なしのまにまに　箸向ふ　なせ(弟)の命《みこと》は　朝露の　消《け》やすき命《いのち》……

とあって、両親から生まれて、「二本の箸のように揃って育てられた弟」が亡くなったことを悲しんでいる。この場合の箸もピンセット状の折箸とする説があるが、やはり、一方が欠けたら役に立たなくなる箸のように重要な存在であった弟、という意味で、二本箸を譬えにして詠んでいると考えられる。『万葉集』は七、八世紀の作品を中心に編集したものであるから、その頃には二本箸が用いられていたことがわかる。

また『日本書紀』崇神天皇一〇年(四世紀)に、三輪山の神に仕える巫女の倭迹迹日百襲姫命《やまとととひももそひめのみこと》が、主神の大物主神《おおものぬしのかみ》の正体を知った悲しみのあまり、陰《ほと》を箸で突いて亡くなり、その葬られた墓を箸墓と名づけたという話がある。『日本書紀』の成立は七二〇年であり、その頃までに普及しはじめていた箸を使った描写になったと思われる。箸墓は奈良県桜井市に現存している。

以上により、わが国では四世紀から八世紀の間に、箸が使われるようになっていたと推定される。

平安貴族の箸・匙

大陸文化吸収に積極的であった奈良時代から平安時代に入ると、大陸文化を同化し、それを一層日常のものにしようとし始めた時代といえる。

この時代の文学作品には、貴族社会の箸の描写が見える。

『宇津保《うつほ》物語』（九七〇年頃）「蔵開《くらびらき》　上」には、主人公仲忠の妻、女三の宮の出産にあたって、産養《うぶやしない》（産後、三、五、六、七、九日に行なわれる祝宴）と生まれて五〇日目に行なわれる祝いにお里である宮中関係からの贈り物について次のように記されている。

……銀の桶二つ、同じ銀製の柄杓を付けて、一つには白粥、もう一つには小豆の赤粥、銀の盌八つに粥に合わせた魚料理四種、野菜料理四種を盛ったのを、大きな沈《ぢん》（香木）の折櫃に入れ、黄金の食器の大きなの小さいの、銀の箸をたくさん取り揃えお届けになった。

清少納言は、『枕草子』の二〇一段に次のように書いている。

心惹かれるもの……もののうしろ、障子などをへだてて聞いていると、御食事をなさっていらっしゃるのであろうか、（金属製の）箸、匙などがふれあっている（原文、鳴りたる）音がするのも興味深い。（お酒をお注ぎしているのであろうか）ひさげ（酒器）の柄（弦状）の倒れる音も耳に入ってくる。

とあって、金属の箸・匙がふれあって出る音から華やかな食事の様子が想像される。

また、『源氏物語』の「宿木《やどりぎ》」の巻に、宮中で藤花の宴が催され、その折の饗宴の様子が書かれている。

……沈の木の折敷《おしき》が四つ、紫檀の高坏、藤色の村濃《むらご》（濃淡斑染）の打ち敷（折敷や高坏の上に敷くもの）には、藤の花の折り枝が刺繡してあった。白銀《しろがね》の様器《ようき》に、瑠璃の御さかずきと瓶子《へいし》は紺瑠璃（紺色のガラス製）であった。

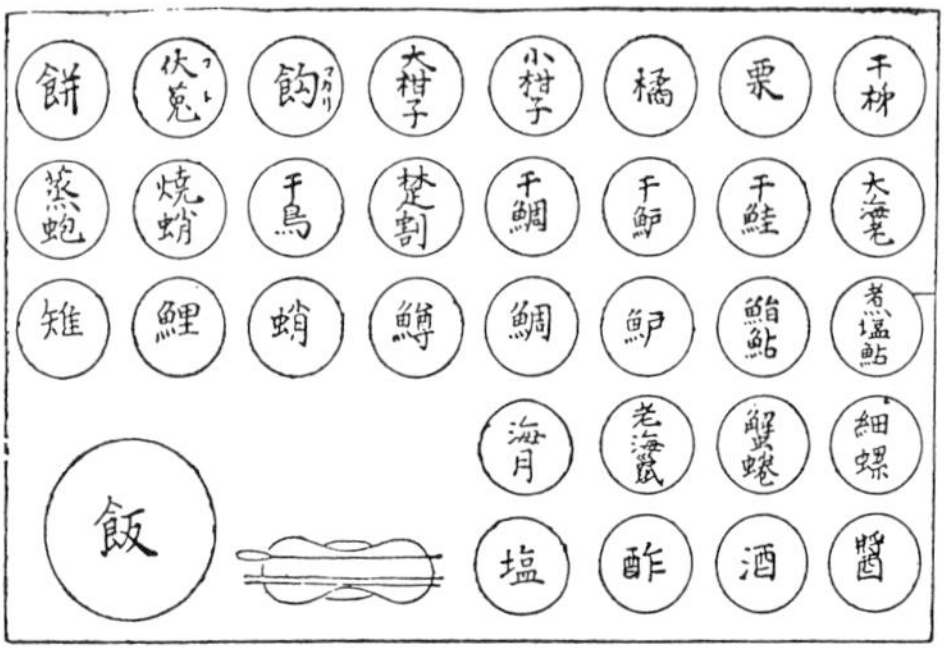

2-2　貴族の箸・匙
（「類聚雑要抄」より）

とあり、この時代の貴族の食器の豪華さを偲ばせる。「白銀の様器」とは銀製の食器のことで、おそらくそこには白銀の箸匙が揃えられていたにちがいない。

　これらから察すると、当時の貴族社会では、中国の金属製の箸、匙に倣って、唐様式の台盤で食事がなされ、盛饌の膳には、楚割《そわり》、蒸鮑《むしあわび》などがおかれ、四種器という調味料入れには、塩、酒、酢、醤《ひしお》が用意され、そこに銀箸と銀匙が並べて置かれていた（図2-2）。箸は食べ物を口に運ぶために、匙は調味料をかけるために使われたようである。

　同じ時代の『延喜式』や『玉葉』のような実録には、定着した箸の情報が入っている。

　『延喜式』（九〇五年編纂、九六七年施行）の「神祇六　斎院司」の斎王の雑物関係の項に、膳器として

　　銀箸三具、銀匕（匙）二柄、銀箸台二口

また同じ項の人給料の項に、

　　白銅箸四具、白銅匕八柄

などの記載があり、また「内匠寮」の賀茂初斎並びに野宮装束の項には、

　　銀箸三具（各長さ八寸四分）料、銀小十二両。和炭三斗。長功（夏）三人、中功（春・秋）四人半、小功（冬）六人。銀匕（匙）二柄料、……。銀箸台二口料……。白銅箸四具料、白銅大八両……。白銅匕

八柄料……

と、これらを造る原料や人手の記録がある。「大膳」や「内膳司」には箸竹の記録がある。箸竹は、「六月神今食」の準備に延べ二六二人（五位以上の位の人を除くと二四二人）の給食用箸竹八〇株とあったり、「雑給料」では六位以下の人二六〇人に箸竹二六〇株とあったりして、これは、箸竹一株が箸一膳を指すのか、あるいは同じ箸をくりかえし使う場合と一人一膳ずつ支給する場合の違いがあるらしいが、箸用の竹が準備されている。ここには、参議以上や五位以上の人たちの用いる箸の記載がないので、五位以上の人には斎院の場合のように金属の箸匙が用意されていたと思われる。

『延喜式』には貴族用の銀箸や六位以下の人たち用の箸竹の記録はあるが、これに関係があると思われる遺物は発見されていない。平城京から発掘される箸は檜の削り箸で、建築物の端材で作られたと思われる。平城京から長岡京を経て平安京に貴族の生活拠点が移動したが、竹の箸の存在の確証はない。

『厨事類記』（一二九五年以降）の「調備部」には、

御箸匙について、銀の箸匙と柳の木箸匙を各御箸台あるいは馬頭盤に置く。銀箸は（食前に御飯を供えるのに）三回とるだけに用い、木箸は御飯と珍味用に、銀匙は汁を汲むのに、木匙は御汁漬に用いる。木の箸匙は銀の箸匙よりも小さく作る。

とあり、一二世紀の上流社会では食事に唐様式の金属の箸が使われ、箸の材質によってその使い分けがあるほどになっている。

平安時代の庶民の箸

『信貴山縁起絵巻』が出来上がったのは一一五〇年といわれるが、そこには庶民の生活がリアルなタッ

2-3 『信貴山縁起絵巻』

2-4 『粉河寺縁起絵巻』

2-5 『病草紙』

2-6 『酒飯論』 点心を作る様子

チで描かれている。第三巻の「尼公の巻」には、故郷の信濃を出て消息を絶っている弟の僧命蓮《みょうれん》を探して、姉の尼公が奈良の都にのぼる道中で、尼公が村人に弟の消息をたずねている場面に、童が手に箸と椀を持っている（図2-3）。当時の庶民は、平安時代の宮人の金属の箸・匙とは違って、竹か木製の箸と椀を使って食事をしていたことがわかる。

　また、平安時代後期の作とされる『粉河寺縁起』には猟師の家の食事風景が描かれている（図2-4）。『信貴山縁起』は村里の生活を、『粉河寺縁起』では猟師の生活を描いている。ここでは食事は手食であり、猟師は左手に獲物をおろすための真魚《まな》箸を持っている。この箸はピンセット状の折箸ではなくて、二本になっている箸である。

2－7　『酒飯論』　武家の本膳を作る様子

2－8　『酒飯論』　僧侶の宴の様子

同時代の作とされている『病草紙《やまいのそうし》』には、大盛りのご飯に立てた二本箸が描かれている（図2－5）。平安時代も後期になると記録も豊富になり、匙と箸を食卓に配していた貴族の社会とは異なって、庶民にいたるまで二本箸が使われていたことがわかる。

鎌倉・室町時代の箸

鎌倉時代（一一九二～一三七八年）に栄西や道元によって広められた禅宗は、将軍や諸大名の間に帰依するものが多く、その精神修養の一端である精進料理が寺院から一般に普及した。精進料理は煮る料理やすり鉢料理を発達させ、『病草紙』にあるように庶民生活の中に入って来た。

室町時代に描かれた『酒飯論』（一五五〇年頃の作）の絵巻には、当時の点心を作る様子（図2－6）や、武家の本膳を作る様子（図2－7）があり、真魚箸や菜箸が用いられているのがわかる。この時代に入ると、平安時代の形式的な冷めた料理と違って温かい料理を供することに意を用いるようになり、料理の種類が増えてくる。僧侶の宴（図2－8）では膳椀形式が上流社会に定着した模様で、給仕する僧の運ぶ飯櫃の上には飯を盛り分けるための大きなしゃもじがのせられていて、個人用の匙は描かれていない。

この時代には、平安時代の上流階級で見られた箸と匙を用いる習慣はなくなり、銘々膳が普及し各自の膳には箸のみが配されている。食品は食べやすく調理されているので、箸だけで口に運ぶことができる。箸の「きりはなす」、「つまむ」、「はさむ」、「はさみきる」、「すくいあげる」、「まく」、「ひきはなす」などの機能は、匙の機能にくらべて多様性、即応性のある点から、自然に箸のみが使われるようになったと思われる。

三　東南アジアの手食と箸

中国では早くから箸が使われており、それは東方へは朝鮮半島、日本へ、南方にはベトナムにも伝えられた。

ベトナム

ベトナムは、紀元前約四〇〇〇年も前から米作が行なわれていて、年に二回（現在では四回も可能）収穫ができる。秦の時代（紀元前二二六～同二〇六年）や前漢時代（紀元前二〇二～紀元後八年）から交流のあった中国文化の影響をうけて、東南アジア諸国のうちでも主として箸を使う国になっている。中国の地続きであるラオスやカンボジアなどは深い山岳地帯で交流がさえぎられるが、中国と海岸伝いに行き来のできるベトナムは、地形的にも海の幸、山の幸に恵まれて、その上、有数の米作地帯を持っているので、生活様式は中国と共通点が多い。料理は陶器の大ぶりの碗に盛り、箸を使う食事様式になりやすかったと考えられる。

鳥越憲三郎氏によると、もともと揚子江流域にいた越人が、紀元前四世紀以降ベトナムへ移動したという。最も影響が強かったのは、漢の武帝の頃（在位紀元前一四一～八七年）で、その頃の中国ではすでに箸が使われており、朝鮮半島へ中国から匙が伝わった紀元前五〇〇年頃よりも遅い時代であったから、ベトナムでは匙よりも主として箸が伝播したと考えられる。

箸について、駐日大使館の文化担当マック・ティ・タイン女史にうかがったところ（一九八〇年）によると、上流階級は象牙の箸か白い箸（木製）で、庶民一般は竹箸を用い、各家庭で必要に応じて竹を割って作ることもあるそうである。形状は丸箸で日本の利久箸のように両方が細くなっているものもあり、長さ二七センチ位、箸先の径〇・五センチ位である。家庭では素木の箸を使うことが多いが、食堂などでは赤色、黄色などの塗箸が使われているということである。おみやげ用には紫檀や鉄刀木《タガヤサン》の箸がある。

ラオス・カンボジア・インドネシア

ベトナムとよく似た料理を作る隣国のラオス・カンボジア周辺の東南アジア諸国では、手またはフォークおよびスプーンを用いて食事をしている。サテ（焼きとり）のように串にさしたり、ホーモク（バナナの葉を器にした茶碗蒸し風料理）のように、箸がなくても食べられる形の料理が多いので手食が主となっている。また、飯の上にスープをかけたり菜をのせたりして味をしみこませ、一口分ずつ指でまるめて食べる。

この手食のマナーは、紀元前後からインドより入った。東進したインド文化はマレー半島から太平洋上の島々へ伝播したのである。箸の中国文化がベトナムから太平洋上へ出るのは、手食のインド文化より遅かったことと、東南アジアの島々では箸に利用しやすい適当な木々や竹の種類が少ないことも箸が普及しなかった原因の一つと思われる。現在、インドネシアのサテなどに竹串が使われるが、これが箸の形にならなかったのは、すでに浸透していた手食文化が箸を必要としない食べ方を発展させていたからである。

大航海時代に入って、一六世紀頃からヨーロッパの影響が強くなり、ヨーロッパの食法であるナイフ・フォークがもたらされたが、東南アジアの食材や調理法がナイフを必要としないので、主にスプーンとフォークが普及していった。

これらの地方は食品の種類や調理法では中国と類似しており、獣肉料理は包丁と俎で一口大に切ってから、また、やわらかい魚料理が主体であるからナイフの必要がなく、スプーンとフォークで事足りるのであろう。このようにインドシナ半島も含めてベトナム以外の東南アジアは、中国文化とインドやヨーロッパ文化の接点ともいえ、食事様式には手食や箸食の地域、またスプーンやフォークを使う地域がみられるのである。

箸を使う国々には、箸の発祥の地である中国の影響を受けながら、朝鮮半島のように現在も匙と箸を併用したり、日本やベトナムのようにほとんど箸だけで食事をしている国がある。箸を使って食事をするといっても、日本や朝鮮半島の家庭では箸は個人用のものがきまっているが、中国やベトナムでは特にきまっていない。日本では、直箸《じかばし》（大皿から自分の使っている箸で直接料理を自分の皿にとること）をしないで、料理を取り分けるための取箸を別に用意する。朝鮮半島では匙でご飯と汁物をとり、箸はおかずをとるように使い分けている。そして日本では食器を持ち上げて食べるが、朝鮮半島ではそれは不作法なこととされる。汁物であっても器を持ち上げて直接口につけてはいけない。それで匙が使われる。直接口につけてよい食器はコップや茶碗（茶とかコーヒー）だけである。これは中国でも欧米でも共通している。同じ箸を使って食事をしても、マナーはそれぞれの国によって独自のものをもっている。

四　ヨーロッパのナイフ・フォークと箸

ヨーロッパのストーブや暖炉のまわりにはフォーク状の火搔棒とシャベルがあり、日本のいろりや火鉢には火箸があって火の調節に使われる。手を介して火を扱う道具の形は食卓の道具と同じである。手食から箸食と同様に、手食からナイフ・フォーク食への移り変わりはどのようであったか、また、ナイフ・フォーク食文化圏の人たちから見た箸食文化はどのように映ったのであろうか。

手食からナイフ・フォーク食へ

ヨーロッパでは紀元前より手食で、古代ギリシャでは、食事中に汚れた指を、ミロンとよぶ小麦粉のドゥで拭い、汚れたドゥは床に落とすことになっていて、それを犬や家禽が拾って食べていた。一七、八世紀の会食者たちは、ナイフを持参して宴会に臨んだ。テーブルには何人かに一本のスプーンが置かれ、フォークはなく、やはり手食であった。

ところが、紀元一世紀から四世紀頃までのローマ帝政時代の遺跡関係の発掘品の中にフォークの出土品がある。その時代の北端の植民都市コロニア・アグリピネンシスといわれたドイツのケルンにあるローマ・ゲルマン博物館には、二、三世紀頃のものといわれるフォークがある。二〇センチ弱で象牙製と銀メッキ製の二叉のフォークが、それぞれ同じ材質の象牙製のスプーンと共に、もう一種は八から一〇センチの小型の二叉のフォークがあり、ちょっと摘んだり、エスカルゴを引き出すのに用いられたらしいとされている。もう一方の、ローマ帝政時代には全ガリア属州会議の開催地とされたルグドゥム、現在の南フランス、リヨンのガロ・ロマン文明博物館にも三、四世紀頃のものと推定される食器類の展示があり、その中に青銅製の二〇センチ弱の二叉と三叉のフォークが、ソーススプーンに似た浅い幅広のスプーンと一緒に展示されている。

また、ケルンの町の薬局の主人のコレクションで、一〜二世紀のものという、長さ一七、八センチ位の青銅製の小さな耳掻き様スプーンと、先に小さな二叉のついたフォーク様のものと、同じ長さの細いナイフなどがある。薬品を調合するのに用いていたらしいということから、手の補助をする器具類は早くからあり、手食の中にもフォークが用いられる機会はあったと想像される。ガリア人は紀元前から金属鉱業に優れていたが、その時代には食卓に常時ナイフ・フォークがあるように、それらが量産されるような状態ではなかったと思われる。ローマ帝政時代の衰退と共にこれらの文化も隆盛には至らなかった。

一一世紀頃のイタリアの僧院でナイフ・フォークを使って食事をしている絵がある。使われているのは二叉のフォークで、イタリアでは僧院のような知識階級の間では早くからフォークを使っていたと思われる。一般には一五、六世紀頃まではテーブルの上には肉を切る共用のナイフだけがのせられ、手食が主で、食前食後の手洗いは守られていた。人の見ている前でも念を入れて洗う様子を見せたといい、それがフィンガーボールとして残っている。

フランス国王シャルル五世（一三三七～八〇年）の一三八〇年の財産目録には、ナイフ五〇〇挺、スプーン七〇個に対し、フォークは一ダースしかなかったとある。当時のフォークは二股（二叉）で、柄は銀、水晶とか琥珀製、ナイフと一対というわけではなかった。近世までは、通常は手食で、そのためにナプキンやフィンガーボールが必要であったのである。

フォークをナイフと一対で食事に用いるマナーがフランスへ入ったのは、一五三三年にオルレアン公、後のフランス王アンリ二世（一五一九～四七年）に嫁いだイタリアのカトリーヌ・ド・メディチ（一五一九～八九年）が伝えたからとされる。イタリアのフィレンツェから外国であるフランスの王族に嫁ぐカトリーヌのために、メディチ家出身の、時の教皇クレメンス七世（在位一五二三～三四年）が数々の支度品や贈り物を用意させ、フィレンツェから大勢の料理人や給仕人を伴わせ、したがって料理道具、料理法、料理作法が伝えられた。さらに、一六〇〇年には同じメディチ家からマリーがアンリ四世（一五五三～一六一〇年）に嫁ぎ、イタリアルネッサンスの文化を伝えるのに功績があったといわれている。今日のおいしく優雅なフランス料理文化へと洗練されていく出発点はここから始まる。

イギリスには、フランスより遅れて、一六〇八年にイギリス人のトーマス・コリアットがヨーロッパを旅行していてフォークを知り、これを本国に伝えたといわれている。フォークが庶民に広く使われるには時間がかかり、中世の人々は、肉類を切るナイフは愛用したが、手食が主であった。この時代は今日と同じように食卓につく前に手を洗ったが、食後にも手を洗わなければならなかった。

ナイフ・フォークがセットとして用いられるのは一七世紀以後で、二〇世紀前半でも庶民の日常の食卓にフォークは必需品ではなかった。

春山行夫氏によれば、エラスムスの『作法書』（一五三〇年版）には、手づかみで物を食べると指は脂気などで汚れるので、
口でなめたり、上衣でふいたりするのは下品で、テーブルクロスで拭うのが最も上品である。

また、ジャン・シェルピルスの書物（一五四五年刊）に、
肉は三本の指でつまみ、あまり大きな塊りを口にいれないこと。皿にいつまでも手をつっこんでいないこと。

とあるそうである。

テーブルクロスで拭っていたのが現在のナプキンに発展していった。ヨーロッパ風のテーブルセッティングではテーブルクロスとナプキンが重要視される。家庭ではナプキンに、使う人のイニシャルを入れ、ちょうど日本での箸と同じように個人所属になっている。

食事をする一人一人に皿が置かれ、ナイフ・フォークがセットされて、メニューに添って食器も変わる

現在のディナースタイルがとられるようになったのは、意外に新しく、一八世紀に入ってからで、温かい料理を温かいうちにテーブルに運ぶロシア宮廷での様式が始まりであるといわれる。

一六世紀にイタリアからフランスに伝えられたナイフ・フォークのマナーは、料理の発展と共にヨーロッパに定着していったが、一般家庭で手食からナイフ・フォーク食になるには、長い年月を要している。

以上のように、中国で手指に代わる道具である箸を用い始めたのは、紀元前三世紀頃からで、普及したのは紀元一世紀以後と想像されるが、最初は熱い羹の中の菜（汁の実）をとるのに手指では不可能であったので木切れ（梜）や竹切れ（箸）を使っていたのが、食事全般に箸を用いるようになっていった。箸ではなくて餐叉（フォーク）でもよいわけであるが、手近にあって加工せずに使える木の枝や竹を利用し、一本では食べ物をつまめないので二本を使うようになっていったと思われる。

箸を使う国々の料理の特徴は、料理に使われる食品の種類や性状が多様で、食品があらかじめ箸でつまんで口に運べるくらいの大きさに切ってあるか、箸で圧し切れるくらいの柔らかさに加熱されたり、いったんつぶして糝薯《しんじょ》のようにまとめたりしてある。日本料理では、調味や調理法が多彩で、各料理は深さのある器に盛られ、飯と菜を交互に口に運ぶ食様式で、個々の料理の味を楽しむ風習があり、箸が一層必要とされるようになったと思われる。

ヨーロッパでは手食からフォークを使うようになったが、最初は、肉を焼くのに使っていた食品を刺す道具を食卓用にしていったと思われる。フォークは使ってみれば手指を食べ物の脂で汚すことなく、不快感から解放され、便利を感じたであろう。ヨーロッパ圏では、近世になってから、手食からフォークという道具を使って食事するマナーになったのである。箸を使い始めたのは、紀元前からであるから、ナイフ・フォーク食の歴史に比べて箸食の歴史はずいぶん古いものといえる。

宣教師と箸食文化

平安時代になると遣唐使が廃止され、唐様式の文化は同化されて、わが国の実状に調和した文化が形成されるようになった。室町時代には、茶道の発達にともない懐石料理が興り、一方俳諧、連歌の会の会席料理も洗練されていった。四季おりおりの新鮮な海の幸、山の幸を選んで、その食品の持ち味を最大限に生かすように繊細な調理がなされ、美しく盛り付けされた日本料理は箸の必要性をいよいよ高めることになった。日本における箸はその機能性をより生かせるように、他の箸文化圏の国々の箸よりも先が細くなり、こまやかな箸さばきができるようになった。このような文化を背景として二本の箸を使って食事をする様式は、箸食文化圏以外の人たちがわが国を訪れたときに話題となる。

一五世紀から一六世紀にかけては大航海時代と呼ばれるように、ヨーロッパでは発展の道を東方に求めた。そのために、日本へはポルトガル、スペイン、やがてオランダから、キリスト教布教あるいは通商の目的で宣教師、貿易関係の人たちが渡来するようになった。彼らは初めて接する異文化、日本についての記録を残し、その中には箸を用いて食事をすることが興味深く述べられている。

ポルトガル人で一五六三年に来日して信長にも謁見し、京都を中心に布教に努めたルイス・フロイス(Luis Frois、イエズス会司祭、一五三二〜九七年)は、日本とヨーロッパの風俗習慣の相違を『日本覚書』に記している。その第Ⅲ章「児童、およびその風習に関して」では、

われらにおいては、四歳児でも、まだ自分の手で食べることができない。日本の子供は三歳で箸を使ってひとりで食べる。

そして、第VI章「日本人の食事と飲酒の仕方について」で、第一番にあげたのは、
　われらは、すべてのものを手で食べる。日本人は、男女とも、幼児の時から二本の棒で食べる。

である。
　フロイスは、ヨーロッパではまだナイフ・フォークが一般的でない一五四八年に、一六歳の若さで手食のマナーのインドに渡っているので、フォークの記述がないのであろう。一七世紀初めに、すでにフォークを用いていたイタリアを旅行したイギリス人トーマス・コリアトは、「皆が口にする肉に手で触れてはいけないきまりであった」と報告したという。彼はイギリスにはじめてフォークを持ち帰ったが、一九世紀になってもイギリス庶民の中には頑固にその使用を拒んだ人がいたそうである。イタリア、フィレンツェのカトリーヌ・ド・メディチがフランス宮廷にナイフ・フォークのマナーを伝えたのが一六世紀初頭であるから、フロイスは日本にきたときに、三歳児でも二本の棒で食事をするのを見て、違った文化の存在を強く感じたことであろう。
　すべてのものを手で食べていたフロイスは、
　われらは、食事の初めと終わりとに手を洗う。日本人は食物に手をふれないから手を洗う必要がない。

と書いている。
ルイス・フロイスの『日本覚書』では、当時の日本の様子が、かなり客観的にフロイスの経験したヨーロッパと比較されている。第II章「女性、その風采と衣服に関して」の中に、「われらにおいては、女性が文字を書く心得はあまり普及していない。日本の貴婦人においては、もしその心得がなければ格が下がるものとされる」と記述されていることからも、日本を観察するのに偏見のないことがわかる。
　さて、食事関係では、先にも述べたように、まず「手食」と「箸食」文化の出会いがある。そして、

「われらの食卓は、食物の運ばれて来るまえから置いてあるが、彼らの食卓（膳あるいは折敷《おしき》のこと）は、食物と一緒に台所から運ばれて来る」、「われらの食卓は高く、テーブル布とナプキン（手食の彼らには必需品）とがあるが、日本の食卓は、漆を塗った大型の盆（膳のこと）で、方形で底が浅く、ナプキンもテーブル布もない」、「われらは食事の際に椅子に腰かけ、脚をのばすが、彼らは脚を組んで（正座か、あぐらをかいて）、畳の上か地面かに座る」、「彼らの料理は、すべて一緒に（一の膳だけ）か、さもなくば三つの食卓（本膳、二の膳、三の膳のこと）に分けて出されるが、われらの料理は、少しずつ（料理のコースに従って）運ばれて来る（日本料理でも、懐石や、お通しものでは膳が一つで、料理はコースにしたがって運ばれる）」、「われらにおいては、くちゃくちゃと音を立てて食事をしたり、葡萄酒を最後の一滴まで飲み干すことはいやらしいこととされているが、日本人は、内々ではそのいずれをも立派なこととみなしている」、「われらにおいては、スープや米飯を食べるのに使った陶器を、洗いもせずに飲むのには使わない。日本人は米飯の合器《ごうき》の中の汁を捨てたそのあと、同じもので湯を飲む（日本では使用した食器をこうして濯ぐのはマナーである）」等々。

食べ物のことでは、「われらの常食は小麦粉のパンで、日本人のそれは塩を抜いて炊いた米である。われらはスープがなくても、けっこう食事ができるが、日本人は汁がなければ食事ができない。ヨーロッパの人たちは、焼いたり煮たりした魚を好むが、日本人は生で食べることをはるかに好む。われらは、犬を避け、牛を食べるが、日本人は牛を避け、薬と称してきれいに犬をたいらげる。われわれのところでは、植物の葉を食べて根を残すが、日本では、一年のうちの数カ月は、貧しい人びとが根（牛蒡や大根のことと思われる）を食べて葉を残す」等々。

酒について、「葡萄酒は葡萄の実からつくるが、彼らはすべて米からつくり、われらは葡萄酒を冷やして飲むが、日本ではそれをほぼ一年じゅう温めて飲む（お燗のこと）。われらは（食事が）始まるとすぐに酒を飲み始めるが、日本人は、ほとんど食事が終わったころに酒が始まる（お通しものでは料理の合間に酒の献酬があって、酒を終えてから飯と香の物、湯桶で終わる）。そして、われわれは、酒を他人から強要されないで、各自のペースで飲むが、日本では、たがいにひどく無理じいしあうので、ある者を吐かせ、ある者を前後不覚にさせることになる」等々。

発酵食品について、「われらは、乳製品、チーズ、バター、骨の髄などを喜ぶが、日本人は、これらすべてを嫌悪する。悪臭がひどいのである。われらは、食物にさまざまの薬味を加えて調味するが、日本人は、米や腐敗（発酵）した穀物を塩と混ぜた味噌を用いて（調味）する。われらにおいては、魚の腐敗（発酵）した臓物（塩辛類）は嫌悪すべきものとされるが、日本人はそれを肴として用い、非常に喜ぶ。われらにおいては、腐敗した肉を食べたり、贈ったりするなどは、侮辱となるが、日本では、そういうものを食べるし、たとえ悪臭を放っていても（塩辛類やくさやなど）、恥じることなくそれを贈る」等々（以上、文中（　）内は著者注）。

もし現在、二〇世紀末の日本にフロイスが来ていたとすれば、これほど対照的な相違点を見いだせたかどうか。彼が接した日本の人たちの食事には、銘々膳に米飯と汁とさしみと漬け物があり、そして、箸が用いられていた。

フロイスより少し遅れて一五七九〜八二年に第一回目の来日をしているアレサンドゥロ・ヴァリニャーノ（Alessandro Valignano、一五三八〜一六〇六年、ナポリ生まれ、イエズス会司祭）は、『日本諸事要録』（一五八三年筆）に、新奇な風習として

各人はそれぞれ一人ずつの食卓（膳）で食事をし、テーブル掛け、ナプキン、ナイフ、フォーク、ス

プーンなどは何もなく、ただ彼らが箸と称する二本の小さな棒があるのみで、食物にはまったく手を触れることなく、きわめて清潔、巧妙に箸を扱い、パン屑一片といえども皿から食卓に落とさない。きわめて慎ましやかに礼儀正しく食事し、食事に関する作法についても、他の諸事に劣らぬ規則がある。

と書いている。ヴァリニャーノはイタリアの人であり、来日したときは四〇歳くらいであるからナイフ・フォークを知っている。

一六八九年に日本を訪れたフランス人宣教師ジャン・クラッセ（Jean Crasset、一六一八～九二年）は、すでに、フランスでナイフ・フォークが普及してから来日したのであって、『日本西教史』（一六八九年）に次のように記している。

日本人の食饌は清潔にしてかつ美を尽くしている。室内に入るには室内の敷物を汚さないために先ず履き物を脱ぐ。東洋一般の風習のように足を屈して坐る。食卓（膳のこと）は方形で低い脚がついていて、一人一卓である。料理のかわる毎に新しい器に盛られてくる。布巾（ナプキン）を用意していないのは、食卓がたいそう美しいからで、オランダ最上の布でも匹敵しないからである。食卓は松杉の板で作り、（模様を）描いたもの、漆を施したもの、金銀をちりばめた蒔絵のものもある。

……食卓にナプキンやテーブルクロスのないのは前述の通りであるが、また、肉叉（フォーク）、匙（スプーン）、小刀（ナイフ）等も用いず、唯、箸を用いて肉叉に換える。その箸を用いるのはとてもスムースで、便利で、肉を取り落とすことなく、手指を汚すこともない。箸は象牙、杉樹あるいはその他の香木を用い、長さ一尺ばかり（約二八センチ？）ある。

と記していて、ナイフ・フォークで食事をする人たちにとって、箸一膳で食事の初めから終わりまで、さまざまな料理をこなす日本人の所作は珍しかったと思われる。

一六九〇年から九二年にかけて日本に滞在したエンゲルベルト・ケンペル（Engelbert Kaempfer、一六五一〜一七一六年、ドイツ人医師）は、オランダ東インド会社の船医としてオランダ人の日本商館長の江戸参府に随行した時の見聞をもとに、『日本誌』を著した。長崎から江戸に到る道中の往復に見られる当時の民俗や、産業、経済事情、幕府の外交姿勢などが詳細に記されているが、その道中は従者によって食卓が整えられていたらしく、箸、匙の記録はない。将軍（綱吉）に謁見した折に、将軍の要望に応じて、ケンペルの言葉を借りれば「命ぜられるままに猿芝居をやらざるをえなかった。……われわれはこのようにして二時間も、ていのいい見せ物になった」後、

われわれ各人に日本料理を載せたお膳が運ばれた。お膳にはナイフとフォークは付いておらず、その代わりに箸が付いていた。われわれはほとんど食べなかった。

のである。これは、単に箸でどのようにして食べてよいのかわからなかっただけではなくて、命じられるままに歌ったり、踊ったり、酔っぱらいの真似をしたりしなければならなかったという、不本意な出来事の後であったからであろう。

一九世紀に入って、作家であり官僚でもあるロシア人ゴンチャロフ（Ivan Aleksandrovich Goncharov、一八一二〜九一年）は『日本渡航記』（一八五三年八月から五四年二月まで数回布教に来日した際の記録）に、長崎でロシア側の提督と幕府の全権たちとの会食の記録を述べている。

日本の食事！　私はこれまで非常な憧れをもって、他所の食事、つまり他民族の食事の記録を読んで、些細な点まで夢中になったものである。

……客の一人一人にロシアの貴婦人の足台位の大きさの、赤塗の膳（一人に六膳）を運んできた。

……どの膳にも漆塗の木の椀がぎっしりと並べられ、……椀にはそれぞれ木製の皿で蓋をしてあった。青い陶器の普通の碗もあったが、どれにも食物が盛られていた。これだけのものに、小さな棒が二本添えてあった。私は硬い食物も軟らかい食物も食べられそうにない、先の鈍い、滑らかな、白い編み棒を眺めながら考えていた。いったい何で、どんなに食べるのだろう。私の隣席のウニコフスキー君も同じ思いだったらしい。そして腹の方に催促されたらしく、二本の棒を取り上げて憂鬱そうに眺め回していた。全権たちは笑って、とうとう食事にかかることになった。その時、給仕が入ってきて銀のスプーンとフォークを盆に載せて私たちのために運んで来た。

……私の隣席の人は箸で食べて見ようと努力して、まわりの日本人たちを笑わせた。……私は三椀目までは（箸で）試食したが、後は一本のスプーンで食べた。

この宴席での料理について、作家の目で詳細・正確に描写されていて、彼はフロイスやケンペルの著書からの予備知識をもっていたが、それでもすべての経験が新鮮であったと思われる。一九世紀になれば日本側もナイフ・フォークを用意する気遣いもできるようになり、この会見はゴンチャロフ側も日本側代表の態度も人間味が溢れていて、箸とフォークの間にある文化の交流に心温まるものを感じる。

ゴンチャロフは、「日本人は西洋皿もスプーンも見たことがなく、今まで、二本の箸で食事をし、吸物は椀を口に当てて直接飲んでいたのであるから、我々が、初めての箸でとまどうのもお国柄の風習の違いにすぎない」とみている。

一七世紀以降にナイフ・フォークが普及したヨーロッパ人の概念では、食事に、手でなくて持ち方のむずかしい細い二本の棒だけを用いることは驚きであったかもしれない。彼らが日本に来るまでに立ち寄った中国では、箸の他に匙も使用されていたし、東南アジアでは箸は使われていなかったのである。

留学生と箸食文化

二〇世紀後半になると、世界の交流は密になり、異文化に接する機会も多く、お互いに理解を深めることができたといえる。

一九九五年六月、アメリカ、コネチカット州立大学の学生一五人と調理実習を通して交流する機会があった。次のような日本料理の献立で実習をしてもらい、現代のナイフ・フォーク食文化の人が箸についてどのように感じるか尋ねてみた。

初夏の家庭料理

献　立

焼きもの	鯛の白皮焼き ふき、はじかみ	吸いもの	よせ卵、そうめん 花えび、みつ葉
和えもの	青菜の胡麻和え	御　飯	わかめご飯
揚げもの	アスパラガス、夏野菜 と小柱のかき揚げ	香のもの	胡瓜、きゃべつ しその即席づけ
煮もの	茶碗豆腐 しし唐	果　物	西瓜
		甘　味	鮎焼き

箸を用いた感想については次のようなアンケートを行なった。

問一、日本料理はお好きになりましたか。

問二、初めて箸を見たとき、どのように思いましたか。

問三、箸を使った感じはいかがでしたか。

問四、アメリカの食事とどのようなところが違っていると思われますか。

その結果、日本料理の特徴を「目に訴える要素が大きい」、「盛り付けのデザインがすばらしい」、「量よりも味に重点を置いている」、「軽くて健康的である」と評価し、箸については、

・日本では箸をどのように使っているか興味はあった。
・初め箸を見たとき、大変単純であるのでびっくりした。
・初めのうちはむずかしそうで少し神経質になったが、真似ているうちに使いやすくなった。
・豆腐の中に入っているグリーンピースも箸でつまむことができるようになった。
・箸の使い方は、むずかしそうに見えたが、意外に素朴で簡単ですね。
・箸を使うのは面白い。
・箸は片手が空きますね。

初めて持った箸について、彼らの、使ってみると思ったより簡単であったという感想は予想外であった。また、「箸は片手が空きますね」という感想も、ナイフ・フォーク食の人たちの合理的な物の見方から気づいたのであろうが、意外な箸の効用を示されたという印象を受けた。片手に椀を持ち右手で箸を操ることは我々にとって自然の所作であるが、片手が空きますねと指摘されると、あらためて椀と箸は組み合わされたものであったことを別の角度から指摘された気がする。日本料理で、箸だけで食事をする理由の一つは、膳の限られた面積に数種類の料理を同時に置くために、深さのある椀や壺型の食器が用いられ、それらから料理を挟み上げたり、摘み上げるのに適していることがある。もう一つは、膳の位置が正座の膝の位置、折敷では膝よりも低い位置になり、食器を持ち上げて食べなければならなくなり、箸を右手に持ち、左手に器を持つことによって食事が円滑にできるようになっていることもある。

日常、ナイフ・フォーク食の人たちでも、箸は少し練習すれば十分使うことができるようで、食事用具としての合理性を肯定するものであると考えられる。箸は人の手に握られることにより道具として機能し、我々の手指は箸の機能が発揮できるような構造をしているのである。

世界で、食事にフォークを持つか箸を持つかに分かれたのは、一つには金属や石の文化と木の文化の違い、一つには狩猟生活と農耕生活の違いが食材料や調理道具、調理方法に表われたからであろう。俎の有無とか、大型獣肉の焼き物が主である場合と肉質の軟らかい魚の煮物が主である場合なども影響すると思われる。箸食とナイフ・フォーク食の違いがあっても、手食ではなくて、食べ物を口に運ぶのになんらかの食事用具を用いる点では共通している。

現在、日本では和、洋、中華とほとんど世界のあらゆる料理を取り入れた食事様式になっており、将来ますますその傾向は進むと考えられる。食様式上、スプーンやナイフ・フォークを使って食べる料理であっても、家庭では箸が用いられることが多い。

今までナイフ・フォーク食文化であったコネチカット州の学生たちに、初めて箸を使って日本料理の食事をしてもらって、箸が比較的容易に受け入れられる食具であることがわかった。

第三章　箸の種類

一五〇〇年近く、わが国で使われてきた箸には、材質や用途の上から多くの種類がある。箸文化圏のアジアの国々にもさまざまな種類の箸がみられる。

箸の種類を材質別にみると、日本では素木《しらき》が多い。現存するもっとも古い箸は檜材の素木である。板葺宮や平城宮で発掘された箸はみな檜材であった。これらは、立派な材木を箸材として使用するよりも、建築用材の端材《はざい》や建て替え時の廃材で作られる場合が多く、後の割箸の創意も植林の間引材《まびきざい》や樽製造時の木皮《こわ》の活用であったように、他に用途のない捨てられる運命の木片が箸材に使われた。そして、祭祀や祝事に使われた素木の箸と同様に、使用後はそのまま、または灰にして地中に埋め自然界に戻された。

平安時代になると、貴族の間では金属の箸が使われていた。

江戸時代には、西川如見《じょけん》の『町人囊』（一六九二年自序、一七一九年刊）に、殷の紂王の象牙の箸の奢りから将来を憂えた賢人箕子《きし》の話に触れた中に、

……唐土の天子であるから常に象牙の箸を用いても奢りという程のことではないが、天子といえども古えは象牙の箸を用いたりしないで、竹または木の箸を用いたと思われる。近頃は、中国から象牙の箸はいうに及ばず、瑪瑙《めのう》、琥珀《こはく》で作った盃やいろいろの彫り物が船で渡ってくる。今はそれを奢りとも珍しいともいう人はいない。延喜式の頃は角《つの》の挿し櫛は身分の高い宮廷の女性しか挿さなかったが、

今の時代は、女性は（身分を問わず）玳瑁《たいまい》や鼈甲《べっこう》の簪《かんざし》や櫛を挿していて、角の櫛など蔑まれて挿す人はいない。

とあって、象牙の箸も目に触れたかもしれないが、竹箸や木箸が通常であったことがわかる。谷川士清《ことすが》（一七〇九〜七六年）の『倭訓栞《わくんのしおり》』（初版一七七七〜一八三〇年、改訂一八六二〜八七年）には象牙や骨咄犀《ウニコル》（一角鯨の歯＝上顎前歯、かつて解熱剤に用いられた）や瑪瑙材の箸などがある。他に牛骨、鹿の角、鼈甲製の箸や、ガラスを細く引いた箸なども現われている。

現在、一般に使われている箸の材質の大部分は木か竹で、日本の文化は木の文化ともいわれるように、箸だけでなく木を用いた生活用具は豊富である。箸材は木に次いで竹、その他としてプラスチックがある。そして食事用の箸の九八％は塗箸である。

明治三九年（一九〇六）の『月刊食道楽』一月号と二月号に、現在も続く京都四条の箸の老舗、市原商店の当時の主人白鶴坊の箸の記事が掲載されている。概略すると、

箸の始めは竹の枝を、楊枝《ようじ》は柳の細枝を用いた。白箸の翁が禁裏（京都御所）御造営の残り木で箸を作り、市中の疫病除けに施した。日本でも中国でも金銀、象牙、鼈甲、唐木類など種々の箸があるが、千利休（原文、利久）は、堅い箸は歯によくないので、茶道で用いる箸は赤杉で製した。赤杉は清浄で匂いもよい。これを利久箸、一名数寄屋箸ともいう。一度限り用いるのが主である。赤杉は高価なので赤杉の削りかけを煮出して白杉の箸楊枝を染めたり、黍皮で染めたりする。

箸の種類はところによって名は変わり、しっかり定まった種類はないが、まず、楊《やなぎ》細箸（御所用、民間の吉祥用）、檜太箸（祝箸、両口ともいう。京都では雑煮用、吉祥用）、檜諸口（東京正月雑煮用）、楊両口（檜と同じ）、赤杉利久（大中ある、真正の赤杉は茶人専用、染め赤杉は各地御膳用）、その他楊片細

（仏事用）、小角楊枝、割箸（小判形、角形、長さは六寸七寸八寸、各種あり）、利久形赤杉楊枝と黒もじ楊枝（共に茶事用）、取箸（京都では菜箸、竹、木、大小あり）、竹楊枝（白竹、煤竹、関西専用）である。ここでいう楊枝とは爪楊枝ではなく、茶事で八寸や菓子の取箸に使われる楊枝である。もともとは平安時代以前から使われていた中国渡来の楊柳製歯ブラシを楊枝といった。わが国ではもっぱら黒文字の枝が用いられ、その長さは三寸から一尺二寸（『埃嚢鈔《あいのうしょう》』室町時代）まであり、使いやすい箸の長さが含まれている。この楊枝が茶道の発達と共に取箸にも利用されるようになったと思われる。一本で用いるときは楊枝、二本で用いるときは箸というのが原則である。現在でも和菓子に黒文字を添えて供される所以である。

日本の箸に使われる材質の種類は箸食圏の中では多い方であろう。風情を呼ぶ萩や、とくさ、しだなどの草も箸の材料に用いられている。このように、いろいろな材質の箸を季節や料理に合わせて選ぶ感覚は、豊かな美意識を育むことに通じる。

用途別では日常の食事用の箸の他、茶事の箸、取箸、菜箸、真魚箸、さらに神事用の箸などがある。

一　素木の箸

日本で古い箸は板葺宮出土の檜の箸であるが、平城京からも檜の箸の出土がある。これは平城京造営の際使用された檜の廃材を用いて削り出したものとされている。

箸が普及するに従って檜の他に杉、柳、竹、栗、欅、桜、紅紅木《べにこうぼく》、桑、一位、南天、栂《つが》、檳榔樹《びんろうじゅ》、月桂樹、斧折れかんば、くるまみずき、紫檀、黒檀、樅、松、ぬるで、榧《かや》、朴、栃など、また割箸の材料として、えぞ松、ポプラなど多くの材料が用いられている（図3－1）。

3－1　素木の箸（右より檜，欅，桜，紅紅木，桑，一位，白南天，つげ，檳榔樹，月桂樹，斧折れかんば，紫檀，黒檀）

箸が機械で大量生産されるまでは、地方では近くにある木を必要な時に削って使っていた。『和漢三才図会』（一七一二年頃）に

筯（箸）には、桑、槐《えんじゅ》がよく、杉、檜が次、椹《さわら》は臭気があるので不適、竹箸には多く漆を塗る。およそ異国人は匕（匙）を用いるが、本朝人は匕を用いず、ただ箸を用いる。

とあり、箸には特有の臭気がなくて、しなったりしないものがよく、桑と槐がよい、といっている。

箸の材料にされる木には、縁起に結びついているものが多い。桑は中国では中風除けと信じられ、箸や椀の材料にされる。槐は「延寿」に通じるとして床柱に使ったり、またこの若芽を食べると長生きするとされる。栂《つが》には家を継ぐ、名を継ぐ、一位の木は神主の持つ笏《しゃく》に用いられ一番位の高い木、柿は「かき入れ」の語呂合わせとか、枝いっぱいに実を成すので縁起がよい木とされる。そして、正月の祝箸に用いる柳は「家内喜《やなぎ》」と当て字され、木質は穢れない白さとしなやかで腰が強く折れにくいと喜ばれる。檜や杉には長寿の象徴としての「常磐木《ときわぎ》信仰」があり、それらを材料とする箸が生命を新しく改めることを意味する箸杉信仰につながっている。弘法大師（七七四〜八三五年）が通られた道筋では杉の銘木があって、食事に使われた箸を地面に挿して置かれたところ芽が出て大木になったという言い伝えが徳島県海部郡や奈良県山辺郡、宇陀郡など各所にある。

素木《しらき》の箸の中には、手頃の木の枝を切ったり、花のついた枝を使った花箸もある。『大和物語』（一〇世紀中頃）に、

良岑の宗貞の少将が外出の途上、雨に降られ、雨宿りをした先の女性の屋敷で、……岩塩を肴に酒を、庭の菜のひたしを茶碗に、箸には梅の花の満開の枝を折って、……

とあり、この花の枝には短歌が添えられている。月見の宴には萩の花箸があったり、箸にも季節毎の風流がある。

現在の箸は素木の美しさを失わないように、また水分がしみこまないように、透明な塗り仕上げがなされている。

檜の箸

これまで国内で出土された古い箸はほとんど檜の箸である。飛鳥板葺宮や藤原宮、平城宮などのように、宮殿の造営に使用される建築材は檜が主であった。その建築廃材を利用して、建築に従事したりする人の箸を作ったといわれている。檜は腐蝕しにくい性質もあって、出土する箸の材質には檜が多い。

伊勢神宮では、二〇年毎に遷宮が行なわれるが、以前には、旧宮で使用された檜材で箸を作り、参詣者に分与していた。

檜は帯黄白色、緻密で光沢があり、清々しい香りがして箸として良い材料である。また、耐水性があるので土中に残って出土されることが多い。

常緑針葉樹である檜、杉および松は長寿の象徴として、これらを材料とする箸は生命を新しく改めることに通じるとされている。

杉の箸（図3－2）

最近では檜よりも杉箸の方が用いられる。江戸時代以降、建築材や酒樽をはじめ種々の樽用材として檜よりも成長の早い杉が盛んに使われた。江戸時代に樽を作る時に出る廃材から箸が作られるようになった。間伐材も多く出るので箸材として最適であったが、現在では樽が作られなくなったことと、人件費高騰などのため間伐材が利用できなくなり、杉箸は非常に高価なものとなっている。

杉は柾目が通って割りやすく、美しい木肌と、さわやかな香りが好まれる。水に漬けて湿らせると、さらによい香りを放ち、材質が柔らかいので器にやさしく当たるのが特色である。

茶人千利休（一五二二～九一年）が一期一会の気持ちを込めて、客を迎える前に吉野杉の赤身を用いて一本一本、削り出したのが利休（久）箸である。箸の中央部（把持部）は平らで縁は面取りされ、両端に行くほど細くなっている。把持部の横断面は長方形の角を丸くとり、箸先の横断面は円形になっている。料理の前に充分水に浸し、膳に置くときには把持部の水分をよく拭っておく。こうすると料理のしみで箸が汚れることはない。

手作り杉箸

東季利氏（奈良県吉野郡下市町）は吉野杉箸を手作りする数少ない職人の一人である。毎日、箸を作り続けても注文に応じきれないほど依頼があるということである（一九八七年調べ）。手作りの箸は、手に持ってみて、なんとも言えないぬくもりがある。

杉の中心部分の赤い材質のところが上質とされる。形は、天削《てんそげ》、利久が主で、長さは八寸（二四センチ）および九寸（二七センチ）のものが作られている。作業台の上に九〇膳ほどの箸をのせて扇状に並べ、手のひらで水をかけながら、手ぎわよく一度にカンナで仕上げる。一つの面が終わり、次の面にかかる時は、

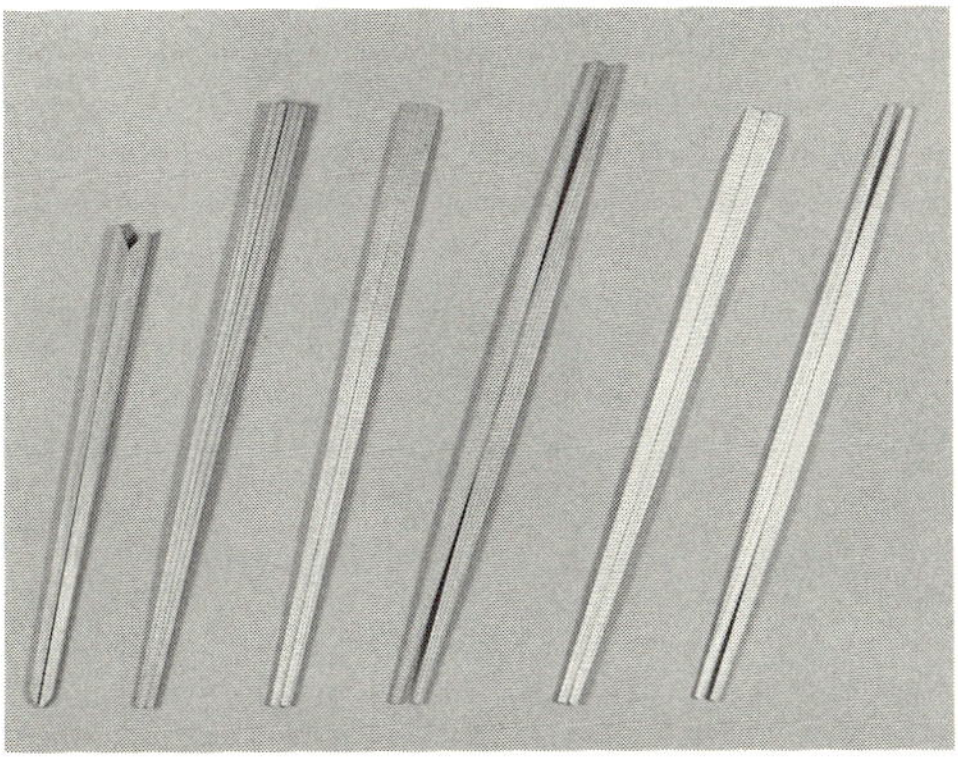

3-2　杉の箸（右より白杉利久箸，白杉天削箸，赤杉利久箸，赤杉天削箸，赤杉四方箸，赤杉矢筈箸）

3-3　赤杉で箸を作る東季利さん

かえし棒で一気に裏返す。見事な手さばきである。箸一筋六〇年（一九八五年取材）の経験を物語っている（図3-3）。

柳の箸

「柳に雪折れなし」といわれるように柳の箸は木質がしなやかで粘りけがあって折れにくく、軽くて削りやすく、木肌が純白、清浄で、正月など祝事に素木のまま用いられる。形は両細（両口丸箸、お節料理を取るのに箸先として両端を使うためといわれる）で中程が太いので、孕《はら》み箸ともいって子孫繁栄を願う気持ちを込めた形である。

仏教では、柳は一切樹木の王、仏に供える最高の聖木とされている（滋賀県石山寺、鷲尾副座主談）。柳の種類はどれも生命力が強く、新年の生花の飾りとして金や銀色に塗られた枝からでも芽吹くくらいで、挿し木で簡単に増やすことができる。

故池田弥三郎氏の『私の食物誌』には、「正月に折口信夫先生の茶の間に集まり、先生が皆のために用意してくださった柳箸で心づくしのお節料理をいただいた。箸は一度用いたら折ってしまう風習があるが、先生は銘々の柳箸の包み紙に、いちいち名前を書いてくださって、また翌年の元日の膳に取り出してこられた」とある。

南天箸

南天は木質が堅く緻密で丈夫な材質で、防虫・防腐効果があり、南天の箸は「なんてん」の発音から「難を転ずる」という縁起をかついで、米寿などの祝事に用いられる。赤飯に南天の枝葉をそえるのもこのためである。
また、この箸を、雑煮に用いると長寿になる、歯が丈夫になる、中風にならないなどといわれている（兵庫県赤穂市立民俗資料館）。また川崎大師では、本尊である弘法大師が厄除大師として信仰されているので、難転の厄除にちなんで南天の箸が売られている。

栗の箸（図3－4）

栗の木は、かつて鉄道のレールの枕木に使われていたくらい堅くて強い木で、何事も「やりくり」できてうまくいくと語呂合わせしたり、その実は「勝ち栗」といわれるように縁起物である。祝事に使われ、子供のお箸初めの箸、建築やお正月の祝儀箸などに用いられる。

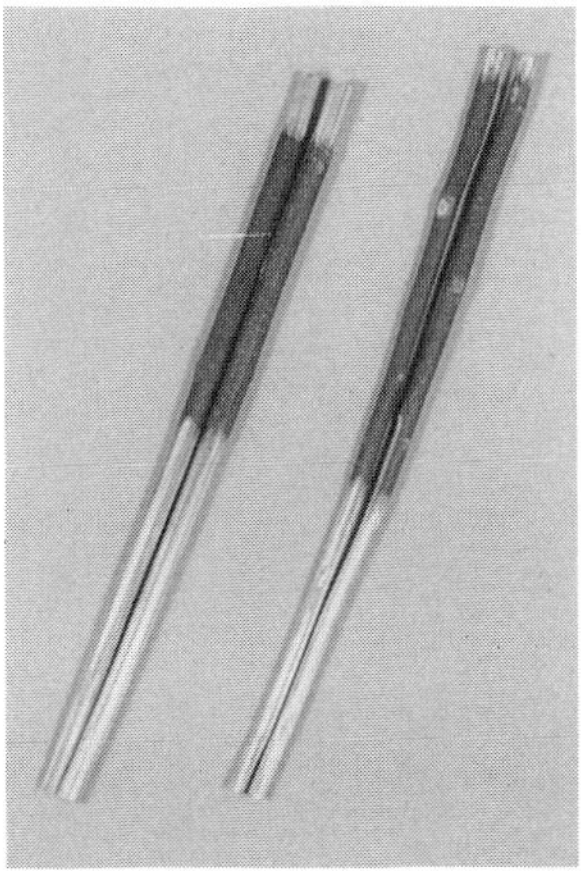

3－4　栗の箸

中山ハルノ氏によると、九州北部地方では栗の枝を使った箸は、栗配箸《くりはいばし》といって一年中の仕事の「繰り回し（配分）」がうまくゆくように、「金繰り」が順調であるようにという縁起から正月の雑煮の祝箸に用いられた。その家の家長が身を清めて注連飾りや栗配箸を作ったそうである。この箸は、正月の間だけ祝膳に使って、使ったあとは「火に納める」といって燃やしてしまう。

祝箸や神事に一旦使った箸は、二度使わないように処分する習わしである。

また、栗の箸はクリを「来る」にかけて、石川県奥能登地方では豊作を願って田の神をいざなう祭に使われたりする。

白箸と赤箸

『四条流包丁書』（一七二五年）によれば、

　白箸は毒を消す銀を真似、赤箸は薬効のある銅を真似る

とあって、毒物を見分ける銀製の箸にあやかって、白い色合いの材質として柳、くるまみずき、杉の白身などを用いた箸を白箸と呼んでいる。また、薬効があるとされる銅箸になぞらえて、杉の赤身など赤い材質を用いたものを赤箸と呼んでいる。中国や韓国では金銀銅を早くから箸材に使用していたが、わが国では金属よりも樹木の利用が容易なので、銀や銅にあやかって木や竹を箸材として用いて、白箸、赤箸と呼んでいた。

『奥多摩町誌』によれば、次のような白箸の記述がある。

　白箸は日原の特産品で、江戸時代から大正時代にかけては日原の主産品であり、日原の経済はこれによって成り立っていた。明治時代には、日原の三六戸のうち箸製造をしなかったのは旧名主家だけであった。箸割り（箸製造）は畑作、養蚕、山仕事等の合間をぬって年間を通じて行われ、また取引されたが、一番需要が多かったのは年末で、一〇月から一二月半ばまでの期間は、どこの箸割小屋（どこの家でも七〜八平方メートルぐらいの箸割り作業場を持っていた）からも夜なべの灯りが見えていた。

白箸の製造は、江戸時代、東叡山寛永寺の御座《おんざ》主輪王寺宮一品法親王《すりんのうじのみやいっぽんほっしんのう》が京都から帯同した御用掛りの御師が、一石山付近で産する「みずき」を原料として製造、親王の御用に当てられたことから始まり、これを幕府、武家、一般町民が広く使うようになって、日原（現東京都西多摩郡檜原《ひのはら》村）の白箸製造は次第に発展したものである。

白箸の規格は次のとおりである。

なみ…長さ七寸、普通一般に広く用いられた。一四〇〇膳を一丸とする。

九寸…長さ八寸、なみより長く特製品として精選された。一〇〇〇膳を一丸とする。

九寸は呼称で実際は八寸である。

雑煮箸…長さ七寸、正月の雑煮用として用いられ、材料はカルメ（沢胡桃）で箸全体は同じ太さに丸くするだけで、なみや九寸箸のように仕上げかんなは掛けなかった。

具足箸…鎧、兜に身をかためて出陣するときに用いられた祝箸。明治初期まで用いられていた。材質は檜で、他の箸よりも太く長さも一尺一寸。江戸幕府はこの箸を使用するに当たり、輪王寺宮家への遠慮から名称をやなぎ箸と変えたといわれる。


江戸時代には、日原で荒削りしたものを仕上げることを内職とする旗本御家人がいたそうである。大正中期から製品の精巧化が見られたが産出は減り、他産地の機械化、大量生産、新材料製品等に押されて衰退し、終戦後、数年ならずして廃絶してしまった。

クロモジの箸（図3－5）

枝葉に芳香があり、樹皮には黒色の斑紋があり、根皮には止血の薬効があるという。木質は白色で柔らかく、歯を傷つけない。色の対比と補強の関係から樹皮を付けたまま楊枝にする。茶事では、菓子や珍味の取り回しの箸に切りたてのクロモジ（黒文字）を用意し、各自はクロモジの楊子で菓子を味わう。クロモジの箸は、器や食品を傷めない特徴がある。

流儀によって異なるが、茶懐石の取箸に黒文字と杉を一本ずつ矢筈《やはず》に合わせて用いる箸がある。これは、茶席の夜咄《よばなし》などで、菓子代わりのぜんざいなどが出された時に用いる。

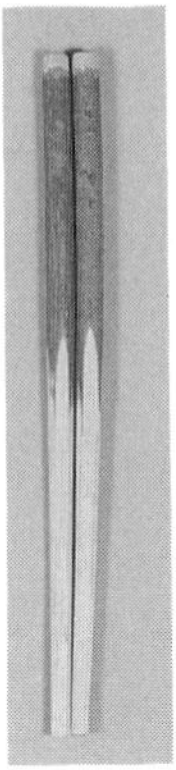
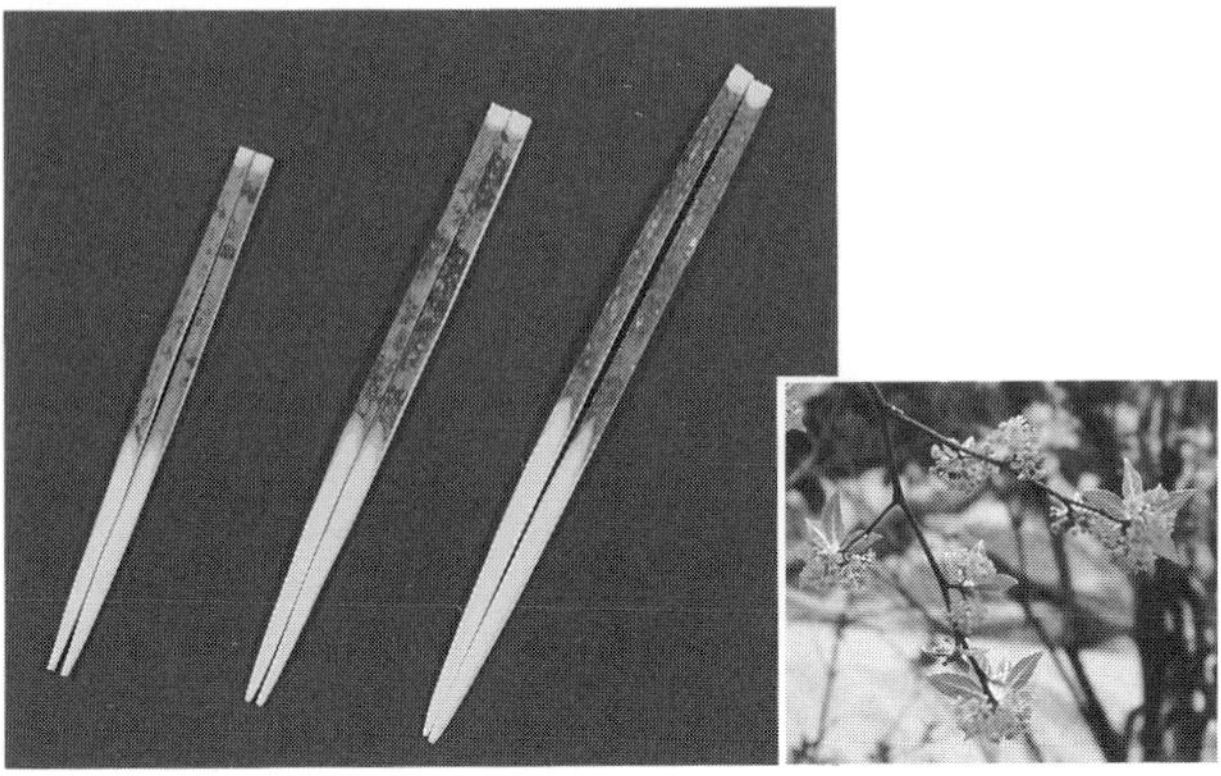

3-5・6　右：クロモジの箸（鈴木香代氏提供），左：萩の箸

なお、両方とも杉でこしらえた矢筈の形の箸は、強肴《しいざかな》として珍味が出された時に添えられる。矢筈の箸の長さは一八センチくらいである。

萩の箸（図3-6）

平安時代、月見の宴に萩の花箸を膳に添えて風流を楽しんだ。

『後水尾院当時年中行事　上』一六一一年八月の段に、

十五日名月の酒宴があって、常の御所に参り頂戴する。まず、いも、次に茄子を供えられる。（院は）茄子を手に取られ、萩の箸で穴を開け、穴の内を三回、箸を通されて、御手にお持ちになる。……その穴から月をご覧になり、お願い事をなされた。

と記してある。江戸時代には、月見の宴でこのようにして満月に身体安全などを祈願したのであろう。萩の花の咲きこぼれる季節には萩の箸が用いられた。

箸商市原広中氏は、萩の木肌の美しさを生かした箸を作っている。月見のお供えの茄子といもとだんごを器に盛り、この淡黄色の木肌を持つ季節の萩の箸を添えると、優雅な風情がただようということで、往時もこのようであったかと想像される。

竹の箸（図3－7）

箸の字は、竹冠がついていることから、中国で最初に使われた箸は、竹の箸ではないかと言われている。竹の種類は多いが、中原地方に古くから孟宗竹が生えていた記録はない。むしろ根笹の一種で御器竹《ごきだけ》と呼ばれている種類の箸ではなかったろうか。この根笹は日本の山地ではよく見られる笹で、稈を手で折ってすぐに箸にできるので御器竹と名づけられた。かつて、中世の乞食《こつじき》は御器（椀）と御器竹の箸は持っていた。

わが国では材料の竹が入手しやすい、竹は縦に割りやすい、質が緻密で油をはじき、料理の色や味などに染まりにくい特徴から、懐石の取箸や菜箸に多く用いられている。竹を食事用の箸に成形したり、その

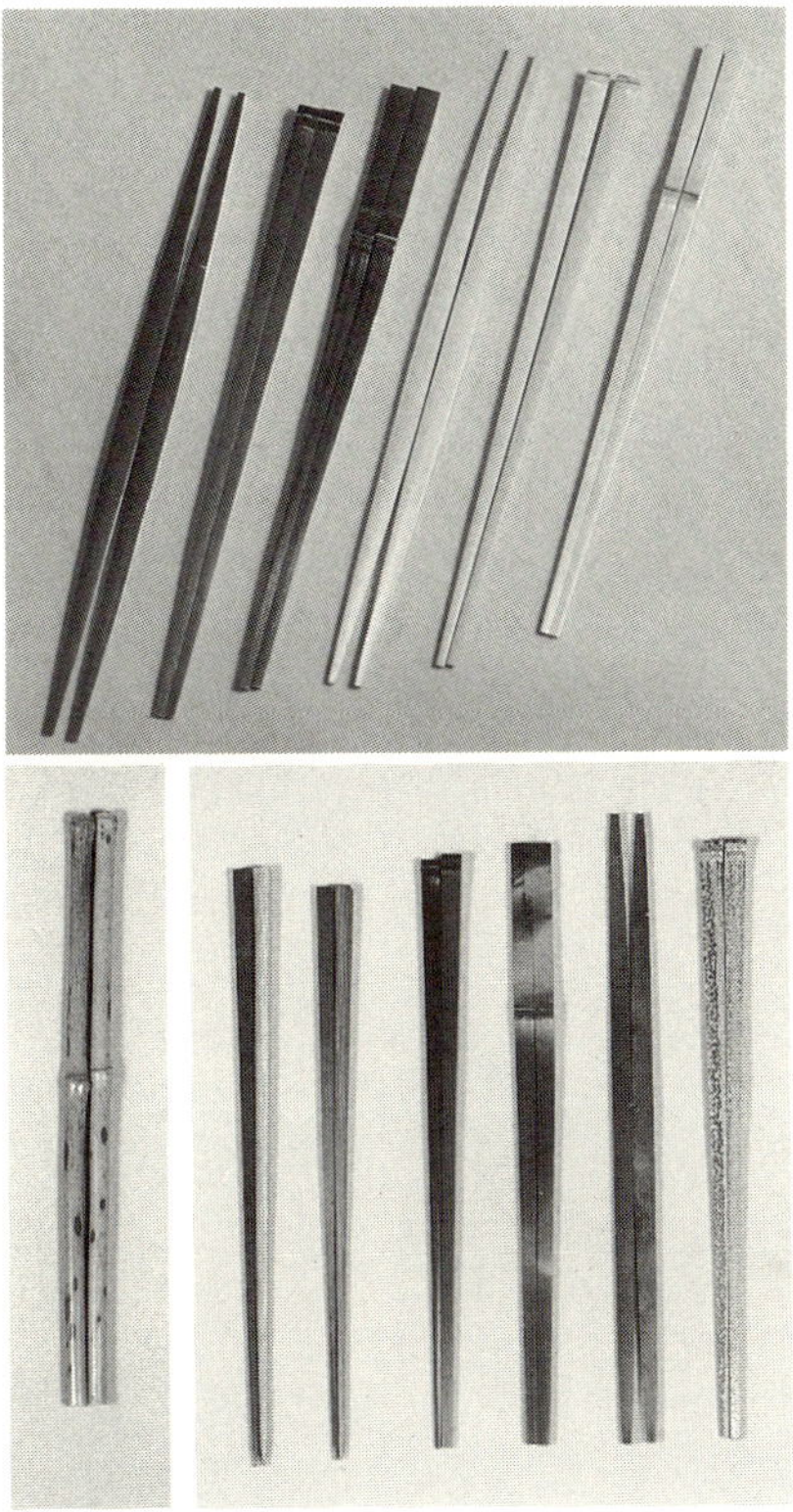

3－7　竹の取箸
上段右より　白竹の箸（中節，天節，利久），青竹の箸（中節，天節，利久），下段右より　ごま竹の箸（天節），煤竹の箸（利久，中節，天節，100年くらいのもの，20年くらいのもの），下段左　紋竹の箸（丸）

表面を磨くには木質のものよりかなり手間がかかるといわれていたが、一九八七年四月八日には故秋岡芳夫氏らにより各種の形の竹割箸が生産されるようになったことが新聞紙上に出ていた。現在は、主として孟宗竹や真竹、笹類の雌竹が用いられていて、学校給食用にも使われ始めている。

取箸として、牛の角と竹とを合わせた角継図面竹取箸、角継煤竹取箸などがある。

青竹の箸

茶懐石では、正式には青竹の取箸が用いられる。本来は茶会の当日、亭主が切り取ってきたみずみずしい青竹を自ら削って作るものである。茶室では、身分の隔てなく一膳の青竹の取箸から平等に料理を取り分ける。この箸は亭主と同席者の心と心の架け橋の役割をする。そして、一期一会の精神に則って、茶事が終わると杉の利久箸とともに納める約束になっている。近頃、この青竹の取箸は直接人の口に触れないので再利用しようとする人が、使用後、よく洗ってポリ袋に入れ、冷凍庫に保存する方法を考えついたそうで、一年位は色と香りが保たれるという。

茶懐石での青竹の取箸は、図3-7のように、中節《なかぶし》、天節《てんぶし》（留節《とめぶし》）と両細《りょうぼそ》があり、流儀によって異なるが、焼物には中節、八寸には中節または両端使い分けのできる両細、強肴《しいざかな》には天節、香のものには両細が添えられる。

青竹の他、煤竹、ごま竹、白竹なども使われ、流派や器との取り合わせなどによって使い分けられる。

中山ハルノ氏は、葬儀の「斎座《とき》」での斎膳に、作ったばかりの真青な青竹の斎箸（長めで、箸頭も箸先も同じ太さ）が用いられ、使用は一回限りで、後はまとめて次々と燃されてしまうことを述べている。特別な行事のためにあらためて作った木や竹の箸は、正月飾りと同じように、あるいは初七日、四十九日といった区切りに燃してしまうのだそうである。これは「仕舞っておかない」という意味で、「使い捨て」の無駄使いの意味はない。

煤竹の箸

わら葺き屋根を支えるのに使われた竹が、かまどの煙で燻されて煤竹になる。この煤にまみれて、煙成分のしみこんだ竹から作られた箸が、煤竹の箸である。濃い茶色に染まっていて虫がつきにくく、軽くて風情がある。よい煤竹になるには一〇〇年から一五〇年の歳月を要するといわれる。年月を経たものは、竹の中心部まで煤の色になっており、防腐効果があり、外見も美しい。岐阜の白川郷の合掌造りの家などの旧家でよく見かけられたが、現在では少なくなっていて、人工的に処理されているものもある。茶事の取箸や楊子に用いられる。

ごま竹の箸

真竹の幹に菌が寄生して、淡紫黒色の幹に、黒色の胡麻斑が生じた竹を用いて作った箸である。茶事の取箸に用いられる。

紋竹箸

竹に紋のような模様がある。箸の手元と先が同じ形、大きさになっているので挟むには便利であるが、つまむのはむずかしい形である。先がとがっていないので、料理への当たりがおだやかで、菓子箸または取箸として使われる。箸の長さは二二〜二三センチ、把持部の径は約〇・八センチである。

西湖天竺箸

この箸には、清の光緒年間(一八七四～一九〇八年)に、天竺の茶を栽培している農民が山で働く時に、箸を持って来るのを忘れたので、山一面に生えている手頃な細い竹をみつけて、箸を作ったのがはじまりという伝説がある。それ以来、この竹で箸を作って売るようになった。この竹は芯がつまっており、箸頭に金属のかぶせのような飾りをつけた素朴な中に雅趣のある箸になっている(図3-8)。

中国の竹箸は孟宗竹のような太い竹を割って削ったものも多く見られ(図3-9)、これらは焼印で模様がつけられている。

とくさの箸、しだの箸、萱の箸など(図3-10)

「木賊《とくさ》」や「刈萱《かるかや》」は能楽の主題によく出てくるが、これらの桿を箸にしたものも風情がある。

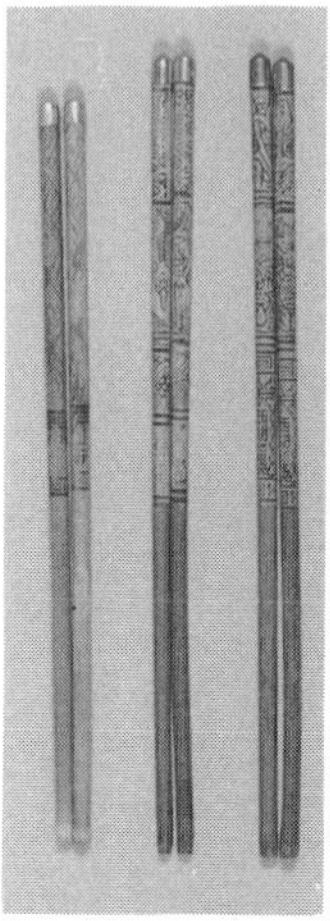

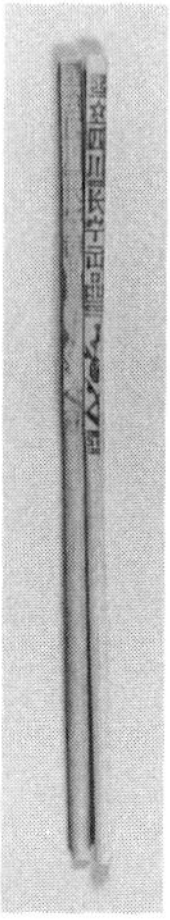

3-8・9　右：西湖天竺箸
左：中国の飲食店の箸(1995年頃)

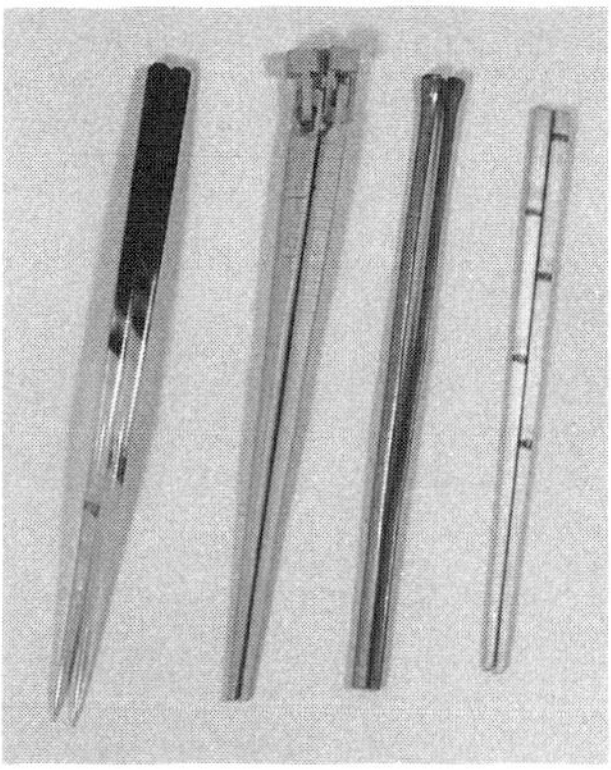

3-10　右より　とくさの箸，かるかやの箸，鎖彫の箸，べっ甲の箸

しだの箸について、次のような話を聞く。江戸時代に、金沢の城下へ薪炭を売りに来る人たちがいた。出入り先の屋敷の薪炭の年間使用量がわかっているので、注文がなくてもその家の薪炭が無くなる頃には、定まった時期に納めにいくのであった。この薪炭を配達する時に、家から「しだ」の箸と苞《つと》弁当を持っていった。お菜《かず》は得意先の屋敷で振る舞われるのが習慣であった。現在でも植木屋さんや大工さんに昼の茶菓を出す習慣が残っている。苞弁当とは、飯を藁苞にすくい込み両端をしばり、筒状の布袋に入れ腰につけて持ち歩く弁当である。

しだの箸は、しだの茎を乾かして作り、軽くて細いが曲がらず、塗箸のような艶がある。

萱は一月一五日の小豆粥の箸に用いられていた。

特殊な用途の箸（図3‐11、12）

これまで主に食事用の箸を中心に述べてきたが、箸は食事用だけでなく調理用にも広く用いられる。いわゆる、取箸、菜《さい》箸、天ぷら用などである。真魚《まな》箸もその一つである。菜箸は、一般の箸よりも箸先が繊細になっているので盛り付けに適している。

取箸

図3‐11に示した取箸①から④までの中で、①は把持部が手になじみやすく箸先もぴったり合うので、最も使いやすい。②は①と同じ形であるが、箸先が丸く合わせにくい。③④は風情があるが、扁平で持ちにくい。

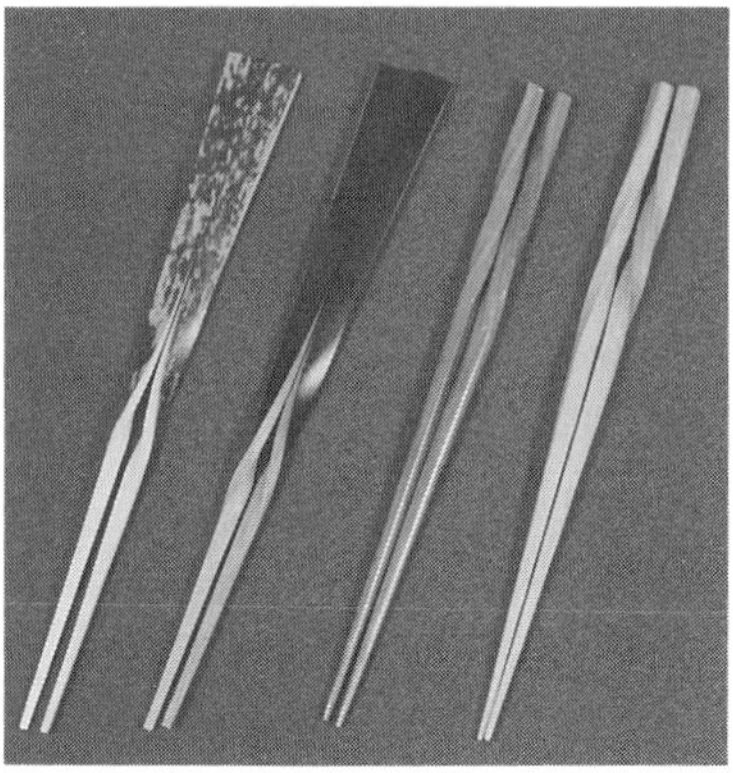

④　③　②　①

3－11　取箸（竹製，22.5～23cm）

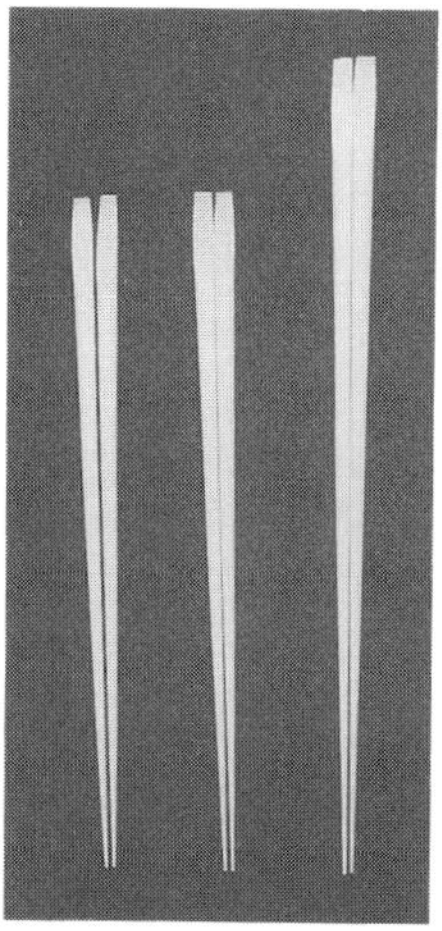

3－12　盛り付け箸（28・32cm）
（京都，市原広中氏の考察による）

盛り付け箸

図3－12の中では、右端のものが日本料理を盛り付けるとき最も使いやすい。

手作り箸

昔は、住まいの側にある木を使って、素木のまま手作りの箸を作っていた。奈良県吉野郡野迫川《のせがわ》村の手作りの箸の資料では、手作り箸は片口箸と両口箸があり、材質は杉、檜、みずきなどを使う。箸作りは家庭の中でできるため、小さな町では好都合のようである。熟練した職人の技を必要とする部分もあるが、誰でも手伝える作業もあった。

野迫川村での箸作りの工程は次のようである（図3－13）。

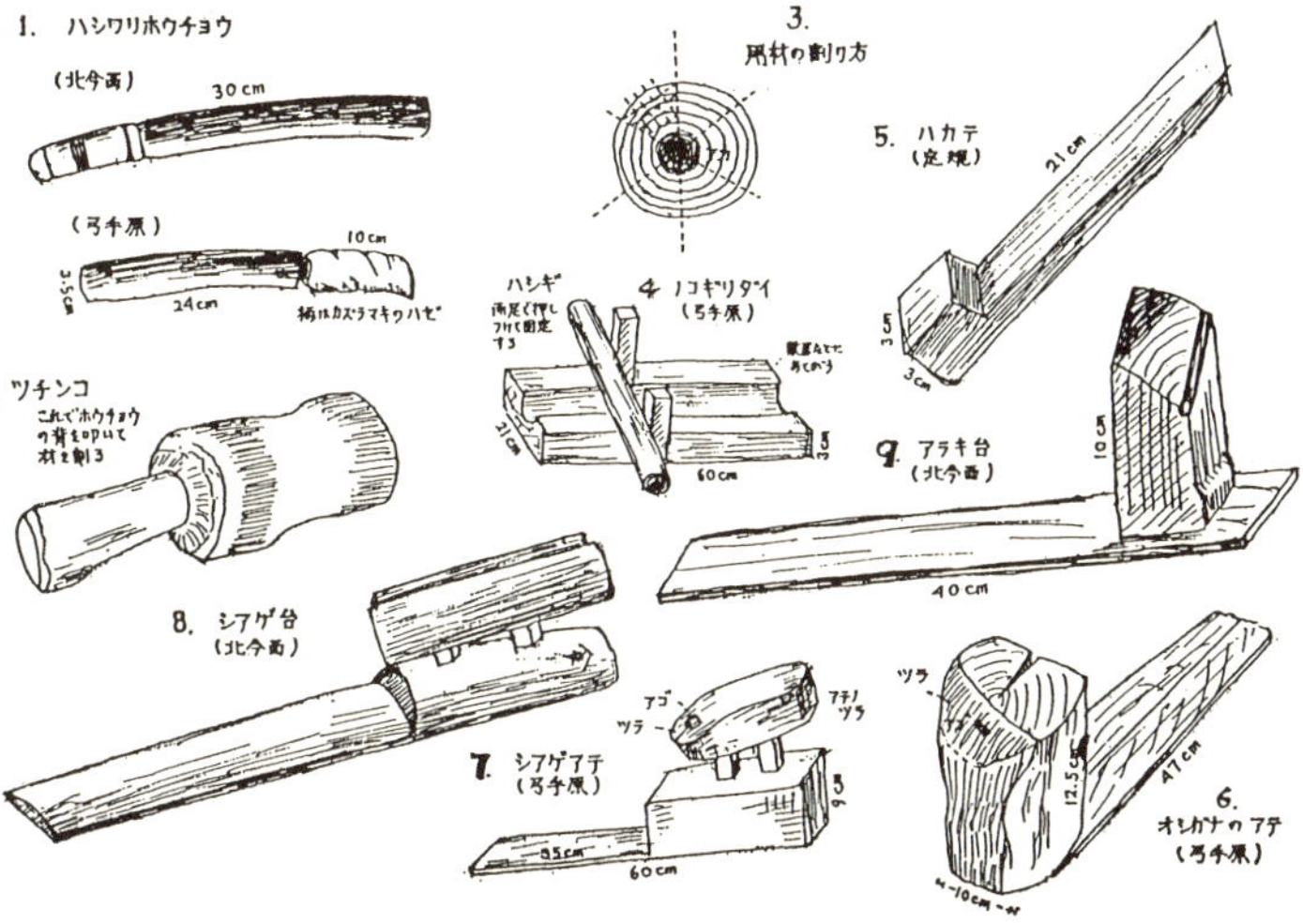

I

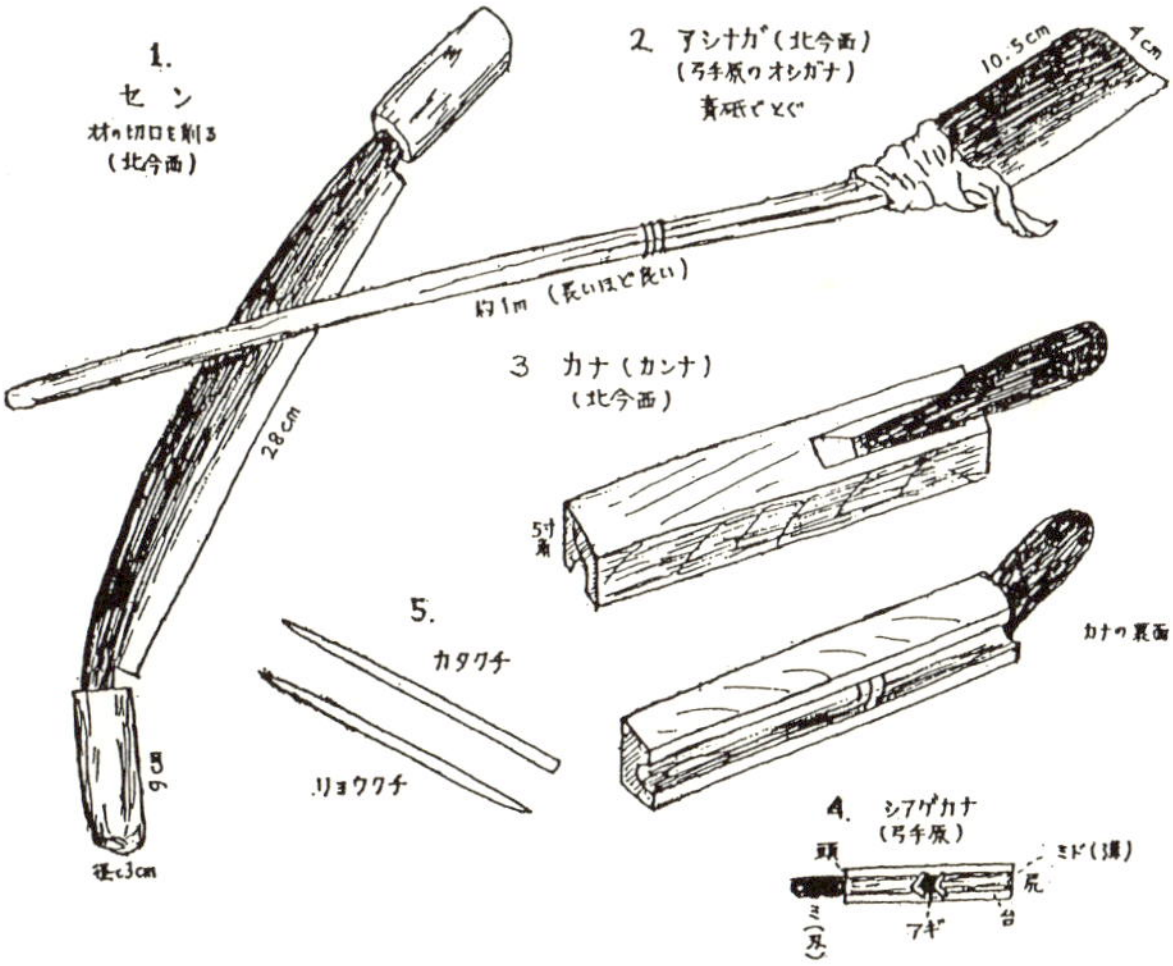

II

3-13　箸作りの工具

①箸材（長さ一間の皮をむいた原木）をノコギリ台（I－4）にのせる。ハカテ（I－5）をあてがって箸の長さに切る（杉六寸、ミズキ八寸、ゴゼン六寸）。箸の長さに切った材を両膝にはさんで鋸でひいた面に水をつけて、セン（II－1）で削る。できたものを箸木という。
②箸木をハシワリ石にのせハシワリホウチョウ（I－1）をあてて、ツチンコ（I－2）でホウチョウの背を叩いて割る。切り口約一センチの直方体の棒を作る（I－3）。アカ（赤身）とフシ（節）の部分は捨てる。棒の角をアシナガ（オシナガ、押鉋、II－2）で削って丸くする。
③アテ（I－6）の先を座の下に敷いて押さえ、箸をアテのアゴにのせて左手で回しながら右手でアシナガを上下に動かして削る。下半分を削り終えると、ひっくりかえしてあと半分を削る。
④鉋で仕上げる。アラガンナとシアゲカンナ（II－3、4）の違いはアラガンナの溝はV字形でシアゲカンナの溝はU字形である。

元来、このように木を割って削って作る箸を割箸といったが、現在、割箸というのは、使用前に割り裂いて用いるものをいい、江戸中期には「割りかけの箸」、「引裂箸《ひきさき》」といった。

二　割　箸

日常、家庭で使用する箸の他に、主として営業用に日本で工夫されたものが割箸である。明治時代に割箸を客に出すといえば、それだけでよほど高級な料亭ということになったそうである。それは、昭和の初期頃まで一般の飲食店の箸は塗の丸箸で、卓毎に箸立てに束ねて立ててあり、使用後は洗い直してくりかえし使われていたからである。大正以後、飲食店で割箸を出す習慣が広まり始め、昭和の初めに割箸製造機が考案されて大量生産が可能になった。

割箸は割って使うという点で、使用と未使用が明確であり、衛生的なこと、また二度用いないため管理が簡単なことが、割箸を使用する頻度増加の原因になっている。中国でも十数年前まで、飲食店で竹の箸をくりかえし洗って使っていたが、「衛生・清潔運動」が徹底して、食中毒など起こしたら重い罰金をとられるようになり、黒竜江省の省都ハルビンでも服務員の制服は純白になり、割箸を使う飲食店が増えているそうである。黒竜江の対岸、旧ソ連側の進克（遜克、シュンコウ）には白樺を素材にした割箸工場もできて、製造機械は日本製、割箸文化が浸透して中国の食生活を変えているという記事が一九八六年九月七日付の朝日新聞朝刊の特派員報告として出ていた（現在では森林保護のため木の割箸はほとんど使われなくなり、ビニール包装をした竹の割箸が普及している）。

割箸の変遷

かつて割箸生産高の八〇％を占めたと言われる奈良県吉野郡下市地方では、南北朝時代に、後醍醐天皇に杉の割箸を献上したところ（一三三六年頃）、爽やかな香りのする素朴で上品な杉箸をめでられたので、日々、作って差し上げていたのが、吉野杉による箸産業の始まりと伝承されている。ここでいう割箸は、木の小枝を手頃な長さに折った箸や今でいう割箸ではなくて、板状の余材を「割って」一本一本棒状に削った箸のことである。製造工程に「割る」作業が入っている。

現在、「割箸」といって割れ目を入れて二本がくっついている箸は、「割りかけの箸」あるいは「引裂箸」といって、箸を使う人が使用前に「割る」箸である。

杉は柾目が通ってまっすぐに割りやすく加工しやすい。一本一本を削る手間よりも、二本を割り離さないで、付けておいた方が箸の生産能率が高いところから現在のような割箸が出現したと思われる。したがって、この二本くっついた割箸の歴史は二本箸に比べて新しく、江戸時代の文政の頃から作られたといわれる。吉野の伝承では、文政一〇年（一八二七）に九州からこの地を訪れた杉原宗庵という六部《ろくぶ》が吉野の杉箸を見て、割箸生産のアイデアを与えたという。その頃、すでに江戸では手柄岡持（一七三五〜一八一三年）が、狂歌集『我《わが》おもしろ』上の巻で、

　書きものの礼にとて割りかけの箸をもらひて
勘定の外とも思ひ　そろばんのたまものなれや　割りかけの箸

と詠んでいて、「割りかけ」すなわち現在でいう割箸が出回っていたようである。

坂口宏司氏によれば、天明三年（一七八三）刊の『万載狂歌集』に、

……これ宮城野の萩の箸　あれ三輪山の杉の箸　一本の箸を二本に引き裂き……

と出ていて、引裂箸の出現は天明初期と推察している。

一八三七年から約三〇年にわたって見聞した、京、大坂や江戸での風俗を絵入りで著した『守貞謾稿』の「鰻飯」のところに、

必ず引裂箸を添える。此の箸は文政以来ごろより、三都（京、大坂、江戸）ともに始め、用いる。杉の角箸の半ばを割ってある。食べるときに裂分けて用いる。これは再用しないで清浄であることを証明している。そうではあるが、この箸はまた箸を作るところに返して丸箸に削るということである。鰻飯の時だけではない。三都とも諸食店でよくこれを用いる。名ある店では用いない。もとより清潔のためである。

と書いていて引裂箸といっている。

少し割れ目を入れておけば素直に二本に離れる杉割箸は、一四世紀頃に吉野の杉材から作る削り箸がヒントになって工夫され、一八世紀には三都すなわち京へ、大坂へ江戸へと広まっていった。

杉材生産地の吉野地方で箸および割箸生産が盛んになった要因として、吉野地方は年間降雨量が四〇〇〇ミリ以上で、他の地方よりも杉苗の密植ができ、成木になるまでの間引材《まびきざい》が多くできること、江戸時代になって大坂と江戸を結ぶ樽回船の出現により酒樽の生産が盛んになり、その廃材である木皮《こわ》が利用できるようになったことが、箸材の供給源となり、一方、高野山、熊野権現、大峰山修験場などの宿坊、さらには、江戸、大坂、京都に料理茶屋ができ、参勤交代をはじめとする人々の往来による旅籠の発達などが、店用の箸の需要を増したと思われる。けれども、現今のような使われ方ではなかったのではないだろうか。著者らの幼い頃、昭和二〇年以前には、大阪の大衆飲食店など溜《たまり》色の塗りの丸箸が箸筒やガラスの蓋のついた箸箱に何十本かずつ食卓に置かれていて、洗い直して用いられていた。うどん屋でも同じで、割箸で麺類を食べるのは高級店だった記憶がある。

天保一三年（一八四二）物価書上の「箸類引下げ値段取調書」に白尺長箸、杉尺長箸、白箸、杉箸、などと共に割箸の値段が記してあり、たとえば「杉箸、百膳付八拾二文」「割箸、九拾六文之処五拾弐文」と値下げされたことが記されている。吉野では両口箸が明治二〇年頃多量に東京方面に出荷された記録があり、明治三〇年頃には現在用いられているようないろいろな形の割箸が出回ったようである。

その後、割箸製造機の出現、改良によって昭和初期より杉のように柾目の通った材を用いなくても、松や榀《しな》をはじめ柾目の通らない種々の木が割箸の原料となりうるようになった。

割箸の生産地は奈良県の吉野地方（杉箸）が主であったのが、現在では、杉の間伐材や酒樽を作る時の余材である木皮、そして建材の端材である背板の入手困難のためと、人件費上昇のため吉野地方の割箸の生産がさがり、機械力による大量生産の割箸は北海道（樺、椙、蝦夷松）や岡山（白松）などで作られるようになった。国産の割箸の原料はすべて、他の産業の端材か、割箸以外に用途のない木材である（現在その生産高は減り、九州地方の竹割箸に代わっているという）。

前にも述べたように、割箸は木材本来の用途に利用できない端材、余材が原料の商品であった。外食産業が発展し、一九八三年度には年間一六七億膳であったのが、一九八八年度には年間四〇〇億膳になるという急激な割箸の需要増に、国内生産が追いつかないため、その半分以上を近隣の諸外国から輸入している現状である。

割箸一回限り使用の思想は、神事や茶事で用いられる箸を、そのつど新しく削り、一度用いると二度用いないところからきている。素木の柳箸は神饌をお供えする時に、また正月の雑煮箸として用い、使用後は焼いて土中に埋められた。昭和の初めまでは山仕事の弁当には木の枝を折って箸とし、使用後は折って人目に触れない藪の蔭、土の中へ埋める習しであった。奈良の山中《さんちゅう》（奈良県の平野部は国中《くんなか》という）では、

山仕事に行く人たちは、メンパ（ワッパ、飯を入れる容器）の上（ふた）と下（み）に飯を（それぞれに一杯）入れて（一つに合わせて）ウチガイ（布を筒状に縫い合わせたもの）に入れ、腰にくくりつけて行く。山へ登れば先ず火をたき、ハシを作り、メンパのふたの方の飯を食べる。……ハシをうまく作るようになれば山仕事は一人前だという。

このように、山で弁当をとるのに、神奈川県秦野辺りでも黒文字の木の枝を利用して手製の箸を作ったそう（琉球大学名誉教授小島瓔禮氏談）で、昭和二〇年（一九四五）以前では各所でよく見られることであった。

故池田弥三郎氏も、

山で働く人は特に家から箸を持っていかない。山で木の枝を折って自分の箸を作る。……使った後は折ってしまう。自分の使った箸をあとで誰か自分以外のどういう人か心の知れぬ人が使うことをおそれている。

と書いている。

奈良県吉野郡上龍門村（現、宇陀郡大宇陀町牧）には次のような伝説がある。

源義経が兄頼朝に追われて吉野山に逃げ込む途中、この村に流れる津風呂川の橋の上から千本の箸を流して、下流の敵軍に手勢の非力を悟られないようにした。

というのである。現在もその場所に千本橋という小さな橋がかかっている。

野外の食事に用いられた木や竹の手製の箸は、くりかえし用いない道具であった。それが素木の箸と形状の同じ割箸の用い方にあって、これらの箸は、まだ使えるのに折って捨てられるので、割箸が資源の浪費、自然破壊の根源として非難されるところとなるのである。

割箸の材質

割箸は今まで述べたように、吉野地方から生産が始まったので、杉材で作られていたが、檜や竹でも作られる。以前、蝦夷松系統の木では箸を作ることができなかったのは、木目が通らないこと、木地の色がよくないこと、異臭が出るためなどであったが、処理法の発達で脱色、脱臭ができるようになり、大量に生産されるようになった。そして割箸製造機を使用するので木目に関係なく製造が可能になり、入手しやすい材質のものをなんでも加工できるようになった。杉、檜、竹の他、松、樺がよく使われる。輸入品では中国の桛、樺、韓国のポプラ、またフィリピンの年輪のないブバスなどの樹種も用いられている。

割箸の形状（図3－14）

割箸は使い捨てになっているので、木材を経済的に利用するのに、箸の長さは使い勝手の良い範囲で二〇センチ前後になっているが、なかには一五センチ位の短いのもある。高級品とされる利久や天削の形の割箸は、茶懐石の箸の長さが基準になっているので、二四センチ以上ある。割箸の形状には次のような種類がある。

1　利久箸《りきゅうばし》

割箸では、その中央部が割り離されないで一つについているので夫婦《めおと》利久ともいう。利休ではなくて「利久」の字をあてるのは、利休の号を遠慮したためと思われる。吉野杉のものが最高とされ、赤身と白身の箸がある。檜でも作られる。

箸の長さは、懐石での箸の長さに準じて二四～二六センチのものが多い。

2　天削箸《てんそげばし》

箸の頭部の一部が斜めに削いである。ちょうど天（頭）が削がれて見えるところから、この名前がつけられている。吉野杉が主であるが檜からも作られる。会席料理などあらたまった膳で使われるため箸の長さは二四センチで高級感がある。

3　元禄箸《げんろくばし》

割れ目に中溝をつけた箸で、箸頭までまっすぐに割れやすくしてある。頭部を真上から見ると、中溝の

3-14　割箸の形状

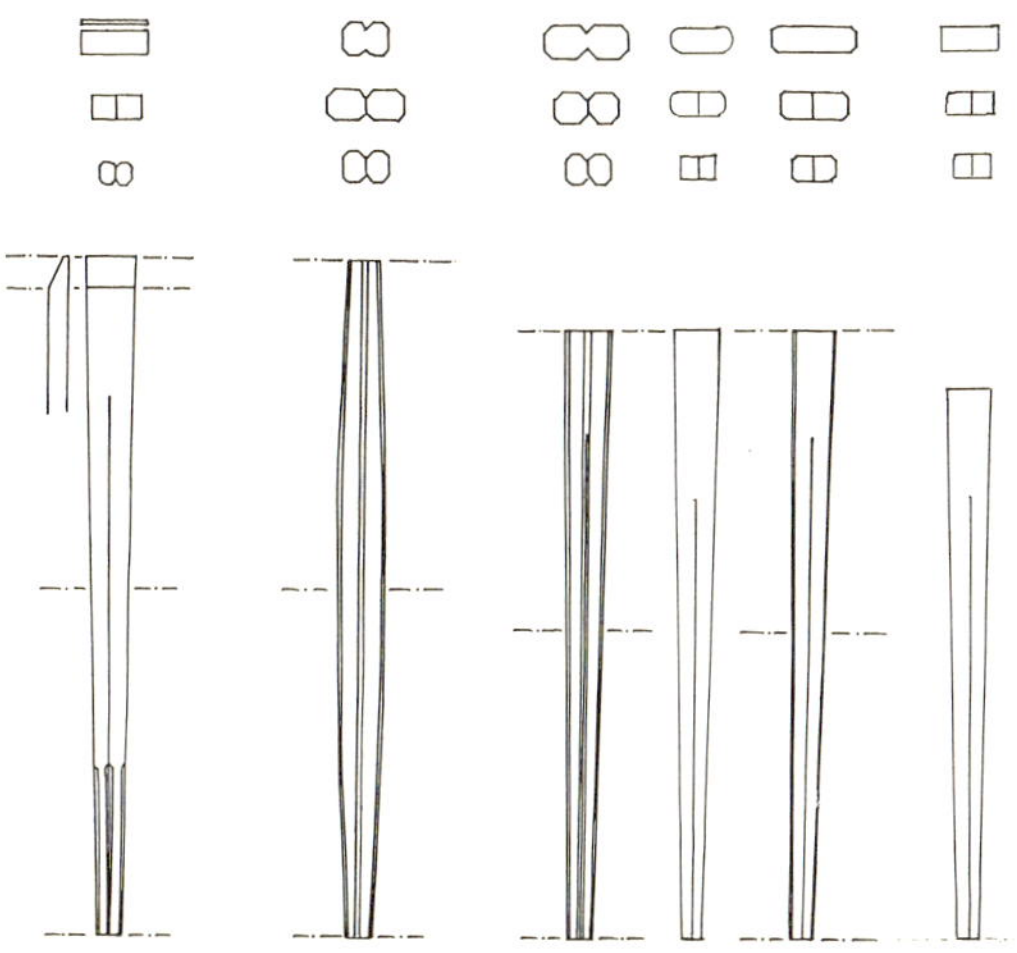

切れ込みがついていて、元禄時代に流行した市松模様にみえるのでこの名がついている。杉材が主であったが、現在では、樺、椙、松、韓国産のポプラなどの材料も使われている。箸の長さは二一センチ以下である。この長さは箸の機能が充分に果たせる長さである。

4　小判箸

箸の角を丸くとった割箸で、名前の由来は、頭部から見ると、小判状に見えるところからきている。箸の長さは二一センチ以下である。

5　丁六箸（形は松葉）

面取りを施さない、もっとも加工度の少ない短い箸である。これまでの四種が形状を表わす名称であるのに対して、「丁度六寸」であるという長さからきた呼称である。丁六の箸の長さは現在では一五センチくらいのものもあり、市販割箸中もっとも短く、角削り加工がなく割れ目が入っているだけの経済的な箸で、材料は柾目の通らない端材で作るためにまっすぐに割り離せないことが多い。

6　竹割箸

材質からつけられた名前であるが、竹は油をはじく特性があることから、天ぷら、鰻などの料理店で多く使われる。現在では木材の割箸は森林破壊につながるというので、生長の早い竹ならばその心配もないところから、竹の割箸を量産する傾向がある。わが国では南九州で品質のよい孟宗竹ができるので、丸箸、天削、利久、元禄などの割箸が作られている。加工が難しかったが、生活デザイナー秋岡芳夫氏らの指導により竹箸の量産が可能になった（一九八七年四月一二日付、朝日新聞日曜版）。

割箸の製造方法

1　手作り割箸（図3－15）

端材からの切断や小割りは動力によって行なうが、面取りなどは手で丁寧に仕上げ乾燥する。奈良県吉野郡下市町では木皮から箸材を取るのに図3－16のように行なっていた。割箸の長さは、元来木皮の長さに制約されている。木皮の長さは通常一尺八寸とされ、もっとも経済的で安いのはこれを三等分した「六寸もの（丁六）」で、六寸以下は五寸五分と五寸がある。通称「八寸もの」（正七寸、出来上がり約二一センチ）は家庭用、「九寸もの」（正八寸、出来上がり約二四センチ）は高級品で、利久箸や天削箸に加工される。これら割箸の長さは原料的な制約が初めにあり、長い年月の間にわれわれの手の方がその長さに慣らされてしまったというよりも、最初に使い勝手というものがあり、箸の長さが自然に決まったと考えた方がよいと思われる。これらの箸の長さは使いやすいとされた箸の長さの範囲内にある。

3 -15　手作り割箸

3 -16　端材の取り方

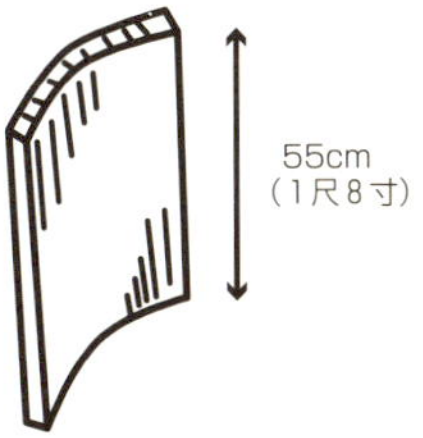

木皮丸の種別
　極稀：木皮の厚さが非常に厚いもの――飯櫃に工作される
　稀：やや厚いもの
　並木皮：薄いもの
　（稀・並木皮）昔はこの材を箸にした
　背板：製材所で建材を取ったあとの木皮で長さも一定せず1〜3間のものもある
　（背板）最近の杉箸の材料はすべてこの背板である

2　スライス法

背板や木皮から作る方法で、①背板の乾燥。②木取り、乾燥した背板を動力鋸で箸の長さに切る。③鐁《せん》をかけ、切った背板の断面を滑らかに削る。④柾挽、半月形の木のかたまりから直方体の板を削りとる。⑤小割り、今までの工程でできた縦二四センチ横三〜六センチ、厚さ五ミリの板を小割機で一膳ずつに仕上げる、中溝も同時につける。⑥仕上げ乾燥。⑦選別、箱詰、出荷、となる。裸箸と称して裸のまま出荷されるものもある。

3　ロータリー法

棡、樺、蝦夷松などを使うが、輸入材も使われている。①玉切り――原木の皮をむき、箸の長さに切る。②煮沸――六〜七時間ゆでて樹脂を煮出し材料を軟らかくする。③箸材――次にロータリーレースにかけて箸の厚さにむき、箸材の単板を作る。④断裁――切断機で箸の大きさに断裁し、同時に中溝もつける。⑤乾燥――この半製品を乾燥室で四〜六時間乾燥する。⑥面取り――面取り機で仕上げ加工をする。⑦選別、検査、包装、出荷となる。

4　竹割箸の製造工程（熊本県上益城郡御船町、九州竹工、松田正士氏）

①まず、材料の竹の節間を利用して箸の長さに応じて切断し、竹を半割りにする。②次に、突き出し機で竹を短冊状の板にし、竹皮を剝ぐ。割箸を割る溝にあたる部分に両面から上溝と下溝を入れる。③手動式または自動先細機で箸の先を五ミリ位に細く削る。④以上のように加工した箸を漂白室に並べ下から硫黄ガスで漂白消毒する（一晩）。⑤漂白消毒後、煮沸して竹の中のアクと糖分を抜き、乾燥しやすくする。

⑥これを天日乾燥で紫外線に当てる。さらに、五〇〜六〇度Cの熱風で乾燥して、箸の水分を三％以下に下げる。⑦仕上げは、回転研磨機に入れて少量の滑石粉を加えて研磨し、艶を出す。

割箸論争

割箸が使い捨て商品の筆頭にあげられ、貴重な森林資源破壊の元凶とされ非難を浴びるようになったのは、一九八〇年代に入ってからである。一九七〇年代前半までこれが新聞紙面に取り上げられることはほとんどなかった。一九七〇年代後半になって割箸追放の話題が出始める。それは、急激な外食産業の発展によって割箸の需要が急増したこと、それにひきかえ国内の割箸供給源である林業（間引、下枝打《したえだう》ち）の衰退、樽生産の激減による木皮の減少と木皮利用の放棄などが輸入材の利用を必要とするようになり、一方で、一九八〇年代のめざましい経済発展に伴う製紙産業や建築業界の隆盛が、用材を外国の森林に求めて大規模な伐採を行なったからである。当時のエコノミックアニマルという和製英語に表わされるように、金に飽かせて環境を考慮しない行動は問題視された。

木材が製紙（印刷物）や建築物になると、元の木の姿とは異なった形状に変身するが、割箸は木そのままであり、しかも目の前で捨ててしまうのであるから、もっともわかりやすい自然破壊のシンボルになったのである。実際には業界で浪費される事務用紙や、日々読み捨てられる新聞紙、雑誌類の方が割箸よりも木材消費量は多いのである。それらは、われわれの生活にとって素木のまま捨てられる割箸よりも有意義な付加価値があると思われているからであろうか。

素木の箸を神聖視し、穢れた箸は二度用いないで焼いたり、埋めたり、川に流したりした文化、この文化は、箸を通して食を与えてくださる大きな力への畏れと感謝から生まれたもので、現代のように無責任な浪費の風潮とは異なった文化である。食、すなわち生きることへの敬虔な心が失われつつある今、割箸は地球環境保全に反する劣悪商品とされてしまったのである。しかし、この割箸問題を契機に、地球の未来のために、有限な資源の維持可能な利用について考え直されなければならない時が来ている。

ここに、割箸論争の代表的な意見を二つあげることにする。一つは、当時の農林省林野庁林産課長の三沢毅氏による「緑の保護と〝割りばし論〟」で、

木材は、丸太、板、柱、合板、魚箱、割箸、爪楊枝、パルプ用チップ、おがくず、燃料、きのこの培地など、余すところなく利用されている。割箸の多くは、国産材、しかも製材所の残材や風倒木など他に利用できない木材資源の有効利用法で、割箸はいわばサシミの部分ではなくてアラの部分で作っている。この割箸に利用される木材は、日本の木材総利用量の〇・二パーセントの一七万立方メートル、3LDKの木造住宅が一日三〇戸建つ計算になる。しかし、割箸用の用材では住居を建てることはできない。割箸は低利用木材の活用法である。一〇〇〇万ヘクタールの健全な育成をはかるためには、五〇〇万ヘクタールの間引材を出すことになる。この間引材を有効に利用するのである。

日本国際協力事業団の技術協力を通じ、海外の森林資源の育成造成維持に努めている。森林資源すべてを有機物として利用する森林バイオマスの推進を強化している。(一九八四・三・三〇、朝日新聞)

もう一つは、当時の日本資源保護協会理事の金田平氏による「割りばしは森喰い虫」である。

米紙ナショナルジェオグラフィックマガジンは昨年の二月号特集で、熱帯雨林の伐採状況を告発している。現場にはベニヤ板工場、チップの山、割箸の束、等々で、反対デモが行われている。ニューギニアの森林で輸出先日本の表示の付いたこれらが積まれていた。並級の割箸は内外の資源を荒らしている。

帯広畜産大学自然保護研究会の学生が北海道十勝地区で調査したところ、割箸用材の八〜九割は落葉松《からまつ》ではなくて広葉樹である。残りの一割は落葉松や椴松《とどまつ》を使った高級割箸である。広葉樹の植林はされていない。

ソ連（ロシア）から樺や椙のような広葉北洋材が輸入されていて、被害は南洋材だけではない。日本の間伐材や端材は箸にしようにも人件費が高くつき、国内では高級品しか生産されていない。低利用木材の活用のため外国の森林を侵すことは問題である。

地球の緑を守る観点から、森林を木材資源としてだけでなく環境資源としても見直すことが急務である。

（一九八四・四・一二、朝日新聞）

以上、前者は割箸が低利用木材の活用であること、後者は低利用木材の活用が世界各地の森林資源の破壊につながっていることを指摘している。確かに国内での低利用木材産業は後者の指摘するように、健全な森林育成に必要な風倒木、間引、下枝打ちなどの森林管理に人件費がかかることと、従事者の高齢化、後継者の不足が、それらの低利用木材を森林の樹間に放置する結果となり、それらが活用されないばかりか健全な樹木の育成にも支障を来しつつあるのが現状である。

両者に共通しているのは、森林資源確保のための手段を講じなければならない点である。森林資源破壊の罪を割箸だけにかぶせるのではなく、生活全般の見地から、地球人として必需品の浪費を避け、次世代への維持可能な資源確保の意識を強めなければならない。

先日参加した、「日本の食文化」に関するあるシンポジウムの昼食がバイキングスタイルであったが、料理毎に割箸が用意してあり、参会者は一皿の各料理を食べ終わるごとに割箸を使い捨てにし、テーブルに割箸の山ができていたのには大いに驚かされた。日本の食文化に関心がある最先端の人たちがそうであるのだから後は推してしるべしである。割箸を使い捨てするのは、素木の箸が神聖であり、形は変わっても割箸にも同じ意味があり、神に供えた箸は二度用いないのと同じで、命の糧をいただくために用いたその箸を「仕舞う」、「納める」という感覚で二度用いない思想があったからで、これは現代感覚には片鱗も残っていない。そこへ、外食産業の発展によって、衛生的であり、くりかえし洗浄の手間もないという理由で割箸が濫用されるのは、自然破壊を目の当たりにしていることであり、私たちは割箸も含めて、どんな商品についてもよく理解し、地球資源の開発確保、再利用に努める義務が課せられていることを自覚しなければならない。

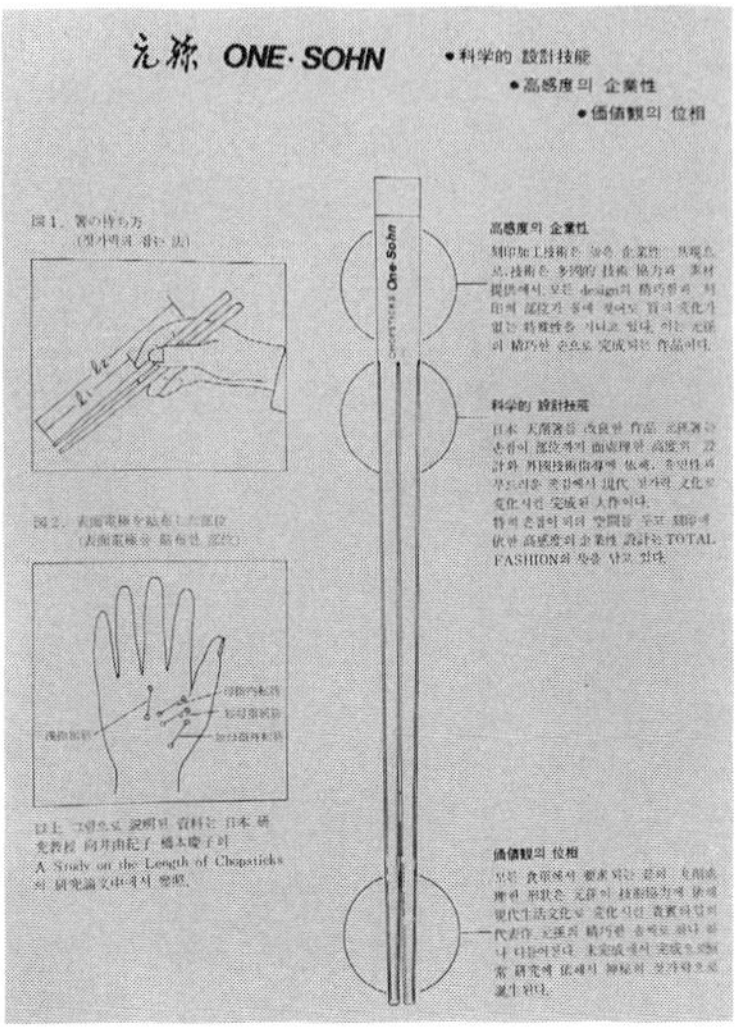

3 -17　韓国で発売された割箸（筆者らの「使いやすい箸の理論」と箸の持ち方が説明されている）

一九八七年には、アメリカミネソタ州の木材工場、また、カナダ国境に近いヒビング市レークウッド・フォレストプロダクツ社が森林資源を活かすという名目で日本向け割箸生産を、一九八九年には三菱商事がカナダのブリティッシュコロンビア州に大規模な割箸製造会社を日本の外食産業界と合弁で設立したと聞く。素木の箸を神聖視する文化的基盤のない外国から割箸を輸入することは、日本人が世界の貴重な森を食いつぶす傲慢な国であるという印象を強くするものである。緑の減少を最小限にとどめて、その再生の強化に貢献して償っていかなければならない。

最近は、旅行者の利用を考えて、特に東南アジア系の機内食やホテルなどで割箸が準備されているところが増えた。米国ではダイエット食としての日本食ブームがあり、割箸への関心が高まって、米国の木材を使って日本で割箸を生産し、製品を米国へ輸出する方式も採られている。その箸の箸袋には、箸の用い方の説明が印刷されている。

韓国では、韓国の食文化学者、故李盛雨氏の紹介で、筆者らの「使いやすい箸の理論」と箸の持ち方の説明がつけられた割箸が販売された（図3-17）。

三　塗　箸

箸は、本来は素木が主流で、異臭がなく、細工がしやすい木切れや竹切れが使われていた。いつも使い捨てとは限らないで、使い勝手のよい箸や得難い材質でできた箸は、くりかえし使われたであろう。

『好色二代男』（一六八四年）「楽助が靫猿」に、

元日より大晦日まで、毎日濃い茶一服、伽羅の香三焚き、蠟燭一挺ずつともして銀三拾枚では足りないかもしれない。外から見て太っ腹なことである。楊枝は三百六拾本使い捨ててわずかのものである。(さて）ある人の庭に桜が咲いたので見に行くと、昨日も客があったと見えて時代物で檜垣の蒔絵の趣味の良い手ぬぐい掛けが出してあった。それが置いてある竹の縁側の端に、笊に入れた（昨日使ったであろう）杉箸が洗って干してある。その心根がうとましい。しばらく眺めていた花もじっくり見る気もなくなって帰ろうとしたら、主が留めて、馬刀貝《まてがい》の吸物などを出したが、酒もいただかずに辞した。人は皆心得なさい。箸が何ほどのものか。

これは、箸のように他の要り用からすると僅かのものを吝嗇《りんしょく》になるのは心得違いではないかというようなことであるが、普段、杉箸を洗いかえして使用することがあったのも事実である。何度もくりかえして使用すると素木の箸は汚れがめだつので、塗箸が作られるようになったと考えられる。

中国でも日本でも古くから漆を知っていたが、箸への積極的な使用はかなり後世になって量産が可能になり、商品として採算がとれるようになってからである。

一方、わが国では漆塗りの食器椀や膳は平安時代よりあるが、庶民の生活に塗箸が現われたのは、井原西鶴の『万《よろず》の文反古《ふみほご》』（一六九六年）に、年末になって年始の準備の中で、

……お年始の挨拶に扇子二本ずつを上げていたけれども、安い筆に代えよう。町内へは例年ぬり箸二膳ずつ年玉に配っていたけれども、これも配る先が多いので、無用にすることにしよう。

とあるように、江戸時代になってからである。漆塗りの箸の出現が遅れたのは、経済的な理由に加えて、箸は素木の神事の箸のように必要に応じて木や竹で作り、耐久性が求められていなかったためであると考えられる。

椀は箸と違って、生地のまま用いられることも多かったが、『粉河寺縁起絵巻』（一二世紀後半）に見られるように、庶民でも漆塗りを用いていた。これは当時の山中には漆が自生し、住人は随時これを利用していたためで、匙や椀は箸よりも加工度が高く日用品として使い捨てはできないので、長く使用するために漆塗りが行なわれたと思われる。

塗箸の出現は、一日三回食事をとるようになり、頻繁に箸が使われるようになって、日常の食事用の箸として耐久性のある箸が必要になったことや、桃山時代以降には陶器や漆器の発達により膳上が華やかになり、それにふさわしい箸が要求されて塗箸が作られるようになったことも考えられる。

塗箸は素木の美しさと違った華やかさがあり、さらに口あたりのやわらかさ、あたたかさがあるので、

日常の箸として好んで使われるようになり、現在では、本漆以外の化学塗料を使った塗箸も含めて家庭用の箸の九八％を占めている。この化学塗料を用いた塗箸は、近年環境ホルモンの問題が取りざたされるようになってから本漆塗箸が見直されている。

塗箸の材質は、竹、檜、杉あるいは南方産のマメ科の植物鉄刀木《タガヤサン》なども用いられる。

塗箸の種類（図3－18、19）

漆の塗箸の始まりは、平安時代の貴族文化が鎌倉時代の武家文化に引き継がれ、貴族や僧院の間で使われていた漆の技法が、刀剣の鞘《さや》や大鎧の草摺《くさずり》など広く武具に施されるようになる頃からではないかといわれている。現在のように塗箸が生産地の銘入りでよばれるようになるのは、江戸時代に入って各藩が地場産業に力を注いだ結果、漆奉行を置き、漆工を育成して、各漆器生産地が加飾の特色を持つようになった江戸後期から明治時代以降である。明治に入って、万国博覧会などに出品するときに、漆器のことを各地で単に塗物と称していたのを産地名を付して出品するようになって、塗物は生産地名でよばれるようになった（京漆器「象彦」東京店・湯川嘉教氏調べ）。

塗箸で麵類を食べるのは難しいとされているが、箸先に凹凸をつけたり、乾漆の粉をつけて麵類が滑り落ちないように加工された塗箸が出回っている。

現在では純本漆の塗箸はごく高級品しかなく、いわゆる化学塗料を用いた塗箸がほとんどである。ここでは、各地の塗箸の特徴を紹介する。

1　根来塗箸

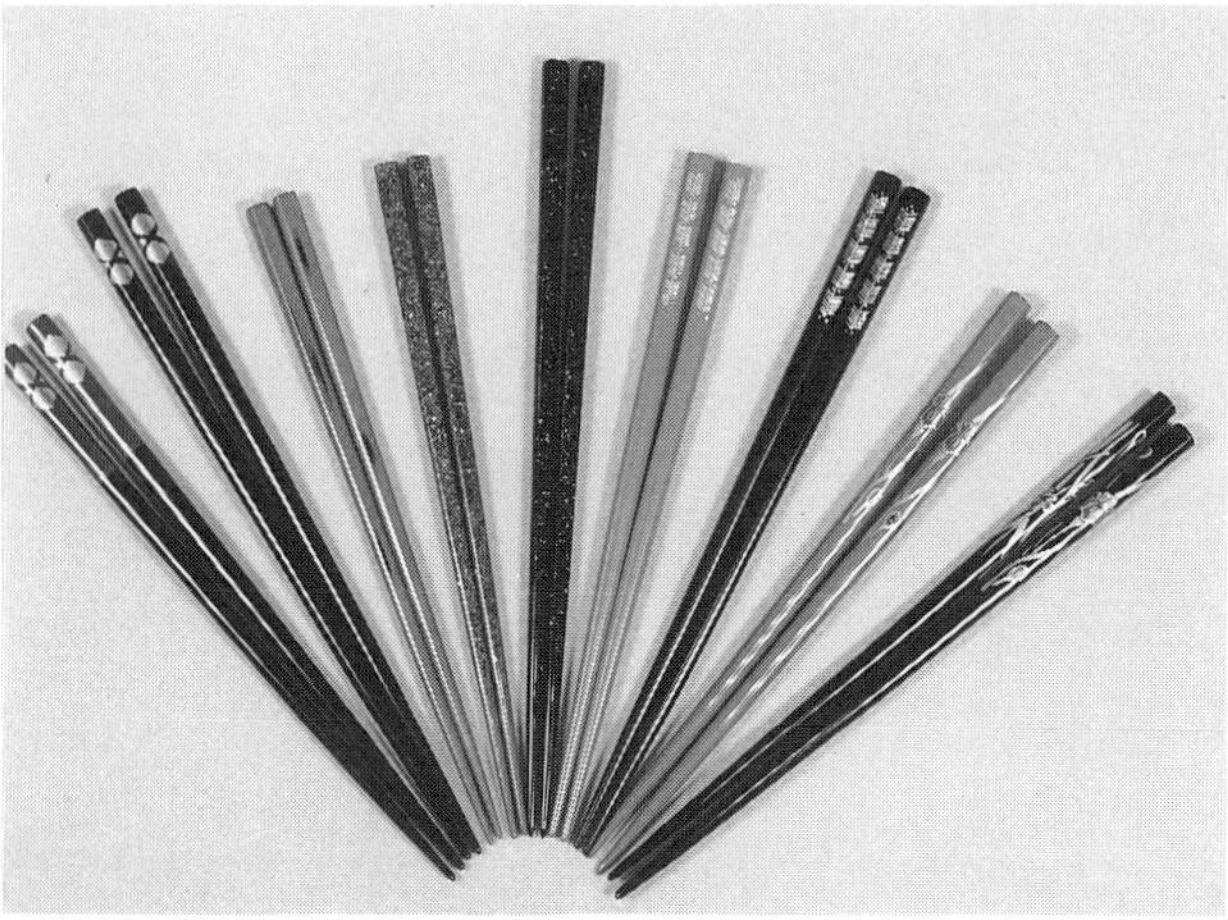

3 -18　塗箸①（右より　輪島塗蒔絵，同，輪島塗沈金，同，若狭塗，同，根来塗，秀衡塗，同）

根来《ねごろ》塗は鎌倉時代に紀州根来寺の僧たちが日用の什器具や厨子のために考案した漆塗りで、黒漆で下塗りや中塗りをしてから朱漆で上塗りをする。食器類を使い込むうちに、未熟の僧たちが塗ったために、上塗りした朱漆の濃淡の間から下塗りの黒地が斑紋状にあわれて、期せずして雅趣のある塗物になったといわれる。根来寺が一五八五年に豊臣秀吉に焼き討ちされて以来、寺で生産されることはなく、この手法は当時の僧たちにより各地の漆器生産地で応用されることになり、上塗りの朱を木炭で研ぎ下塗りの黒漆のたくまざる模様を出す一つのデザインとして用いられ、箸にも利用されている（京根来）。

その伝統は紀州塗にも残されている。

2　輪島塗箸

生産地は石川県輪島市が中心で、その起源は、一一世紀初期頃に遡ると言い伝えられる。応永年間（一三九四～一四二八年）に紀州根来寺の僧が輪島の重蓮寺（現在の重蔵神社）に来て、同寺の器物を作ったのが輪島塗の基礎となった。能登半島特産の通称档《あて》（あすなろ）や欅が、曲物《まげもの》、挽物《ひきもの》に適する性質を有していたこと、たとえば、弾力性に富むとか、熱に対する膨脹係数が小さいとか、漆器の素地に適していたこと、良質の地の粉（珪藻土）や漆液が輪島の近くで産出したことなどが発展の要因となっている。現在では翌《あす》檜《なろ》、欅、桂、朴などが用いられている。

輪島塗の特徴は、漆を塗り、研ぎをくりかえすところにあり、落ち着いた肌の美しさと堅牢さである。加飾には沈金、蒔絵があり格調高い優雅な渋味のある塗物で、図柄は自然の風物が多い。

輪島塗箸にはこれらの技法が加味されている。箸をすべりにくくするために乾漆粉を入れた乾漆箸、また、乾漆粉を先端部二～三センチだけ施したものがある。

輪島で塗箸の生産が本格化したのは昭和中期すなわち第二次大戦後とされ、漆器の需要が振るわなくなった頃に始められたという。輪島市商工観光課の佐々木国夫氏は、「輪島塗」の箸ではなく、「輪島の塗箸」と呼んでほしいということである。

3　若狭塗箸

若狭塗の生産地は現在の福井県小浜市（若狭小浜）で、漆の歴史は古く縄文時代の漆塗の櫛が、福井県立若狭歴史民俗資料館に展示されている。若狭塗の特徴的な意匠は五百年近い伝統がある。慶長年間に小浜城下の漆工（藩御用塗師松浦三十郎）が、中国の漆芸の「存星」をヒントに海底の様子を意匠化した「菊塵塗」や海辺の波打ち際の様子を意匠化した「磯草塗」を考案し、これらを取り入れた「卵殻金箔押法」が万治年間（一六五八～六一年）に始まった。当時の藩主酒井忠勝がこれを若狭塗と命名し、地場産業として奨励した。

若狭塗箸には独特の附紋様がある。海辺の貝や白砂の美しい景観を表現するために、卵殻、貝殻の破片や杉葉などをつけ、黒、赤、黄、緑など色漆、また、金銀箔を用い、それに漆を掛けてから研ぎ出し、宝石をちりばめたような感じに仕上げる。その工程から百回塗箸といわれるくらいで、絢爛、優美、堅牢が特徴である。

若狭塗箸が本格化したのは明治四〇年以降である。江戸時代には貴族や武家のための漆器であったが、それが解体され、箸の産地として出発した。はじめ箸材は全部竹であったが、竹の皮目は堅く油分を含み、内側は柔らかくて虫やかびがつきやすいので曲がりやすく、約三〇年位前からニューギニアやマレーシア原産の、ラワン材の一種マナスを導入した。この木は熱帯産で木目がなく、重くて毛羽立ちやすく、建材には向かない。ただ、森林破壊の非難の標的になっている（若狭箸蔵マツ勘・松本喜代司氏）。

若狭塗箸生産高は国内生産の九〇％といわれる。最盛期には一億一〇〇〇万膳も生産された。男性用の箸は長さ二二・五センチ、女性用は二〇センチであり、子供用は一六センチからある。塗箸の塗料はポリウレタンやアクリル樹脂も用いられるが、最近では化学塗料の環境ホルモン問題が浮上し、本漆塗りが見直されている（小浜市・羽田漆器）。

なお、奈良県の山間部では八八歳以上の高齢者が亡くなると「長寿箸」を配る風習があり、それに用いられる箸は神事の素木箸ではなく、若狭塗箸である。それは若狭塗箸の全国への普及率の高さによるのと、奈良東大寺二月堂のお水取り行事の「若狭の井」の因縁で流通があったためと考えられる。ちなみに奈良市と小浜市は姉妹都市である。

村上木彫堆朱塗箸

室町時代に京都から村上藩に寺院建築に来た大工、彫工、漆工などの技術者が、この地の漆産業の基礎を築いた。江戸時代初期には漆奉行がおかれて漆樹の栽培が奨励され、享保年間（一七一六〜三六年）には、彫漆工芸が盛んになった。文化文政の頃（一八〇四〜一八三〇年）、江戸詰藩士頓宮《とみや》次郎兵衛が高松の玉楮象谷《たまかじぞうこく》に堆朱《ついしゅ》技法、特に堆朱彫りの技法を学び、これを伝えてから一層発達した。堆朱の起源は中国唐代にあり、その文様は中国絵画の楼閣や山水、雷文などに由来している。木地は朴、栃などが使われる。

堆朱は漆を塗り重ねて文様を彫りおこす技法であるが、村上堆朱は木地に精妙な彫刻を施した上に漆を独特の方法で塗り重ね、最終段階で彫刻の仕上げ彫りをする。

堆朱塗箸は、あらかじめ木地の上に雷文など堆朱彫風の彫刻をして、その上に朱漆を塗り、艶を消して仕上げる。

津軽塗箸

津軽塗は、青森県弘前市付近から産する漆器である。弘前市には鞘師町など武具に関連した町の名が残っており、武具の鞘などに漆をかける技法が津軽塗を発展させた。漆の性質を活かした各種の変わり塗りがあり、それらの共通の特徴は、「研ぎ出し蠟（呂）色仕上」を施すことで、静かな輝きと透明感のある深い色調を持ち、堅牢である。

江戸中期四代藩主津軽信政によって奨励されたまだら模様の唐塗が一般的であるが、他に七々子《ななこ》塗や紋紗塗、錦塗などがある。木地には斧折れかんばや津軽ひばを使う。

唐塗は、漆の中に卵白を入れてゲル化させ、それを木地に塗って模様ができたら、赤、黄、緑などの色漆をつけて乾燥させ、雲形の斑紋や模様を研ぎだす。この方法は、寛文年間（一六六一〜七三年）に若狭

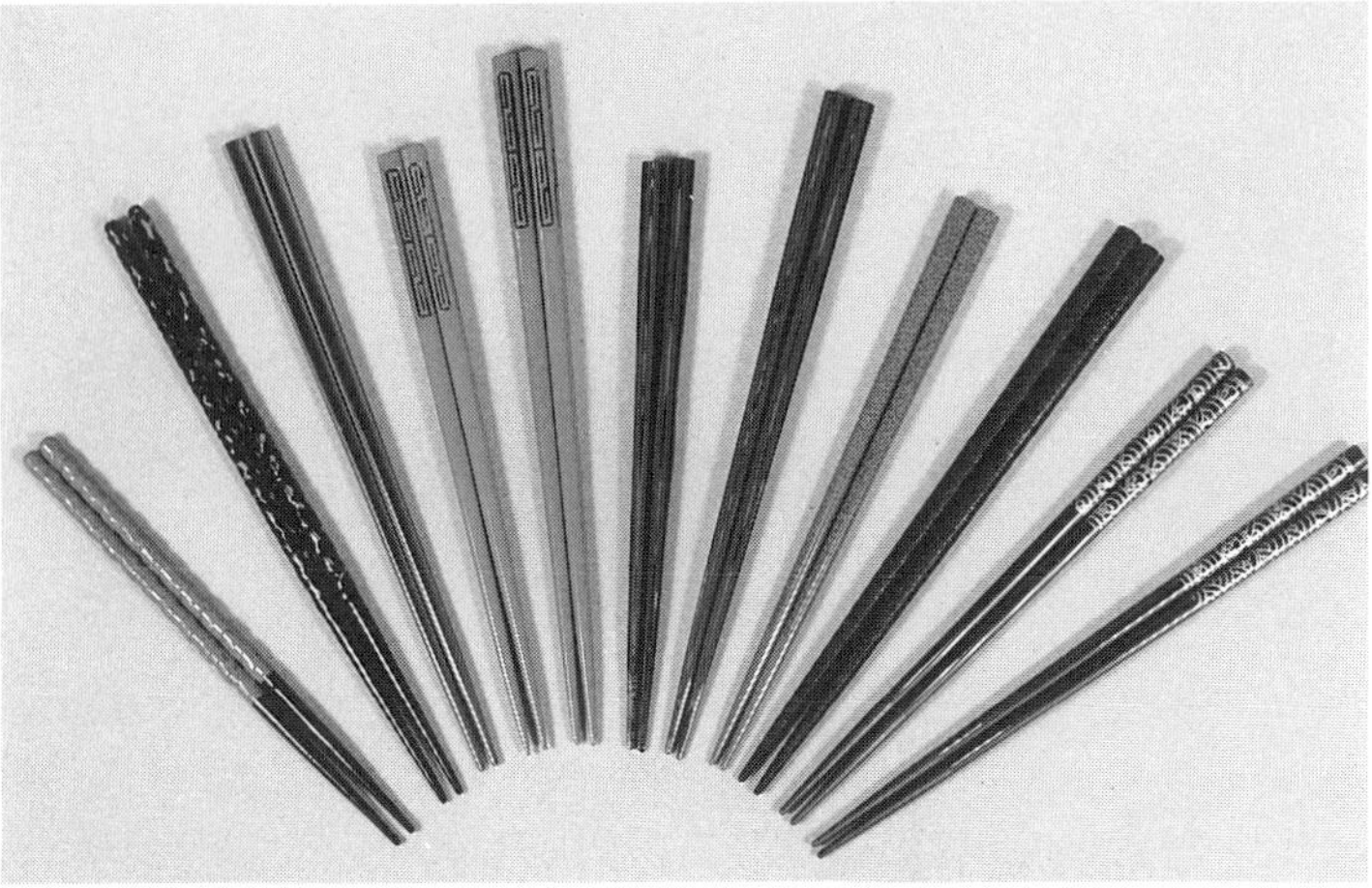

3 -19　塗箸②（右より　玉虫塗，同，津軽塗，同七々子塗，村上堆朱，同，村上木彫堆朱，同，飛驒春慶塗，籃胎塗，同）

塗の塗師池田源兵衛が津軽へ養子に出る際、若狭塗の技法は伝えてもよいが卵殻や貝は用いてはいけないという制約があって生まれた塗りである。

七々子塗は、紋様が魚卵を散らしたようなので「魚の子」の意味で「魚子」の字も当てられる。漆を塗って乾かないうちに、菜種の種子を一面につけ、その粒をはぎとった粒あとに朱漆などをかけ、模様を作る。

紋紗塗は黒色の艶消し地に、光沢のある黒い唐草模様を描いたもの。

これらは、美しさと堅牢さによって、津軽塗の代表的な塗り物の一つになっている。年を経るにつれて光沢を増し、耐久性がある。

津軽にも乾漆箸すなわち「すべらん箸」がある（県立工業試験所漆工課・小松勇氏）。

春慶塗箸

春慶塗は、奈良時代に、生地を蘇芳《すおう》で染め上から透漆《すきうるし》を塗る赤漆《せきしつ》の技法から始まっている。その名の由来は、一四世紀末頃に堺の漆工春慶が考案した塗物からといわれる。一説には慶長年間（一五九六〜一六一五年）に飛騨高山城主金森可重の息、重近（号、宗和）が、塗師成田三右衛門に椹《さわら》の木地の木目をいかした塗物を作らせたところ、色調が陶工加藤景正の「飛春慶《とびしゅんけい》の茶壺」に似ていたので「春慶塗」と命名したとも伝えられる。この技法は各地に伝えられ、岐阜の飛騨春慶では一位《いちい》、秋田の能代春慶では木地はひば、栃木の粟野春慶では檜と地元の銘木を生地としている。赤春慶と黄春慶があり、生地を染める色素は伝統的技法では天然染料が用いられる。粟野春慶では染料を用いないで漆に梅酢と油を混ぜ合わせたのを用いる。

春慶塗箸は、寛永年間（一六二四〜四四年）に盛んになった飛騨春慶が主流で、飛騨の銘木である一位を木地とし、うこんやくちなしで着色した黄色の下地に透明な春慶漆を上塗りして木目を鮮やかに見せるように仕上げる。他所の塗りと違って、蒔絵などの加飾をしない代わりに素地の木目を生かすのが特徴である（飛騨春慶塗組合理事長・松沢氏）。

秀衡塗箸

平泉の中尊寺は藤原氏四代の栄華の跡として名高い。この三代秀衡の名をとって秀衡塗《ひでひら》がある。平安朝の文化を平泉に移すために京から工人が呼び寄せられ、各種の工芸美術は金色堂を頂点に生活用具の膳椀などの漆芸品に残された。平安時代の椀と思われる金鶏山経塚からの発掘品は、平安朝のおおらかな形で黒漆塗りの無紋様である。紋様が現われるのは後世になってからで、桃山時代に全国的に知られるようになった秀衡椀や、江戸時代に流通するようになった文箱、高足膳などに施された秀衡塗の加飾は、黒漆地に金銀漆で源氏雲、それに金切箔で菱形を配した有職《ゆうそく》文様（雲地描き、箔貼り）が主で、朱漆で大柄な牡丹の花が描き込まれたのもあり、往時の繁栄を偲ばせる力強いタッチで豪放な格調高いものである。
塗箸には、これらの意匠をとり、箸頭に金箔や朱漆で秀衡模様を入れたもの、いずれも黒漆地を活かして秀衡塗らしい風格がある。塗箸が生産されるようになるのは、他の漆器産地と同様に江戸時代後半から明治以降であり、本格的に流通するのは昭和後半からと考えてよい。

玉虫塗箸

昭和の初めに国立工芸指導所が考案し、試作研究の結果実用に耐える漆器として育てあげたもので、下地を塗り全面に銀粉をまき最後に特殊な玉虫漆で仕上げたもの。箸頭に模様を入れることもある。

籃胎塗箸

籃胎《らんたい》塗は、縦割りして表皮を取り除いた竹を用途に応じて一定の幅と厚みに削ぎ、箸や籠などの形に編みあげ、表面に漆を塗り重ねて仕上げた塗器である。寒暑による歪みがなく衝撃に強い。その技法は古くからあり、日本では縄文時代の青森県是川《これかわ》遺跡から赤漆を塗った笊状の籃胎漆器の出土品が、また、朝鮮半島の後漢時代（一〜三世紀）の遺跡楽浪からは漆塗彩篋の出土がみられる。江戸末期に高松藩でも行なわれ、高松塗として残っている。久留米では、明和年間（一七六四〜七二年）に久留米藩のお抱え塗師が創めていた漆器工業に、明治の初め京都から招かれた漆工勝月平兵衛が堅地塗を伝え、同二〇年（一八八七）頃、川崎峰次郎が竹を編んだ籃地に堅地塗を応用し、発展した（八女籃胎漆器熊谷工房）。
籃胎塗箸は竹を編んで箸の形を作り、漆を塗り重ねたもので、手が込んでいて堅牢である。竹を編むことにより凹凸ができ、箸の把持部が持ちやすい形になっている。

会津塗箸

漆器の生産は会津若松市と喜多方市が中心である。天正一八年(一五九〇)蒲生氏郷が郷里の近江日野から木地師や塗師を呼び寄せ、吉川和泉守を塗師頭にし漆器の改良に努めたのが基礎になっている。寛永二〇年(一六四三)、保科正之が山田右膳を漆器奉行として研究改良が重ねられた。一方、江戸時代に金箔や金粉の製造が興り、これが漆器製造技術に組み入れられて、明治以降になると漆器の形状、意匠にも改善工夫が加えられ、色粉蒔絵、朱磨き、消金粉蒔絵など多彩な技法により会津塗が完成され、堅牢美麗な漆器が生産されている。

塗箸の生産よりも膳椀の生産で有名である。

漆と塗箸

日本の漆は、日本武尊《やまとたけるのみこと》が奈良県宇陀の阿騎《あき》山に狩りにいって偶然美しく紅葉した木の枝を折ったところ、その木の汁が尊の手について黒く光った。そこで尊はその汁を採らせて自分の愛用の器物に塗らせたところから漆業が始まったという伝説がある(『色葉(伊呂波)字類抄』巻五)。現在でも宇陀の阿騎地方には漆の木が多い。

漆は中央アジア原産の喬木で、日本、中国、韓国、ベトナム、ミャンマーなどにみられ、最近ではアフリカなどでも栽培されている。漆液の採集期間は六月頃から一一月頃までで、漆の木の表面に傷をつけると傷口から乳白色油状の樹脂を分泌する。これをへらでかき集め、濾過したものが生漆で、主成分はウルシオール、水分の他、ゴム質など夾雑物を含んでいる。生漆の水分を蒸発させながら攪拌をつづけると光沢が出てきて、漆として使えるようになる。漆が乾燥して丈夫な被膜をつくるのは、ウルシオールが酸化重合して膜を作るからである。乾燥した漆の膜は非常に丈夫で、水分や酸、アルカリにも冒されない。何千年も昔の漆製品が、ほとんど原形を残して出土するのは、漆の堅牢な性質による。

日本ではじめて漆が使用されたのは、函館市垣ノ島B遺跡から出土した約九〇〇〇年前の赤漆塗りの糸で編んだ副葬品で、世界最古とされる。約六五〇〇年前の福井県三方郡三方町鳥浜遺跡からは、漆塗りの技術としては高度な木皿や盆、鉢などの木漆器、また漆塗土器や朱漆塗竪櫛が出土している。縄文中期には漆塗りの木弓や藍胎《らんたい》漆器が東日本を中心に出土し、青森県三内丸山遺跡からも椀などの木質部は朽ちているが、漆塗りの部分はしっかり残っているものも出土している。

漆は矢じりのはめこみ部分に巻いた藤つるを固定したり、破損器物の接着剤としても使用されている。弥生時代から古墳時代には高坏や木製の武具、革製品、また五世紀以降には鉄板にも漆が焼き付けられるようになるほどで、奈良、平安時代には乾漆の仏像や仏具、日用漆器、調度品などさまざまな漆工芸品が作られるようになり、『延喜式』には、官位によって漆器の規制ができたくらいである。

平安時代にはすでに漆塗りの技術は相当進んで蒔絵の家具什器など立派な工芸品があり、『枕草子絵巻』に描かれている火桶の火箸の柄には火桶と同じ意匠の漆がかけてある様子なので、その技法が箸にも応用されたと思われるが、現存していない。箸は素木の使い捨ての感覚の方が強く、漆器を使う階級では、唐様の金属の箸か素木の箸、庶民は、白箸の翁（平安時代に木箸を削って売り歩いたという）の売る箸や、手作りの素木の箸を用いていたであろう。

中国でも漆は古くから使用されており、約七〇〇〇年前の遺跡である長江河口の浙江省余姚《よよう》県河姆《かぼ》渡遺跡からは優れた石器、土器、骨器、木器などの他に、漆椀や漆塗り筒が発見され、動物の肩胛骨を利用した鋤を木の柄に固定するのに漆を使ったりしている。漆の使用は中国の方が早いのであるが、欧米諸国がアジアに通商を求めてきたときに、陶器はチャイナ（china）と称し、漆器はジャパン（japan）として取引きがされ、現在に至っている。

長江より北部の黄河流域では殷王朝の青銅器文化が主ではあったが、次第に漆文化が浸透し、漢代には王侯貴族に盛んに使用されている。紀元前四三三年の遺跡、曾侯乙墓（湖北省随州市郊外）の出土品は、遺体を埋葬した棺をはじめ、楽器や食器などの副葬品のほとんどが漆製品である。この中に竹筴《ちっきょう》のあったことはすでに述べたが、これには漆は塗られていない。紀元前二〇〇年頃の遺跡であるといわれる長沙馬王堆一号漢墓（湖南省長沙市）の木槨、棺をはじめ、曾侯乙墓と同じく楽器や日用品、食具の鼎、案、耳杯など副葬品は漆塗りである。しかも黒漆の他、白、朱、黄、緑の色漆を使って流水紋や瑞獣や瑞鳥の文様が描かれている。その中に見事な漆匙が出土しているが、それらの食器の間におかれた箸は竹製で、細く削った生地に朱紅顔料がかけられ、他の漆器のような重厚さはみられない。中国でも古代には箸に漆が塗られた形跡はあまりない。

3-20　塗箸の刷毛塗り作業

元来、漆はただ塗っただけでは乾かない性質があり、適度の湿度と温度の条件が整えられて乾燥する。一方、一二〇度C以上の高温に加熱すると乾燥し、きわめて強固になる性質もある。古代には石の鏃《やじり》の接着剤として、また鎧の腐蝕を防ぐために鉄板に漆液を塗って高熱にあてて乾燥させていた。漆はまずこの焼き付け漆として利用された。できた膜はどんなことがあっても剝がれない丈夫なものである。

この高温加熱方法は木や竹製品には応用できないので、湿度七〇から八〇％の水分と一六から二五度Cの適当な温度を保つことによって乾燥させた。江戸時代に、この乾燥条件を満たす「湿《し》め風呂」が考案され、漆器の量産ができるようになった。漆を一回塗るごとに「湿め風呂」に入れて水分と温度を与えて乾燥させる。この独特の乾燥方法を利用して、蒔絵《まきえ》、螺鈿《らでん》などの技法が容易になり、漆工芸が急速に発展したといわれる。

江戸時代にこのような設備ができて漆加工が容易になったことは、漆の塗箸の量産を促すことにつながった。箸が使われ始めてからも、庶民は素木の箸を使っていたと思われるが、加工に手間を要し工芸品ともいえる漆塗りの、しかも柔らかい感触、変質しない美しさを保つ耐久性のある箸の出現は、経済力をつけた江戸時代の町人も手にすることができ、やがて箸は使い捨てではなくて、その箸を選んだ個人の愛着ある所属物になっていくのである。

漆工業は、江戸時代には各藩毎に行なわれた地場産業奨励の目的で、漆樹の生育に適した地方では漆奉行という専門の役職をおき、漆を植樹し、木地師や塗師を育成して漆工芸を発展させた。それで現存する漆器生産地にはそれぞれ特徴ある漆文化が受け継がれ、人々に賞揚されている。漆塗りは合成塗料の塗物が出現するまで広く使われてきた。現在では、漆塗りの長所が見直されつつあるが、国内の原料漆の生産が需要に追いつかず、中国から漆を輸入している状態である。ちなみに欧米の塗物工芸は、合成樹脂開発以前では貝殻虫の分泌物から精製されるセラックが伝統的に用いられていた。

四　金属の箸

金属製の箸や匙は、奈良時代に交流のあった朝鮮半島からもたらされ、貴族の宴席には準備されていたと考えられる。また、平安時代の文学作品には、しばしば、金属製の箸が登場する。平安時代以降、金属製の箸や食事用の匙はわが国では普及しなかった。

中国や朝鮮半島ではかつて身分のある人は銀の箸や匙を用いた。銀は金属中でも比重が小さく、熱伝導がよいので、箸として口中に運んでも違和感がないこと、高貴な輝きをもつ貴金属であるため王者の箸としてふさわしいとされたのである。もう一つ銀の箸が用いられた理由は、銀は青酸や砒素にあうと黒変するので、何かのすきに混入された毒物を検知するためといわれている。一日に何度か必ずとる食事の機会は、洋の東西を問わず毒物混入の機会になった。そのために権力者の食事には毒味役がいたのである。

魚の変質を見分けるために室町時代の料理人が魚を料理するのに用いた真魚箸《まな》は銀製とされていた。銀製の箸は燐とも反応するので、魚の変質や有毒物を識別できるとして料理用の真魚箸に使用された。現在では包丁式や割烹で、箸先が金属製の真魚箸が使われている。

正倉院の箸

わが国に現存する金属の箸は、正倉院に納められている銀製金メッキの箸である。丸箸で、長さ二五・八センチ、重さ七四・四グラム（一九六〇年正倉院展目録）と記録があり、両細のずいぶん重い箸で同じ材質の匙と一対になっている。御物中の箸はこの一双のみで、この他に献物帳には玳瑁《たいまい》（鼈甲）の箸二双の記載があるが現存していない。

なお、匙については次のように記録されている。貝匙（全長三五～三七センチ）篠竹柄のもの九本と繁節竹柄のもの一本と計一〇本を一束にしたもの六束、および銅匙（一五頁参照）の長匙と円匙（直径六センチ、柄長一八センチ）がある。長匙と円匙は、それぞれ一本ずつ一組にして紙で巻き、その一〇組を麻紐で一束にしたもの一八束（現存三四五枚）が残っている。資料によれば、円匙、長匙と箸をセットにして使用したということであるが、御物の匙はあまり使われた形跡は見られない。

『枕草子』に「御膳まゐるほどにや箸匙などとりまぜて鳴りたる……」とあるように唐文化の影響を受けた貴族社会においては、金属製の箸と匙が用いられている。匙は聖武天皇の頃に朝鮮半島よりもたらされ、貴族の間で使われたと思われるが、広く実用にはいたらなかったらしい。韓国では現在でも匙と共に金属製の箸が日常使われている。

真魚箸

真魚《まな》箸は、神に捧げる鳥や魚を料理する時に、食べ物に直接手を触れないために用いたのが初めで、式包丁の時は左手に持って、盛りつけの場合は一般に利き手で用いられる。食事用の箸ではない。一八世紀頃までは、料理人が魚や肉を切る時、必ず、真魚箸を用いていた。一尺か一尺二寸ほどの銀の箸で、四寸ほどの木製の手許がついている。これを左手に持って鳥や魚を押さえ、右手の包丁でおろしていく。左手に持った箸の持ち方は図3－21のとおりで、『聖徳太子絵伝』（一〇六九年）には、客人を前に、料理人が俎上に横たえた猪を真魚箸と刀で料理しようとしている様子が描かれている。

同時代の『今昔物語』（一〇七〇年頃）には、鯛の荒巻を料理する包丁人が、

3-21・22　真魚箸（右：『聖徳太子絵伝』，左：『七十一番職人歌合絵巻』）

……魚箸《まなばし》を削り、鞘なる包丁刀を取り出して、よく研ぎ、
……

とあって、箸は料理の度毎に新しく削る習わしがあった時代であるから、金属製の真魚箸の準備がなかったので急遽削ったと見られる。

室町時代に入ると、食事に関する礼法や料理法を重んじるようになり、『七十一番職人歌合絵巻』にもあるように職業としての包丁師が現われた（図3−22）。四条流や大草流、また進士流など料理の流儀が生まれ、料理書が著された。各流派の一連の包丁振りを包丁式という。四条流流祖山蔭《やまかげ》中納言藤原正信は、客前で鯉をおろすことが多く、これが伝えられて、真魚箸と包丁で「長久の鯉」とか「龍門の鯉」などめでたい気持ちを表わす幾通りものおろし方が創案された。

この時代に目で楽しみ、味で楽しむ刺身が生まれた。これは造り身ともよばれ、包丁の冴えが要求される。『四条流包丁書』（一四八九年）には「刺身のこと」として、「鯉は山葵《わさび》酢、鯛は生姜酢、鱸《すずき》なら蓼《たで》酢、王餘魚《かれい》はぬた酢」などと記されて、魚に合う調味酢が工夫されているなど、日本料理の食材の持ち味を生かすという基本原理がうかがわれる。

江戸時代には都が上方から江戸に移り、町人台頭の時代ともなって、形式よりも実質本位になり、包丁式のような重々しい料理をする場は少なくなったが、包丁することは伝統的に重んじられ、専門家の間では金属製の真魚箸が使われている。

五　神事の箸

わが国で連綿と伝えられる神事には、箸が重要な意味を持っている。神事の箸には日々の御饌《みけ》を供える箸があり、また祭祀のための箸もある。それらの箸は一回の神事毎に穢れのない新しい素木の箸が用いられる。命の糧を運ぶ箸には神が宿り、神との共食によって新たな霊力が得られるという思想である。神事に際して箸を新しく作ることは、一般家庭で新年を迎えるにあたり、純白で折れることのない柳の枝で作った両細の孕み箸を、奉書で包んだり、紅白の水引きをかけたりして祝い膳に置くところに残っている。

大嘗祭の箸

大嘗祭《だいじようさい》は、天皇即位後に行なわれる最初の新嘗祭《にいなめさい》のことで、『日本書紀』によれば、天武天皇二年（六七三）の項に大嘗祭の初見がある。天皇が即位されると、その年または翌年の一一月の祭儀までに皇居に大嘗宮が設けられ、その年の新穀を天照大神ならびに天地の神々に奉祭される。天皇はここにお一人で籠もられ、御膳を祭神に薦め、また自らもこれを享けて召し上がる「神饌御親供《しんせんごしんく》」の儀を行なわれる。天皇一代一度の最大の儀式である。

大嘗祭の神饌は、江馬務氏の説を引用すると、……神のお供えものは、神の食薦《けごも》といって、蓆蓙の上に米の飯と粟の飯、蚫《あわび》の汁、若布の汁、白酒《しろき》、黒酒《くろき》を供えられ、天皇ご自身もまた、同様の食物を前におかれて、神の祭を終えられた後に召し上がるのである。米の飯、粟の飯は、……いわゆる強飯で、共にカシワの葉を幾枚も円く放射状につないで竹串で刺して離れぬようにしたものに載せる。この葉で作った皿を葉盤（枚手）という。すこし深く作れば葉椀（窪手）というのである。蚫と若布の汁は、高坏という足のついた土器に入れるが、この汁は塩気を少しつける。白酒は、どぶろくにあたる酒で、白くもやもやした甘酒のような酸味のあるもの。黒酒は白酒に黒い臭木《くさぎ》という植物の灰を入れたものといわれ、共に瓶子（土器の酒瓶）に入れるのである。

この時、神に捧げる箸は青竹を細く削って一尺一寸に切り、一節つけて、中央から折り曲げ、藁すべでくくって、ピンセット型にしたものであるが……

となっている。大嘗祭の「神饌御親供」の箸は、この祭儀のために浄められた青竹を削ってこしらえた折箸であることがわかる。

昭和天皇の大嘗祭は、昭和三年に京都において「即位の礼」に引き続き行なわれた。また、現天皇の大嘗祭は、「即位の礼」から一一日後の平成二年一一月二二日夕刻から二三日にかけて東京において行なわれた。

現天皇の大嘗祭の神饌用具の箸は図3－23に示したもので、これは複数作られ、一部はこの神饌用具をお納めした「箸勝」本店に保管されている。

折箸は、現天皇の大嘗祭にお使いになったかどうか不明である。これらの行事の行なわれた大嘗宮は式後とりこわされる。

3-23　今上天皇大嘗祭神饌用具の箸（箸勝本店）
①白木飯杓子（19cm），②白木御楊子（20cm），
③真竹御取箸（30cm），④白木御杓子（22cm），
⑤白木御匙（22cm），⑥白木口細箸（13.5cm），
⑦白木御箸（24cm）

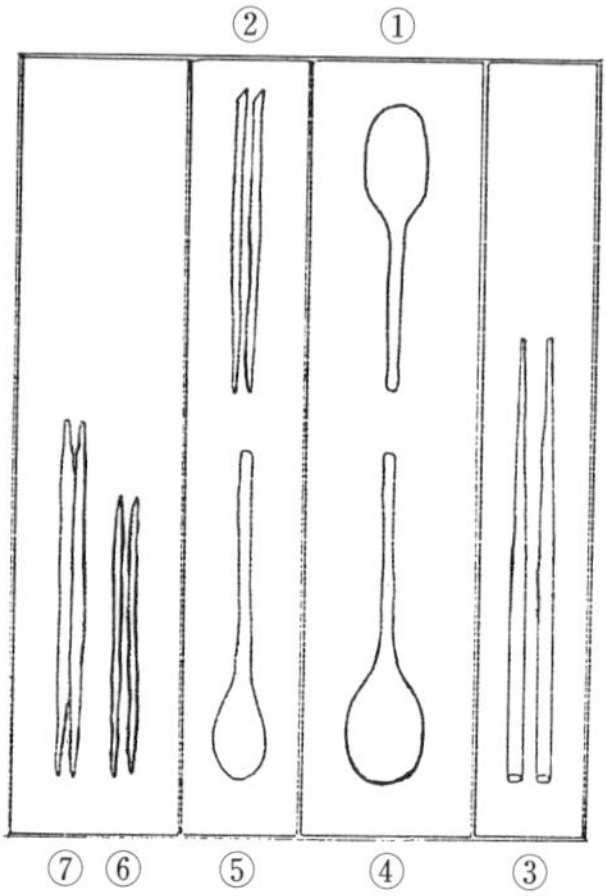

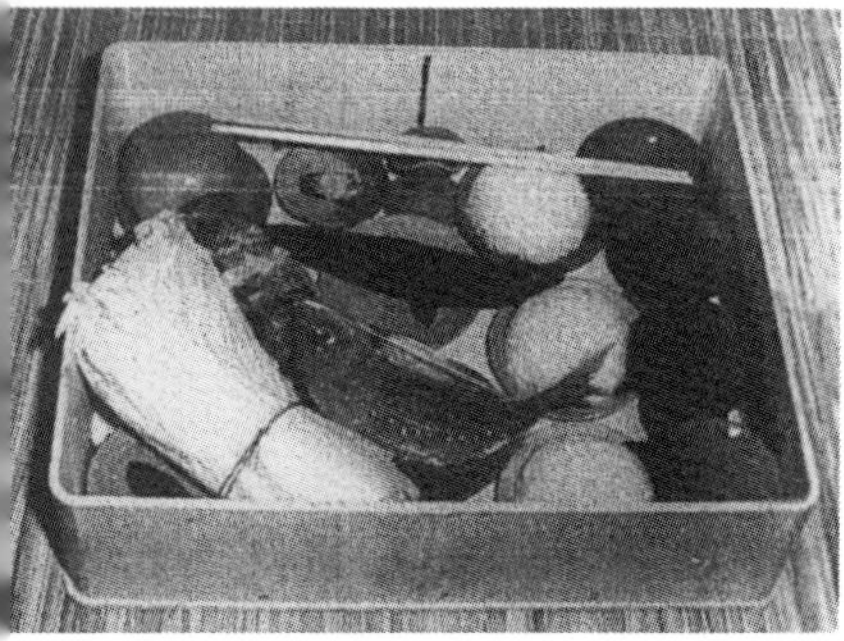

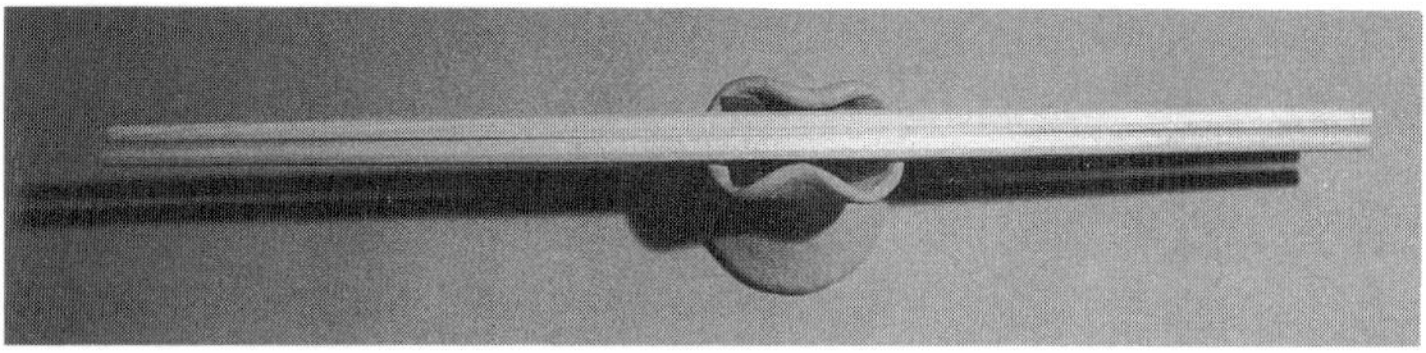

3-24（上左）　伊勢神宮日別朝夕大御饌祭の神饌
3-25　伊勢神宮の御箸とトクラベの葉片を置いた御箸台

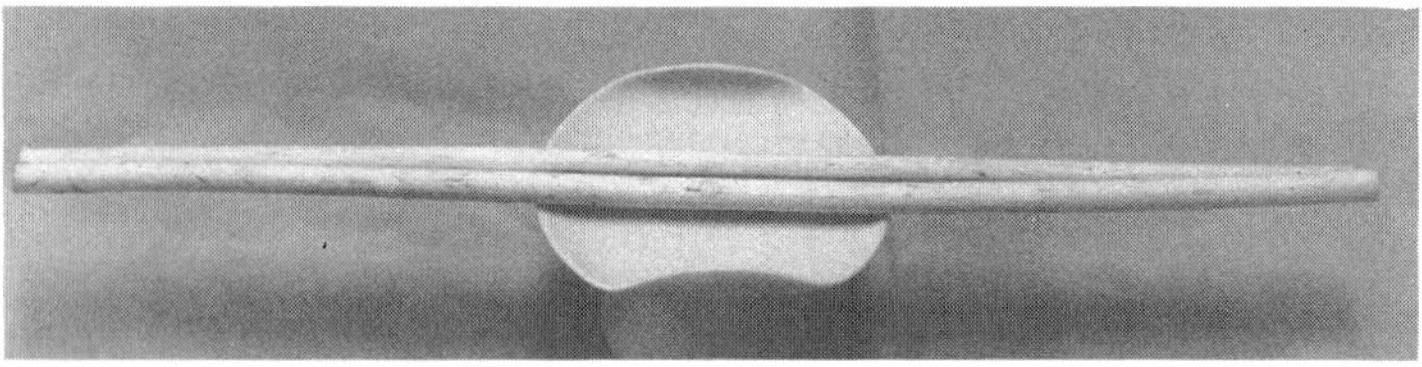

3-26　熱田神宮の柳製の御箸

伊勢神宮の箸

伊勢神宮には、内宮と外宮があり、内宮は「天照大御神」を奉祀する。外宮は天照大御神のお食事を司る神として「豊受大御神」が祭られている。神宮では祭礼ごとに神饌が決まっている。日常食にあたる朝夕二回の日別朝夕大御饌祭《ひごとあさゆうおおみけさい》と、三節祭すなわち一〇月の神嘗祭と六月、一二月の月次祭《つきなみさい》はじめ多くの祭典、そして、二〇年ごとに執り行なわれる遷宮祭の神饌である。雄略朝（五世紀）以前より、明治初年の神祇制度の大改革で多少影響を受けた面もあったが、旧儀を尊び古い形をなるべく変えずに受け継がれている。神饌は前夜から参籠して神職が調理場である忌火《いみび》屋殿で古式に則って、火鑽臼《ひきりうす》と火鑽杵で忌火を鑽り出して調製する。この火鑽道具は登呂遺跡から発掘されたものと同じ形式の木と木を摩擦して火を熾《おこ》すものである。

日別朝夕大御饌祭では、室町時代以前の人々の食事が一日二食であった慣習によって、朝夕二回（朝は午前八時、夕は午後四時、冬期はそれぞれ九時と三時）一日も欠かすことなく神饌が供進されている。いずれのときも最初に、御箸が、短く切ったトクラベ（ハイノキ科の常緑高木）の葉を置いた御箸台に載せて進められる。御箸は檜を素材にした箸で（図3－25）、長さが約四〇センチ、中太両細で真中の太い部分が径六ミリ、両端の細い部分が径四ミリである。お箸は毎日新しいものが使われる。

御飯三盛、鰹節、鯛、海草、野菜、果物、塩、御水、最後に清酒三献を供える（図3－24）。御饌は、土器にあわせて切ったトクラベの葉を敷いて盛りつける。トクラベは普通の祭典に用い、大祭の神嘗祭と六月の月次祭に限ってアカメガシワ（タカトウダイ科の落葉高木）の葉を用いる。

神々にお供えがすむと禰宜《ねぎ》が祝詞《のりと》を奏上する。神宮が伊勢の地に鎮座した由来から、豊受大御神が天照大御神のお食事を司る神として、伊勢に迎えられた由来などから始まり、皇室のご安泰、国家の繁栄、世界の人々が幸せに生活ができますようにという長い祈りが一日も欠かさず奏されているのである。

神嘗祭と六月、一二月の月次祭の三節祭では、由貴大御饌《ゆきのおおみけ》といって、特別の神饌をお供えする。由貴大御饌は午後一〇時と午前二時の二回、庭火と松明がともされる中で行なわれる。神饌は二日前から調理される。まず、神前にお箸が供進され、次いで海、川、山、野、三〇種の神饌、白酒、黒酒、醴酒、清酒の四種の神酒が供進される。

伊勢神宮では、二〇年ごとに行なわれる式年遷宮がある。皇大神宮、豊受大神宮のほか、一四の別宮に奉納する二千点近くの神宝、装束が元の形を伝えてつくりかえられる。最初の遷宮は持統天皇の四年（六九〇）に行なわれた。一三〇〇年来伝えられてきた遷宮は古代をよみがえらせ、神々が生まれ変わる再生の祭りでもある。式年遷宮の準備は一〇年位前より始まり、旧神殿に隣り合った敷地に引越しをされるのである。定期的に造り替えるのは、神が常に若々しい常若《とこわか》を保ち、弥栄《いやさか》をめざすためとされる。なぜ二〇年に一度なのかは定説はないが、檜の建物が神殿としてすがすがしさを保つ限度ともいわれている。昔は式年遷宮の折りの旧宮の檜材は素木箸にして参拝客に配られたそうであるが、現在はそういうしきたりは途絶えている（学芸員・井上和子氏）。

熱田神宮の箸

熱田神宮は、三種の神器の一つである「草薙の剣」を祭る神宮である。大祭は年四回あり、元日祭（一月一日）、祈年祭（三月一七日）、例大祭（六月五日）、神嘗祭（一〇月一七日）に行なわれる。勅使が参向して行なわれる例大祭には熟饌《じゆく》（加熱調理した神饌）が供進され、お箸は長さ四〇センチほどの柳箸が御箸台にのせて供えられる。

3-27　春日祭に供えられる「御戸開八種神饌」

この柳の木は、大化元年（六四五）以来と伝説のある萱津神社（愛知県海部郡）から奉献される。柳の木は大祭の始まる前に調理殿において神職がその皮をはぎ、約四〇センチに切って神箸をつくる。神箸は細い柳の枝の皮をとっただけの素朴な形である（図3―26）（権禰宜・手塚晴彦氏）。

春日大社の箸

奈良市春日野町に鎮座する春日大社は、中世以来、伊勢神宮、石清水八幡宮と並んで三社と称せられ、全国的な信仰を得た神社である。食物は神より下された物であるという観念から、特にお祭りの時には神饌を美しく整え、高盛りにして豊穣と豊漁を祈ると共にまた感謝の心を捧げてきた。神饌の御箸は松を材とし、丈一尺一寸、径五分の本も末も同じ口径の丸箸である。ただし、正月元旦の御供えには青柳の丈一尺一寸を両端三寸ばかり皮を落とした箸が用いられることがある。平安時代から勅使により奉じられる春日祭の「御棚神饌《みたなしんせん》」は『延喜式』所載の品目をほぼ受け継ぎ、高盛りの黒米飯、糯飯、大豆、小豆、平魚《たい》、鰹、柑子《こうじ》（蜜柑の一種）、干柿など海の幸、山の幸一五点の御饌が供進される。元来、宮中の大膳職で調理され、献じられるものなので記録はないが、現今では両細の柳箸が供えられる。勅使と弁官の饗膳は、黒米飯、汁、平魚、鰹、鰒《あわび》、干柿、柑子など八点が並べられ、箸と共に匙が添えられている。箸と匙を揃えて供されることは、その昔、平安朝の時代に始められた宮廷の食様式をそのまま残している。

図3―27は春日祭において供えられる「御戸開八種神饌《みとびらきやくさ》」である。これは春日大社が奉るお供えであり、玄米の御飯には伝来の松の一尺一寸の太箸が添えられる（権宮司・岡本彰夫氏）。

宣教師ルイス・フロイスは、一五六五年に春日社を訪れた時の様子を次のように述べている。

朝六十卓、また晩も同数を整えます。この食卓は脚がついた四角い茶盆のようなものでまるで王侯を招待するために整えられる食卓のようで……その料理を清潔に、きちんと用意することに一日の生活全部をすごしています。（平凡社東洋文庫『日本史』）

とあり、神人が丁重にお供え物の調理をしている様を伝えている。

土器は毎年使用した後必ず粉砕して山中の浄所へ埋納する古式を守っている。

賀茂別雷神社の箸

賀茂別雷《かものわけいかづち》神社すなわち上賀茂神社では、年間に六四余度の祭典が行われ本殿において神饌がお供えされるが、そのうちお箸が使用されるのは大祭五度、中祭四度、小祭四六余度（臨時祭、祈願祭を含む）である。残りの数度はたとえば遙拝式のように箸は用いられない。

賀茂祭（五月一五日葵祭）および歳旦祭（一月一日）には古来より神饌が献じられ、内陣、外陣神饌がある。大祭には賀茂祭および歳旦祭の内陣神饌として江戸時代より金鍍金《めっき》の箸を用いる。丸箸で長さ八寸八分（尺は曲尺《かねじゃく》使用、約二七センチ）、把持部の径一分五厘、中太両細、箸台は長さ一尺、幅一寸七分、高さ一寸五分である（図3－28）。神饌は葵桂二、船御飯二艘、船御餅二艘、御鯉一喉、御鳥（雄雉子）一羽、御生物（鯛五尾）、大根二杯、百合根一杯、茄子一杯、積御料、包御料、大蒜、檜皮粽、鮎、狛御料、御酒が供えられる。外陣神饌と小祭は黄櫨《はぜ》漆の丸箸で長さ六寸、径五分を用いる。箸台は耳かわらけである（図3－29）。中祭には大祭と同じ形の金の御箸を用いる。摂社には黄櫨漆の御箸、長さ八寸、径四分の一角（径五分を縦四つ割りにしたもの）。耳かわらけを使用せず、御櫃に直に置く（図3－30）。

末社では黄櫨漆の御箸、長さ六寸、径八分の一角（径五分を縦八つ割り）で、御櫃に直に置く。

競馬会神事（五月五日）では最後の直会の時、黄櫨漆の箸、長さ一尺、径八分の一角を使用するが、使

賀茂別雷神社の箸

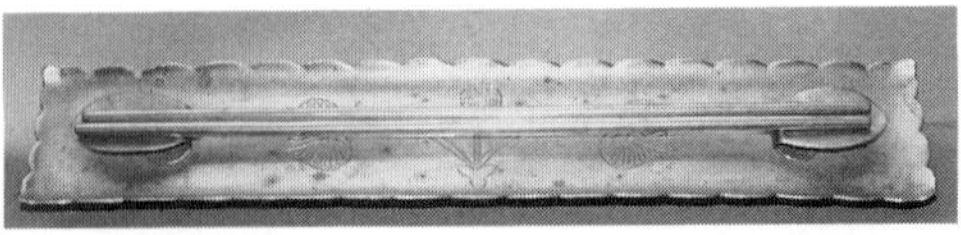

3-28　金鍍金の箸

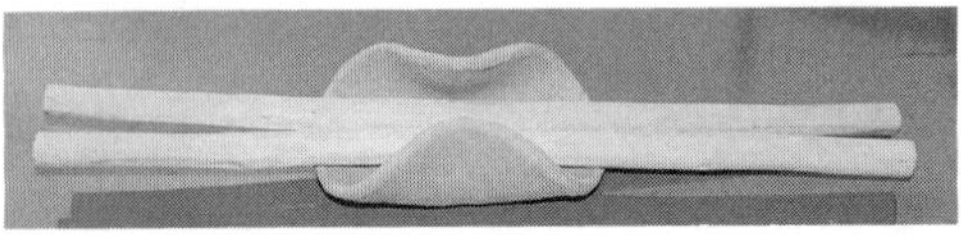

3-29　黄櫨漆の丸箸と耳かわらけの箸台

3-30　摂社に用いられる黄櫨漆の箸，御櫃に直に置く

用後に箸を折る。このように賀茂別雷神社では、祭時に使用される箸がそれぞれ細かく分けられている(権禰宜・藤木保誠氏)。

諏訪大社の箸

諏訪大社では古来、狩猟が大切な神事であり獲物の鹿や猪を犠《いけにえ》として神に捧げるので、江戸時代には特例として幕府から神事の狩が認められていた。諏訪における神饌の第一にあげられる神聖な動物は鹿で、したがって鹿に関しては非常に強い禁忌があった。そこで祈禱をして諏訪大神のお許しを受け、更に書き付けを戴いて来れば、鹿はもとより総ての獣肉を食べても罰が当たらないと信じられるようになった。それに応えて神社では特別祈禱の書き付けを授けるようになり、この書き付けのことを鹿や猪などの肉を食べてもよいお許しということから「鹿食《かじき》免《めん》」と呼ばれた。更にその場合に使う箸も神社から授けるようになり、これを鹿食箸《かじきばし》といった。諏訪大神にお参りすることにより肉食が許されるという変わったしきたりである。

　肉食が禁じられていた時代に肉が食べられるのは、栄養の補給源として庶民にとって有難いことであったと思われ、肉食許可の書き付けを発行し、さらにその時に使用する箸まで神社から授けるということは誠に珍しいことであった。現在では「鹿食免」の版木は残っているが、箸の形状は不明である。

　諏訪大社には、信濃国全域で奉仕するようになってからでも千二百年以上となる「御柱祭《おんばしらさい》」という特殊神事がある。山から大木を曳き出して神社の社殿の四隅に建立する神事で、その大木に人が乗ったまま急坂を曳き下ろす勇壮な祭りとしても有名である。この御柱を形どって、昭和四九年頃、直径約三センチ、長さ三〇センチほどの丸木を二つ割りにして、太い方に紐を付けたものを菜箸のつもりで「御柱箸」と名付けて授与したことがある。一膳分で御柱の形になるために喜ばれたが、太くて箸として使いにくいので、現在では図3－31のような普通の箸の形となり、御柱箸として授与されている。材質は、一時期、杉や檜製であったが、現在は御柱用材と同じ樅が使用されている（諏訪大社）。

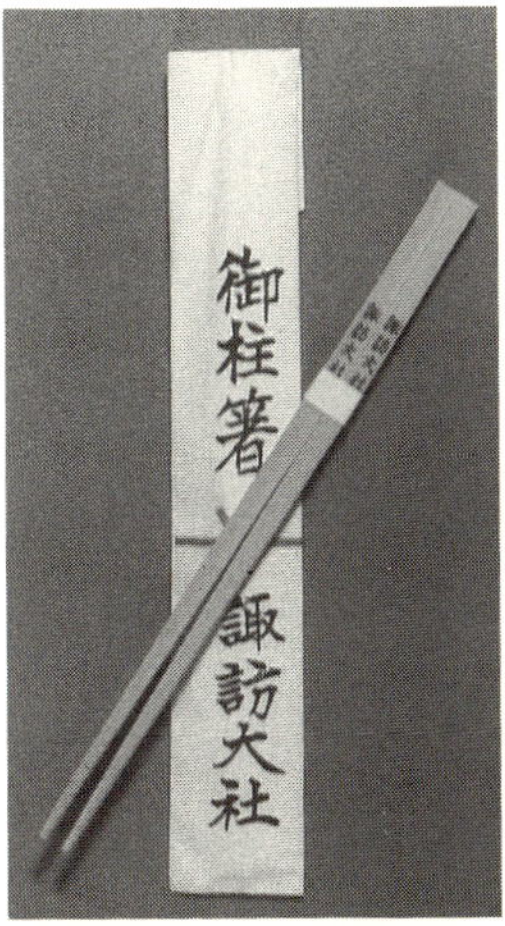

3－31　諏訪大社の御柱箸

厳島神社の箸

　安芸の宮島として知られる、厳島神社では、毎年新春早々の一月四日朝、御楊枝献上式が行なわれる。御楊枝とは箸のことで、一連に一〇膳つけたものを本社七連、客社五連（閏年には六連）調製して白木の三方にのせ献上する（図3－32）。

　箸は榊で作る。箸を図のように縄の目に差して連ねた

3－32　厳島神社の御楊枝（箸）献上式　縄目に楊枝10膳分をさし込んだもの本社七連，客社五連（閏年は六連）

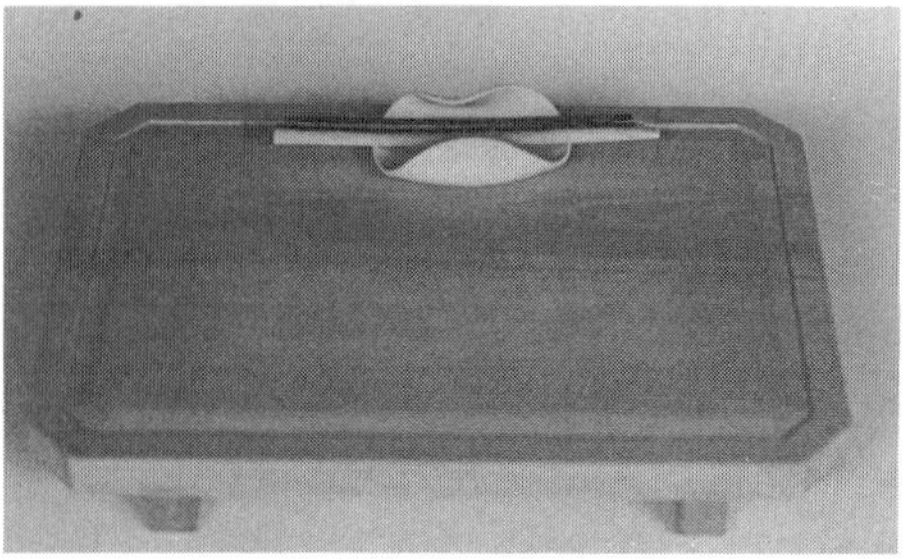

3－33　箸（楊枝）はかわらけにのせて春日台に置く

ものである。毎年末、厳島神社の御用を務める宮大工の棟梁が山から榊の木を切り取り、四角に割り、長さ六寸、太さは一分五厘角位に切り、皮つきの黒木のまま箸にしたものである。厳島神社の裏手には彌山《みせん》という山があり、弘法大師が開かれた由縁から、『厳島図絵』の楊枝献上図の説明には、『釈氏要覧』（一一世紀初頭）の中に歯木《しぼく》（木切れの一端を砕いて歯磨きに用いる）としての楊枝の利があげてあるので、楊枝（箸）献上は弘法大師が彌山を開かれてからのことではないかとある。

榊は「栄樹」とか「神樹」ともいわれ、神棚にはいつも榊の枝を供えるように神事には必ず使われるものである。この箸を榊で、しかも黒皮を残したままの形で使われるのは珍しい。榊の箸が使われるのは小祭、中祭、大祭の時で、毎日の日供祭には箸は使わない。

神饌は春日台の上に並べ、かわらけにのせた箸を添える（図3－33）。百手祭《ももてさい》の熟饌では、現在は「芳飯」（器に盛った飯の上に種々の煮ものを置き、汁をかけたもの）が供えられる。
江戸時代後期に編纂された広島藩の地誌『芸藩通志』の厳島神社の項に、
楊枝献上　正月四日　祝師、これを両宮（本社・客社）に献ず　楊枝は白箸なり
島人　白木の箸を用いることを禁ず　正月四日の祭祀に白箸を神に奉献する故とかや　されば五彩の
楊枝　島の名産とす
色楊枝　楊柳　楊櫨　釣樟根の類にて作り五色に染め　金銀泥にて蒔絵をかき　色楊枝と称し売る
亦古来より島の名物にて　参詣の人必ずこれを買いて帰る
とあり、白箸も用いられた。神様に献上する榊の楊枝になぞらえて五彩の楊枝を作り参道の両側で売られていた。現在は宮島歴史民俗資料館に残されている。（なお、現在は楊子の字が用いられる。）
厳島神社の摂社、大元神社の祭礼「百手祭」は、はじめ正月七日の「御弓始」と同二十日の「百手（一手弓二本ずつ合計二〇〇本射ること）」とを別々に行なっていたが、明治以後これを一緒にして毎年一月二〇日に「百手祭」として祭礼が行なわれている。この時の神饌はすべて熟饌で、箸は供えない。行事拝礼のあと、直会となる。当然ながら直会の膳には箸が添えられる（権宮司・野坂元臣氏）。

山王日枝神社の箸

毎日使う箸に感謝し、延命長寿、無病息災を祈る「箸感謝祭」が、毎年八月四日の「箸の日」に当神社で行なれる。

神前に木と竹の大箸が供えられ、神前における祭典後、持ち寄った使用済みの箸が御神火で焼納される。朝に夕になくてはならない箸に感謝の祈りを捧げる。この行事は、箸（八四）に因み、昭和五〇年八月四

日から行なれているが、年に一回あらためて箸と日本人の食文化との関係について考えてみる機会としたいものである。なお、参拝記念として図3－34の箸がある（同神社社務所）。

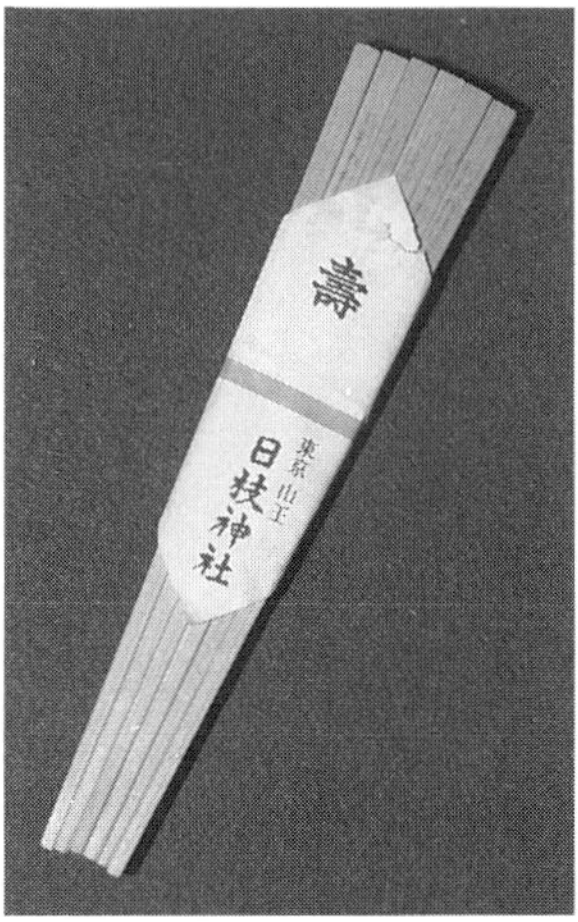

3－34　山王日枝神社の箸

吉野杉箸神社の箸

昭和二五年四月、日本で初めて箸を御神体とする杉箸神社が奈良県吉野郡下市町栄町楓橋北詰の東側山腹中央に建立された。篤志家および杉箸組合の人々が中心になり吉野杉箸を御神体として、須佐之男命の「八岐大蛇退治」の箸流れ伝説により、箸の神様として祀られたものである。山の神として崇められる大山津見神、材木の神として崇められる久々能智神の二柱は、吉野の山に吉野杉が豊かに成育し発展することを祈念して合祀されている。

明治一〇年に吉野の杉割箸製造の改良に取り組み、杉割箸生産隆盛の礎を築いた島本忠雄氏が聖徳太子を信仰していた関係で、当初、太子の命日にあたる四月二二日に行なわれていた杉箸神社大祭は、昭和六二年一〇月八日に社殿を現、下市秋津殿脇に遷宮してから、祭典の日取りを八月四日（はしの日）にあらため、下市町を中心に箸業関係者の参詣で賑わう（下市町・熊谷治氏）。

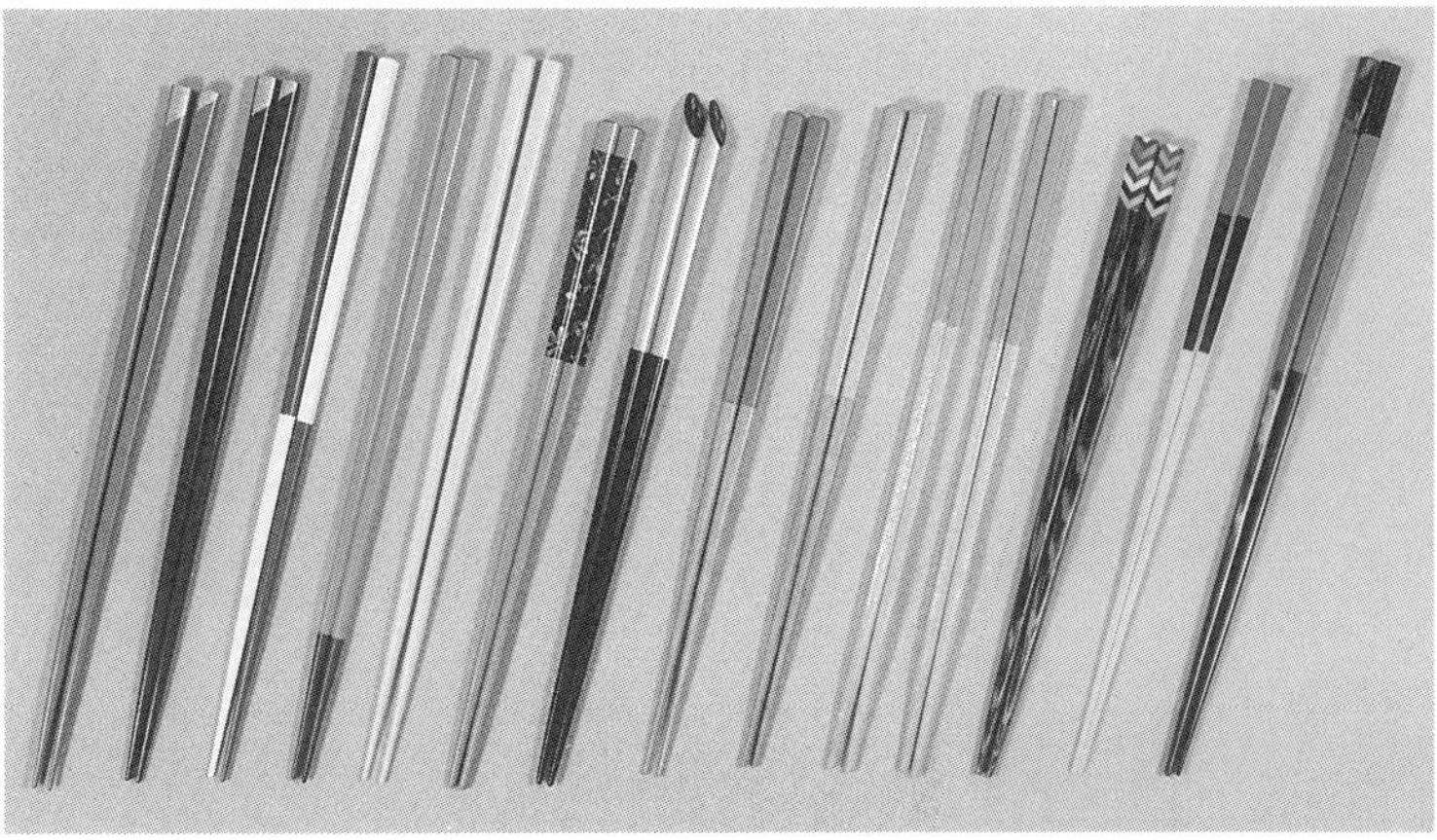

3 -35　現代日本の箸

六　箸文化圏の箸

日　本

日本における食事用の箸は、材質、加工法やデザインなど実に多様である。それだけ、食事用具としての箸への愛着が感じられる。

　神事や茶事に、一回限りの箸として木の削り箸がとうとばれ、民間でも、長い間、木の枝や竹を削った素木の箸が用いられていた。中国や朝鮮半島から金属製の箸や玉《ぎょく》の箸が伝わった時代には、それらは舶来という意味の唐箸として貴族階級の間で使われた。金属製や玉製の箸は普及することなく、わが国では、木や竹製の箸がもっぱら使われ、漆の技法が改善されてからは塗箸が重宝され、現在では漆以外の塗料も利用して、塗箸が主流となっている。

　現代の箸は、使いやすい箸の長さや形で選ばれるだけでなく、工芸的な要素も加えて選ばれている。和食にも洋風の食卓にもふさわしいように、細身になり、長さも二五センチと長いものがある。箸が長くなったのは、日本人の体格がよくなって手の大きさが変わってきたのも原因の一つと考えられる。
素木の材質の持ち味を生かした箸から、美しいデザインが施され工芸品の要素も含む箸まで（図3-35）、日々用いられる箸は、箸を用いる人の希望にかなうよう準備されている。

中　国

最も早くから箸が使われている中国では、料理の材料をあらかじめ箸でつまみやすい大きさに包丁したり、すり身の団子にしたり、とけるようにやわらかく加熱したりして、箸だけで食事ができる調理法を発達させた。

箸の長さは卓上の料理に届くように日本の食事用箸よりもやや長く、箸先は日本の箸のように細く尖らせないで、把持部の太さのまま切り落としてある。把持部は角形のものも丸形のものもあるが、箸先は円形が多い。把持部が角形で途中から箸先へ円筒形になる形は、基壇などにみられる「地方天円（大地は方形、天空は円）」に似ている。箸に宇宙観をかたどったというよりも、持ちやすさという機能上そういう形になったと思われる。材質は木や竹の他、象牙や玉が珍重され、玉製は工芸品の色彩が濃い（図3-36）。

中国で盛んな屋台や夜店の箸は、竹の丸割箸（一六・五から一八センチ、把持部の径〇・五センチ）で、ビニール袋できっちり密封されている。料理店では木製の箸とおしぼりをセットにし、箸袋に包んだものもある。

韓　国

韓国の食様式は湯《タン》文化といわれるように汁物が多いので、匙と箸が同時に使われる。匙は飯と汁物に、

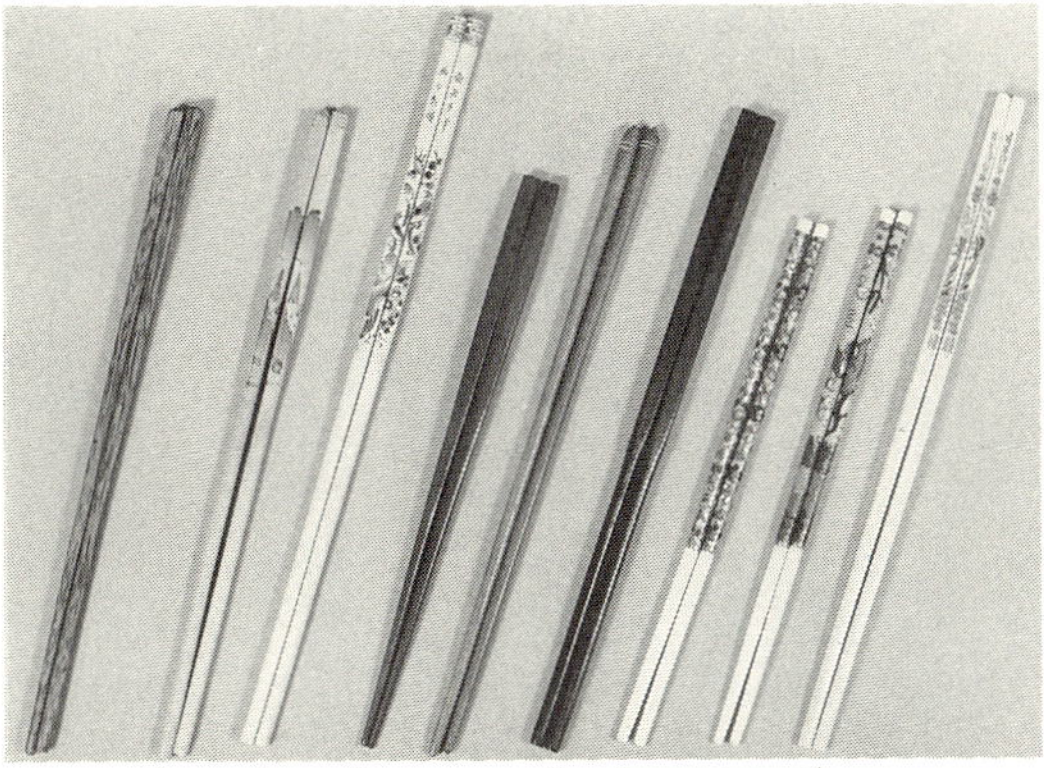

①象牙
②紅紅木
③冬青木
④タガヤサン
(ベトナム)

④　③　②　①

3-36　中国の箸・匙

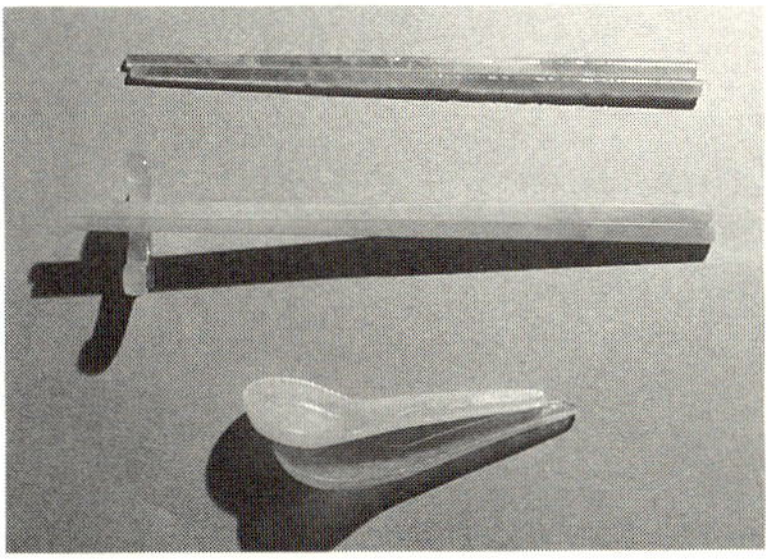

玉の箸，箸置，匙

箸は汁の少ないおかずに使う。材質はステンレス製、金銀製など金属製が主である。金属製の箸は重くなるので、やや細身になっている。日本の津軽七々子塗箸が、把持部〇・八×〇・八センチの角形、箸先は〇・二センチにすぼまり、自然に丸く閉じられ、重さは二五グラムであるのに対して、韓国の銀製の高級箸を例にすると把持部は幅〇・七センチ、厚さ〇・三センチの楕円形、箸先にいくほど幅は〇・三センチにすぼまり切り口は円形である。長さは一九・八センチ前後で、重さは六〇グラムもある。日本でも韓国でも、近頃の箸は華奢で軽量になる傾向がある。

なお、一九八〇年頃には韓国でもいわゆる夫婦匙箸の長さに差があっ

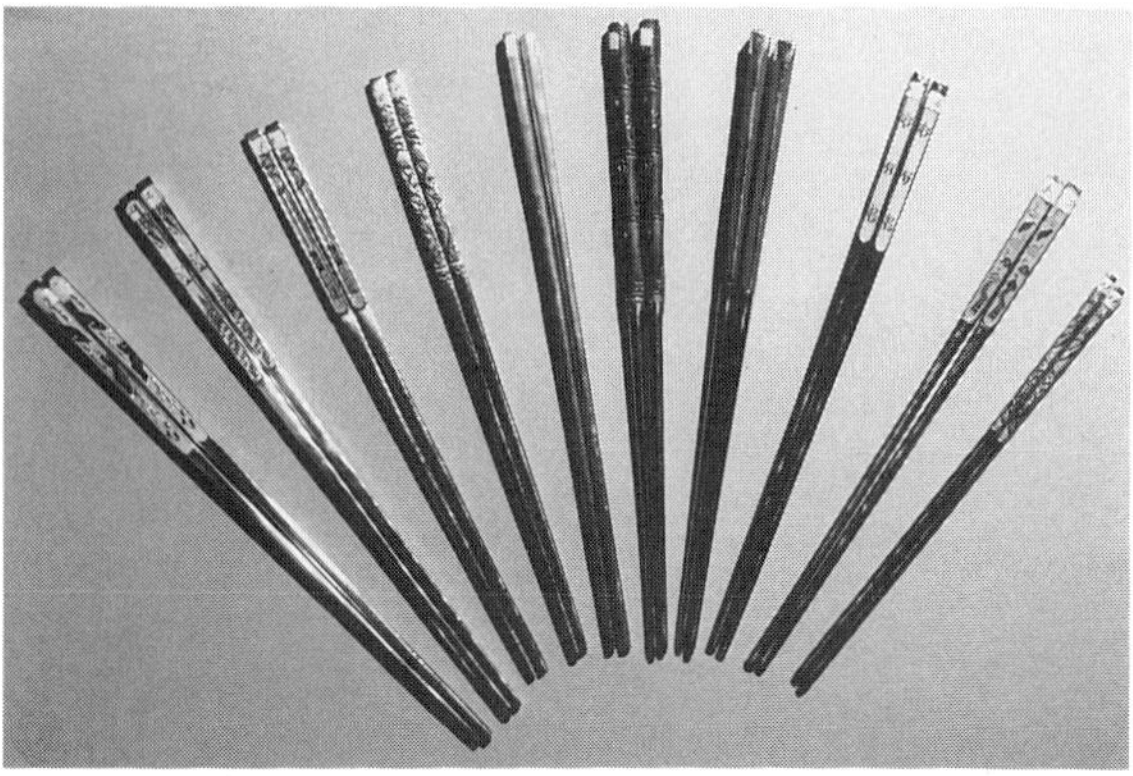

3－37　韓国の箸・匙
上：李盛雨氏提供
下：李王家で使用されていたもの
（大浦美代氏提供）

たのに、最近では男性用も女性用も同じ規格の匙箸が揃えられている。これは、男女平等だからというよりも、女性が活動的になり、体格もよくなって、手の大きさの違いによる使いやすい箸の長さの差がなくなったためと考えられる（第四章参照）。

韓国の箸の箸頭には、縁起のよい十長生（一〇種の長寿の象徴、日輪や岩、あるいは鶴や松のような動植物）や太極、または吉祥文字などのデザインを浮彫りにしたり、七宝焼にしたりした装飾が施されている（図3－37）。

最近では主として料理店で割箸の使用が増えているが、環境破壊に通じる資源の浪費に関して厳しい規制があると聞いている。

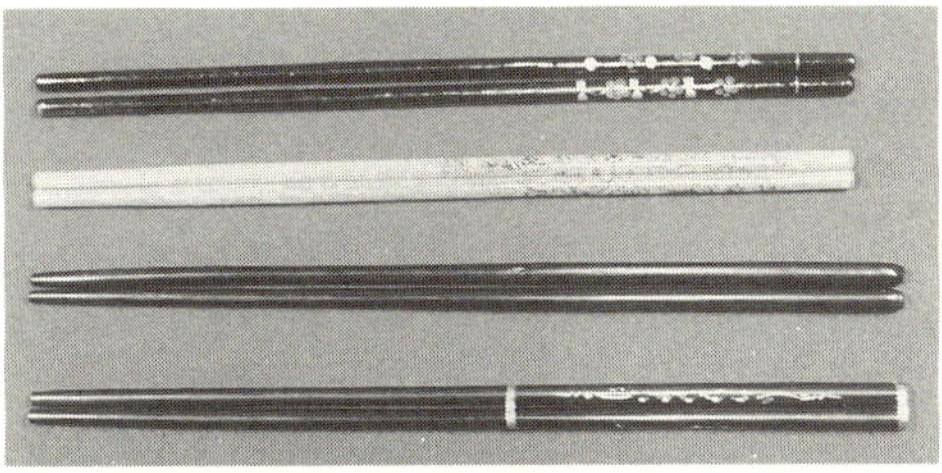

3-38　ベトナムの箸
上から　塗箸，素木，黒檀，
黒檀に螺鈿

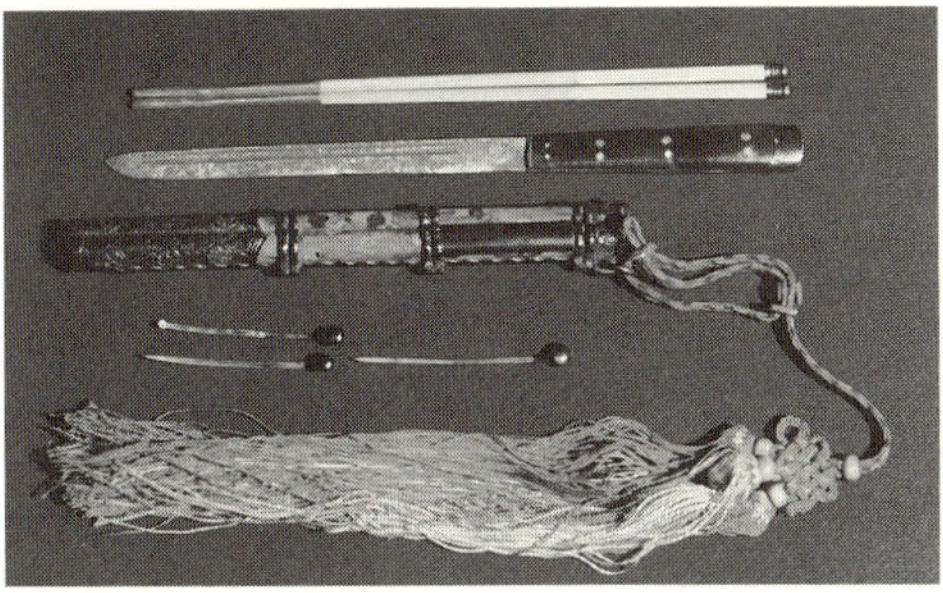

3-39　モンゴルのホトガ
刀と箸がセットになって鞘
におさめられている（吉富
和彦氏提供）

ベトナム

ベトナムでは中国のように長い箸が用いられる。上流階級では象牙の箸を用いていたが、一般には木製や竹製で、箸先が把持部よりいくぶん細くなっており、両端は切り落としの形ではなくやや丸くしてある。

一九九三年に入手した箸は、特産の黒檀を使った箸で、おみやげや輸出品にもなっている。黒檀は材質が緻密なので精巧な螺鈿《らでん》が施され美しい仕上がりである。長さ二六〜二七センチ、箸先の径は〇・四センチ位である（図3-38）。また鉄刀木《タガヤサン》というマメ科の喬木で作った長さ二六センチ、箸先の径〇・五センチ位の箸もある。

庶民は竹製の長い丸箸を使うが、おみやげ用では把持部は角、箸先は円になっている形が多い。この形は「地方天円」の宇宙観を示しているという人もある。

モンゴル

中国の北辺の内モンゴルでは、男たちは蒙古刀（ホトガ）の鞘にセットされた、箸先が金属製の箸を持っ

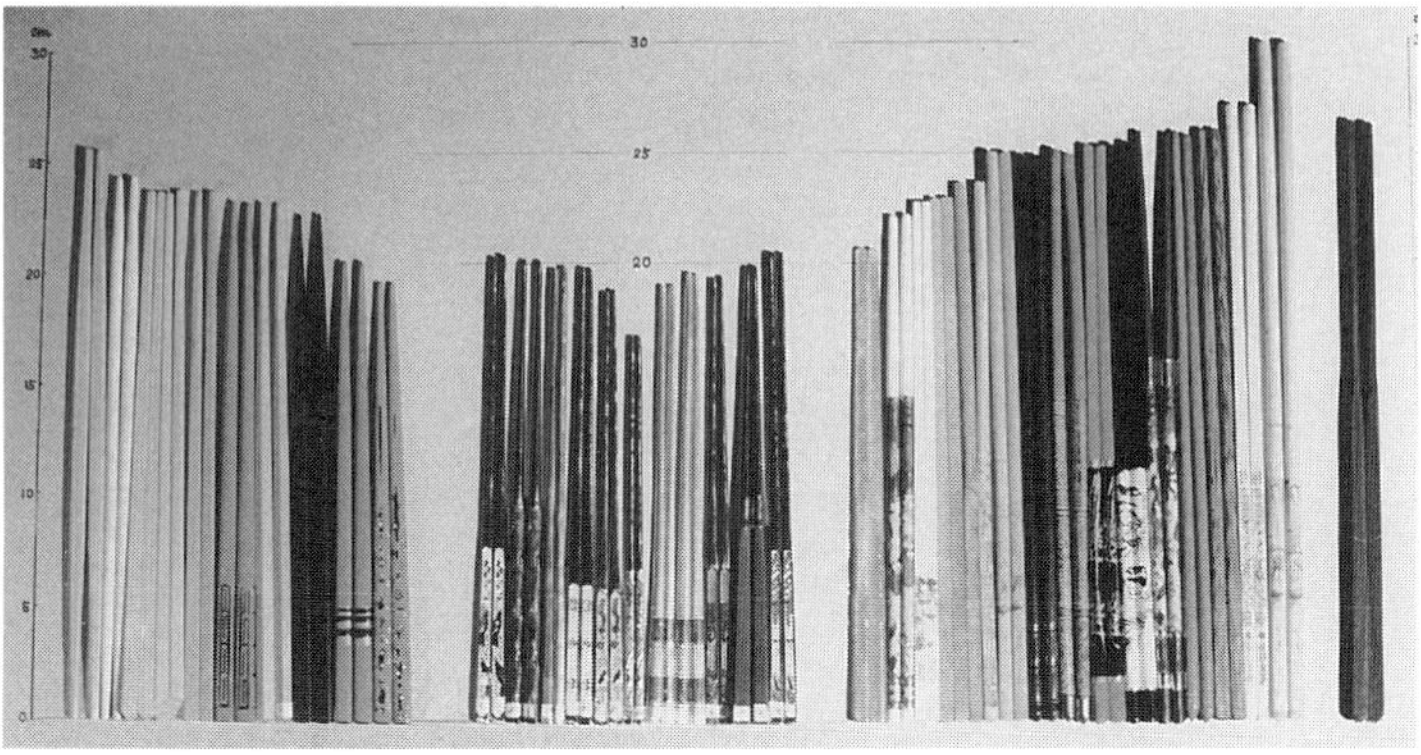

日本　韓国　中国　ベトナム

3－40　箸文化圏の箸

ている（図3－39）。このセットには楊枝が三本も納められたものもある。しかし、モンゴルのホトガには刀だけで箸はついていない。ここでは、特別の行事などで羊を屠った時は骨付きのまま料理し小刀で切って食べ、貴重なビタミン源として摂る磚茶《たんちゃ》は小刀で削って食べるか、煎じて飲む。羊の乳はチーズやバターにして、中国との交易によって得られた穀類は団子や煎餅状に作り、手で持って食べる。麵類を食べる時には箸を用いる。図3－40に箸文化圏の箸の長さを比較した。

以上、箸の種類について述べてきたが、箸の材質は、食べ物に適した、たとえば木であれば丈夫でしなやかで、異臭なく樹脂のにじまないもの、金属であれば軽くて耐久性があり無害なものが選ばれ、ほとんどの材質が箸に用いられる。

日本では、これら二本の細い棒は、私たちの生活の中に食事用の道具としてだけでなく、神に供える神饌の箸としても特別な存在である。祭祀のたびに新しく削った素木の箸が三宝に添えられ、祭りの後は神との共食の思想のもとに直会に用いられ、それによって神の霊力を得ることができると信じられてきた。現在でも、正月三が日には日常用の箸ではなく、清浄純白の柳の祝箸が用いられる。

ふだん使っている箸にもうるおいと美しさが求められ、芸術品と思われるほどの漆塗りの箸がある一方、こどもたちに人気のキャラクターをデザインした愛らしい箸もあり、たかが二本の小さい棒であるにもかかわらず、単に食事の用具以上の性格をもっている。したがって食事用の箸は、時代の変化に伴って、使う人の要求を満たすように常に研究がなされている。

第四章　箸の科学

一　使いやすい箸

箸を使って食事をしたことのない人たちには、二本の棒を使いこなすのは難しいと思われる。しかし、指の役割が理解できれば簡単になる。

人間の手が他の動物と構造的に異なるのは、第一指（母指＝親指）が他の指と向かい合える対向性にある。指先に力をいれて五本の指先を一点にすぼめることができ、小さな物体をつまみ上げることができる。箸は、この指先の働きを延長させた補助具的な道具である。指先をしっかりすぼめられない幼児の間は、箸を使うのはむずかしい。箸は、一般に、片方の一本を第一指のつけ根と、第五指（小指）に支えられた第四指（薬指）の第一関節の間にしっかり固定し、もう一本を第一指、第二指（示指、食指、人さし指）と第三指（中指）の三本で、鉛筆で字を書くときのように握って使う。道具としてはまったくシンプルな木切れや竹切れが、便利な道具になるのは指に握られてからである。

わが国で箸が普及してから約千年の歴史があるが、現在のように和洋折衷の食生活では箸だけではなくて、ナイフ・フォークやスプーンも盛んに使われている。このナイフ・フォークやスプーンは一見しただけで誰でも用途や使い方がわかる食事用の道具である。箸の大きさは、西洋料理のスープ用のスプーンとティー用のスプーン、肉料理用のナイフ・フォークとフルーツ用のナイフ・フォークのように料理に合わせて大きさがきまるのではなくて、使う人の手の大きさに合わせてきまる。

箸は、形から想像できる第一の働きは「つきさす」ことである。しかし、この二本の棒を箸の伝統的な持ち方をして使いこなすと、「はさむ」、「はさみきる」、「つまむ」、「かきよせる」「(卵の花煎りを)すくう」、「(ご飯に焼海苔をあてて)まく」、「(納豆と調味料を)まぜあわせる」、「(魚の身を)ほぐす」、「(ハンバーグを押し切るように)わける」、そして「(食べ物を器から口まで)はこぶ」等々のほとんどの食べる操作ができるのである。

箸が、食べるのに必要な多様な操作ができるのは、手食の場合の指の働きをしているからである。この点で、箸は手の一部ともいってよい。すると、食事用の箸の長さや太さは使う人の手の大きさに深く関係してくる。食器の個人属性の強い日本で、夫婦箸の男性用の箸が女性用の箸よりも長かったのは、一般に、男性の手の大きさが女性のそれよりも大きかったからで、また、何段階かの大きさの子供用の箸があるのは、子供の手の成長にあわせているからである。食器の個人属性の希薄な国々でも、食事用の箸の長さは手の大きさと関係した長さである。

では、使いやすい箸とはどういう条件の箸であるのか、また、伝統的な箸の持ち方とはどのような持ち方なのかを見ることにする。

日常使われている食事用箸の長さ

無作為に各地の料理店で使われている素木の、割箸を含む箸一〇〇〇膳(材質は松が四九、榀《しな》が三四、杉が七、檜が五、およびその他が五％、形は松葉が四三、元禄が三四、利久一二、天削が六およびその他が五％）を蒐集したところ、箸の長さは一六・五センチが二一％、次に二一センチが六五％、二四センチが一四％で、二四センチの長さの箸は主として高級料亭で使われていた。茶懐石でのいわゆる利久箸は、八寸（二四センチ）がきまりになっているのと関係がある。長さ一六・五センチの箸は駅弁に多い。

一方、家庭で使用されている箸の長さは、小学校一年、中学一年、短期大学一年（合計七八〇人）にアンケートしたところ、小学一年が平均一七・〇センチ、中学一年で一九・八センチ、短期大学生（女子）で二〇・八センチであった。

先にも述べたように、箸が指先の延長のような働きをするという考え方から、食事用の箸がナイフ・フォークとちがって個人所属の色合いの濃いわが国では、成長に応じて手の発育にあった長さの箸を用いていることがわかる。

この年齢による箸の長さの違いが、実際に箸の使いやすさと関係するのかどうかを、作業能率や手の大きさ、筋肉の活動度などとの関係からみると次のとおりである。

使いやすい箸の長さ

1　箸の長さと作業量

箸の長さの違いによる作業量を比較するため、六歳より五八歳までの一二八人に、短いもので九センチ、長いもので三三センチの長さの異なった竹の丸箸一〇種を使って、つまみにくい大豆と、くだけやすい豆腐を運ぶ作業を行なった。大豆または豆腐（一・五センチ角）を用いて一定の距離（一五センチ）を一分間に運んだ数を作業量として比較した。

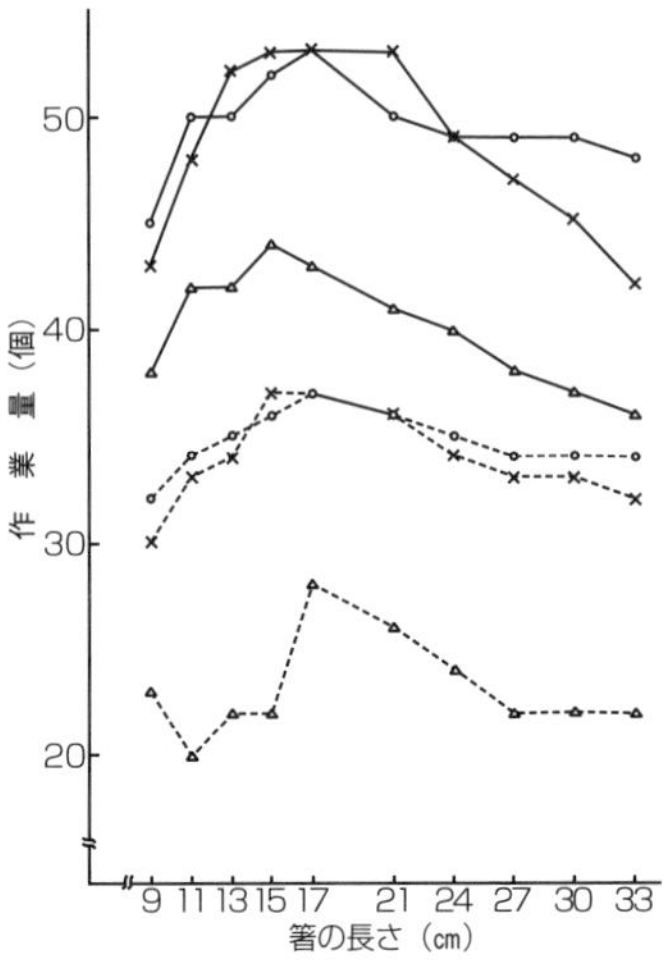

4－1　大豆を1分間に運んだ作業量

…△…　6, 7歳
…○…　8, 9歳
…×…　10, 11歳
—△—　12〜14歳
—○—　17〜19歳
—×—　20〜58歳

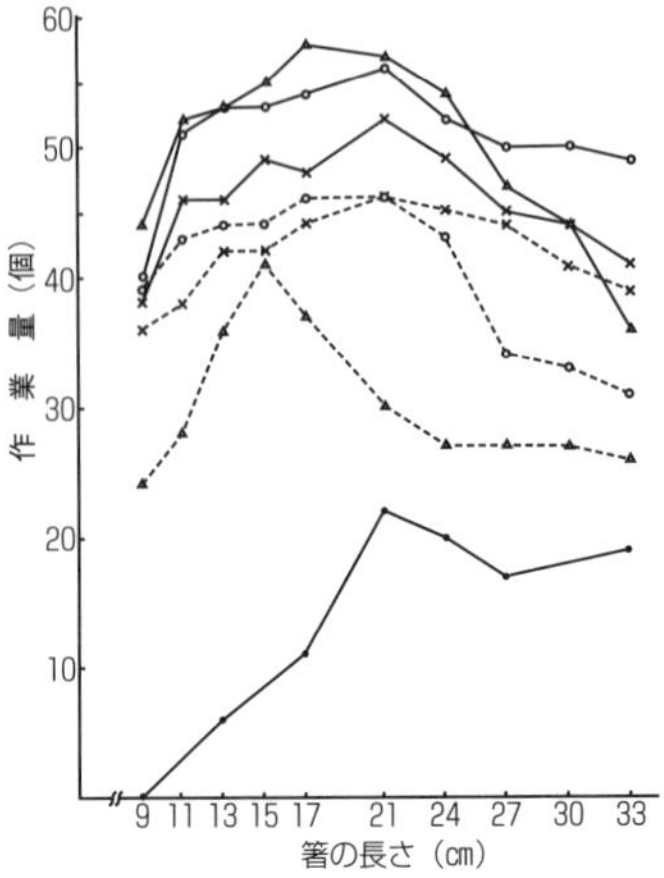

4－2　豆腐を1分間に運んだ作業量

1.5cm角
…△…　6, 7歳
…○…　8, 9歳
…×…　10, 11歳
—△—　12〜14歳
—○—　17〜19歳
—×—　20〜58歳

3.0cm角
—●—　17〜19歳

その結果、硬くて丸い大豆はすべりやすく、つまみにくいので、箸を持つ経験の少ない年齢では作業量は少なくなった。成人は一三から二一センチの箸を用いたときの作業量に差はなく、六歳から一九歳では一五センチから一七センチの箸を用いたときの作業量が高いという結果になった（図4－1）。

強くつまむとくだけやすい豆腐では、豆腐を一分間に運んだ作業量から、六から七歳では使いやすい箸の長さは一五センチ位がよく、その他の年齢では、およそ一七から二一センチの箸での作業量が多くなった（図4－2）。運ぶ豆腐の大きさを三センチ角にすると、さらに持ちにくくなり、作業量は減って、長さ九センチの短い箸では豆腐の移動はできなくなった。

成人の食事用には長さ一七から二一センチ位の箸の使い勝手がよいことがわかる。

2　箸の長さと掌の大きさ

大豆や豆腐を運ぶ作業で、作業量の大きい箸の長さは年齢と共に長くなる。掌の大きさは成長の目安となるから、作業量の多い箸の長さと掌の大きさとは相関関係があると思われる。

掌の大きさを手首より中指の先端までの長さとし、大豆や豆腐を運ぶ作業で最も作業量の多かった箸の長さとの比率を求めると表4-1、4-2のようになった。

大豆を運ぶような「つまむ」操作の場合、箸の長さと掌の大きさとの比率は一・〇六から一・二三、豆腐を運ぶような「はさむ+すくいあげる」操作の場合、箸の長さと掌の大きさとの比率は一・一〇から一・一八であった。

このことから使いやすい箸の長さは掌の大きさの約一・一から一・二倍がよく、たとえば一七から一九歳では掌の大きさの平均が約一七センチであるから、一九から二一センチの長さの箸が使いやすいといえる。成長の度合いを示す掌の大きさと使いやすい箸の長さの間には一定の比率があると思われる。

大豆と豆腐を運ぶ作業で、各年齢と作業量との関係をみると、掌の大きさが一定になる一七歳前後の作業量が最大となった（図4-3）。小学生は手の発達がまだ未熟で作業量が少ないが、一七歳は成熟した時期で作業量も多く、それ以上の年齢になると筋力がおちて作業量が下がる。

一方、一九八一年に小学生、中学生、および短大生（総計一五一六人）を対象にアンケートを行ない、掌の大きさと本人が日常使っている箸の長さとの関係を調べたが、箸の長さと掌の大きさとの比はほぼ、

表4-1　もっとも作業量が多かった箸の長さと掌の大きさの比率

年　齢 (歳)		掌の大きさ (cm)	比率 (箸の長さ / 掌の大きさ)	平均値
つまむ操作(大豆)	6〜 7	13.4±0.3	1.10〜1.49	1.23±0.03
	8〜 9	14.8±0.2	0.91〜1.43	1.15±0.03
	10〜11	15.7±0.2	0.92〜1.35	1.09±0.03
	12〜14	16.7±0.3	0.83〜1.45	1.06±0.02
	17〜19	16.9±0.2	0.88〜1.37	1.09±0.05
	20〜58	17.0±0.4	0.84〜1.32	1.10±0.03
はさむ操作(豆腐)	6〜 7	13.4±0.3	0.89〜1.25	1.10±0.04
	8〜 9	14.8±0.2	0.93〜1.50	1.15±0.04
	10〜11	15.7±0.2	0.91〜1.34	1.10±0.03
	12〜14	16.7±0.2	0.99〜1.37	1.17±0.03
	17〜19	16.9±0.2	0.87〜1.45	1.18±0.03
	20〜58	17.0±0.4	0.97〜1.24	1.15±0.02

表4-2　日常使用している箸の長さと掌の大きさの比率

対称	掌の大きさ a (cm)	箸の長さ b (cm)	比率 (b/a)
小　1	13.2±0.2	17.2±0.3	1.30±0.02
中　1	17.1±0.3	19.8±0.1	1.16±0.05
短大1	17.6±0.3	20.5±0.9	1.16±0.07

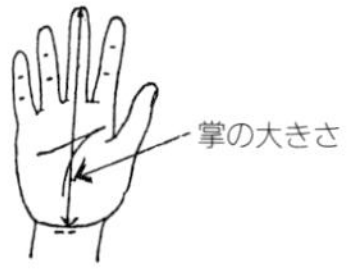

調査年：1981年，調査総数：1516人

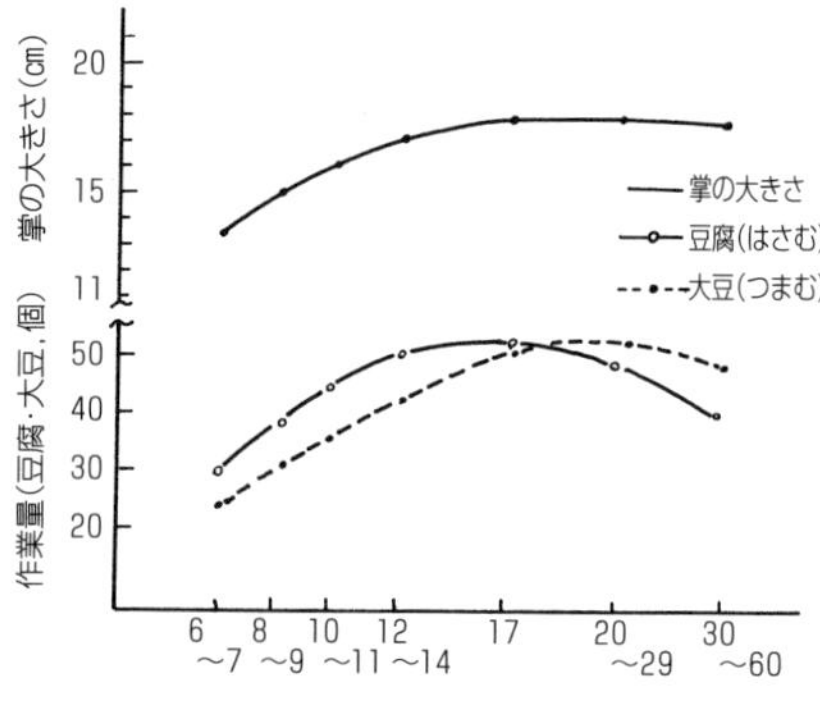

4-3　各年齢における掌の大きさと作業量の変化

一・一から一・三の間にあり、日頃使用している箸の長さと掌の大きさとの比率は、作業量の多い箸の長さと掌の大きさとの比率（表4‐1）とよく一致していた（表4‐2）。

岩田重雄氏によれば、身体計測値は身長に応じて比例関係にあり、手長（本稿では掌の大きさ）も例外ではない。道具である箸は使う人の手長に適合した長さが必要である。

身長（y）と手長（x_1）の関係は

$$y = 13.6055 + 8.2864x_1$$

身長（y）と箸長（x_2）の関係は

$$x_2 = 1.2690 + 0.11448y$$

の式が成り立ち、掌の大きさ一七・六センチの場合、箸長は一九・五センチとなる。表4‐2では二〇・五±〇・九センチであり、ほぼ一致する。

また、秋岡芳夫氏によれば、箸の長さは、親指と人さし指を直角に開いた時の親指の先と人さし指の先を結んだ距離すなわち「短咫《あた》」の一・五倍がよいということである。一短咫は身長の約一〇分の一とされ、身長一六〇センチの人の箸の長さは約二四センチとなり、われわれの実測値よりも長めの値になる。なお、咫には親指と人さし指を直線に一八〇度広げた長咫もある。この長咫は、小泉袈裟勝氏の長咫すなわち「手首から中指の先端まで」の値と等しく、著者らが手の大きさといっている値と同じである。このように、身近な道具の寸法はその使い勝手から、身体の部位の寸法と関係が深い。

3　筋活動度との関係

箸を操作することは簡単なようで、実は意外に手のあらゆる筋肉を使って作業している。主な筋肉をあ

げると、浅指屈筋、母指内転筋、短母指屈筋、短母指外転筋などである。(図4-23参照)

これらの筋肉が箸を使う時にどのように活動しているのか筋電図にとって調べた。図4-4にあるように、径〇・六センチの円盤型電極を用いて二から三センチの間隔で掌の表面に接着し、筋電図をとった。この表面電極を用いて筋電位を計ると、掌のような多くの筋が集まった部位では当然測定しようとする筋以外の筋電が混入してくるが、筋の活動状態を知る目安を得るには充分と考えられる。箸の長さが適当でないと、同じ作業に対して余分の力が必要となるので、それが筋活動度として記録され比較することができる(図4-5)。

箸の長さを変えて作業した場合、日常用いている箸の長さの影響や器用さなど個人差がみられたが、平均活動度を求めると、およそ一七から二一センチの長さの箸の活動度が低く、この範囲の長さの箸が使いやすいようで、作業能率の高い箸の長さと一致することがわかった(図4-6)。

4　箸を持つ位置と箸の重心との関係

箸を自然に持ったときに、箸先から箸が第二指の指先にあたる位置までの長さをl_1とし、箸先から箸が第二指の第三関節にあたっている点までの長さをl_2とすると(図4-7)、l_1は常に箸の重心の位置と関係がある。

箸を使って作業をした場合、大豆や豆腐のように対象が異なると、作業後のl_1とl_2の値は作業前の値から変化することがある(図4-8)。使いやすい箸の長さよりも長い箸で作業すると、箸を自然に持ったときのl_1は、重心よりも箸先に近い位置に移動し、筋活動度で見たように手に負担がかかる。使いやすい長さよりも短い箸の場合は、l_1は箸の重心から移動しないが、l_2点の位置が箸端の位置に近くなるので持

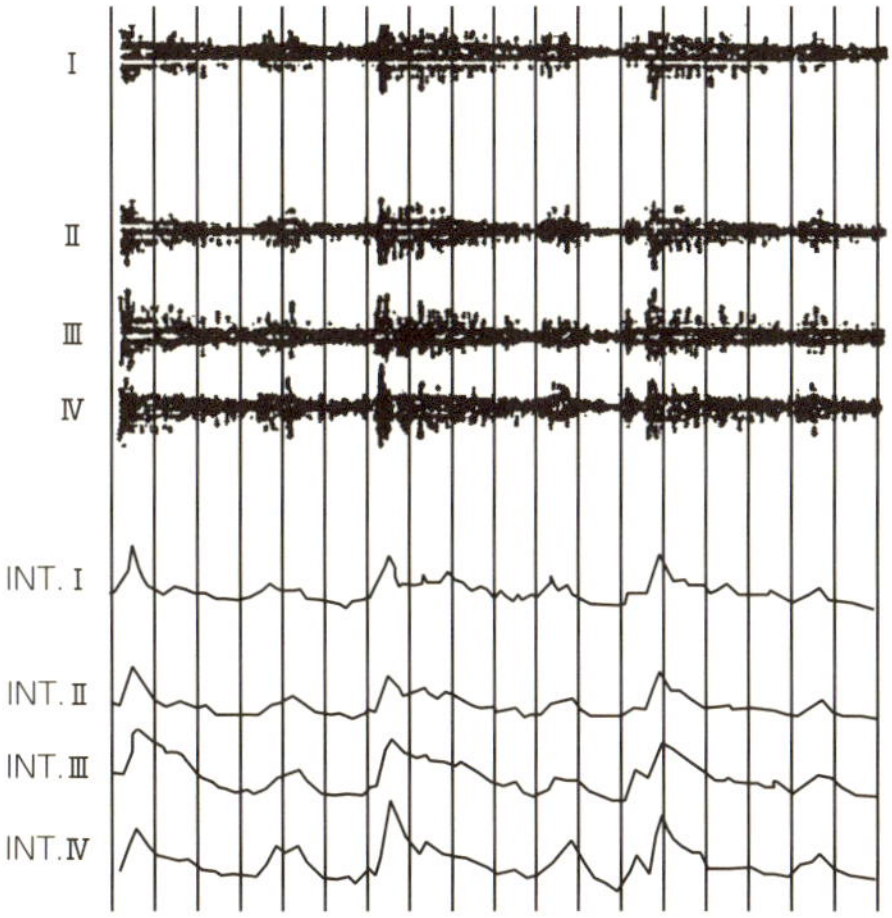

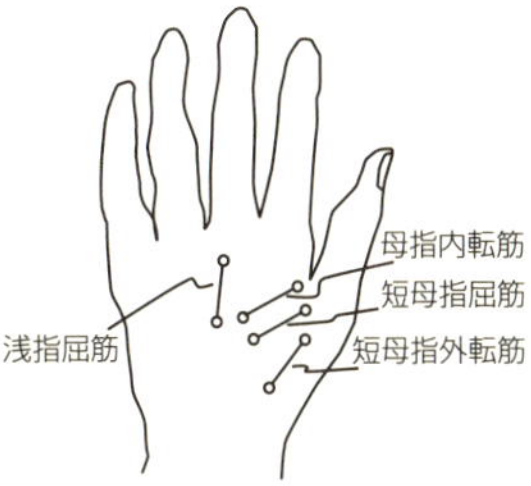

4－4　表面電極を貼布した部位（○）

4－5　筋電図（21cmの箸で大豆を運んだ場合）
I：短母指外転筋，II：短母指屈筋
III：母指内転筋，IV：浅指屈筋

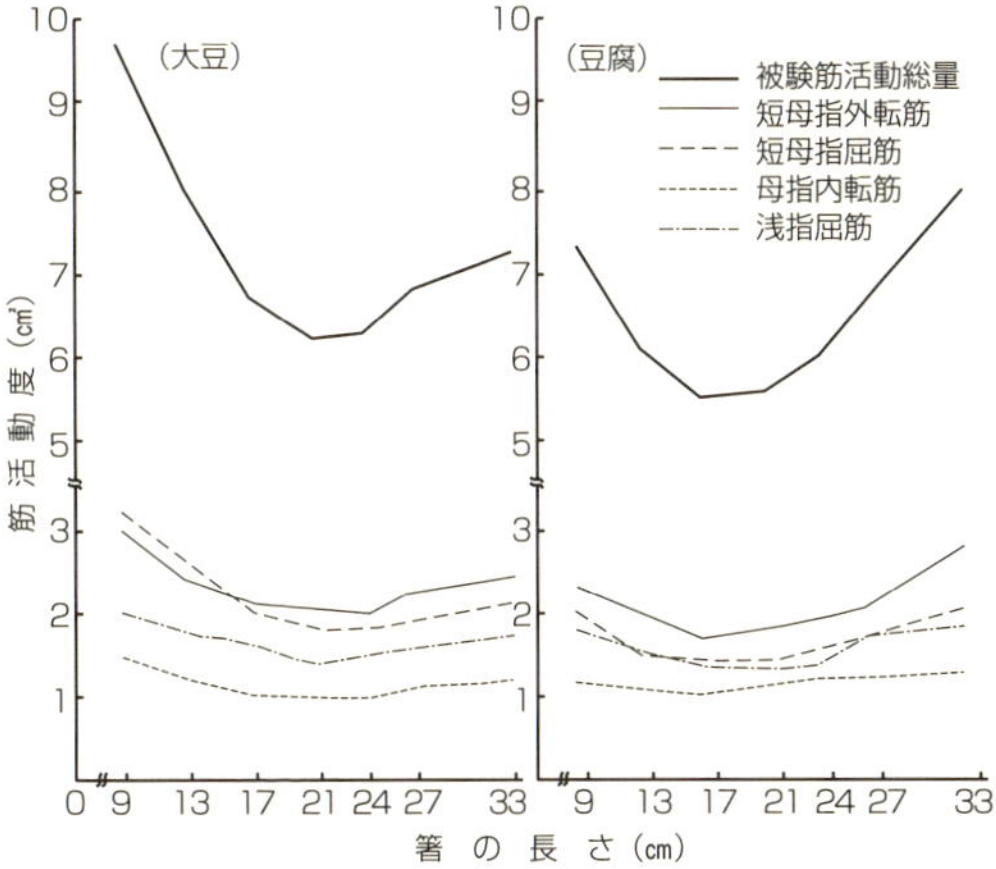

4－6　箸の長さを変えて作業した場合の平均筋活動度

ちかえる余裕がなくなり、作用点（箸先）と支点（親指の位置）の距離が近くなって、やはり筋活動度を高める。

使いやすい箸の長さの最も小さい値は、対象が変わっても箸を持ちかえないで作業できる位置、図4-8では一七センチの箸を使った場合である。

使いやすい箸の形と重さ

箸の長さについては、箸を使う人の掌の大きさの約一・二倍ということがわかったが、箸の形と使いや

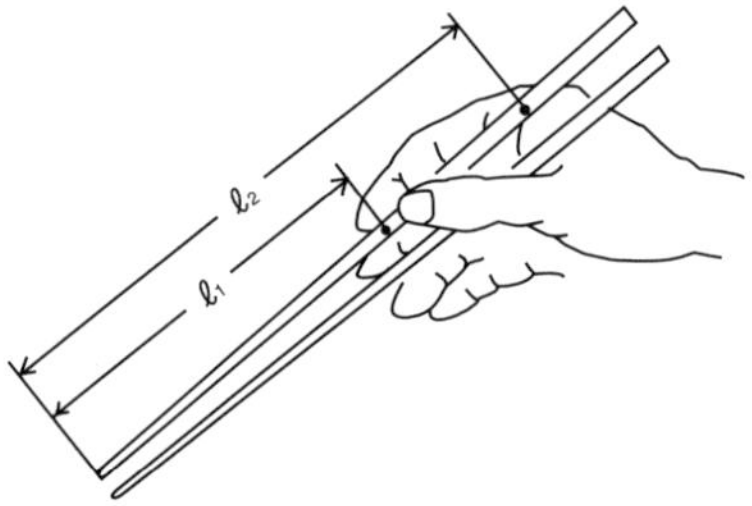

4-7　箸を持つ位置

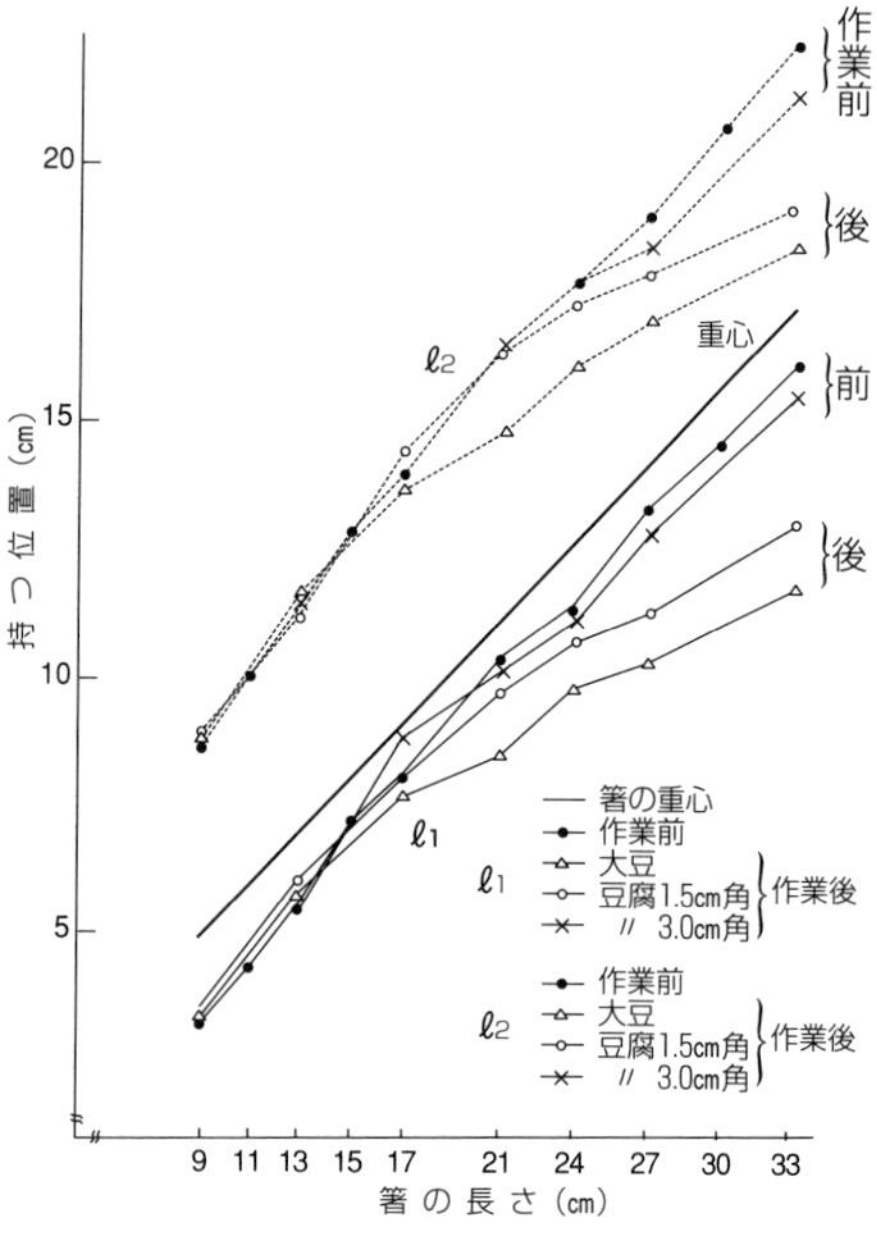

4-8　箸を持つ位置と重心の関係

すさの間にも関係がある。

料理店から集めた箸は割箸形式で、形は、天削、利久、小判が多かった。日常の食事に使われている箸はアンケートの結果によると大部分が角型で、把持部の径〇・六から〇・七センチ、箸先の径〇・二から〇・三センチのものが多く使用されている。これは太田昌子氏の実験により示された使いごこちのよい箸の箸先の径〇・三四センチに近い値であった。

使いやすい箸の条件として、二本の箸先を合わせた時に、最先端が一点でぴったり合う箸は使いやすい。図4－9に箸を持った時の箸の先端部分の例を示した。

①は箸を持った時、箸先がぴったり合っていて、使いやすい箸である。

②は箸先までの丸みが大きいので、箸をあわせようとすると箸先が開いて対象物をしっかりつまむことができない。箸先を合わせようとすると把持部が開いて、箸が持ちにくくなる。

③は中国箸で箸先は直角に切り落としてあるが、箸を持って箸先を合わせたとき一点でぴったり合うので使いやすい。中国の箸は、日本の箸と比べて箸先が尖っていない。箸先の径は〇・六センチもあり直角に切り落としてある。しかし、箸先をぴったり合わせることができるので、箸先が尖っていなくても対象物をつまむことができる。

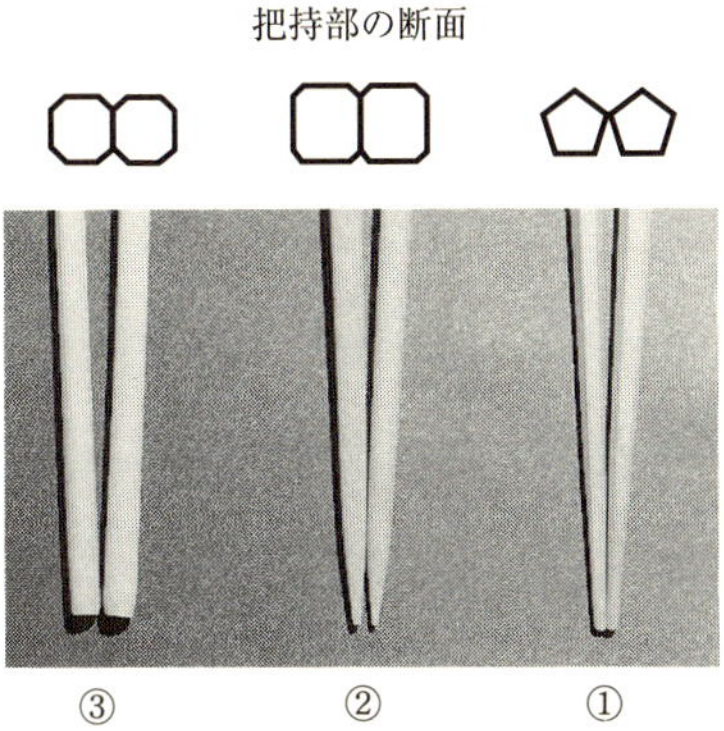

4－9　箸の先端部の形

日常使用する箸としては、小さな物をつまみあげるだけでなく、日本料理の焼き魚など魚肉を一口大にほぐしたりするよう

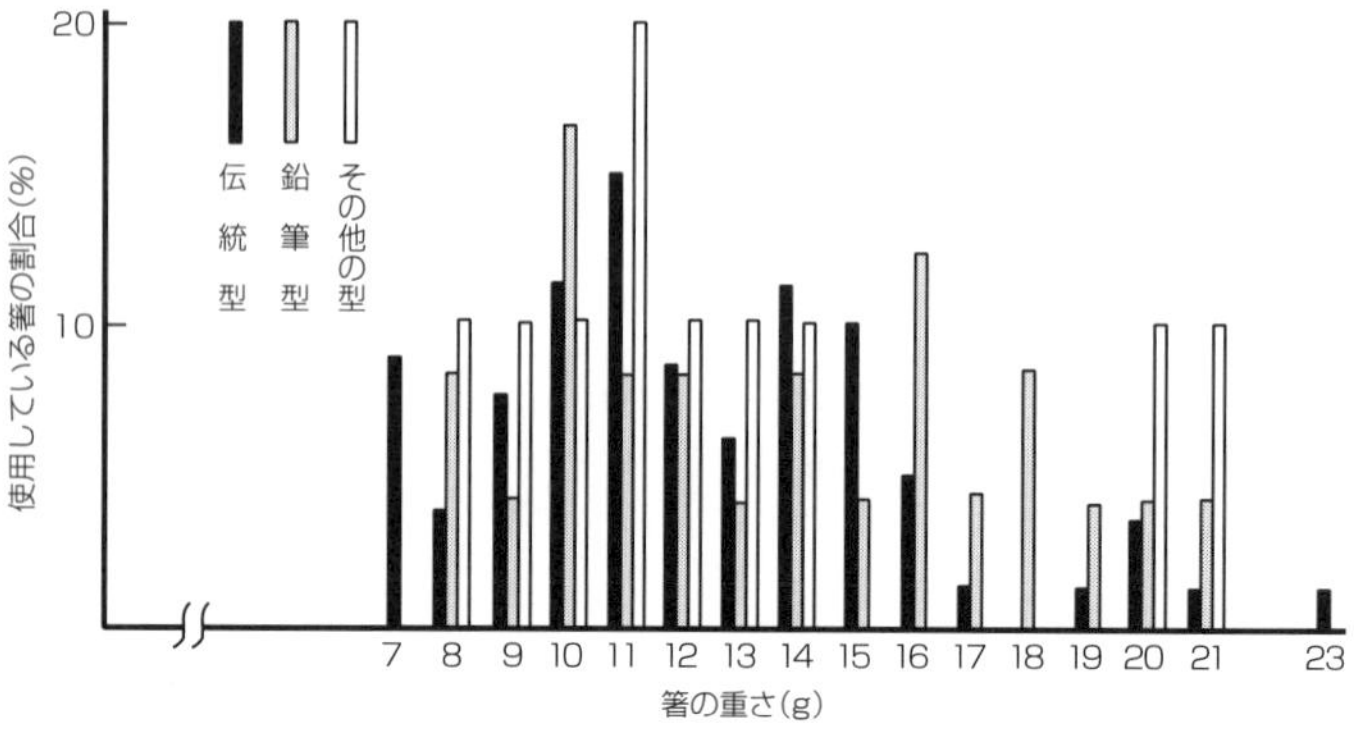

4-10　日常使用している箸の重さ

な細かい作業が要求されるので、①のような箸が使いやすい箸の形になる。中国の箸の先が尖っていないのは怪我をする危険を避けるためという説がある。

箸の重さは材質によって異なるが、先述したアンケートの結果、日常使用している箸の最も軽いもので八グラム、最も重いもので二一グラムあり、平均一四・五グラムであった（図4-10）。関西地方では軽い箸が好まれ、東北地方では重い箸が好まれる傾向がある。

中国、韓国の箸と日本の箸の作業性の比較

日本の箸に比べて中国の箸は長さがやや長く、先端までほとんど同じ太さのものが使われている。韓国の箸は、一般に金属製で細身である。それぞれの国で使いやすい箸の形になっているのであるが、それらの箸の特徴がどのように現われるか、使い手の作業能率から比較してみた。

作業性の比較に用いた箸は、表4-3と写真に示すように、それぞれの国の箸の平均的な形のものを用いた。韓国と日本の箸の長さは約二〇センチで、使いやすい箸の長さの範囲内にある。中国の箸の長さはやや長く二六センチで、茶懐石の箸の長さ二四センチに対して二センチ長いだけである。今回用いる韓国および日本の箸の長さの約一・三倍になる。重さは、韓国の金属製の箸が三〇グラムで、これはステンレス製である。今回用いられる中国および日本の箸の二から三倍の重さになる。

被験者は、大豆（径〇・八から〇・九センチ）および豆腐（二センチ角）を、一五センチ離れた別の皿に五個運ぶ作業を行ない、短母指外転筋、短母指屈筋、背側骨間筋、浅指屈筋および総指伸筋の計五つの筋

表4-3　各国の箸（実験用）

	材質	長さ	重さ	把持部	箸先
日本	木(紅紅木)	21.5cm	11g	角型	円柱型
韓国	ステンレス	20.5cm	30g	矩形	楕円形
中国	木(冬青木)	26.0cm	15g	角型	円柱形

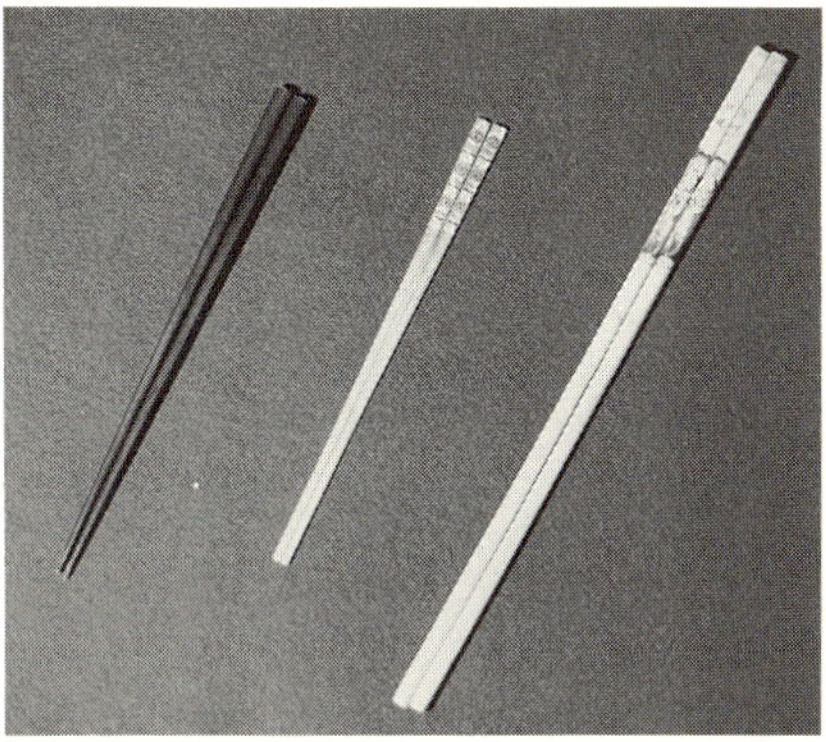

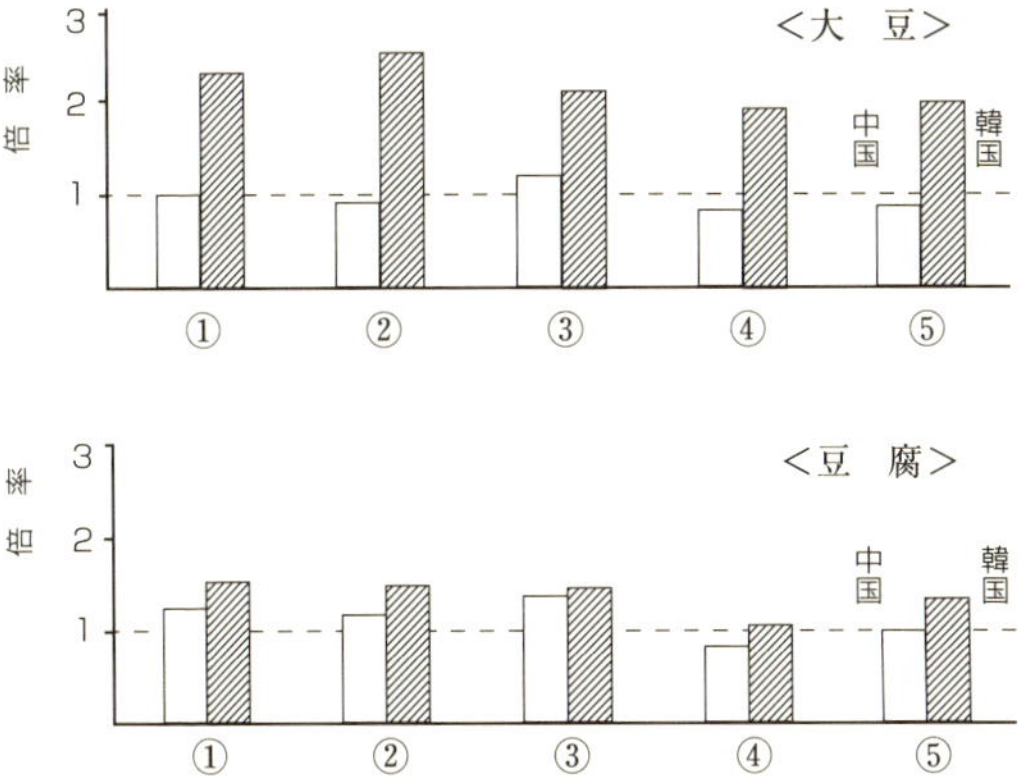

4-11　日本の箸を1とした各筋群の活動倍率
①短母指外転筋，②短母指屈筋，③背側骨間筋
④浅指屈筋，⑤総指伸筋

群について作業中の筋電位の変化を測定した。被験者五人の平均筋活動度を求め、日本の箸を用いて作業した場合の筋活動度を一として、活動倍率を求めると図4－11のようになった。大豆を運ぶ作業では、各筋群の活動度は、日本の箸を用いた場合に比べて韓国の箸が大きく、中国の箸は日本の箸より長いにもかかわらず筋活動度は日本の箸の場合とほとんど変わらなかった。対象の大豆は硬く丸く、金属製の箸ではさみにくいのが、筋活動度が大きく現われた原因と思われる。これに対して、やわらかい豆腐の場合は箸の長さや重さの違いにかかわらず、筋活動度の比にほとんど差はなかった。

各国それぞれの箸は歴史的な経緯があって、現在のような特徴的な形となった。韓国の金属製の箸は木製の箸よりも重いが、箸は細身で指になじみやすい。また中国の箸の箸先は、日本の箸のように尖っていなくて、長さに直角に切ってある。これは物をはさんだとき箸先がぴったり合ってしっかりはさむことができる。今回の作業性の比較から、各国の箸は、道具として人間の使いやすい箸の長さや、重さになっていることがわかった。

この節では、大豆や豆腐を使って、時間当たりの作業量の多い箸の長さや、筋電図における筋活動度の少ない箸の長さから、使いやすい箸の長さについて考察した。年齢差、掌の大きさ、箸の重さと形状、また、はさむ対象物の違いなどの諸条件を考慮に入れて、使いやすい箸の長さは、中指の先から手首までの掌の大きさの一・一から一・二倍が良いと思われる。成人の場合、箸の長さは二一センチ前後が使いやすいと言える。箸先の径は〇・二から〇・三センチで、箸を自然に持った場合、箸の先端が一点でぴったり合うのがよい。把持部は丸型よりも角型が持ちやすく、中国系の箸には把持部が角形で箸先が円柱形になっているのがある。岩手県産の斧折れかんばの箸は把持部が五角形になっていて、箸を持ったとき指先の角度になじんで使いやすい。

日本、中国および韓国の食事用の箸は、一見、長さや重さに違いはあるが、韓国の箸が、構造上、生大豆をはさみあげるのにやや困難があるだけで、箸の作業量に大差のないことが示された。

二　箸の持ち方

現在、食様式が多様化し、食事に際して箸への依存度が少なくなってきたためか、箸の持ち方にはさまざまな形がみられる。それは能率のよい持ち方というよりも、各個人に最も使い勝手のよい形で用いられているようである。箸の持ち方の違いが箸運びの能率や指や腕の筋肉にどのように影響するかを検討するとともに、現代人の箸の持ち方に対する意識について調べてみた。

箸の持ち方の分類

箸の持ち方はほぼ「伝統型」、「鉛筆型」および「その他の型」の三つの形に分けることができる（図4－12）。「伝統型」とは、従来の伝統的な箸の持ち方で「正しい箸の持ち方」といわれることもある。この伝統的な箸の持ち方は、第一指（母指＝親指）の内側と第四指（薬指）の第一関節の爪側で一方の箸を固定して、第一指と第二指（人さし指）、第三指（中指）の指先でもう一方の箸を握って動かす持ち方で、第五指（小指）は第四指をしっかり支えるために働く。各指のそれぞれの機能を無駄なく発揮する持ち方で、どんな対象にも作業中に箸を持つ位置を変えずに対応でき、見た目も美しい持ち方である。

「鉛筆型」とは、最近よくみられる持ち方で、ちょうど鉛筆を握るように二本の箸を一緒に握り、第一

箸先を閉じた時　　箸先を開いた時

伝統型

鉛筆型

その他の型

①中指は固定箸を支えている

②持ち方は正しいが箸が斜に開く

③小指だけで固定箸を支えている

④人さし指を使っていない

⑤鉛筆型の持ち方で箸を開く方向が反対

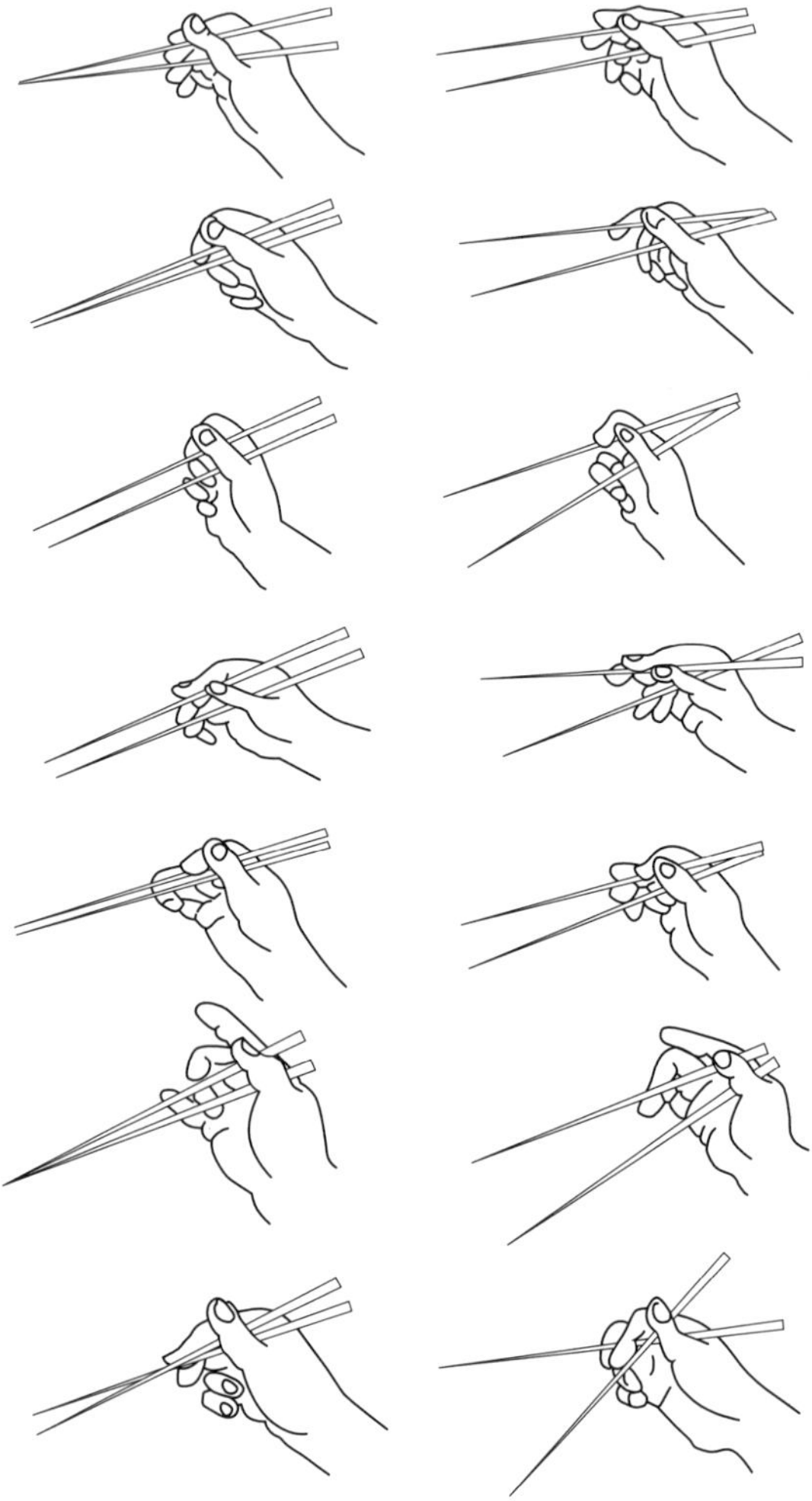

4 -12　箸のいろいろな持ち方

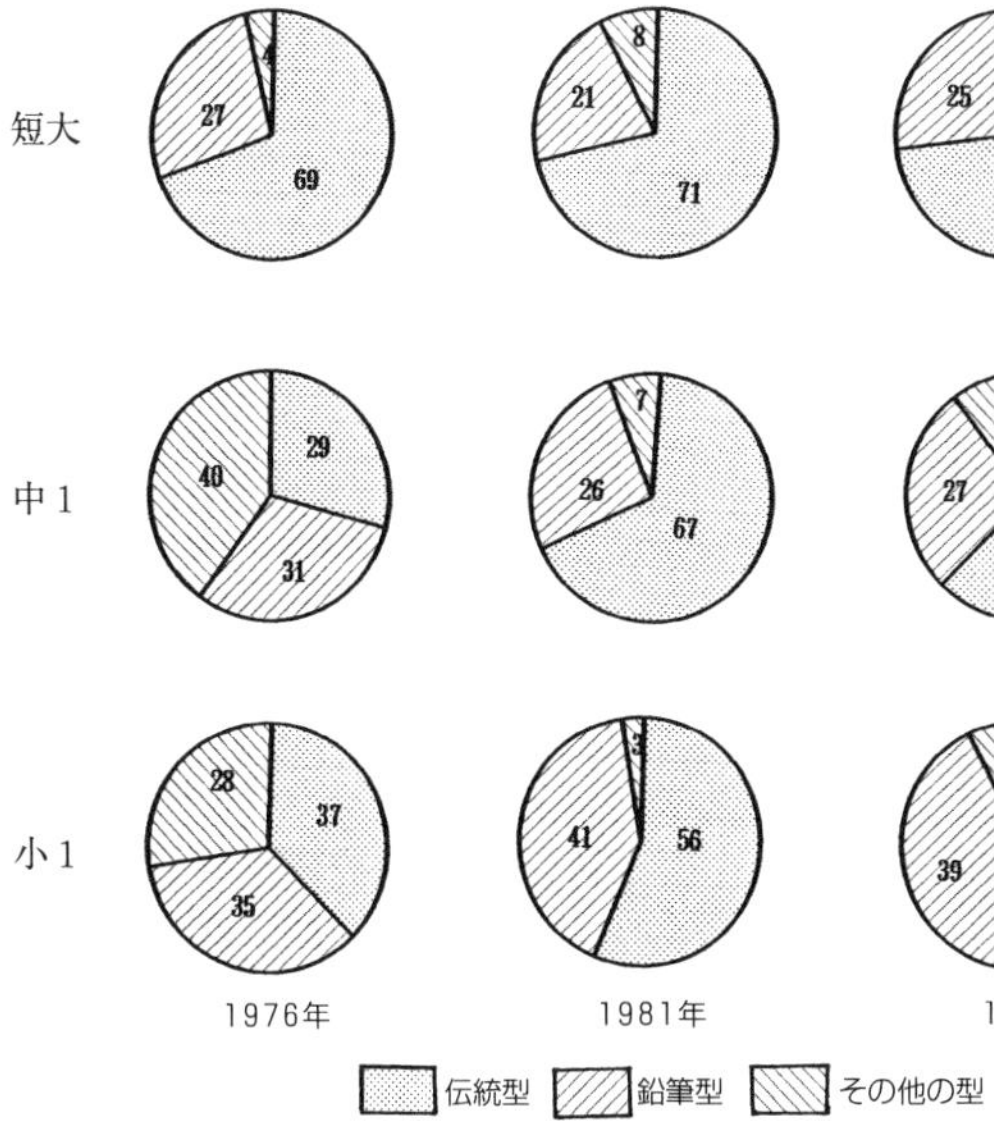

4-13　箸の持ち方の調査（%，調査総数：2668人）

指と第三指で一方の箸を固定して、第一指と第二指でもう一方の箸を動かす持ち方で、箸はほとんど一本としての機能しかない。「その他の型」とは、伝統型にも鉛筆型にも分類できない持ち方である。

一九七六年から一九八六年にかけて小学校一年生、中学校一年生および短大生を対象にして、どのような箸の持ち方をしているか五年ごとに調べたところ、図4-13に示したように小学生、中学生、短大生と年齢が高くなるに従って伝統的な持ち方をする割合が増え、鉛筆型の持ち方は減少している。その他の型の持ち方は、最初の一九七六年の調査には小学校一年生と中学校一年生できわだって多く、一九八一年以後は減少している。これは一九七六年より学校給食に米飯が加えられ、それまで使われていた先割れスプーンにかわって箸を使う機会が増えたために伝統型の持ち方が増え、その他の型の持ち方が減ったためと考えられる。短大生は被験者に女性の割合が多いためか、伝統型の持ち方が多い。しかし、一九八九年の大久保洋子氏の調査によると伝統的な箸の持ち方をしている女子短大生は一五二名中五三・九％であり、一九九〇年の坂田由紀子氏の報告によれば、女子短大生二三五名中四六％が伝統的な持ち方をしているにすぎなかったという。このように調査の年代が下がるに従って伝統的な持ち方の割合が低下する傾向にあることは、最近家庭においても、また社会的にも食事が欧風化し、ナイフ、フォークを使う機会が増えて、箸を使う機会が減ったこと、幼児期に箸よりもスプーンやフォークを使って食事をして、伝統的な箸の持ち方を家庭で教えられないことも影響していると思われる。

箸を持つ位置

同じ長さの箸を使って作業しても、箸を持つ位置が、持ち方の違いにより異なることが観察されるので、「伝統型」、「鉛筆型」および「その他の型」の持ち方をしている人それぞれに、大豆や豆腐を運ばせて、作業を始める前の箸を自然に持つ位置と、一定の作業を終えた後に箸を持っている位置の変化を計ってみた。図4-14にあるように「伝統型」の人は、作業前に箸を持つ位置と、大豆や豆腐を運んだ作業後に箸を持っている位置は変化しない。「鉛筆型」と「その他の型」の人は、作業前に箸を持つ位置と作業後の箸を持っている位置が移動する。特に「その他の型」の人は作業前後の箸を持つ位置の移動がはげしい。「伝統型」の人は箸で「つまんだり」「はさんだり」する対象物が変わっても箸を持つ位置の移動がほとんどない安定した持ち方といえる。箸は「つまんだり」「はさんだり」するだけでなくて、焼き魚の身を「ほぐしたり」する時に箸先を開く使い方もする。モデルとして、こんにゃく（二×二〇×五〇ミリ）を長さに平行に中心から割り開く作業を行なったところ、「伝統型」の持ち方で、平均一六・五秒、「鉛筆型」

の持ち方で、平均二四・五秒を要した。また輪ゴム（径三・七センチ）の中に箸先を入れて開いた場合の箸を持つ位置の移動を見ると、「伝統型」の持ち方の人の箸を持つ位置は、輪ゴムを開く度合が大きくなってもほとんど移動しないが、「鉛筆型」の持ち方の人は箸先に近い方に箸を持つ位置を移動しなければ箸先を開く作業が困難なようで（図4－15）、見た目にも不自由な印象を与えた。輪ゴムを最大限に開いた距離は伝統型で九・三センチであったが、鉛筆型では五・八センチしか開くことができず、鉛筆型の人

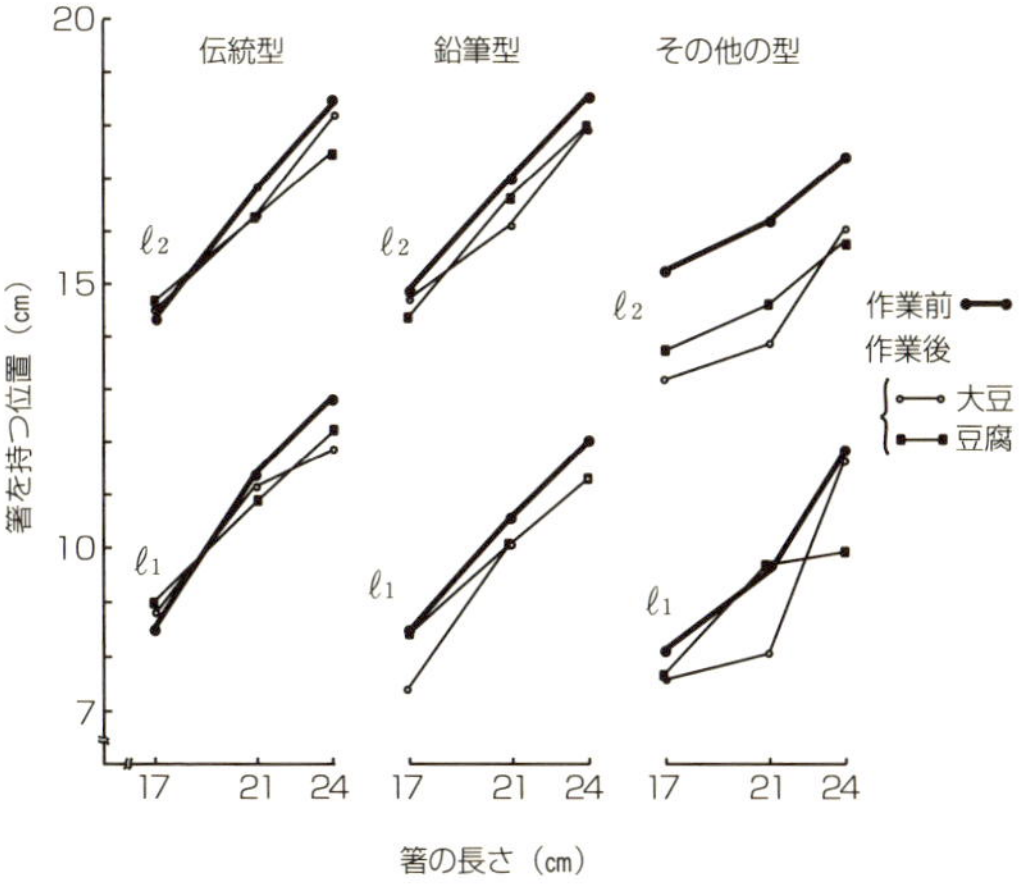

4－14　箸の持ち方と持つ位置の関係（l_1，l_2は図4－7参照）

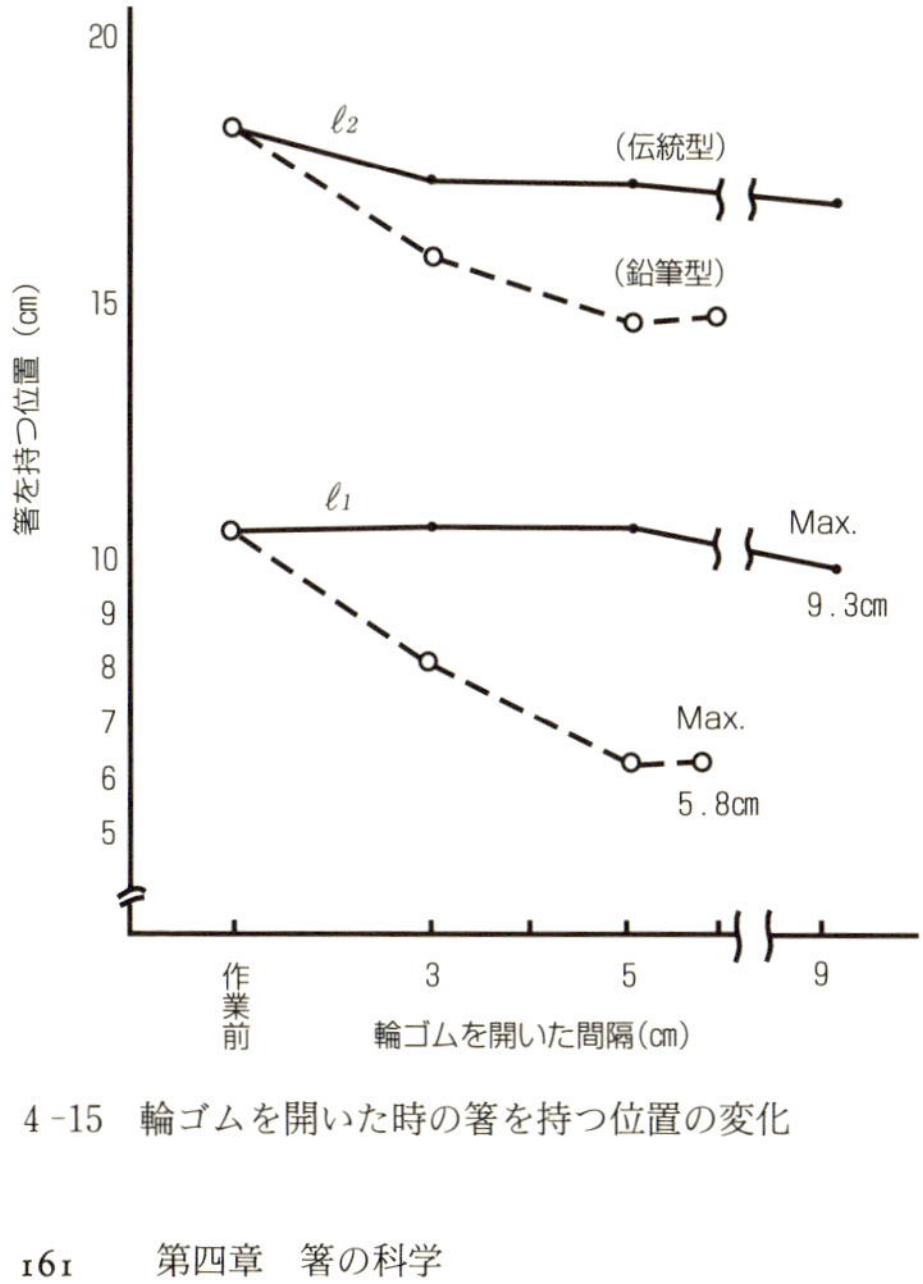

4－15　輪ゴムを開いた時の箸を持つ位置の変化

の箸先にかかる力が弱いことがわかる。伝統型の持ち方は、こんにゃくの切れ端の真ん中に箸を入れてひろげるように、箸先を開いてほぐす操作に要する時間は鉛筆型の人よりも短くてすみ、輪ゴムを開くような、箸先に力を入れて開く場合でも鉛筆型の人の約二倍も輪ゴムを開くことができる。

このことから「伝統型」の持ち方は「つまむ」「はさむ」といったことと同じように、箸先を「ひろげる」作業でも箸を持つ位置を変えることなくスムースにできて、合理的な持ち方といえる。

箸の持ち方と手の筋肉の関係

箸の持ち方を、伝統型、鉛筆型およびその他の型に分け、大豆や豆腐を、つまんだり、はさんだりする作業を行なうと、能率面からは大きな差はなかったが、鉛筆型や、その他の型の人は作業する時にはじめに箸を持った位置を変えながら作業している。そこで箸を持つ形によって、手の筋肉がどのように活動しているか筋電図で調べた。

表面電極を貼布した部位（図4－16）は、第一指の活動に関係のある筋として、短母指外転筋、短母指屈筋、および長母指屈筋を、第二指から第五指までの活動に関係がある背側骨間筋、浅指屈筋、および総指伸筋を選んで、第一指に関係する筋活動総量と第二指から第五指に関係する筋活動総量を求めた（表4－4）。

伝統型の人の筋活動総量は鉛筆型の人よりも第一指の活動度が大きいという特徴がみられ、第二指から第五指の筋活動度は鉛筆型の人の方がやや大きく、合計の筋活動度については著しい差は認められなかった。

次に、伝統型の人に鉛筆型の持ち方を、鉛筆型の人に伝統型の持ち方をして作業してもらうと、伝統型

表4－4　箸の持ち方と被験筋活動総量（平均mV）

持ち方	親指の活動に関する筋（1，2，3）			親指以外の指の活動に関する筋（4，5，6）			計
	角砂糖	豆腐	大豆	角砂糖	豆腐	大豆	
伝統型	5.4	3.7	4.1	3.2	1.8	2.3	20.5
鉛筆型	4.5	2.5	3.1	3.9	2.6	2.8	19.4
伝統型→鉛筆型	12.8	11.3	7.4	9.1	7.1	5.3	53.0
鉛筆型→伝統型	9.6	6.6	4.5	6.4	5.1	4.9	37.1

1：短母指外転筋，2：短母指屈筋，3：長母指屈筋，4：背側骨間筋，5：浅指屈筋，6：総指伸筋

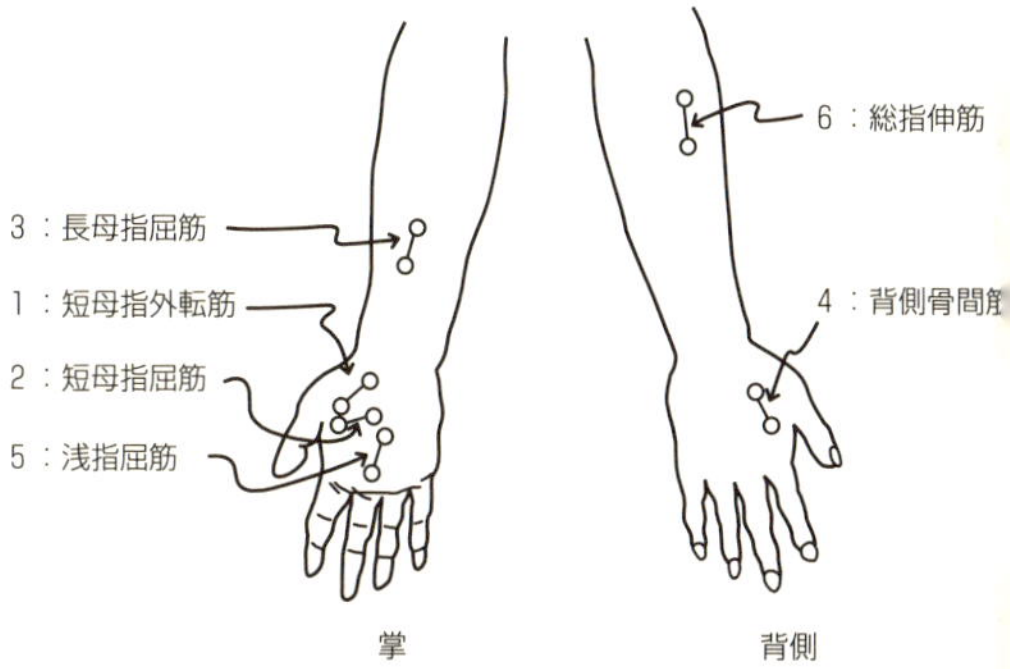

4－16　表面電極を貼布した部位

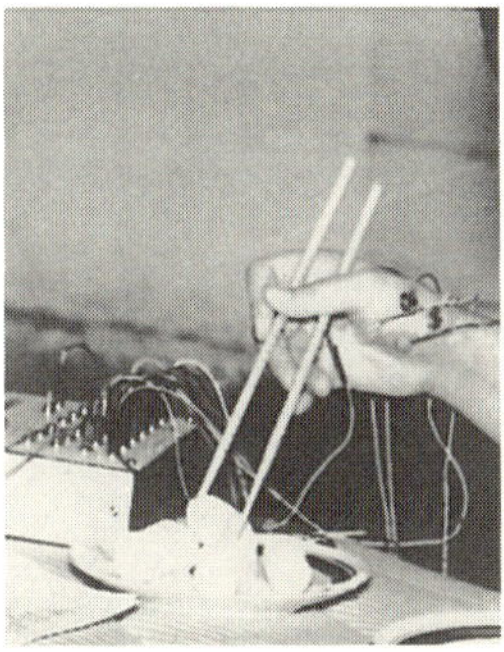

4－17　電極を貼布した実験状況

の人が鉛筆型の持ち方をした場合、母指関係の筋活動度がもとの持ち方よりも三倍くらい高くなった。逆に鉛筆型の人が伝統型の持ち方をした場合はもとの持ち方の約二倍の筋活動量を示した。

日頃、使いなれていない持ち方で箸を使うと筋活動量は増加するが、増加の傾向は伝統型の人が鉛筆型の持ち方をした場合よりも、鉛筆型の人が伝統型の持ち方をした場合の方が小さく、伝統型の持ち方は無理のない持ち方と思われる。「つまむ」「はさむ」といった箸を閉じて用いる作業に対して、魚肉などを骨と「わける」あるいは「こまかくほぐす」など箸を開いて用いるとか、焼き海苔で御飯を一口大に巻く時のように、いったん開いてから閉じて用いるような作業を行なうと、伝統

型の持ち方の人の母指の筋活動量がさらに大きくなる。伝統型の持ち方と鉛筆型の持ち方をくらべると、「つまむ」「はさむ」といった作業のときは、持ち方の違いによる差はあまりみられなかったが、箸を開いて使うとか、二種類の材料を交互に一個ずつ運ぶような作業の場合には、鉛筆型の持ち方の人は作業の失敗が多く、複雑な作業となると、伝統型の持ち方の人との差がめだつようになった。

伝統型の持ち方の人の第一指の活動に関与する筋の活動度が高いことは、第一指が一方の箸を固定すると同時に、もう一方の箸を動かすという二つの働きをしているためで、鉛筆型の持ち方に比べて筋肉の活動が活発であるといえる。

箸の持ち方に対する意識

箸の持ち方にいろいろな型がみられ、伝統的な持ち方が合理的であると思われるが、自分の箸の持ち方について関心があるか、箸の使い方についてどのように思っているのか、アンケート調査をしたところ、図4-18のように、箸に対する関心度は小学校一年生と中学校一年生では、関心なしの方が多く、特に中学校一年生では「関心なし」は「関心あり」の四倍にもなっている。しかし中学校一年生のその他の型の持ち方をしている人は伝統型や鉛筆型の持ち方の人に比べて自分の持ち方が変わっていると感じているのか、箸の持ち方に関心のある人が多くなっている。

短大生では伝統型より鉛筆型、鉛筆型よりその他の型と関心度が高まり、その他の型では、関心ありは、関心なしの三倍になっている。女子短大生くらいの年齢になると、自分の箸の持ち方が他人と比べて変わっていることに気がつき、箸の持ち方について関心を持ってくるようになる。

箸の使い方に関心ありと答えた人では、伝統型の持ち方になりたいという希望が多く、箸の持ち方に

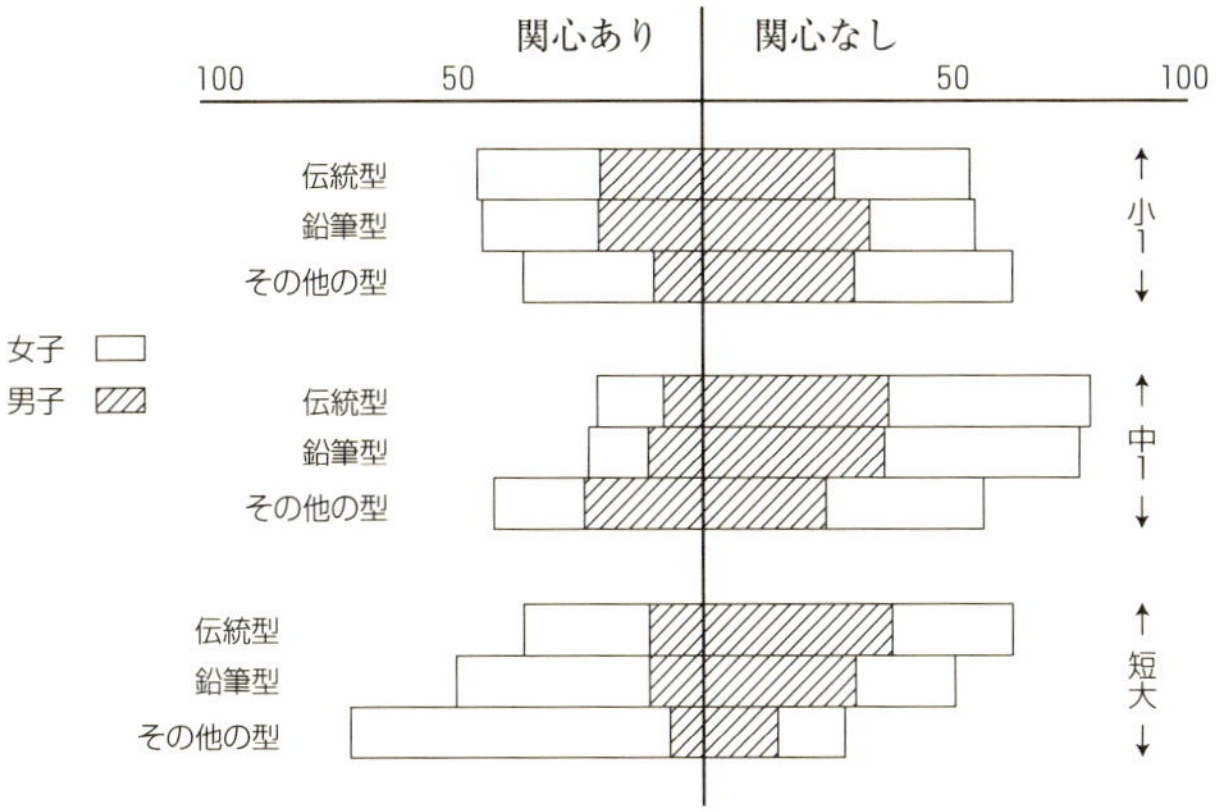

4-18　箸の関心度（調査総数1988人）

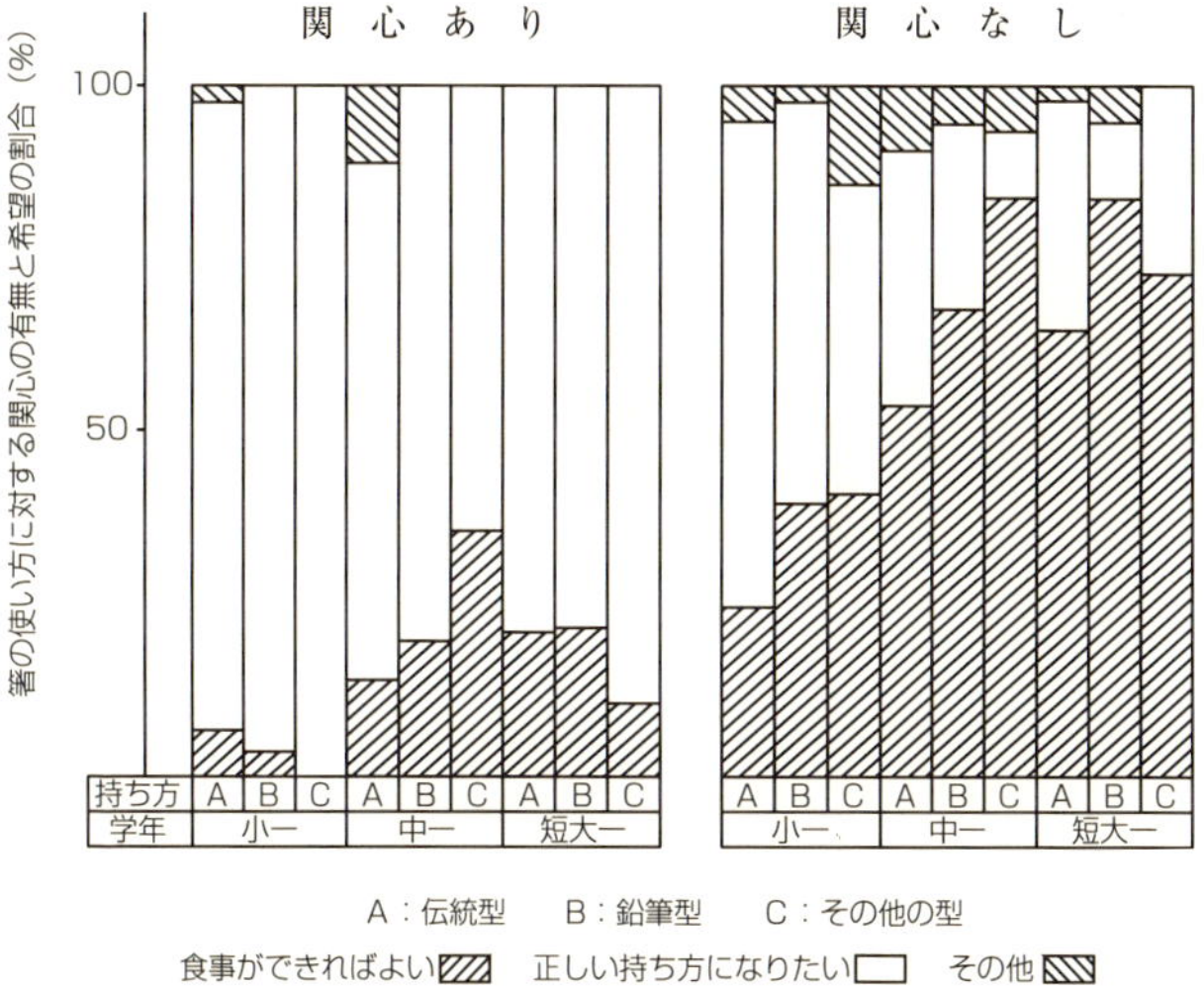

4-19　箸の使い方に対する関心の有無と希望（調査総数1988人）

表4－5　被験者が箸の持ち方を矯正された時期　(%)

型	矯正された年齢（歳）											矯正されない	計
	3	4	5	6	7	8	9	10	15	16	17		
伝統型	37.0	24.7	13.7	8.6	4.9	—	—	—	2.5	—	—	8.6	100
鉛筆型	15.4	—	15.4	—	15.4	—	3.8	3.8	—	23.1	7.7	15.4	100
その他	30.0	—	—	—	—	—	—	—	—	—	—	70.0	100
合計	31.6	17.1	12.8	6.0	6.8	—	0.9	0.9	1.7	5.1	1.7	15.4	100

表4－6　主として箸の持ち方を矯正した人　(%)

型	矯正した人					計
	祖母	両親	父	母	教師	
伝統型	9.4	14.9	5.4	67.6	2.7	100
鉛筆型	9.1	40.9	0	31.8	18.2	100
その他	0	100	0	0	0	100
合計	9.1	23.2	4.0	57.6	6.1	100

「関心がない」人たちは箸の持ち方の是非よりも食事ができればよいと答えた人が多い（図4－19）。

このことは日常の食生活で、箸への関心の高い環境とそうでない環境との違いからくるものと考えられる。

箸の持ち方を教わった年齢と教えた人

子どもたちはいつ頃、誰から箸の持ち方を教わるのであろうか。彼らの記憶の範囲で箸の持ち方を教わった年齢について、一九八一年と一九八六年にアンケート調査を行なった。調査対象は青山学院大学初等部・中等部と神奈川県海老名小学校・中学校の各一年生および青山学院女子短期大学、湘北短期大学の学生である（図4－20）。小学校一年生では七〇から八〇％の人がすでに箸の持ち方を教わっている。この時期は箸がやっと使えるようになったばかりなので家庭で箸の持ち方についてなんらかの躾を受ける時期である。中学校一年生では六歳までに箸の持ち方を教わった人は伝統型五三・八％、鉛筆型四四・三％、その他の型三七％である。短大生では、記憶力の影響もあると思われるが、六歳までに箸の持ち

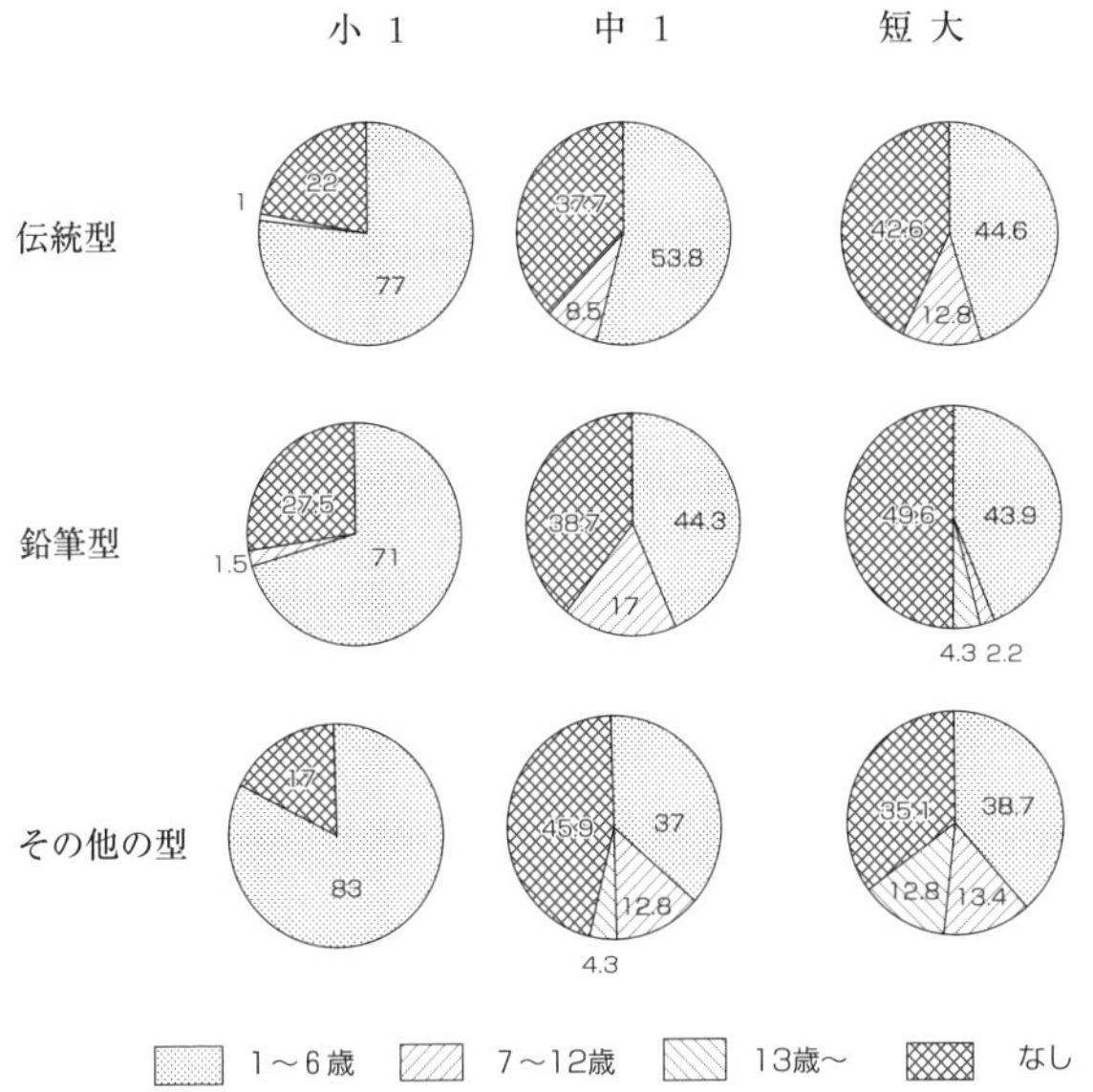

4 -20
箸の持ち方を教わった年齢（1981年・1986年の平均%，調査総数1988人）

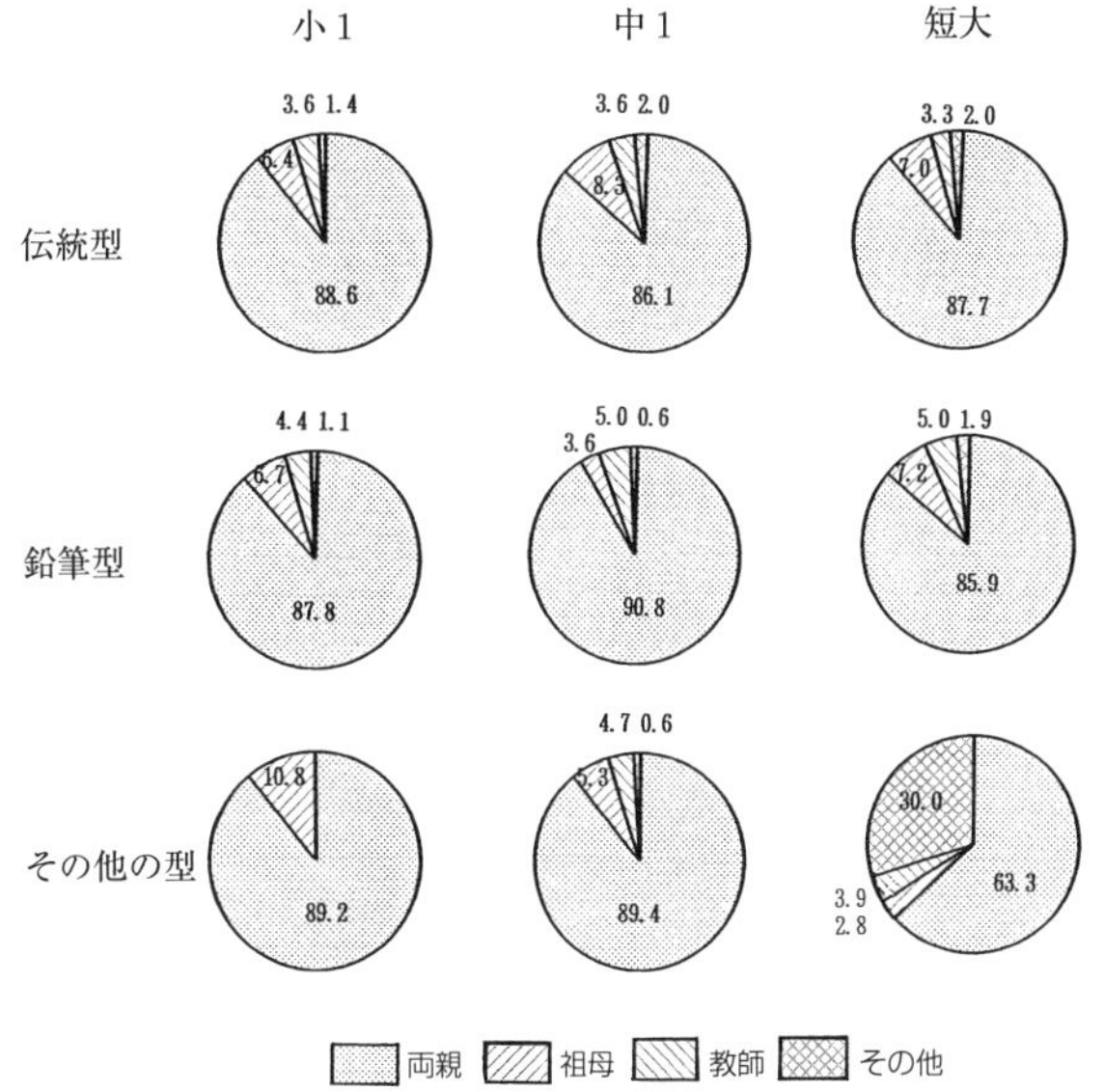

4 -21
箸の持ち方を教えた人（図 4 -20に同じ）

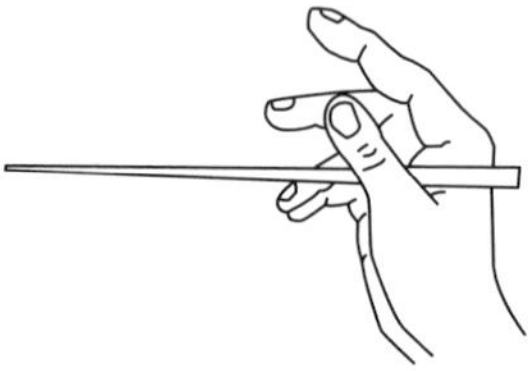

固定箸を親指の内側に挟み薬指と小指で支える

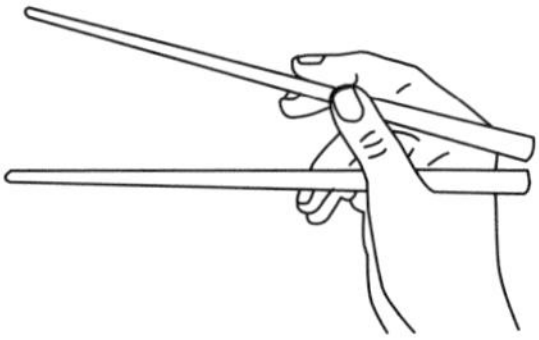

親指と人さし指と中指でもう片方の箸を鉛筆を持つように取る

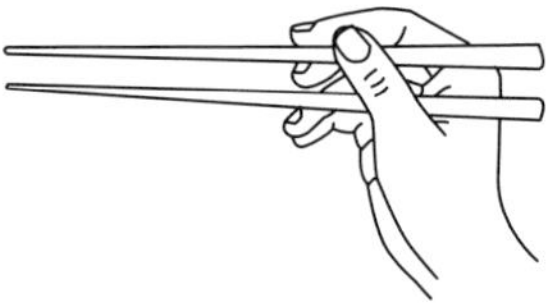

箸先を近づける

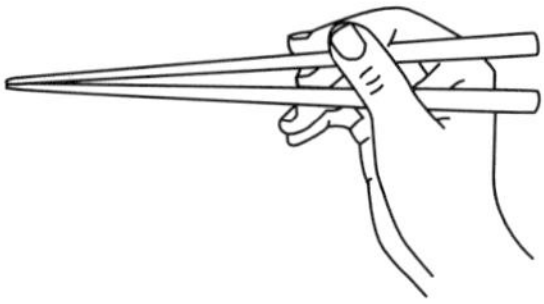

箸先を閉じる，開いたりとじたりしてみる

4-22　箸の持ち方順序

方を教わった人の割合は、伝統型、鉛筆型およびその他の型の間で差はみられない。その他の型の箸使いの人は高年齢になるまで箸の持ち方を注意されていることがわかる（アンケート調査には海老名市教育委員、海老名中学校校長渡辺敏氏のご協力をいただいた）。

箸の持ち方を教えた人はどの学年も両親が最も多く、次に祖母が多い。この図からみると、その他の持ち方をする短大生は家族から教えられる機会が少なかったようである（図4-21）。

女子短大生について箸の持ち方の指導を受けた年齢を調査したところ、現在、伝統型の持ち方をしている者のうち約九〇%の者が七歳までに箸の持ち方を指導されている（表4-5）。主として箸の持ち方を矯正した人は表4-6では両親か母親、主に幼児の身近にいる人たちである。

箸の持ち方の基本は、図4-22のように、

①箸の片方を親指（第一指）の根元と薬指（第四指）の第一関節の上に渡して固定する。薬指の安定の

ために薬指を小指（第五指）で支える。
②もう一方の箸は、親指と人さし指（第二指）ではさみ、中指（第三指）の第一関節で支え、三本の指で持って作用箸とする。親指のあたっている箇所は箸の重心に近い。
③作用箸の箸先を上下に動かした時に、その箸先が固定箸の箸先とぴったり合うのがよい。伝統的な箸の持ち方は、五本の指のすべてを機能させ、どんな料理にも対応できる。はじめに箸を持った位置が終始移動しないので、見た目にも美しい持ち方といえる。

高松高等工業専門学校助教授の明神教久氏も、専門分野の物理学の立場で、箸と指の関係を次のように説明している（私信、一九七七年一一月）。

①箸は二本の棒で物を「挟む」が、鋏と違って支点を持っていない。支点は箸を動かす手指との間に作り出される。
②二本のうち、固定箸は、親指の第二関節の掌側と人さし指の付け根、それに小指に支えられた薬指の爪側に渡され、上下方向から力が加えられ固定される。
③作用箸は、支点となるあたりを親指と人さし指、中指の指先で摘むように持ち、人さし指の側面で箸を安定させると、親指の位置が支点になって人さし指の指先に力が加えられて箸先が閉じたり開いたりできる。このとき指が箸の形にへこむのも箸の安定を助ける。
④魚の身をほぐしたりするような箸先を開く動きは、見かけ上、中指が行なう（幼児の握り箸は中指が使えない。中指を丸めずに箸が持てるようになればよい）。
⑤すべての指が働いているとき、箸の機能は充分に発揮され、対象によって箸を持つ位置を変える必要がなく、美しい箸使いができる。

箸の持ち方への社会的関心

箸の持ち方の乱れについて、一九七八年頃、韓国の知人が韓国でも若い人の中には伝統的な持ち方をする人が少なくなってきた、と述べていたし、台北でもOLが弁当を箸でなくフォークやスプーンで食べている写真を見たことがあり（森枝卓士著『東方食見聞録』徳間書店、一九九〇）、日本でも同じ傾向が見受けられる。日本での伝統的な箸の持ち方離れの原因の一つに、学校給食における先割れスプーンが問題になったこともある。一九七七年一〇月六日付毎日新聞に、三鷹市で先割れスプーンは食事をするときに犬喰い（食器に顔を寄せ前屈みになる）の姿勢になるので、学校給食に箸を導入する試みがなされていることが報道されている。一九七九年六月一四日付朝日新聞には著者らの研究を取り上げ、標準型の箸の持ち方を紹介する記事がある。また、長年、子どもの手の機能が箸の持ち方も含めて衰えつつあることを指摘し、調査研究しておられる十文字学園大学の谷田貝公昭教授は、この原因は生活が多様になり、手さばきの必要性が少なくなり、躾の場が減ったためである、大脳生理学の立場では手先の器用さは脳の刺激と連動して脳細胞が活発化する、幼児期からもっと手指を使うよう努力させたい、と述べている。そして、『日本人はなぜ箸を使うか』（一九八七年、大月書店）の著者で、箸に関する著書の他、「幼児と手」についても著書の多い一色八郎氏も同様の考えである。

一方、一九八二年の『学校給食』二月号（全国学校給食協会）には、〈学校給食で使う「はし」と食器〉の特集が組まれ、埼玉県教育局学校保健課指導主事・根津富夫氏が「箸の歴史とその教育的意義」、岩手県盛岡市立厨川小学校教諭・大槻忠士、中島竹子両氏が「食品とはし」、食物研究家の柳本杏美氏は「お椀のふねにはしの櫂」、東京文化短期大学教授沢野勉氏は「子どもと食器——食文化を見直す視点から」と、それぞれ子どもと食生活の中に箸の占める重要性を説いている。幼児期の箸の持ち方が後にどのよう

表４－７　箸の持ち方の違いの差

質問　　　　　　　　箸の持ち方		伝統的な持ち方をしている者の場合		伝統的でない持ち方をしている者の場合	
箸の先端を接触させられるか	はい いいえ	100% 0	＊21人 0	70.5% 29.5	＊8人 13
１日３食として箸を１日に何回使うか	１回 ２回 ３回	7.3 24.7 68.0	0 3 18	6.8 31.8 61.4	0 8 13
箸の持ち方を変えた時期はいつか	なし 幼児 小学生 中学生 高校以後 不明	55.6 3.9 16.9 5.6 9.6 8.4	18 1 1 1 0 0	70.5 0 18.2 4.5 0 6.8	19 0 1 1 0 0

各項目の右欄＊印は，１日に箸の使用回数が多く，かつ，これまでに箸の持ち方を変えたことのない女子学生各21名についての結果である．
（宮城県総合衛生学院公衆衛生学科1984年度入学生論文より作成）

に影響するかについて興味ある報告がある（表４－７）。

宮城県総合衛生学院の公衆衛生看護学科学生（高校に続いて看護学校三年を卒業後、入学）、及川ミカナ、小山晴美、高橋恵、横野富美子、菊池陽子と村上香の諸姉による「箸の持ち方の違いによる作業量と作業動作の比較」実験は、この学院の全学生を対象に行なわれ、伝統的な持ち方と、それ以外の持ち方をしている者を比較し、次のような結果を得ている。対象者は二一から二二歳の二二二名で、その約八〇％の一七八名が伝統的な持ち方で、残りの約二〇％、四一名が伝統的でない持ち方をしている者である。使用した箸は長さ二二・二センチの塗箸である。

表からわかるように、伝統的な持ち方をしている者全員が箸先をとじ合わせることができるのである。これは対象物を正確につまんだり、わけたり、落とさないで口元まで持っていったりできることを示している。これまでに箸の持ち方を変えた時期について、伝統的な持ち方の人は、最初から箸の持ち方を変えないできた人が約五六％、その後は幼児から高校卒まで継続的に持ち方の注意を受けているようである。伝統的でない持ち方の人は約七〇%の人がこれまで持ち方を変えないできて、小学生時に注意を受けたが伝統的でない持ち方をしてきたと思われる。

伝統的な箸の持ち方の人とそうでない持ち方の人たちの中から、幼児期から現在の持ち方をしており、日常箸をよく使っている人たちを選んで、小さい大豆（〇・八×〇・七センチ、〇・三グラム）、すべりやすいこんにゃく（二×二×二センチ、七グラム）、軟らかい豆腐（二×二×二センチ、一〇グラム）および大きくて重い物の代表の大根（三・五×三・五×三・五センチ、三五グラム）を一定距離二〇センチ離れたところから一定の高さ二〇センチまで運ぶ作業をしたところ、いずれも運んだ個数は伝統的な持ち方の方が多く、大きくて重い大根以外は五%の有意差が認められた。これは、伝統的な持ち方では箸を五本の指（第五指は第四指を支える）すべてで支え、箸先をしっかり合わせることができるので作業しやすかったことが考えられる。大きくて重い大根については、細い箸で支える困難さが加わって作業量に有意な差は出なかった。

前記の人たちに、箸を用いて作業したときの手指への負担箇所を図示させたところ、伝統的な持ち方では手指が箸に触れるどの部位にも均等に負担を感じ、そうでない持ち方では、第一指（親指）と第三指（中指）の箸に触れる部位と手首に負担を感じる以外は、指にはほとんど負担がかからないようで、というよりも指先が機能していないようで、これは本節の「箸の持ち方と手の筋肉の関係」で述べたように筋活動度の低い値の結果とよく一致する。伝統的でない持ち方の人たちに特徴的なのは、第一指と第二指（人さし指）の指先の負担は少なく、その両指間の付け根に負担を感じることである。指先よりも付け根で二本の箸を落とさないように操作していると思われる。この持ち方の人たちは、大豆をつまむのに箸の先の方を持ったり、すべりやすいこんにゃくをしっかり持とうとすると箸を交差したり、手首を返したりしてしまう人が多く、持ち方が不安定で箸の支点が移動するのに対して、伝統的な持ち方の人は対象物によって箸を持つ位置や握り方を変えることなく、支点が一定し、安定した持ち方であるといえる。このことは本節の「箸を持つ位置」で述べたこととよく一致する。

結論として、箸は人が手食していた時代の指の機能を補足する道具である。箸を使いこなし、どんな食べ方にも対応できる持ち方は、五本の指のそれぞれの役割が発揮できる持ち方である。その持ち方は伝統的な持ち方であり、箸の重心付近を支える第一指の位置が作用箸の支点となり、箸先の開閉角度は大きく、箸先をぴったり閉じることができる。伝統的な持ち方は箸の支点の位置を変えることなく箸を動かせるが、そうでない持ち方では、対象物の固さや柔らかさや形の大小により、また「ほぐす」、「わける」、「まく」など作業内容により、そのつど、支点の位置や手首の角度を変えなければならない。作業中に箸を持ち替える必要がない伝統的な持ち方は、能率的だとか、合理的だとか、見た目が美しいとかいわれるのである。

三　幼児と箸

幼児が食器で食事ができるようになる経過をみると、一歳前後から大人と同じように箸やスプーンを使って食べ物を口に運ぼうとする。しかし、二本の小さな棒をあやつるには、幼児の手の機能はまだ未熟である。乳児用食事セットは保育者が乳児に離乳食を与えるのには役に立つが、乳児が自分で食事をするには能率がよくない。フォークの形をしているが、じゃがいもやにんじんを突き刺すことはできないし、スプーンは、食べ物をすくっても口まで届く間にこぼれやすい構造をしている。しかし、乳児は自分で食事をすることには非常に意欲的である。早くから無理に箸を持たせてコンプレックスを抱かせるよりは、こどもたちの使いやすい用具で発達に合わせて食事ができるようにするのが望まれる。

幼児の手の発達

図4－23は幼児の手根骨の発達を示したものである。幼い骨は軟骨にカルシウムが沈着して次第に骨化し、成長していく。軟骨はX線写真には写りにくいが、カルシウムの沈着した骨化核は映像化されるので、手根骨の年齢による発達がわかる。

幼児の手根骨の骨化核がほぼ揃うのは五歳頃である。その頃になると、これらの手根骨を連結する筋肉も発達し、筋力も増し、かなり複雑な手首の動きができるようになり、練習による手を使う技術の習得が可能になる。この五歳頃というのは、昔から数え年六歳の六月六日からおけいこ事をはじめるとよいといわれているように、身体的に手の機能が備わる時期であることが経験的にも知られていたと思われる。手の機能は、指と八個の手骨間を連結する筋肉と、腕および全身の筋肉によって発揮される。腕の筋肉は手の働きを自由にし、全身の筋肉は腕を支えるからである。

ちょうど自立心の芽生え始めた幼児の手の機能は、まだ、幼児の意志に即して自在に発揮できる状態ではない。一から二歳の幼児の手は、薬指と小指の筋力が弱く、五本の指の指先を親指を中心にすぼめることができない。幼児が物をつまむ様子は『枕草子』一五一段「うつくしきもの」にあるように、

……二つ三つばかりなるちごの……いとちひさき塵のありけるを目ざとに見つけて、いとおかしげなるおよび（ゆび）にとらえて……

と少々危なげに見える。幼児の指先の細かな動きはまだ待たなければならないが、物を握り込むことは早くからできる。

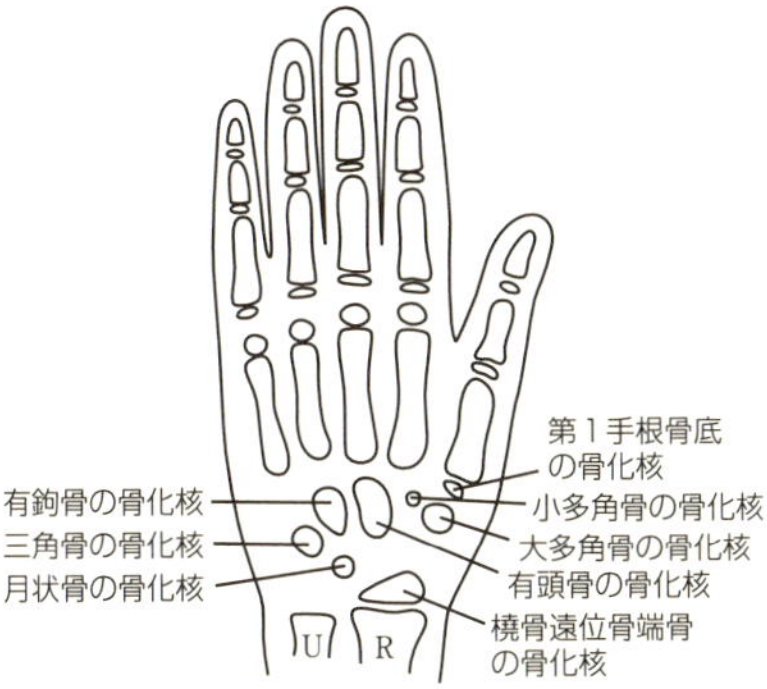

5歳6カ月

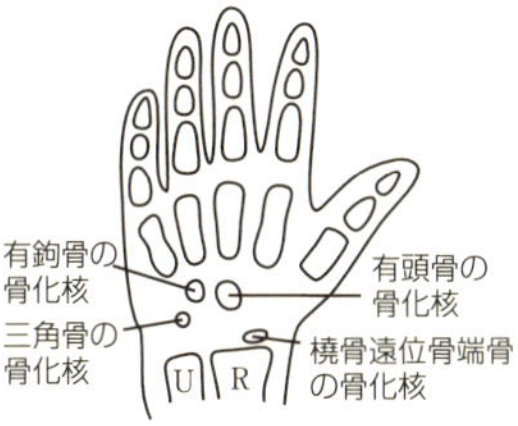

2カ月

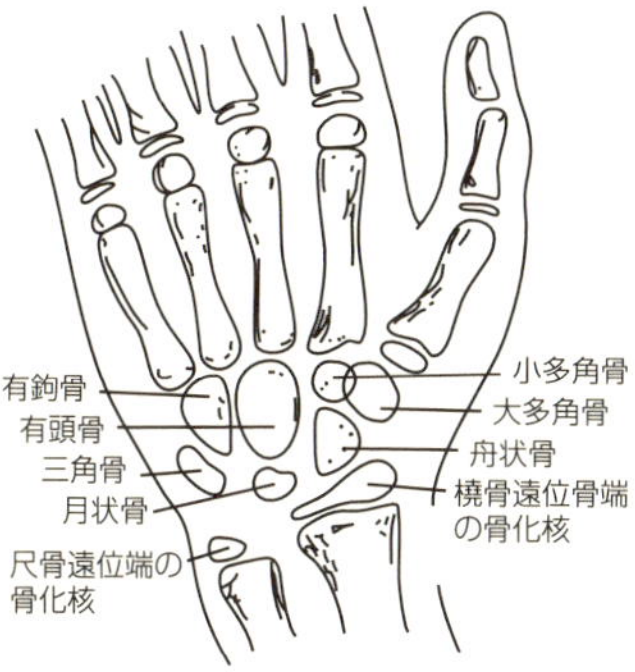

11歳3カ月

4-23　手根骨の発生
(中川一郎他『小児生理学』,
藤田恒太郎『人体解剖学』より)

手筋の起始と附着

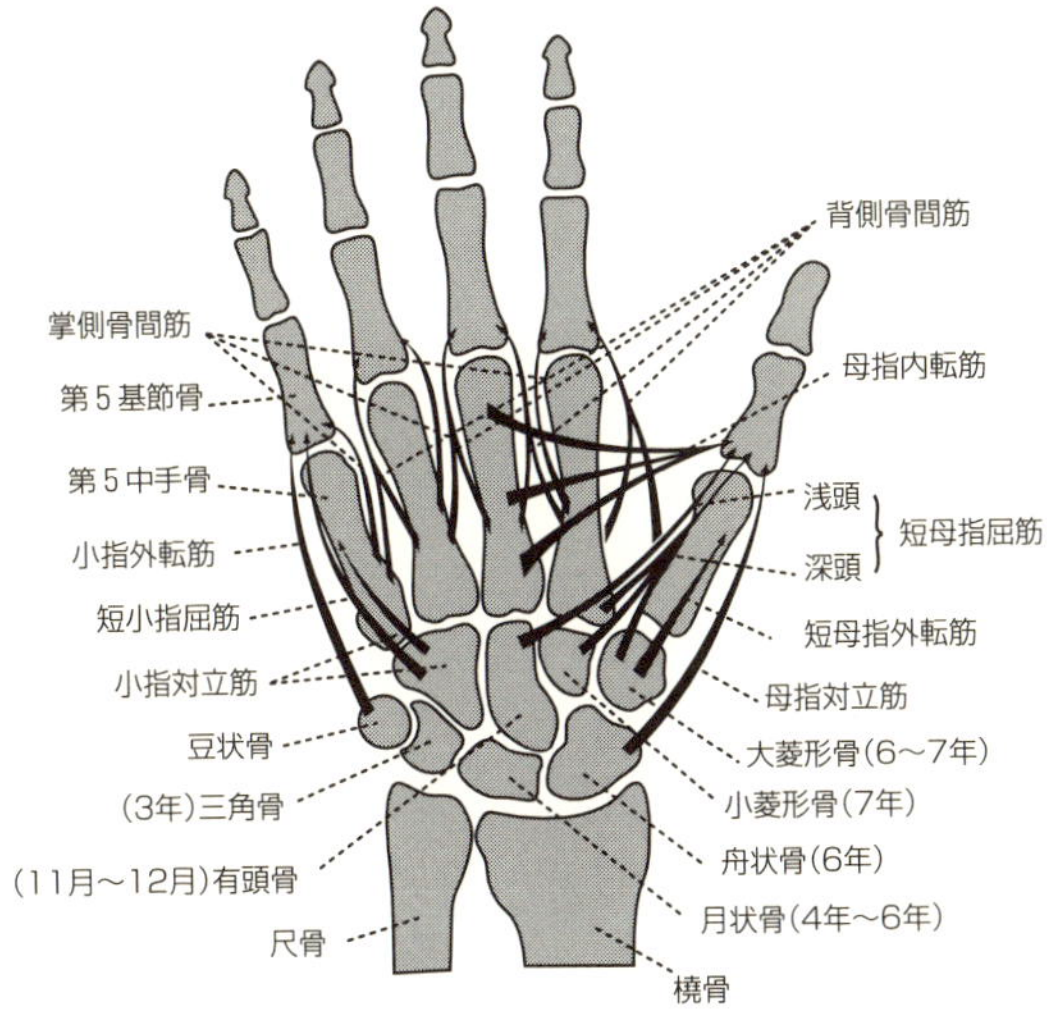

バーライン（Ellis Daniel Berlyen、一九二四～一九七四年）の研究によれば、手先の運動は五カ月頃になると手のひら全体の中に物を包みこむ形でつかめるようになり、八カ月になると指先でつまむような持ち方ができ、一歳頃には親指と人さし指、あるいは親指と中指とが相対し指先だけで物を持つことができるようになる。

R・S・イリングワース（Ronald Stanley Illingworth、一九〇九年～?）は六カ月過ぎると赤ちゃんはスプーンを握るようになり、平均一歳三カ月で食べられるようになる。一歳六カ月頃にはまだ本のページを二～三ページずつめくるが、二歳になるまでに、本を一ページずつめくることができるようになり、三歳までに、自分でボタンをかけたり、着物をきたり、脱いだりできるようになる。子どもは二歳半から三歳までにナイフ・フォークを使うことができるようになる。と述べている。

このように指先の細やかな働きは二歳半を過ぎるとかなり可能になるが、すべての指の機能が発揮されなければならない箸はまだ使いこなすことはできない。

箸の持ち方の発達

山下俊郎氏の『幼児における用箸運動の発達的段階』によれば、幼児は手の機能の発達や構造的な充実にともなって箸の持ち方を図4－24のように変えていく。

一歳頃までは箸のように二本になっているものも一本として握りこみ、箸先を母指側に持つ。すなわちスプーンやフォークと同じ向きで箸を持っている。一本の棒状のものは早くから持てるので、赤ちゃんがスプーンを握ることができるのは五カ月頃である。しかしスプーンを使って食べ物を口に運べるようにな

年	前面 I はさむ所	前面 II 口に入れる所	前面 I はさむ所	前面 II 口に入れる所	注
1	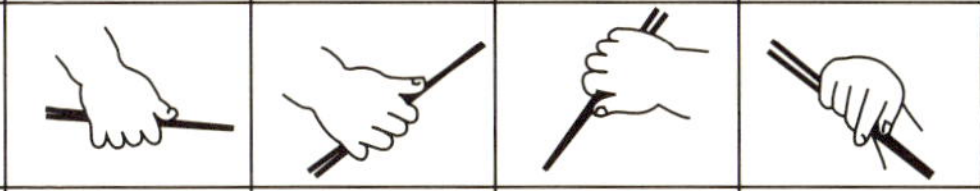				匙と全く同様に箸を持つ持ち方
2	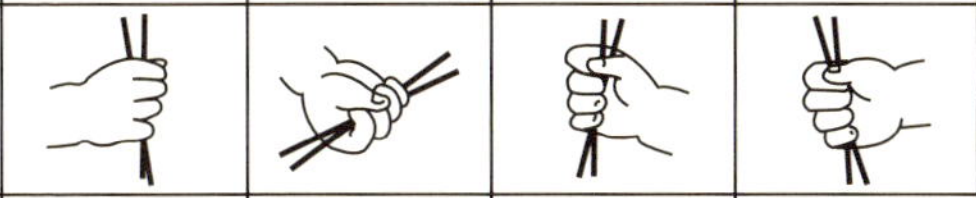				いわゆる「握り箸」
3a	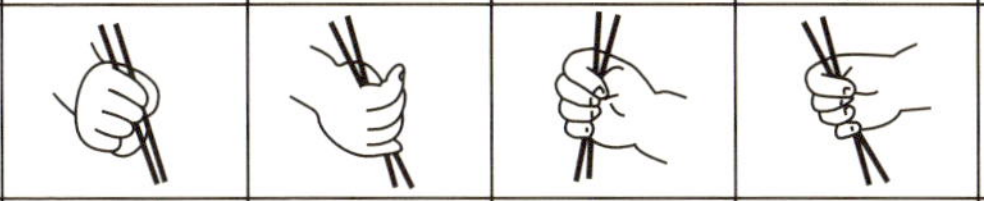				握り箸をややゆるく握ることで挟み方がやや自由になる
3b					人さし指がやや独立に働きはじめる
4a	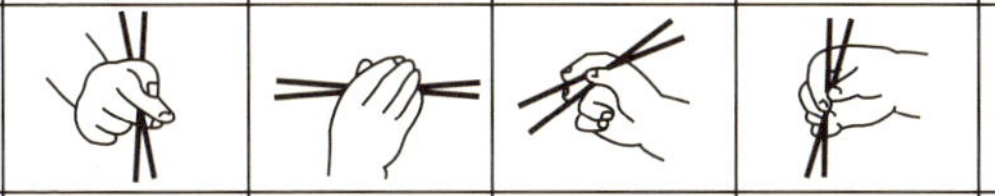				人さし指と中指が挟むために使い始められる
4b	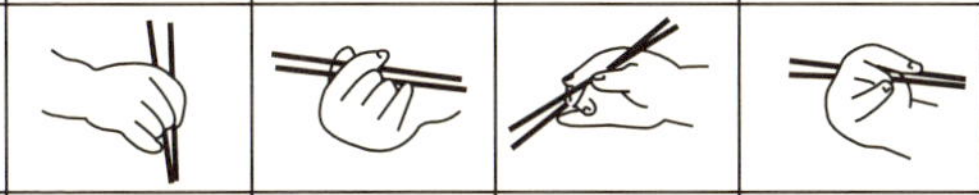				人さし指と中指の外に押えるために小指が用いられる
5a	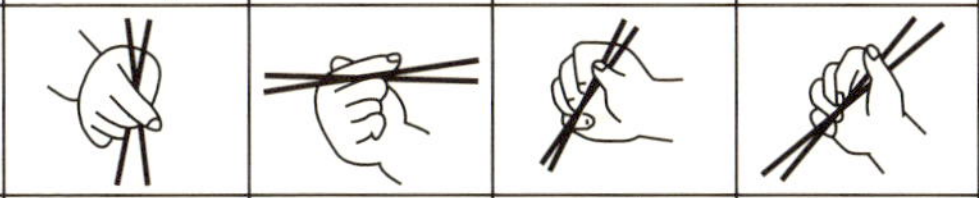				親指と人さし指が専ら箸を動かして挟む事の中心になる．全体として握るようにしてはさむ
5b	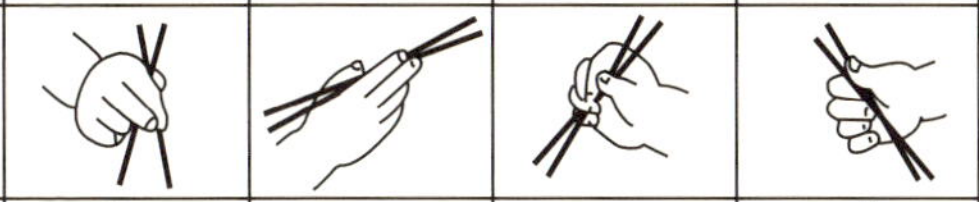				親指，人さし指，中指の三つが中心となって挟む。やはり全体として握るようにしてはさむ
6	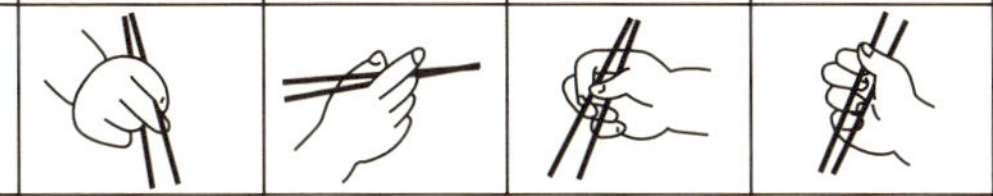				親指と人さし指と中指で一方の箸を動かし薬指と小指とは親指と協同して片方の箸を支えてはさむ
7	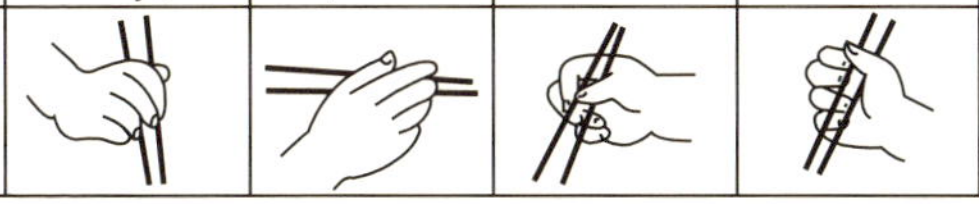				大人の正しい持ち方

4-24　箸の持ち方の発達

るのは、一歳過ぎからで、ほとんどこぼさないで運べるようになるのは、二歳半過ぎからである。

ハインツ・S・ヘルツカ (Heinz Stefan Herzka) が幼児の食事について述べているのをみると、一三～一五カ月(一歳三カ月)ではスプーンを持つが、こぼしたり、遊んだり、指で食べることが一番好きなようである。一九～二一カ月(一歳九カ月)になるとフォーク、スプーンで確実に食べられるようになり、コップを持ち上げ、置くことができる。二～三歳半で指の機能は多様化し、食事の大部分を一人で食べられるようになり、残りを母親に助けてもらい、三～四歳で熱心に食卓の準備を助ける。食事の間おしゃべりをしたがり、立ち上がったり、ふざけたりすることがたびたびある。四～五歳で食事のあいだ好意的でおしゃべり好き、バターを塗ったりするときにナイフを使いはじめる。五～六歳ではフォークよりもスプーンで食べることの方を好み、食事用具の扱いにはほとんど問題はないが、食卓でのマナーには多くの困難がある。六～七歳になると、大人と静かに食べることはたいへんむずかしいようで、何か思いつくと簡単に食卓を離れる。子どもはどういうマナーを大人が自分に期待しているかはよく知っているが、いつもそのようにふるまうことはできない。

といっている。食事の領域での独立は狭い意味で乳児期の卒業といえ、体の機能の発達が自発的な「食べる」意志を促す。これには幼児の生理的な発達と対人関係を含めた社会的な環境による個人差がある。

このことを箸使いの方からみていくと、二歳頃には正しい持ち方でなくても箸に親しむ機会があるのがよい。その頃は母指(第一指)と人さし指(第二指)と中指(第三指)でつまむように箸を持つので、二本の箸は一本の機能しか発揮できない。だから、その持ち方は箸先で食べ物をつまんだりはさみ上げたりするよりも、食器から食べ物を直接口にかき込むのに役立つ。食べ物をこぼしたり、箸を取り落としたりしても、大人の食べ方のマナーを強制しないようにする。今まで使っていたスプーン・フォークから次第に

4 -25　1 歳 7 カ月の幼児の食事風景

箸にもなじませるようにするのが望ましい。
図4 - 25はある保育園の一歳七カ月の幼児の食事風景である。フォークを使って食べ物を口に運んでいるが、うまくできないので、食べ物の中へ指をつっこんで口に運んでいる。指で食べても、指を動かすことは手指の機能や脳神経の発達につながるので、まわりの者は手伝わないで子どもにまかせる方がよい。図4 - 26は二歳一〇カ月児と五歳七カ月児の食事風景である。二歳一〇カ月児の箸は握り箸であるが、ややゆるく握っているので箸は機能しやすくなっている。五歳七カ月児では箸の持ち方は図4 - 24の6に該当して、箸の

4 -26　2 歳10カ月児と 5 歳 7 カ月児の箸の持ち方の違い

機能は果たせるようになってきている。

食事の場は、単に食事の道具が使いこなせたり、マナーが習熟できたりするだけでなく、食事への感謝、食べ物への理解などが自然にそなわっていく場でもある。一緒に食事をする人の姿勢が幼児に自然に伝わってゆく。図4-24に示したように、幼児の手の機能が発達するにしたがい、幼児たちは周囲の大人の箸使いを見ながら箸の持ち方を変えていく。それは基本的生活習慣の習熟と同じで、生活環境のあり方が箸の持ち方にも大きく影響する。五歳頃になって、手の機能が成熟した後に持ち方を指導してもよいが、できるだけ低年齢で本人の興味や習熟度に沿って箸が持てるようになることが第一である。

幼児の箸の持ち方について興味深い研究がある。

一九九〇年に「箸の使用・指導研究会」メンバー、荒川区立西日暮里保育園の森玲子、紺野フチヱ、荒川区立原保育園の橋本芳子、荒川区立心身障害者福祉センターの山本潔、石黒清子、日本女子大学児童研究所の鳥井登志子、埼玉県立衛生短期大学保育学科の広澤洋子の各先生方によって「子どもの箸の使用と食事時の道具に関する研究」(自主研究グループ成果報告集、特別区職員研究所、平成二年)がなされており、五〜六歳の保育園児たちは伝統的な箸の持ち方がまだできていない、すなわち第四指と第五指が活用されていないことと、第三指の機能が伝統的な持ち方への移行期にあることが明らかになった。一九三五年頃に山下俊郎氏が子どもの箸の持ち方の発達を研究された時代や一九七七年に谷田貝公昭氏が行なった同様の調査に比べて、第三指を使う持ち方の出現が遅くなっている傾向がみられる、と報告している。そして、子どもたちに箸の持ち方を指導するときに、「食べること」すなわち「食欲」に視点を置くか、「食べ方」すなわち「食べる行為」に注目するかによって指導の内容が変わってくることに気がついている。

このことは非常に大切なことで、形の上だけでの指導はマイナス面が大きいことに気がつかなければばならない。

上手に箸を持つようになるには、二から三歳頃から箸になじませて、子どもの発育と興味に合わせて指導していくことが大切である。興味を持つということは感覚を働かせることに子供が非常に喜びを感じることであり、何かが動き始めた時に子供はそれを盛んにやりたがる。そこをつかまえてやらせてやればだんだん上手になり、五歳すぎには伝統的持ち方が身についてくると思われる。手先を使うことはこの時期の脳神経の急速な発達を助けることにもなる。

五歳頃までの幼児の生理的能力は、箸を正しく使いこなすには未熟であり、精神面では自己主張の強くなる時期であるから、箸の持ち方は無理強いしないで、食事の時間は、食欲を満たすのはもちろん、味覚や視覚を満足させ、感謝に満ちた楽しい人との交流の場にしたいものである。箸の持ち方に無頓着な人が周囲にいると幼児は模倣の生活の毎日であるから、箸使いはむずかしくなる。何よりよいのは、伝統的な箸の持ち方のできる人が一緒に食事をすることである。家族または大人が共に食事をすることは、その子の「食」に対する理解や、感謝の気持ちを深くする機会になるし、そういうことを通して自然な人間性を育んでいくことができると考えられる。

幼児期と手

イタリアの心理学者であるモンテッソーリ（Maria Montessori、一八七〇〜一九五二年）は、子どもは成長へ向けての積極的な精神的な生命を持ち、その生命力にもとづいて自己発展をとげていくものであるから、教育にたずさわる者はそのような自己発展の力を充分に機能させるように助成しなければならない、また、誕生から六歳までの子どもの感覚が最も敏感になっている時期には、適切な環境を用意することが子どもの教育を有効に促すことができ、その成長にあわせて玩具を揃えるべきであると述べている。このことから箸の持ち方も同じように、幼児の諸器官の発達にしたがって適切な時期に継続的に指導すれば、興味の中に自然に習慣づけられると思われる。

「子供の頭脳線が消えた」という見出しで日本占術協会長で手の研究家である浅野八郎氏は豊富な事例研究から次のような現象を指摘している。

手相の基本型は母体の胎内にいる時に形成される先天的なものであるが、出生後も生命線は親指、頭脳線は人さし指と中指、感情線は薬指と小指のそれぞれの動きなどにより後天的に変化している。

また大阪医大の松本秀雄教授（法医学）によれば、

手を使う頻度により、皮膚表面の線が発達し、よりくっきりした線になることがある半面、あまり使わないと線は後退する。線の形は遺伝性があるので、一代で急激に変化することはないが、最近の子供の手の動きが少くなったのに比例して幼児の手相が変化していくことは充分考えられる。

ということである。

これらのことは最近の子どもは手の本質的な機能を発揮する機会が少なく、伝統的な箸の使い方の習熟に至らないことを示唆している。箸は数多くの機能をもっていて、伝統的な持ち方は、本章二節「箸の持ち方」に記したように箸の全機能を満たしやすく、また五本の指を全部上手に使いこなしていて、遊んでいる指がないので見た目にも美しく、箸を最も合理的に使うことのできる持ち方であると考えられる。

二～三歳頃より指や手の骨の化骨化に伴い、まわりの筋肉も発達して箸を持つ能力がそなわり始め、また、この時期は周囲の大人の動作などに興味を覚える時期でもあり、まわりの人の箸の持ち方をみて、幼児はそれをまねて覚えていくものである。親の都合でなく、子どもの成長の過程を認識し、それに沿って子どもの能力を伸ばしてゆくことは単に箸の持ち方に限らず大切なことである。指先の運動機能は指を使う機会の多いほど発達し、指を動かすことは頭脳の発達にも影響し、食事の姿勢にもかかわってくるので、箸を用いる幼児の運動機能の発達にそって、幼児自身の生活への適応能力にともなって自然に身についていくのがよいと思われる。

幼児の手の発達と、箸の持ち方をみてきたが、これを裏付けるように、大脳における運動野の分業をみると、体の部分としての手の比率は小さいけれど、大脳での手の感覚や運動を司る領域は非常に広く、手を司る分野は脳全体の三分の一を占めている。これは手を使って、表情をつくり、言葉を使うヒトの特徴である。

箸で食事をするときに、手の働きを担当する脳の広い分野が関与しているのであるから、箸を扱うことは手の発達にあわせて脳に適度の刺激を与え、脳神経の発達を促すことが考えられる。箸が上手に使えることは食事が上手にできることであり、食事に対する考え方や規則的な食事の機会は幼児の将来の生活習慣の基礎を作るものであり、幼児の人間としての精神発達を促し人格を形成していくことに通じると思われる。

学校給食などで箸の持ち方が問題にされるようになり、一九七九年に女子栄養大学の依頼で、児童心理学者の山下俊郎先生と箸の持ち方について向井が対談したことがある。これまで、箸の機能として「つまむ」、「はさむ」、「はこぶ」についての実験をしてきたので、次に魚の身をほぐしたりする箸先を「ひらく」動作を調べることが話題になった。先生は「手の機能は、全体的に言って自分の方にとりいれるというか、つかむというか、そういう運動が先にできて、一旦手に持った物を放す動きは後にできるというのが発達の順序である。だから、赤ちゃんでも積み木を持つ場合、持つということが先にできて、それをちゃんと積んでここに置いて手放すということは、なかなかできない。放すことの方がより程度の高い運動である。だから（箸先を）〝ひろげる〟すなわち放すことをやらせてみれば（箸の持ち方の習熟に）結論が出てくるというのはいい着眼だと思う」と話された。

スプーンを使って食べ物を口に運べるようになるのは一歳すぎ、ほとんどこぼさないで食べられるようになるのは二歳半といわれ、この頃にはスプーンだけでなく箸にもなじませるようにした方がよい。子どものこの時代は模倣の生活で、まわりの人の箸の持ち方を含めた食事に対する姿勢が子どもの箸のマナーを育てていく。このことに無関心の人がいると子どもの興味は育てられない。家族の皆とよい環境で食事をしながら自然に食事のマナーや箸の用い方を覚えるようにすることが、どんなに楽しく身につくかと思われる。手だけでなく、心身の発達に応じた基本的生活習慣を得るには食習慣の確立が基本になる。

箸を用いることができなくても、幼児の身近にいつもいる親たち、保育者たちが伝統的で合理的な箸の持ち方、使い方をしていると、手指の機能が発揮できる条件が整い次第、彼らは箸が使いこなせるようになる。それは、「自分で」服を着脱し、トイレに行くことができるようになる時期とほとんど一致している。これは、基本的生活習慣が身につく頃と箸が持てるようになる時期が一致するということである。特に日々の食事は、命の糧を得、それを感謝するだけでなく、一日の生活の生理的なリズムを身につける機会で、箸が使えるようになることは日常生活の上に願わしい要素を多く持っている。すべて、子どもたちの個人差が尊重されて行なわれることを前提として。

一方、「箸の使用・指導研究会」メンバーの先生方が指摘されたように、すべての指を働かせる伝統的な持ち方は、美しいとか、合理的であるとか、能率的であるといわれ、それが強調されるあまり、「食べる」意義が見失われるのは避けたい。池田弥三郎氏は『私の食物誌』の中で、「箸が持てる」とは正しく二本の箸が持てるということではなくて、料理屋の特殊用語である、(大正、昭和初期の料理屋では)客の食べ残しを客の目の前で折に詰めていわゆるおみおりをつくる、それができる、できないかが、箸が持てる、持てないである、と述べている。こんな機会は料理屋でも減っているが、伝統的な持ち方がそうでない持ち方よりも万能な持ち方であることにはちがいない。

したがって著者らは、伝統的な持ち方を箸の「正しい持ち方」というのに消極的である。正しい持ち方があれば「間違った持ち方」もあるわけで、間違った持ち方で食べているのはいけないことになるからである。箸の持ち方だけでなく価値観が多様化している現在、伝統的といわれる内容にも価値の置き方に変化がある。個人の行動を肯定的に見ながら、箸は手食するときの指の機能を補足する道具で、箸を用いる国共通の伝統的な持ち方があることは理解してもらって、新たな文化が培われていくことを信じている。

第五章　箸と習俗

箸は、神の依《よ》り代《しろ》として神聖視されてきた面がある。日本古来の祭祀に供えられる神饌は、人の手で触れることなく箸を用いて器に盛りつけ、あらためて新しい箸を添えて神前に供えられる。祭祀が終わると、その神の依り代である箸を用いて氏子の手に神饌が分け与えられ、神からのお下がりを食べることで新しい力を体内にいただくという共食の思想がある。

箸は命の糧を運び、そこから健康な生活が得られるという素朴な考え方は、昔から日々の生活の現実的な面と結びついて、縁起の対象になることが多い。

一　「箸」の字と縁起

中国で箸の意味に用いられている字は、「箸」「梜」「筴」「筯」「筷子」「快」などがある。現在は「筷子」が一般的に使われているが、最も古くから用いられてきたのは「箸」の字である。

戦国時代の書である『韓非子』に殷の紂王が「象（牙の）箸」を作らせたとあるのが「箸」の字が文献に現われた最初のようである。また同時代の『荀子』解蔽篇に、「山上の大木も麓から見ると箸のように小さく見える」とあって、その時代には箸が譬えに使われるくらい一般に用いられていたことがわかる。

「箸」の字は竹冠であるところから、初めて用いられた箸は竹製であったと考えられている。『礼記』には「黍を飯《はん》する（食べる）に箸を以ってすることなかれ」と「羹の菜あるものは梜を用い」というように、「箸（zhù）」のほかに「梜（xiá）」の字も用いられている。「梜」は木篇に「挟む」という箸の機能を示す旁《つくり》になっている。したがって木製の箸も用いられていたことが想像される。

湖北省の曾侯乙墓の副葬品である食具箱のなかにある竹製のピンセット状に折り曲げた食具は「竹筴」と記録されている。「筴」はピンセット状をした食べ物をはさむ道具のことである。「筴」を日本では「はし」と読む場合もみられる。「夾」は人が両脇から人に挟まれている形の字で、箸やピンセット状の道具の機能を示す字である。

箸、梜や筴の他に「筯（zhù）」も使われる。これは、中国では「箸」の異字とされ、八世紀の詩人杜甫《とほ》の詩には箸に「筯」がもっぱら使われている。日本では、道元が修行僧の心得として著した『赴粥飯法《ふしゆくはんぽう》』の中に禅僧の用いる匙と箸を納めた袋を「匙筯袋」と書いている。道元が中国で修行した頃（一二二三～一二二七年）は「筯」の字が用いられていたためかも知れない。

後漢の字書『説文解字』によれば、「箸」は「飯攲也从竹者声」となっていて、

箸は食事をする道具で、竹で作り、者は発音である

と一般に解釈されている。現代の『中日大辞典』を見ると、「者」の発音はzhěで、「箸」の発音はzhùである。箸の発音はむしろ「竹」の発音zhúと似ている。

竹冠の下の「者」について、『説文解字』の「箸」の注釈には、

……また〈者〉には物を分別する、分けるの意味があり、〈渚〉の字が水と陸の分かれ目を示しているように箸の字は食べ物を分ける意味ももっている。箸のことを〈筯〉とか〈著〉と書くことはいず

れも誤字である。竹冠の〈箸〉を草冠の〈著〉と間違えやすいのは発音が同じであることと、漢時代になって隷《れい》書で書くようになり、篆《てん》書では区別できた竹冠と草冠がまぎらわしくなったからである。そのために本来〈著〉の意味の所に〈箸〉と書かれた例も多々ある。正しく〈箸〉と書くように……とある。箸の字の「者」には「分ける」という箸の機能も含まれていると思われる。そして、「箸」の字から「著」の字が生まれ、著の略字が「着」にまでなり、現在ではそれぞれの字が関連した意味をもちつつ独立して使われている。

現在の中国でもっぱら使われているのは「筷子」である。「筷子」が使われるようになった事情については明の陸容の『菽園《しゅくえん》雑記』の中で次のように記されている。

> 船の運行のように、「住（とどまる）」を嫌い、「翻（ひっくりかえる）」を嫌い、（そこで住と発音の同じ）「箸」を「快児《クアイル》」とし、（やはり翻と発音の同じ）「幡布《ファンプ》」を「抹布《モップ》」に（読み替え）する。……
>
> （（ ）内、著者）

すなわち、宋、元の頃（一三〜一四世紀）に華中の呉の船頭たちが、箸の発音が「住（zhù）、佇（zhù）」と共通しているので、船が一カ所に留まるのを嫌って、「佇」と同じ発音の「箸」を使わないで「快児（kuaier）」と改めた。「快」は「速い」の意で、「児」は「子」と同じ名詞語尾につけ「小さい、愛らしい」ことを示している。こうして、船の航行が滞りないようにという願いから「箸」を「快児」とよぶようになり、後に「筷子（kuaizi）」の字が当てられるようになったといわれる。清の曹雪芹の『紅楼夢』（一八世紀）には「箸」と「快子（原文）」が同時に使われている。「快子」は、「快児」から「筷子」への移行中の使われ方であると思われる。

中国や韓国では娘が嫁ぐときに筷子を持たせる風習がある。「筷」は「快」からきているから、吉兆として、早く子宝に恵まれますようにという祈りがこめられている。
日本でも結婚の祝いに「夫婦箸」を贈る風習がある。箸と食は切り離せないので、安定した生活が送れますようにという祈りを贈ると同時に、箸が二本で役立つように、夫婦二人寄り添って新家庭を築いてほしいとの願いもこめられていると思われる。
日本での箸の字の変遷はどうであったかというと、次のように整理できる。

『新撰字鏡』（八九八～九〇一年）
竹部、筴……箸也。（筴は占いにも用いる）
箸……飯器である。（享和本には）二字波志
鉗……加奈波志である。

『倭名類聚鈔《わみょうるいじゅうしょう》』（九三一～三八年）
厨膳具、箸：唐では筯とし、遅倨と発音、和名は波之。……また箸と書く。一名扶提（手で支え持つ意。草書で挟提と読める字もある。挟み持つ意）。

『類聚名義抄』（平安末期）
竹の部、筯箸：（箸の発音は）上又は助、箸（のこと）。「筴」に「ハシ」と振り仮名がある。

『伊呂波字類抄』（一一五〇年頃）
波の部、雑物：箸、ハシ、筯

『運歩色葉集』（一五九〇年頃）
葉の項、「匕箸」と「筷」に「ハシ」と振り仮名がある。

『和漢三才図会』（一七一二年）

庖厨具の部、箸：音は住、筯も発音は住で箸と同じ。扶提。和名は波之。物を啄む鳥の觜の如く、物を取るのに箸で行なう……。昔は竹で箸を作ったが、近頃は諸木や象牙を使う。筯＝箸用には桑や槐《えんじゅ》がよく、杉檜が次ぎ、椹《さわら》は臭気があるので不適。竹箸には多く漆を塗る。およそ異国人は匙を用いるが本朝人は匙は用いず箸だけを用いる。

『東雅』（一七一九年）

器用編、箸をハシというのは觜《くちばし》からきている、其の食を取るのに鳥嘴のようであるからそういう。又、ハシとは端のことである、古には細く削った竹の中ほどを折屈《かが》めて、其端と端と向かい合せて食を取ったのでこのように名づけた……（日本古来の箸は一条の木か竹をピンセット状に折屈めたものであるという説の根拠になっている）

『倭訓栞《わくんのしおり》』（一八八七年）

波の部、はし、箸も食する橋である。よって御箸の渡るという辞がある……、今も大嘗会《だいじょうえ》の箸、昔の貴族の箸も竹の箸を用いたことが文献にある。中世には親王や大臣でなければ白箸（白い柳箸）は用いなかったという。後世、漆箸があるのに（漆箸を使わないで）文正の頃（一四六六年頃）の奢りには金を延べたり、沈香木を削って箸に用い、今では民間でも象牙や骨咄犀《ウニコル》の角（伸びた下顎歯）を使うまでになってしまった驕奢の行き過ぎは心配である。

『言海』（一八九一年）

箸：食トロトノ橋ノ意。或ハ、間《ハシ》ニ挟メバ云フカ。……二本ヲ合ハセテ、指ノ間ニ持チテ用ヰル。

日本の辞書には「箸」の他に、中国で用いられていた「筴」や「筯」また「筷」の字があり、発音は箸を「上、助あるいは住」としているのに、和名はいずれも「はし」で、仮名が現われるまでは「波志」または「波之」で示されている。これは漢字の「箸」が入る前にすでに「はし」があったことを示すものと思われる。一四世紀以降、中国では「箸」の字よりも縁起の良い「筷子」が広く使われるようになったが、日本では、中国でもっとも古くから使われている「箸」の字を「はし」と発音して現在にいたっている。

日本古来の箸は、現在のような二本一組の箸ではなくて、細い竹切れをその中ほどより折屈めて、両端が広がらないように途中を紐で留めてから、鳥がくちばしで餌を啄《ついば》むような形で使っていたという説がある。このピンセット状の箸は中国では竹筴と呼ばれ、すでに湖北省曾侯乙墓（紀元前四三三年）の発掘品の食具箱から出ていて、小皿へ食物を取り分ける取箸用といわれている。また、正倉院御物にある鉗は金属製のピンセット状のもので、大陸より金属製の匙や箸とともに献じられたものであることから、ピンセット状の箸が日本古来のものであったという確証ははなはだ少ない。

竹を折屈めて作る加工度の高い箸よりも、適当な木の枝や木切れを削ってすぐに使うことのできる二本の箸の方が用いられていた可能性は高い。二本の箸は「唐箸」といい日本古来の箸ではないといわれていたが、この「唐」は中国や朝鮮からもたらされた「舶来の」という意味で、外来の金属製の箸を「唐箸」とよんだのではないかと考えられる。

わが国では食事用の箸を「はし」とよび、漢字の「箸」の字を用いるようになっても発音は「波志」であった。この「はし」の語源について、「鳥のくちばし」のハシ、「物の端」のハシ、「あちらの物をこちらに渡す橋」のハシ、また、「神霊の宿る小さな柱」の意をとってハシというとする説もある。ちなみに古語では「愛らしい」とか「いとおしい」ことを「愛し（はし）」と発音する。日々用いる小さな愛らしい箸の発音と通じるのは、偶然であろうか。

食事に箸と匙を同時に用いる韓国では、通常、匙箸（スジョ）といい、匙（スッガラ）を先に、箸（ジョッガラ）を後にする。ガラは接尾語で、ジョの発音は箸の中国の発音（zhù）からきていると考えられる。

二 祝箸

奈良時代から朝廷で行なわれた節会《せちえ》に使用する箸は、日常の箸とは別に新たに檜や杉などの清い木を切って作って祝った。正月の祝箸に使われる柳は立春の後、真っ先に芽吹くめでたい木ということで祝箸に適している。柳は挿し木してもすぐ根がつき、芽を萌え出す生命力の強い木である。弘法大師や親鸞上人が食事に使用された削り箸を土にさされたところ、箸が生長して大きな樹になったという伝説は信憑性がある。

正月には、柳の両口丸箸を奉書に包み、水引をかけて祝いの膳にのせる。現在では水引を印刷した箸袋に入っている。箸紙（袋）には用いる人の名を墨書し、三が日の雑煮を祝う。平常用いる自分の箸が決まっていても、年の初めには神と共食するという古来の風習により、この祝箸で気持ちも新たに、新年のお節料理を食べることになっている。正月の箸が両口丸箸になったのは足利六代将軍義教（一三九四～一四四一年）が従臣の赤松満祐に殺されたため、一八歳の長男義勝が七代目を継いだが、翌年五月雑煮の箸が折れ、その秋に落馬して亡くなった。このようなことがあってから八代目の将軍義政（一四三六～九〇年）には特に太い箸を作らせ、材質も折れにくい柳を使い、箸の両端は細く、中央は太くして力学的にも丈夫にしたのが正月用の柳箸の形になったといわれている。

兵庫県赤穂市では祝箸には「細《ほそお》うに、長《なごお》うに」という長寿の願いがこめられていて、箸袋に個人の名を書き入れ、取箸の袋には「松竹梅」と書く。

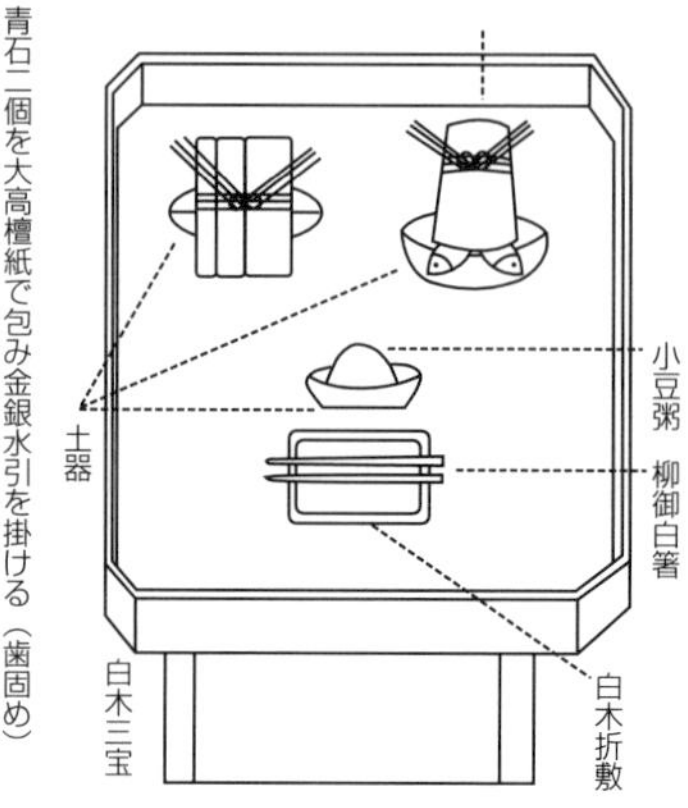

5－1　御箸初式御祝御膳（箸勝）

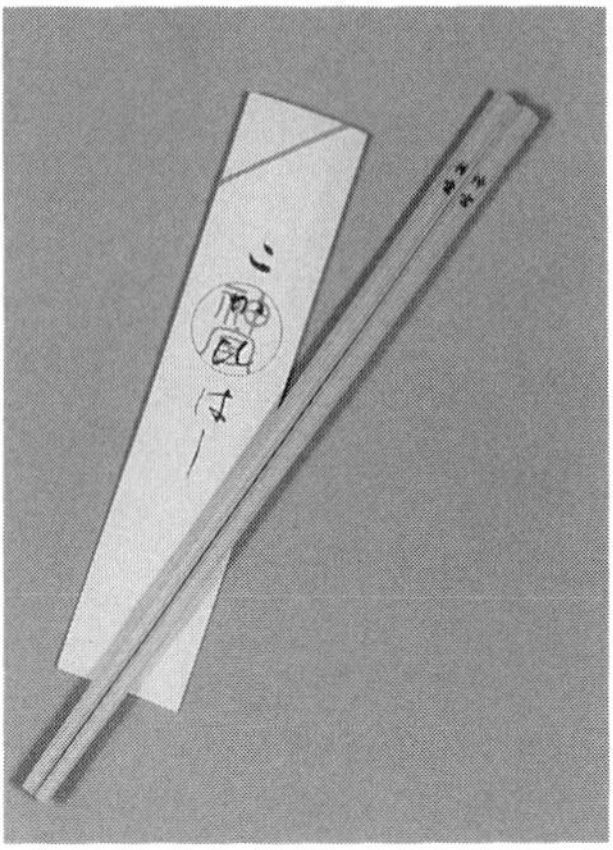

5－2　こがい箸（春蚕をつまむ箸でお箸初に用いる）
（伊勢神宮学芸員 井上和子氏提供）

高知県室戸市では元日の朝、正月の祝いに膳の手前と向こうとに祝箸をつける。祝箸を二膳つけるのは、正月に神と共に食するという共食のしるしといわれる。

人生で最初に箸を使うのはお箸初《はしぞめ》式（お食初《くいぞ》め）のお祝いの時である。お箸初式は、生まれて百日または百二十日目に行なわれる。乳児の生後三から四カ月ともなれば、重い頭が支えられるようになり、乳歯が生える兆しが見え、乳汁以外の食品に関心を示すようになる。この時期に図5－1のようにお膳を作り、これまでに成長したことと今後の健康を祝う行事として伝承されている。この膳には一五センチほどの柳の祝箸をそえ、形だけでも箸で食物を口にあてて祝う。

奈良東大寺二月堂の「お水取り」は、天平勝宝四年（七五二）大仏開眼供養が行なわれた年から現在まで続けられている東大寺最大の行事である。二月堂の本尊である十一面観音に罪業を懺悔して天下泰平、五穀豊穣などを祈願するための法会で、修二会《しゅにえ》と呼ばれる。一一人の練行衆《れんぎょうしゅう》が行法一四日間、一歩も外に出ないで修行につとめる。その練行衆に一日一回食堂《じきどう》の中で正食《せいじき》が供される。この正食の膳には大きな根来《ねごろ》塗りの鉢に入った米飯と味噌汁と煮物と香の物が並べられ、長さ三六センチの中太両細の柳箸が配される。この柳箸は毎回食事のたびに新しいものを用いる。

朝鮮通信使節が一七一九年（享保四）八代将軍吉宗襲名の祝いに来日した時に、小田原城で受けた饗応について記した中に「飲食に漆器を用ふ、尊所に土器を用ふ、一たび用ひて即ち棄つ、筯（箸）あり、匙なし」とある。膳には一膳の箸がそえられているが、土器と同様に一回限りで捨てられたのであろう。朝鮮通信使の母国ではおそらく金属製の食器と箸で食事をし、それらを捨てることなど思いもよらないことであった。

以上のように一度用いた素木の削り箸は、祝箸はなおさらのこと、その食事一回限りで終えられるのであった。

三　箸　置

箸を置く台として最初にみられるのは、粘土をこねて円形にのばし、向かいあった縁を指で軽く挟んで立てるようにして焼いた、耳かわらけ（耳皿）である。この耳皿に脚がついた形のものは御箸台といって伊勢神宮の神饌の器具の中にある。

一方、『宇津保《うつほ》物語』（平安中期の物語）「忠《ただ》こそ」に、五月五日の節供に、物語の主人公仲忠の父大臣が仲忠の継母のもとに訪ねてこないので、継母は、忠君（仲忠）の御前にいらっしゃって、小さい菖蒲に歌を詠んだのを付けて、箸の台に置かれた。その歌は

けふだにも　あふと忘らなん　あやめ草　なみだの河の　深き渚に

また、『紫式部日記』（一〇〇九年頃）には、中宮彰子の道長邸での産前産後の様子が記された中に、皇子敦成親王の生後五〇日を祝う「五十日《いか》の祝い」に、

……小さい御台（料理を並べる台）や御皿など、御箸の台、州濱《すはま》（慶事に州浜の景色になぞらえて肴など飾り盛った台）なども、まるで雛遊びの道具を見るよう（にかわいい）……

とあるように、平安時代には貴族の食膳に「箸の台」が使われていたことがわかる。その形は耳かわらけではなくて、伝言の和歌を載せておけるほどの広さのある馬頭盤であった。

『厨事類記』（一二九五年頃）には鶴などを飾りつけた箸の台や馬頭盤がでてくるが、前者は祝儀用に用いられ（図5－3）、後者は正御（天皇の膳）や宮中貴族の節会の際に用いられている（図5－4）。馬頭盤は箸と匙をのせる大きさで、長さ八寸四分～一尺二寸位（二五・五センチ～三六・四センチ）、幅四～五寸（一二・一～一五・二センチ）のもので低い脚がついている。馬頭盤には銀製のものや朱塗りの木製のものがある。当時の食事は箸と匙が用いられ、匙は汁物のほかに主として飯をすくうのに使用したといわれる。馬頭盤は盤の形が細長く馬の頭の形のようにみえるのでこのような呼び方をしている。中国の『唐書』に「（八〇〇年頃）皇帝より鴻臚《こうろ》少卿に銀細工をした馬頭盤二つを賜った」とあるので、奈良、平安時代にみられる馬頭盤は中国から伝わって来たものと思われる。

『貞丈雑記』（伊勢貞丈が一七六三から八四年にかけて書きためた。一八四三年刊）に、

箸の台というのは、みみかわらけの事である、七五三などの膳、すべて正式の膳には、必ずみみかわらけに箸を置くのである。

とある。耳かわらけは箸置の原形である。

現在の日常生活では、箸先が膳にふれない程度の小型の箸置が使われている。陶製のものが多くみられるが、他に、木や竹製、ガラスや玉製のものもあり、あらゆる材質の工芸性豊かな箸置がみられる（図5-5）。

箸置の役割は、箸を取り上げやすいこと、使っている時、箸先を膳にふれないようにすることにある。茶懐石で折敷《おしき》を使う場合は箸置は使わない。はじめ、折敷の右縁に箸頭をかけて出し、食事中は箸頭あるいは箸先を折敷の端にわずかにかけて箸置の代わりにする。箸頭を膳の右縁にかけるか、箸先を左縁にかけるかは茶道の流儀により異なる。いずれの流儀も、食事が終わると箸先を懐紙で清めてから箸頭を膳の

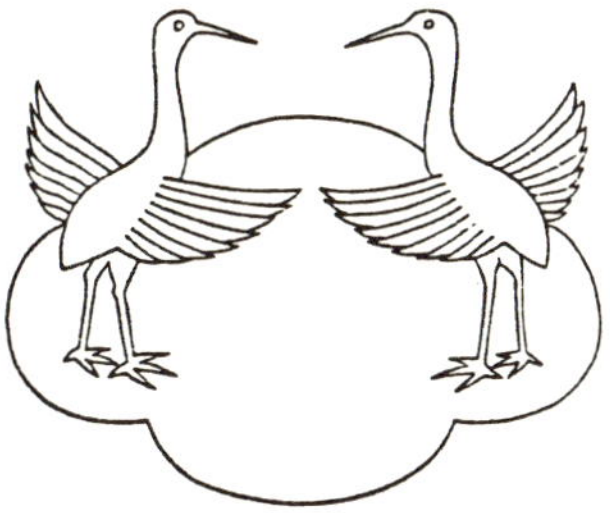

5-3　箸台（箸を鶴の羽の上に置く）

5-4　台盤の上に置かれた馬頭盤（京都御所）

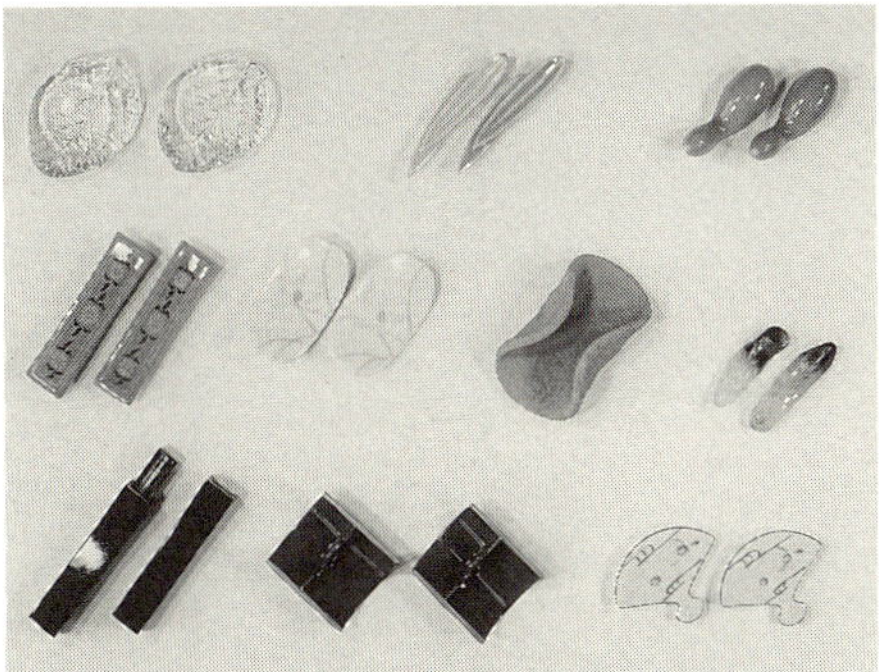

5-5　箸置（中段右より二つめは「耳かわらけ」）

右縁にかけ、一座の客全員で一斉に箸頭を右手で押して箸を膳の中に落とし、その音で亭主に食事の終わったことを告げる。

四 箸袋

平安時代の宮中の女官たちが自分の着物の端布で箸を入れる袋を作ったのが箸袋の始まりといわれている。袋の形も単なる袋状のものだけでなく、熨斗《のし》、矢羽根、鳥の羽根の形など女性らしい工夫が施されていた。江戸時代のものには、配色のよい布を形よくはぎ合わせて現在でも通用するような斬新なデザインのものがある（図5－6）。布の他に和紙を袋にして箸袋に仕立てたものが現在でもみられる。本膳料理が完成した室町時代になると、料亭などは祝いの膳に箸を箸紙で包んで出すようになり、これが一般に普及したのは江戸時代の末期とされる。

江戸時代の『料理通四編』の「普茶卓子略式心得《ふちゃしっぽく》」に、

箸を牙筋《がちょ》といふ、箸紙に差て細き朱唐紙《しゅからかみ》にてまき、福禄寿などの目出度い文字をかく

とある。牙筋とは象牙の箸のことで、白い紙に包み、中程を細い朱唐紙で巻き、めでたい文字を入れたりしたようである。同様に、『八仙卓讌式記《はっせんたくえん》』（『八遷卓燕式記』とも。中国人呉成充が山西金右衛門をもてなした式。八仙卓はしっぽく台のこと。一七六一年刊）にも、「象牙の箸を白い箸紙に包み、中を朱紙で巻き、箸の先を銀で張って」膳にそえたことが書かれている。箸紙は奉書のような水分を吸いやすい白紙を用い、長さ三八センチ、幅一八センチ位の紙を三つ折りにした中に箸を入れ両端を折る。この箸紙は盃の縁をふいたり、口をふいたりして、ナプキンの役目までもたせるような使い方であった。

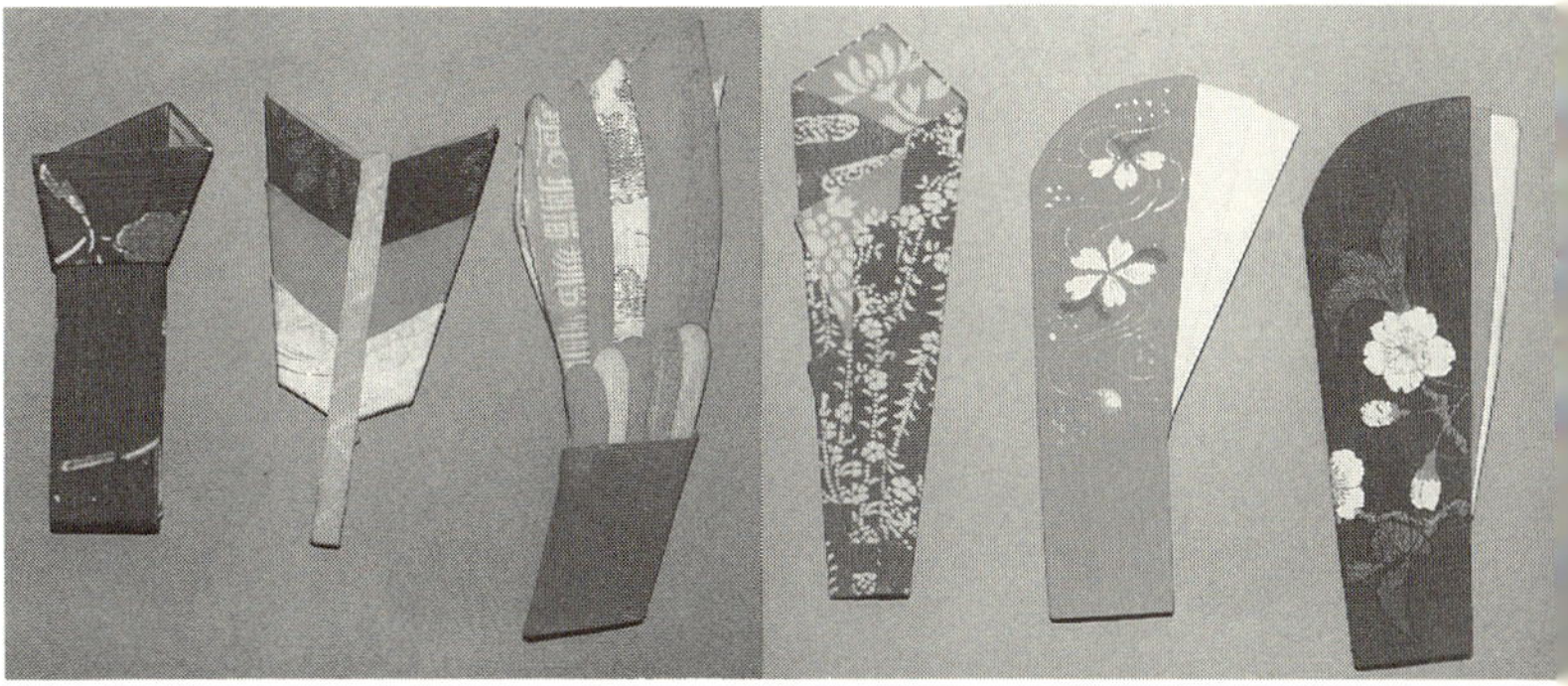

5－6　江戸時代の箸袋（京都じゅらく染色資料館蔵）

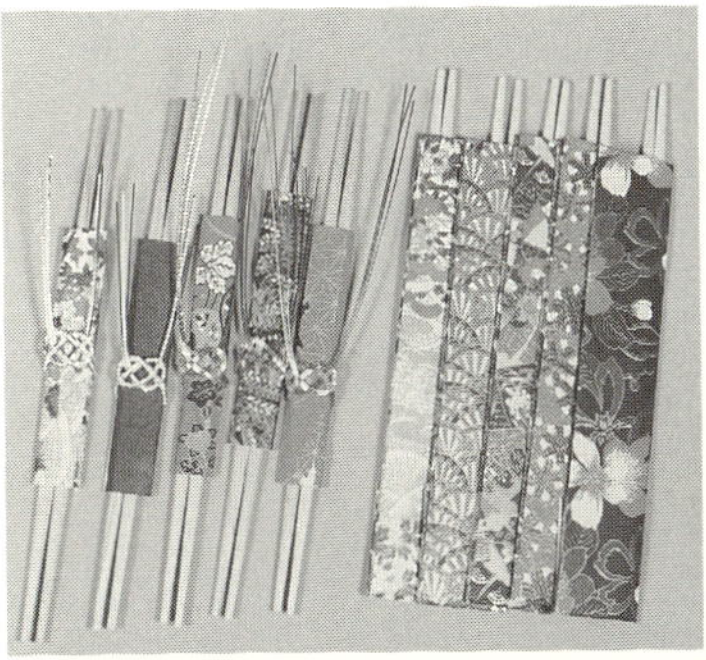

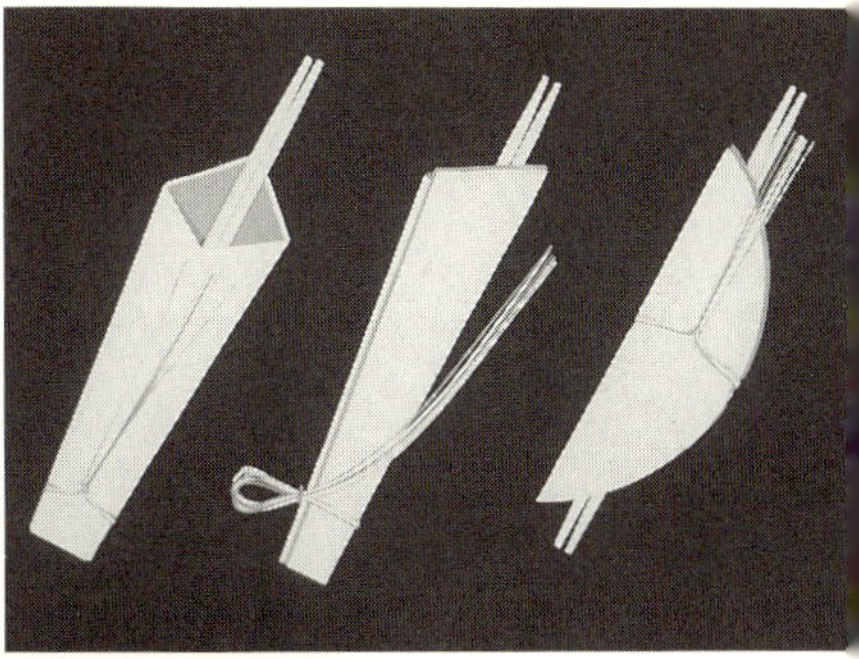

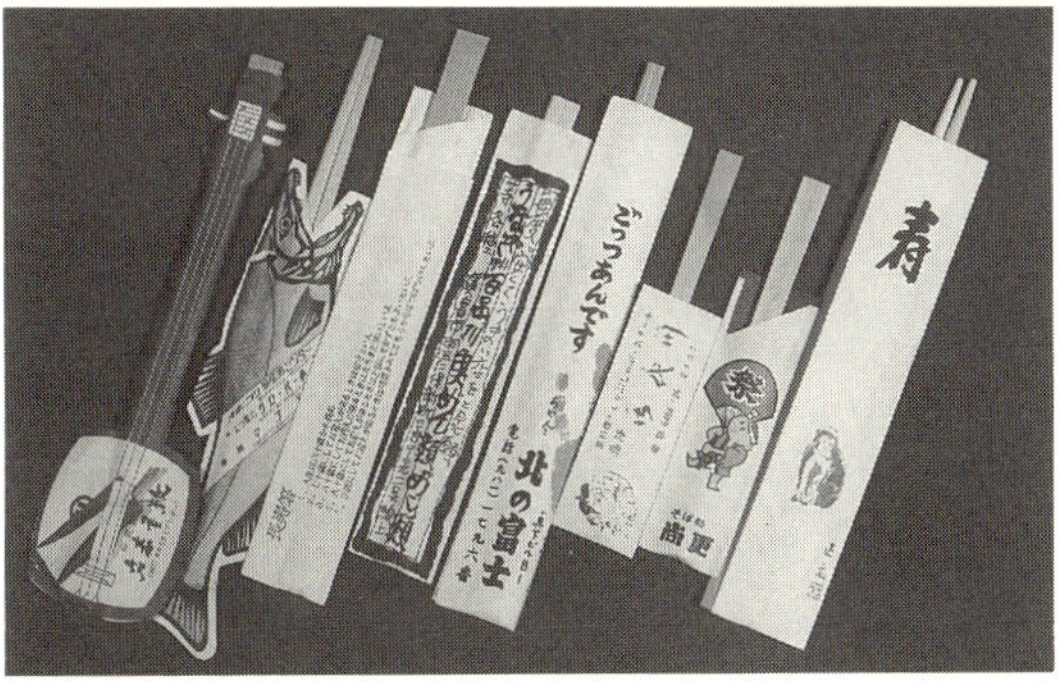

5－7　現代の箸袋
（長谷川次郎氏提供）

『堀川後度狂歌集一』（文政年間、一八一八―一八三〇）春　正月には、

箸紙の　かみよの春や　元日に　祝ふざふ《雑煮》にも　杉のにほん紀　萬栄亭亀丸

とある。ここでは柳の箸ではなく杉箸で雑煮を祝ったとみえる。

現在の箸袋はこの箸紙が変化してきたものと考えられる（図5－7）。祝膳の箸紙は白色紙の内側に赤色紙を重ねて用いる場合もあり、水引をかける。正月に用いる箸紙（箸袋）には「寿」の字を入れたり、金銀や紅白の水引のあるもの、松竹梅のデザインのあるものがあり、それぞれ家族の名を入れて正月三が日間用いられる。

割箸の箸袋には季節の草花の絵を描いたり、小さな折り紙の意匠をあしらったり、和歌を書き込むなど自由に趣向がこらされる。箸を包むのは単に衛生的であるというだけでなく、食事を供する側のもてなしの気持ちのあらわれといえる。一回限りしか使わない箸袋に意匠をこらすことは人間性の豊かさを示すものので、料理店の電話番号入りの広告代わりになっているのもあるが、誰に用いられるかわからない割箸を通して一期一会の料理の席への心入れが感じられる。名古屋市中区に「箸袋趣味の会」があり、定期的に小冊子を刊行したり、研究会を持ったりしている。

五　匙筋袋

道元禅師（一二〇〇～五三年）は禅宗の僧たちの食事のために、『典座《てんぞ》教訓』で食事を作る人の心構えを教え、『赴粥飯法《ふしゆくはんぽう》』で食事を喫する人の心構えについて述べている。食事を、ただ単に食物をとるだけのものとみなさないで、食事をする場が心身を養い育てる大切な場であるということを考え、食物を作る者

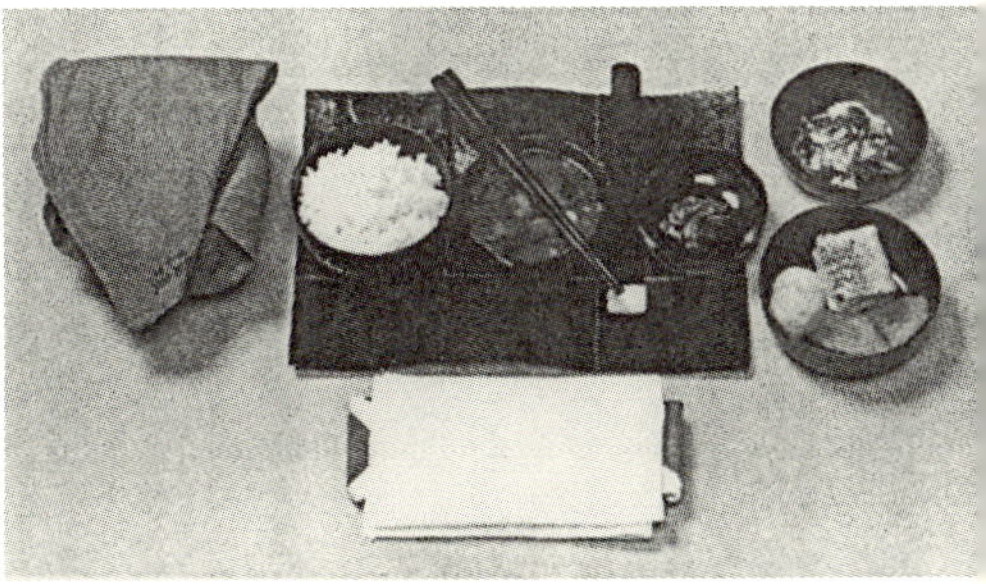

5－8　曹洞宗永平寺の雲水の薬石（夕食）

5－9　韓国の匙筯袋

とそれを食べる者とが一体となって心の通いあうものになることを説いている。両書によって食事に対する精神を教えていて、日本料理作法の原典ともいうことができる。その中に「匙筯《しじょ》袋《たい》」の用い方について指示されている。

匙筯袋には、匙、箸と鉢刷《はっせつ》(筯と同じ長さの木製漆塗りの薄い板で、先に布が縫いつけてあり、食後の器を拭くもの)が入っていて、僧の食事用具を包む袱紗《ふくさ》の中に、各自の一揃の食器、すなわち頭鉢《ずはつ》（鉢）と鐼子《くんす》（椀、大きさの順に入れ子になっている）、および鉢拭《はっしき》（布巾《ふきん》）などと一緒に包まれている。袱紗の結びを解き、布巾を取り出してたたんだ上に置く。浄巾《じょうきん》をひろげて膝をおおう。鉢単《はったん》（膳用の敷物）の上に頭鉢を左側に置き、小さい鐼子を右端にして順に並べる。それから匙筯袋を開いてまず筯（箸）を取り出し、ついで匙を出して箸の手前におく。鉢刷は鐼子の間におく。頭鉢には粥や飯を盛り、椀には汁や菜を入れる。飯、汁は匙で、菜は箸で食べる。

食後、鉢刷でまず頭鉢を洗い、次に匙箸を頭鐼（一番大きな鐼子）の中で洗い、布巾で拭く。匙筯袋に、とり出した時と逆に匙を先に収め次に箸を収める。鐼子を順に洗って、布巾で拭き重ねる。鉢刷は最後に拭いて匙筯袋に収める。

「匙筯袋」は禅宗の修行僧の用いる物であるため、現在の日本ではほとんど見ることがなくなったが、曹洞宗永平寺の大本山では現在も使われている。図5-8は永平寺の雲水の日常食である。小食《しょうじき》（朝食）、斎《とき》（昼食）、菜石《さいせき》（夕食）の食事も修行の一つで、食事の作法は威儀正しく行なわれる。

朝鮮半島では、結婚する娘に親が持たせる「匙箸袋」がある。「匙箸袋」には不老長寿の願いをこめて、日輪、雲、山、岩、川（水）、松、不老草、鶴、亀、霊鹿など十長生（十種の長寿の象徴）を、幸せを願って、寿、福、康寧（健康）、攸《ゆう》好徳（すべてのことを徳義的にする）、考終命（長寿を保ち安楽に死ぬこと）の五福の字を、また、男子が授かり家が栄えるようにとの願いをこめて「富貴多男」、「子孫昌盛」などの文字を刺繍して、夫婦用を作りペアで持たせる（図5-9）。

六　箸と膳

人間が食べ物を食べるのに配膳のような形式ができる前には、現在でも南太平洋の島々で郷土料理とか、祭りなどの特殊な時に、バナナの葉やココヤシの葉をさいて編んだ食器の中にご馳走を入れて周囲から取り分けて食べているように、古代の自然食時代の食事は、木の葉を敷いた上に食べ物を置き、その周囲に座った人たちが自由にそれを取って食べていた。やがて食物を器に盛るようになり、最初は植物の葉や木片、貝殻などを利用したのである。

縄文時代には、竹籠に漆を塗った籃胎《らんたい》の籠が出ているし、また、たき火のすんだ後の下の土が硬くなっているのに気がついたのが始まりといわれる土器が焼かれ（長崎県泉福寺洞穴出土の一万二〇〇〇年前の土器が世界最古とされる）、さまざまな形の食器が工夫されるようになった。縄文末期から弥生時代になると、農耕を中心に生活が営まれ、土器に木の葉を重ね敷いた上に収穫した食物を載せ、神に供えて豊作を願う祭りが行なわれるようになり、古墳時代には、さらに、用途に合った素材や形の異なる食器が作られるようになる。

『万葉集』に「家にあれば笥《け》に盛る飯を草枕旅にしあれば椎の葉に盛る」と詠まれているように、最初は木の葉など加工しない材料を食器に使ったが、やがて笥のように専用の食器が使われるようになる。これらの食器は、『延喜式』の「神祇」、「内匠寮」、「大膳」、「大炊寮」や「内膳司」にあるように、高盤、台盤、案などに配して供されるようになる。『延喜式』には「膳」も出ているが、膳は料理そのものを指していて、料理人を膳部《かしわで》としている。

膳の出現

『魏志倭人伝』に「食飲籩豆《へんとう》手食す」と記されているように、三世紀の日本では、食べ物は高坏などに盛って手で食べていた。この時代の土器や木製の盤や高坏は数多くみられ、弥生時代の遺跡とされる静岡県田方郡韮山町の山木遺跡からは、杉製の多数の食器類が出土していて、その中に長さ七六センチ、幅四〇センチの平らな台がある。高さ八センチの脚が四個ついており、縁が少し高く食器を置く台ではないかとされ、このような台の出現は膳の原形と考えられる。このことから、七世紀の『隋書倭国伝』に、日本の風俗について「俗に盤俎《ばんそ》無く、槲《かしわ》の葉をもって敷く」とあって、盤俎すなわち食物を載せる台が無く槲の葉を敷いていると記載されているのは、当時の風俗の一部の見聞を記したのであって、盤俎がまったくなかったとはいえない。

奈良時代になると平城宮からは、当時の生活を示す多数の出土品がある。樋口清之氏はこれらから当時の食膳を復元した（図5－10、11）。下級官人は脚の低い台に、貴族は脚の高い食台に高坏や皿をのせている。この時代は唐の文化を急激に吸収した時代で、卓上には唐菓子など唐様風の料理もあり、下級官人は木の箸と匙を、そして貴人の食台には青銅の箸と匙を使ったと推定されている。

平安時代には、唐の食事様式から導入された机形式の台盤が天皇の食事や宮中の宴会に用いられるようになった。台盤はいくつも連ねると複数の人が同時に席につくことができる。『厨事類記　第一』（一二九五年）の御臺居様の食事の台盤には四種器（四種の調味料＝酒、酢、塩、醤）の側に、馬頭盤に載せた二組の箸と匙がそえられている（図5－12）。台盤は高さがあるので床子《しょうじ》（脚付き座台）に座して召し上がる。

5－10　奈良時代下級官人の食膳（樋口清之氏復元）

5－11　奈良時代貴族の食膳（樋口清之氏復元）

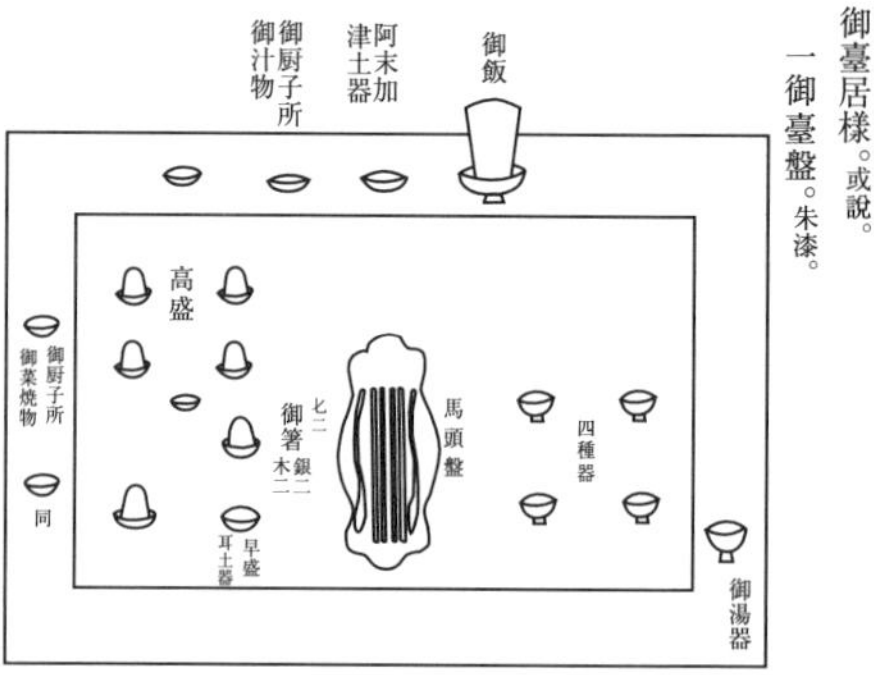

5－12　台盤と箸匙をのせた馬頭盤

そして、新年三が日の天皇の御膳である「供御脇御歯固六本定」にある角高坏では、耳かわらけに二膳の箸があり、白と注されているので柳の白箸かと思われる。関白右大臣東三条移御の御膳は、丸高坏で、第一の高坏に四種器と耳かわらけに載せた箸と匙一組が置かれている。高坏の面は平になり、菜は食器に入れて高坏に並べられている。高坏は食物を盛る器でもあったが、膳として用いられるようになったのである。平安末期の『年中行事絵巻』の正月一八日に行なわれた「賭弓の宴」には、当日、射手になった人たち一人ずつに白木の角形の膳が出されている。全員莫蓙に座していて、箸の有無ははっきりしない。当時の庶民は『病草紙』(図2-5参照)にあるように脚のない折敷のような板を使っていた。

一人用の膳

鎌倉時代に入ると台盤は用いられなくなり、一人用の膳が発達し、膳上に箸をそえるようになるので、一般に箸を一膳、二膳と数えるようになった。箸を数えるのに『延喜式』では銀や白銅の箸は、一具、二具とよんでいて、箸用の竹の単位は株になっている。『厨事類記』では、銀箸でも木箸でも一双、二双、と数え、「箸廿前」と記されたところもある。

この時代になると、台盤や高坏の代わりに折敷や衝重《ついがさね》のような膳に配した料理を箸で食事する様式がととのい、低い位置にある膳上の食べ物を座した位置で口まで運ぶために、器を持ち上げて食べるのが日本料理の作法になったのである。

平安時代の台盤から高坏へ料理を配する食事様式は、室町時代において、武家社会がその格式を重んじながら本膳料理へと整えられていき、これが膳の普及につながっている。江戸時代には諸工芸の発達に伴い、膳にも高度に進んだ蒔絵、沈金、金銀螺鈿《らでん》などの意匠が施されるようになった(図5-13)。

5 -13　各種の膳（『守貞謾稿』）

膳は日本の封建身分制度と深いかかわりがある。それぞれ階級によって衝重、懸盤、蝶足膳（女性用）、宗和膳、猫足膳などの膳が使われた。江戸時代では家族の中でも身分的序列が決まっており、庶民の膳の種類は宗和膳か箱膳で、いずれも軽く漆を塗った春慶風の粗末なもので、柿渋を塗ったものも使われている。

図にある箱膳は飯椀、汁椀、小皿と箸一膳を箱の中に入れ、食事のたびに膳の蓋を返してその上に食器をならべ、食事が終わった後は湯を椀に注ぎ、箸で椀の内部をすすいでその湯を飲み、食器をもとどおり箱に納めるものであり、大量の水で食器全体を洗うようなことは月に二、三回しかなかった。たとえば、愛知県のある山村では一日、一五日、二八日と決まっていて、その日にはふんだんに水を掛けて膳椀はもとより鍋についた煤まで掻き落として清浄にしたという。住家の近くに井戸や流れの水が潤沢にあるところでもこの習慣があった。節日にしか膳を洗わないのは、人々の生活の中に神への畏れすなわち、特定の日には清浄にするという精神があったためと思われる。実際には、江戸時代の豪農や商家のように使用人の多いところでは、日本料理では一回の食事に使う個人用の食器の数が多いこともあって、多人数の食器を洗う煩雑さと時間を惜しんだのではないかということも考えられる。

個人用の膳に個人用の食器をおさめることは日本における食器と個人とのつながりを特徴づけるもので、箸や茶碗はそれを使って食事をする一個人に属し、他人に使われるものではなかった。現在、膳は正月や冠婚葬祭など正式の行事以外では使われなくなり、一般に椅子式の食卓で食事をするようになったが、「箸と茶碗」が特定の個人に属する食具であることは変わっていない。

膳は日本固有のものではなくて、中国においては、前漢の馬王堆の発掘品や後漢時代には画像石の宴会の図にみられるように膳（食案）が用いられていた。唐代末期に椅子が用いられるようになり、卓子（食卓）で食事をするので、中国では膳は姿を消し、現在におよんでいる。

朝鮮半島では座食で、膳が使われている。この膳は三〇センチくらいの脚のついた案の形をしていて、日本の膳よりも高さがあり、食器を持ち上げなくても食べ物を口に運ぶことができる。一人用から数人用が基本である。しかし、現在は若い人の間では数人で大きな食卓をかこむ様式が多くなった。家庭では箸、匙と飯椀、スープ椀は各人決まったものを用いる。中国やベトナムでは膳様式はないので箸が個人に属するという習慣はない。

江戸時代に中国より卓袱《しっぽく》料理が入った。これは、配膳にこだわらずに同席した人たちが卓上の好みの料理を自由に取って食する中国風食様式で、長崎を中心に広まったが、それもあまり普及しないで、江戸時代には銘々膳が広く使われた。この時代は封建制が強く、卓袱料理のように、身分の隔てなく同席する食卓様式を受け入れるにはまだ早かったと考えられる。

イエズス会士ルイス・フロイス（第二章第四節参照）は、その『日本覚書』に、「われらの食卓は食べ物の運ばれて来る前から置いてあって、高く、テーブルクロスとナプキンとがある。われらは食事の際に椅子に腰掛け、脚をのばす。彼ら（日本人）の食卓（膳）は、食物と一緒に台所から運ばれてくる漆を塗った大型の盆で、方形で底が浅く、またナプキンもテーブルクロスもない。脚を組んで畳の上か地面に座る」と、彼にとって珍しかった日本人の食卓すなわち膳を説明している。

明治に入り、封建社会が崩れていくと次第に家庭にちゃぶ台が普及して、今までのような身分の違いによる膳の使い分けは次第に廃れていった。ちゃぶ台は膳と異なって各自の食器が同一の卓上に同時に並べられるが、料理は銘々個人用の食器に盛られ、膳上と同様に各個人用の配置がされる。

ちゃぶ台でも膳でも、食事に向かう人の前に横一文字に置かれた箸は、食物をいただく「我」と、食物を与えてくださった「他」、それは神の大きな意志であり、目に見える範囲では、食物の原料関係の生産者や、料理を作り、提供する調理者との境を示し、与えられた料理に感謝する気持ちを新たにさせる。箸は、この「我」と「他」との間の橋渡しをし、命の糧を運ぶ大切な道具であり、その箸を神の依り代と考え、また、使う人の魂の宿るものとして扱われた。箸と日本人とのつながりは格別なものがあったのである。

七　箸と椀

『信貴山縁起絵巻』に、椀と箸を持っている男の子が描かれている（図2－3参照）。また、室町時代の『御伽草子』に一寸法師の話があり、一寸法師が京にのぼる折の交通機関はお椀の舟に箸の櫂であった。平安時代に「御器《ごき》持たぬ乞食《こつじき》」といって、乞食は椀と箸は持つのが当然で、これを持たないのは乞食の資格がないといわれた。江戸時代の川柳集『柳多留』（第三篇）に、長屋で一人住まいをしている人が、やはり一人住まいの隣人と食事をしようとして、

椀と箸　もってきやれと　壁をぶち

といっている。このようにわが国では箸と椀は常に一対なのである。

まず、食べ物を盛る器として最初に使われたのは植物の葉か石皿である。アジアでは現代でも神仏への供物を蓮の葉やバナナの葉などに盛って供え、日常の食事にも使っている。

『日本書紀』巻三、神武天皇の項には、

葉盤八枚を作して、食を盛りて饗ふ。葉盤。これをヒラデといふ

がある。『日本書紀』は養老四年（七二〇）に成立していて、この時代にはすでに木器や土器は用いられているが、神事には葉盤が用いられていることが明らかである。

『延喜式』の大炊寮の「宴会雑給」の条には、身分毎に支給される米の量と食器の別の記載がある。

其の飯器は親王、三位、四位、参議以上は朱漆椀、五位以上は葉椀。命婦三位以上は藺笥《いけ》（藺で編んだ食器）、これに筥（円形の食器）を加える。五位以上の命婦は並陶椀《すえ》、これに盤を加える。大歌《おおうた》、立《たて》歌《うた》、笛工は並《とも》に葉椀。葉椀の場合、五月五日の端午には青柏、七月二五日の相撲の日は荷葉（蓮の葉）、他の節会には干柏を使う。

となっている。一〇世紀ともなれば、漆椀や陶椀があったがその数は少なく、人数の多い身分となると葉椀が用いられた。葉椀は柏（槲）の葉数枚を竹針で刺しとめて、窪手（くぼで、葉椀）あるいは枚手（ひらで、葉盤）が作られた。

自然の植物の葉以外の食器には、土器と木器がある。

土器は、弥生時代には奈良県田原本町の唐古遺跡から出土しているような素焼きの碗や盤が使われていたが、古墳時代には土器よりも高温で焼かれる土師器《はじ》、そして五世紀には大陸伝来の硬質土器の須恵器《すえ》が百済から新漢陶部高貴《いまきのあやのすえつくりこうき》によって伝えられた。それは轆轤《ろくろ》で形を作り、一二〇〇度の高温で焼くので素地が硬く焼きしまり、丈夫なので日本各地で焼かれて上流階級を中心に広まった。また副葬品としても用いられ、豪族は競って窯を築いた。

木製の椀は、弥生時代に大陸から木工用の轆轤と鉄の刃物がもたらされたことにより普及した。広葉樹の木質は木目が美しく、器壁を薄く仕上げても壊れにくい緻密な材質なので、もっぱら椀に用いられ、針葉樹の杉、檜は木目が通って割りやすいので、もっぱら箸に用いられた。奈良時代になると、木材加工用のさらに進んだ轆轤が大陸よりもたらされて、橡《とち》、橅《ぶな》などの良材を使って作る木の椀が専門の木地師によって量産されるようになり、平安時代には漆がかけられ、外側は黒、内側は朱塗りの椀が普及するようになる。これは鎌倉時代に入っても武家の本膳料理の食具として伝えられ、一七世紀には漆器の名産地が日本各地にできて各種の椀が生産されるようになり、現在に至っている。

椀は古くは「まり」ともいっており、それは椀を二つ向かい合わせてできる球形がまり（毬・鞠）の形に似ているところからきている。このサイズは、両掌を合わせてお互いの指の爪先を離さないようにいっぱいに広げた球形に等しく、ちょうど椀を包み込める大きさでもある。正倉院の御物や仏具にみられるような金属製の鋺は「かなまり」と称していた。清少納言の『枕草子』の中には「削氷《けずりひ》の甘葛《あまづら》煎に入りて新しき鋺に入りたる」とあり、この鋺は銀器が似合うように思われる。『今昔物語集』にも三条中納言の食事に、「鋺に入れた水飯（飯を冷水に浸して食べる夏の食物）を……」と書かれているところから、奈良時代以降、貴族や上流社会では鋺がかなり使われていた形跡がある。

このように王朝貴族の間では一時期、中国大陸や朝鮮半島の影響を受けて金属製の鋺が登場しているが、日本では、銅、金、銀の産出よりも木材の利用がかなり盛んであったこと、金属製の食器は熱いものを入れると持ちにくいこと、日本人が金属器よりも温もりのある木器の方を好んだことなどにより、金属の食器は、仏具は別として、涼しい演出に用いられる以外は庶民には伝播しがたく、鎌倉時代を境にして次第に使われなくなっている。

江戸時代中期になって陶磁器の食器が普及するまでは、木椀や漆椀が食器の主流を占めている。『粉河寺縁起絵巻』や『病草紙』にはこれらの椀が描かれている。やがて、蒔絵、沈金、螺鈿など漆の加工技術が進み、芸術的要素が加わり、用と美を兼ね備えた椀や折敷高坏が現われるようになる。漆器は馬の背に乗せて運んでも壊れないので、生産地を遠く離れた場所まで運ばれていた。

釉薬のかかった陶磁器の碗は、中国大陸や朝鮮半島からもたらされ、七二五年に唐の邢州窯の白磁、九三〇年頃に呉越の陶器工場、一〇五五年頃北宋の陶磁工芸や高麗の青磁が始まり、それらの影響を受けつつ、日本では室町時代に入る直前の一三七五年頃、窯業が盛んになり、瀬戸、越前、常滑《とこなめ》、信楽《しがらき》、丹波、備前の六古窯が興って量産ができるようになり、陶磁器が次第に一般に広く使われるようになっていった。

江戸中期以降に陶磁器の食器が普及し、漆器の飯椀に代わって陶磁器の碗や皿が流行するようになる。陶磁器の碗は日本では茶碗と呼ばれ、茶碗は飯茶碗のことで、用途に応じて湯呑茶碗、蒸茶碗というように使っている。中国で茶碗といえばその名のとおり茶用の茶碗のことであるし、飯茶碗は飯碗という。これは、わが国にすでに食事に用いられていた漆器の椀に対して、陶磁器の碗は茶道の茶碗を指していたためと思われる。

椀の大きさは箸と同様に人の手の大きさと関係がある。両手で水を汲むようにくぼませると、その曲線に沿って椀はすっぽり手の中に入る大きさである。秋岡芳夫氏によれば、椀の半球形は片手でおおえる大きさに等しいので扱いやすい、といわれる。『厨事類記』（一二九五年頃）にある漆器椀の寸法は、御飯器の口径は六寸三分〜五寸三分（一八・九〜一五・九センチ）、汁器は御飯器より一回り小さく、五寸〜三寸八分（一五〜一一・四センチ）である。汁器は御飯器より一回り小さいのは、飯椀と汁碗は「四つ椀」といって、飯碗、汁碗、飯椀の蓋、汁碗の蓋と重ねて一組で用いられていたからである。ちなみに箸の長さは八寸七分〜七寸五分（二六・一〜二二・五センチ）となっている。

日本では椀を手に持って食事するので、手の大きさが椀の寸法に影響し、夫婦茶碗や夫婦箸のように寸法に大小があるのは、男性と女性の手のサイズに差があるためである。最近では女性の体格もよくなったが、手のサイズよりもダイエットなどの影響で茶碗は小ぶりになる傾向にある。

椀には糸底がある。これは椀の安定のためだけについているのではない。安定性のためだけならば、糸底がほとんどなくても食卓に置くことができる。糸底は、椀を持ち上げて食事をするのに必要なのである。熱い飯や汁の入った椀を持つには、第一指以外の指を揃えて椀の糸底の下縁を受け、第一指を椀の上縁に軽くあて、上下から椀を軽く挟むように固定する。こうすると食事の間、器の熱は直接手に伝わらない。また奈良の結解《けっけ》料理（奈良東大寺で、秋の収穫後、感謝のために行なわれる精進料理）では、給仕をする人は、客からお代わりのための椀を受け取るときに、椀の糸底をつまむように受け取る。椀の上縁は客の口の触れるところであるから、給仕人の指が触れないようにするためである。結解料理に用いられる根来塗の椀の糸底は高さ三センチ位ある。

朝鮮半島では器を持ち上げて食べるのは不作法とされているし、実際に器が金属製の場合は熱伝導の関係で持ち上げられない。陶器製でも日本の椀よりも大振りで持ち上げて食べるには適さない。したがって、朝鮮半島の食器の糸底は椀の安定を保つためだけの低いものになっている。

椀のように深さのある器から食べ物を食べるのに箸は適した食具であるが、朝鮮半島では深さのある碗から飯や汁を食べるために高麗時代以前の匙の柄は器の形に添って曲線を描いていた。現在の匙の柄はまっすぐになっていて、柄と匙面の角度がほとんどなくても、使いやすい。二〇世紀初頭頃より中国の箸文化の浸透が急速になったモンゴルやチベットをみると、モンゴルでは普段木椀を持っているが、麵を食べるとき以外はほとんど手食である。チベットの上流階級では中国の影響が強く、箸と椀がセットで使われているが、庶民の多くは手食である。石毛直道氏によれば、チベットではそばを食べるときも〝手〟だそうである。手食のインドでは金属製の丸盆ターリーに、飯と金属製の小鋺カトゥーリにいろいろなカレーを入れて並べ、箸でなくて指で小鋺からカレーを取り、ターリー上で飯と混ぜ合わせて食べる。

ナイフ・フォークを使う国は料理を盛るのに浅い皿を用いる。深さのある食器から日本人が箸を使って食事をする様子を初めて見た外国人は「小鳥が木の実をついばむように食べる」といったのである。ルイス・フロイス（第二章四節参照）は、「われらはスープがなくとも食事はできるが、日本人は汁がなければ食事ができない。われらの食器は錫または銀製である。日本人のそれは、漆塗りの木製で、赤か、さもなくば黒い色をしている」といっている。当時は、漆器の椀に盛った飯と味噌汁が代表的な食事で、小鳥が木の実をついばむように箸で食べていたのである。

八　箸と行事

古代において、食べ物を得るということはどれだけ大変であったか、特に年に一度しか収穫できない稲作は、天候や天災に左右されることが多く、その年の豊作を願って神に祈り、収穫にあたってはこれを感謝する行事がどこでも行なわれていた。農事暦による年間のこれらの行事で神へのお供えには箸が添えられる。祭りが終わると神の霊力の宿ったその箸からお供えのお下がりをいただいて健やかに暮らす生命力をいただくのである。古い言い伝えや行事には箸と生活のさまざまな関わり合いがみられる。

小正月

『荊楚《けいそ》歳時記』(中国の楚〔湖北・湖南地方〕の年中行事を記した六世紀の書)に、「正月一五日には豆糜《ドウミ》(豆の粥)を作って蚕神を祭る」とある。旧暦の正月中頃(新暦では二月一八、九日頃)は二十四節気の雨水にあたり、氷が融け、農作の準備が始まる時期である。中国では元宵節《ユアンシャオチエ》といって一年の最初の満月を祝う日(道教の三元説の上元に当たる日、ちなみに七月一五日頃が中元、一〇月一五日が下元)でもあり、「元宵」という糯米粉の団子を作って祝い、豊作を祈る。そして、正月に迎え共に新年を祝った祖霊を送る。

日本では、正月元旦に対して一月一五日の小正月は、その年の豊作や養蚕の成功を祈って餅花や繭玉を木に飾りつけ、粥占《かゆうら》、どんど焼きなど各種の行事が行なわれる。一般には、一年の邪気を払い無病息災を願って各地で小豆粥をこしらえる。その年の作物の豊凶を占う粥占では「粥掻棒」あるいは「粥箸」という特別な箸を作り、粥を煮るときにこの箸でかき回し、箸に付着した米粒の数をみて豊作を占った。粥占は、一二の月の印や早稲《わせ》、中稲《なかて》、晩稲《おくて》、大麦、大豆など作物の名をつけた竹筒を粥に入れ、中に入った粥の多少によってその年の植え付けの時期や作物の種類を占うことも行なわれたという。また、粥杖といって燃えさしの木を削って作り、邪気を払う道具とされ、これで新婦の尻を叩くと子宝に恵まれるといって、古く平安時代から行なわれていた。

行事の済んだあとの箸は神棚に供えておき、苗代の頃に田の水口に立てたりする。箸は、楊、栗、白膠《ぬる》木《で》、接骨木《にわとこ》あるいは薄《すすき》とかその地方で得られる定まった材料で作られる。

小豆粥については『土佐日記』（九三五年頃）に、

十五日《とをかあまりいつか》。けふ、あずきがゆにず。……

すなわち、「一月一五日の小正月には舟旅（高知県室戸岬の辺り）であるから恒例の小豆粥は煮なかった」と書いてあるし、『枕草子』三段にも、正月行事の中に次のような記述がある。

……十五日の節供に粥の木（粥掻棒）を隠して、家の女房たちをうかがうと、粥の木に打たれまいと用心して後を気にしている……それなのに打たれると面白がって笑う様はとても輝いてみえる。

粥箸行事の数例をあげる。

群馬県利根郡水上町では一五日の小豆粥の箸は、はらみ箸といって、胡桃か、おつかどの木でつくる。昔はこの箸で粥を食べたというが、今ではその箸で粥をかきまわす。この粥掻棒は庇《ひさし》にさしておくと害虫よけのまじないになるという。太い箸は伊佐那岐《いざなぎ》、伊佐那美《いざなみ》の夫婦神が国造りに使った「天の瓊矛《ぬぼこ》」の伝説に由来するといい、この箸を作ったら神棚に供えておき、一五日の小豆粥を食べる時に用いる（群馬県利根郡水上町、水上町教育委員会）。

山梨県南巨摩郡中富町では、一月一五日の小豆粥には一三日に伐ってきた勝ちの木（ぬるで）で「けいたてゲー（粥立箸）」という大箸をつくる。小豆粥をこの箸でかきまわして、箸のすき間に付着した米粒の多少によって今年は早稲種の籾の豊作か晩生種の籾の豊作かを占う。この太い箸は苗代を作るまで神棚に祀っておく。箸は紙に包んでおき、争い事がおきたときにこの箸で食事をして出掛けると争い事に勝つという言い伝えもある。勝ちの木（ぬるで）で作ったからだという（山梨県南巨摩郡中富町、中富町歴史民俗資料館)。

長野県北安曇郡小谷《おたり》村では、小豆粥をいただく時は「けえのはし(粥の箸)」を用いる。胡桃の木を割って両端を細く中央を太くして稲の穂孕みの形に作った箸である。この箸は一五日の粥に使うだけで使用後はしまっておき、田や畑の隅に立てて、もぐら除けのまじないとした(『小谷民俗誌』長野県北安曇郡小谷村大字中小谷、小谷村教育委員会)。

隠岐島では、正月用にウツケ箸を作るといって、神様用の箸、家族各人用の箸、料理に使う添え箸などを作り、一月一五日のよそいぞめ(よそう=飲食物を器に盛る)に使いはじめた。旅に出ている者の箸も作って陰膳《かげぜん》をした(『隠岐島の民俗』隠岐島民俗資料緊急調査報告、島根県教育委員会)。

徳島県三好郡では、栗、樫などで折箸を作って神棚にあげ、一月一五日の朝にこれをおろして、粥の鉢をかきまぜ「暮れには早く来て下さい」と三度唱える風習があるという。

奈良県吉野郡吉野町滝畑では、大きい穂付きの薄《すすき》を箸にして小豆粥を食べる。家族で食べた薄箸を束ねて苗代田の端に立て、秋にこんなに穂が出るようにと祈る。同町山口でも薄箸を神棚に上げてから籾蒔きの日に苗代に立て豊作を祈る。また、穂は神棚に、茎(箸にしたところ)は石垣の穴へ、「ハビ(はぶ=まむし)も蛇も出てくるな」と差し込んでおく。

このように小正月は季節の節目として生活に関わる行事があるが、旧暦では、元旦を祝ったあと、その年の養蚕や農事の計画を立ててはじめる時期に当たり、平生と違った箸で行事食を食べ、その箸の霊力を信じてこれらの豊穣に願いを込めたと思われる。

コトハジメ、コトオサメ

『荊楚歳時記』に、二月八日は、釈迦降誕の日（教典には四月八日）の他いくつかの祭りの日であり、一二月八日は臘祭として疫を逐い、沐浴して罪障を除く行事が行なわれ、農事年の終わりにあたって生産に疲れた老人に休息していただく日となっている。これに由来すると思われるが、東海・関東地方では二月八日と一二月八日をコトの日と称して、一方の日をコトハジメ、もう一方の日をコトオサメとした。農事を中心にすると二月がコトハジメで、一二月がコトオサメになり、正月行事を中心にすると一二月がコトハジメ、二月はコトオサメになる。なお、近畿・中国地方で、二月八日のコトの日を三月半ばか、新暦の四月に行なうのは農事のコトハジメと思われる。現在では、二月の初旬から半ばにかけて行なわれるコトは、上記のコトハジメかコトオサメのいずれかに入るものと思われる。このコトの日にあたって箸の役割がある。

江戸時代に丹波国峰山領だった京都府下では二月一日を「コトテキ」といって箸を使った行事が行なわれる。「コト」とは神事を意味する。正月から始まって年中行事としての「コト」が年の暮れまでに次々とあるが、その最初が二月一日の「コト」である。この日、柳箸を十二膳と親箸と称する特に太い箸を二膳作り、神饌の膳に添える。十二膳の子箸は一年の月数、親箸は二月の神に対しての二膳という。神に供えた御馳走を人々が食べ終わると子どもたちがこの箸を使って遊ぶ。庭に子箸を立てて、遠くから親箸を投げて子箸を倒す。昔はその倒れ方でこの一年の月々の運勢の吉凶を判断したという。この遊びのことを「コトテキ」という。「テキ」とは手木の意味で、箸を手に持って投げるのでこの名があると思われる。

兵庫県播磨山地では旧暦二月の吉日を選んで近所で日を決めて「正月の事じまい」をする。この行事は近所が一緒に行なうもので「一人事はするもんでない」といわれている。夕方、河原の柳の若枝で太い箸を作り小豆ごはんを炊いて神に供え、家人も柳の箸で食事をする。おかずは「ことわし」といって塩い

5-14　コトのはしを木にかける（兵庫県播磨山地）

わしを焼いて食べる。神にも供える。使った箸は最初に神の箸を交差させ、次から家族の年齢順にはしご状に縄で編み込み、翌朝、氏神の木の枝にかける。「コトのはしが早く落ちると縁起がよい」という（図5-14）。

同じように中国山地の中和村、阿波村地方にも「コト」の行事がある。柳が芽ぶき始める頃、柳の枝をとってきて皮をむき、神さまの箸と家族の人数の箸をつくる。この箸を神前に供え、祝う。藁を編んだ「つと」に、赤飯や小豆飯、煮しめなどを神さまの箸で入れ、庭先の木に吊るして悪魔よけにする。年長者の箸から順に、縄に箸を横に渡して刺し、最後に神さまの箸をたすきに渡す。これは「何ごともないように」という意味がある。また「ひとりごとはしないものだ」といい、この行事は隣近所誘いあって行なう。この地方では「子買お、子買お、どの子が欲しい、あの子が欲しい、何食うて養うやあ、小豆飯にとと添えて、ざんぶ、ざんぶ（たくさん）食わせるぞ。膳は何膳、ほおの木、塗り膳。箸は何ばし、柳のずべずべ」と童歌をうたいながら行なう子供の遊びがある。

兵庫県但馬地方では「コトの箸オサメ」といって新年の箸を、ぎりぎり二月一五日までいろいろ春ごとの食事に用いて、そのあとは各戸の屋根の上に藁で結んでほうりあげておく慣習のところがある。

コトのハシオサメと称して、二月一六日に神棚に供えておいた正月用の竹箸を藁縄で軒の下につるしておくところもある。これを行なう前に、五目飯を炊いてその箸の使い納めをする。

また徳島県下の寺院には二月一六日に箸供養をするところがある。正月中の行事に用いた柳箸や以前に使っていた古い箸を処分するために行なわれ、これは、コトオサメに分類されると思われる。

広島県豊田郡高根島では二月はじめ午の日には、すすき（萱）で家族みんなの箸をこしらえてこの箸で食事をする。そして、藁苞《わらづと》の中に各自の器から飯とわけぎの辛子和えを少しずつ入れ、最後に全員が使った箸を藁苞の三つ編みにした部分にさして、これを屋根にほうり上げる。鬼子母神が子供を食べに来ないようにというおまじないだと伝えられている。

柳田国男氏によれば、コトハジメ、コトオサメには、共通して「コトの箸」という儀式があるという。これは、コト（神事《かみごと》）に関係する家族の箸を粗末にしないで供養し、行事のしめくくりにするのである。

苧殻の箸

千葉県九十九里海岸でお盆の一四日に行なわれる行事は、白飯の上に丸いおむすびをのせて苧殻《おがら》（麻幹、麻の皮をはいだ茎）の箸をさし、天竺に出掛ける僧侶に持たせるといういわれがある。これは船出、旅立ちの古事による（図5－15）。

東京葛飾のお盆の行事では、位牌の前の真菰の茣蓙の上に膳を用意する。膳の上にかわらけの皿に蓮の葉を敷き、餅と小豆の餡を別々に盛って供え、苧殻の箸をそえる。

関西（大阪近辺）では盆の前夜、家の門外の辻に、麻の茎の皮（苧殻の箸を作る時に出る）を焚いて仏様の迎え火とした。仏壇には蓮の葉の上に落雁などお菓子や胡瓜、茄子など野菜、葡萄や桃など果物を供え、盆の当日、精進のおかずを供えた。蓮の葉には苧殻の箸を添えた。盆の行事が終わると迎え火を焚いた場所で苧殻の箸を焼き、送り火にした。この迎え火と送り火の煙によって先祖の霊を家に道案内し、また送

5-15　苧殻の箸（千葉県九十九里海岸）

り出すのである。
このように、盆の行事と苧殻の箸は関係が深い。

太子講と大師講の箸

太子講は、聖徳太子の忌日に行なわれる法会で毎月二二日に行事がある。旧暦二月二二日（現在、法隆寺では三月二二日、四天王寺では四月二二日）の太子講を特に聖霊会《しょうりょうえ》という。太子は法隆寺の建立に力を注いだため、建築関係の職人に信仰され、江戸時代には、大工、木挽職など職人集団が一、五、九月の太子講に夜を徹して宴会を行なったという。

大師講の方は、弘法大師空海の忌日に当たる毎月二一日に行なわれる法会である。また、比叡山では天台宗開祖智者大師智《ち》顗《ぎ》の忌日、一一月二四日の法会を大師講という。

一方、農家では一年の終わりの冬至の頃に、「オオイゴ」といわれる来訪神が稲の収穫の終わった時期に村々を訪れ、人々の暮らしを見守り、来年の豊作を約束し、活力を与えてくれるという土着の信仰があって、仏教の普及にともない、これを徳のある太子や大師の行為として、「オオイゴ」あるいは「おほご」（大きな子、長男の意）に、「太子」や「大師」の字があてられるようになったと推測されている。この祭りの日は、一一月二三日か、または一二月二二日頃（旧暦一一月）の冬至に行なわれ、この日炊く粥を「大師粥」、これに添える長い箸を「大師の杖」という。

北海道の西海岸で一一月二三日頃行なわれる「太子講」は「でしゃこの神様」のなまったものとも言われ、この日神棚に、長さの違う萱の箸三本を立てた小豆粥を供える（図5-16）。長さの違う箸を供える由来は、この神様には一二人の子供がいて貧乏だったので、子供たちに粥を食べさせるのに大きい子から小さい子まで食べられるように長さの違う箸をそえて供えてあげるのである。道南松前の大師講は一一月二三日頃行なわれるが、当日は大師講粥、汁粉などを作って大師さまに供える。汁粉には箸一膳と一本の長い萱の箸をつけて供える。大師さまは貧乏なうえ、子供がたくさんいるので、その子らに小豆粥を長い箸ではじいてとばし与えるのだという。北海道は青森や秋田から移って来た人が多く、出身地の行事や伝統食を生活に伝えている。大師講もその一つで、地域によって少しずつ変わっている。

秋田県田沢湖の近くの太子講は一二月二四日に行なわれるが、やはり小豆飯を炊き五品の料理のお膳を作り、長い萱の箸をそえる。太子さまはたくさんの子供に食べ物を与えるのに長い箸が必要だったと言われている。遠くにいる子供にも食べ物が届くようにということである。今でも山などで食事する時、萱はまっすぐであり太さもちょうどよいので好みの長さに切って箸にするようである。

大師講の長い箸は、新潟県南魚沼では栗の木、茨城県田村では萩の枝で作る。

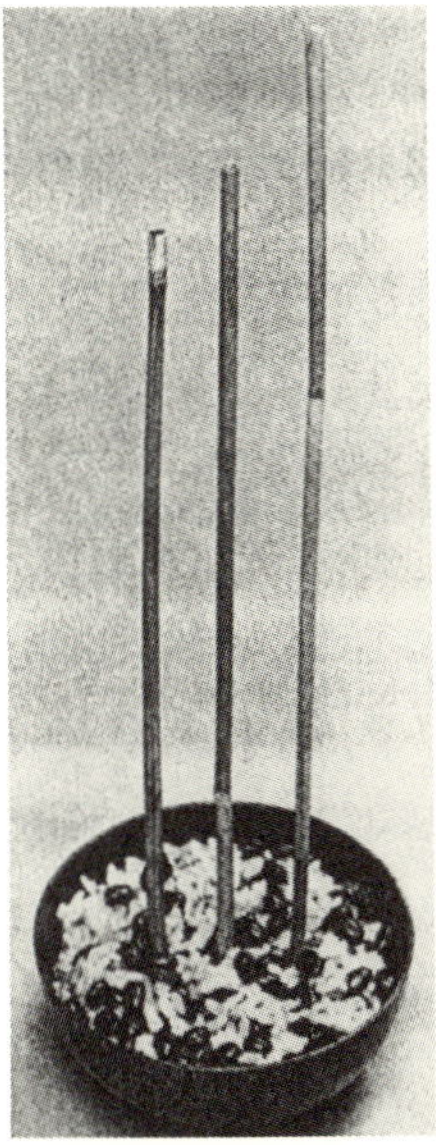

5-16　太子講粥（北海道西海岸）

箸納めの行事

石川県鹿島郡では、大晦日の夜一一時頃に形だけの飯を食べて、その箸を箸箱に納める箸納めをする。

静岡県引佐《いなさ》郡引佐町山住神社では神職のもとに門前の百姓が暮れの一日だけ集まり正月用の箸削りをする。これを箸納めといった。

兵庫県養父《やぶ》郡では除夜の晩に箸納めをする。歳暮礼の行事で、子方が親方の家に行って挨拶して、ご馳走をうける。

これは、前出のコトハジメ、コトオサメに関連が深い。正月には、日常用いている箸ではなくて、清浄な柳の両口丸箸をあらためて削り用いる習わしであるが、それに伴う行事である。

名付け式

栃木県塩谷郡栗山村川俣では、男子が数え年で二〇歳になると、その年の一月二一日に適当な人を選んで成人後の後見人になってもらう仮親を決める「名付け」と呼ばれる儀式がある。この式は村長以下総出で村の大きな家で行なわれる。後見人と成人になる人との間で固めの盃がとり交わされた後、古式にのっとって一四、五歳の男子が包丁人となり、図5－17のように魚に触らないように左手に金箸を持ち、右手に包丁を持って魚を切っていく。現在でいう成人式に当たるものである。

御願箸

石川県の大聖寺町（現加賀市）に、菅生石部神社があり二月一〇日に勇壮な竹割り行事がある。氏子から奉納された六尺ほどの長さの青竹を使って、氏子が互いに竹のたたきあいをする。神職の立ち会いのもと拝殿の前で行なう。竹は割れ、ちぎれる。このあと、大きな蛇の形を思わせる綱を境内に伸ばして引き合う。竹割り、綱引きはどちらの側の願いがよくかなえられるかを占うためのものである。割れた竹は参拝者によって持ち帰られ、疫病よけのお守りとなる。また神社でも、この割り竹で作った箸を「御願箸《ごがんばし》」として氏子に授ける。

5-17　名付け式の料理

御箸祭

神奈川県の湯河原では三月末から四月初旬に行なわれる「春まつり」に合わせて「御箸《みはし》まつり」という民俗行事が行なわれる。今から八百余年前（治承四年）に、伊豆の国に流されていた源頼朝は豪族土肥次郎実平によって、当時、土肥の郷と呼ばれていた湯河原へ案内された。実平は山伏の修法にも達しており、石橋山合戦に出発する前夜、郷の氏神五所の宮の神前で盛大な護摩焚きの呪法を行ない頼朝の武運を祈った。その時の柴灯護摩呪法の小木《こぎ》になぞらえて祭りの当夜には箸を燃えさかる火焔の中に投じ、無病息災、五穀豊穣を祈り、健康で食する喜びを感謝する箸供養としてこの「御箸まつり」が行なわれていた。現在では、五月第四土曜日の「湯かけ祭り」の時に各旅館から集められた割箸を燃やして供養している。

この地の旅館の箸の多くは、かつて吉野、木曾、羽黒という山伏に関係する聖地の杉から作られ、杉は神霊の依る霊木として昔から尊ばれており、その箸の燃える火にあぶられると心身の穢れを清浄にし、健康、家運、商売の発展を促すと伝えられている。

椀貸と膳貸

冠婚葬祭の宴席は、本膳に則って行なわれる。食器はもちろん漆器で、膳椀の人数分から櫃、湯桶まで各種類の数を揃えなければならない。毎日の食事では、多くても飯茶碗と汁椀、小皿と煮物用の皿を使う程度であるから、その漆器類は各家々に常備しておける物ではなく、古来、村落単位で高価な膳、椀などの塗物一揃いを毎月の掛金などによって購入して管理し、有事にはお互いに貸し借りして用を足す風習があった。このことから次のような伝説が生まれている。

加賀平野の一集落に伝わる椀貸伝説。

むかしむかし村の横に、でかいもみの木が生えていた。その下に古い庚申《こうしん》さんがあった。この庚申さんは、何でも願いをかなえてくれたという。「庚申さん、あしたはじいじの十三回忌やさかい、赤御膳を一〇人前貸して下さい、たのみます」と言っておくと、ちゃんと庚申さんの前に必要な膳椀が揃えてあったということである。

この種の伝説は各地にあるが、ある時に、借りた膳碗の一部を返さなかったので、以後は貸してもらえなくなった、という言い伝えもある。

これらの膳碗を用いる宴席の箸は、慶事には白木、弔事には塗りの丸箸を用いる。

以上、わが国の箸に関わる行事や言い伝えを拾ってきたが、箸は土着の信仰と密接に関係していて、所作は異なっても必ず箸が用いられ、行事が進められている。これらから、過去の日本人の生活は米の生産に依存していたため豊作を神に願う気持ちが切実であり、そして、常に先祖を敬い家内安全子孫繁栄を願っていたことが察せられる。その折々に箸があり、手近の木々や竹、うらじろの葉柄、茅の茎などで箸を手作りして供えた。箸は食べる道具以上の役割を持っていたと思われる。

食べ物を分けてよそうには木杓子を用い、口に運ぶ道具としては木箸を用いる。熱い食べ物を好み、器を持ち上げて食べる日本人は、熱が伝わりにくい木椀を多く使っている。月見、花見など、箸に風情をそえたい時は萩の箸や梅の箸を、お祝いの時には柳の箸が用いられる。箸を手作りしていた頃の人たちは、このように木々の恵みを受け、小さな箸を手にするとき、食への感謝、自然への思いが現代の人たちよりも濃く身に付いていたと思われる。

稲作と粒食が主である日本人の生活は、食様式として箸が中心になり、節目節目の祭りには箸が登場する祈りの生活が編み込まれ、今日まで続いて来たのである。

九　アイヌの箸（パスイ）

主に北海道に居住するアイヌたちは、常にとりまく恵まれた自然に感謝し、アイヌとしての絶対の戒律を守り、ユーカラによって元気づけられ、よりよい生活を積極的に送ろうとしている。

アイヌ出身で言語学者であった故知里真志保北海道大学教授の姉、知里幸恵氏（一九〇三〜二二年）の『アイヌ神謡集』序文には、

その昔この広い北海道は、アイヌの先祖の自由の天地でありました。天真爛漫な稚児の様に、美しい大自然に抱擁されてのんびり楽しく生活していた彼らは、真に自然の寵児、なんという幸福の人達で

あったでしょう。
冬の陸には林野をおおう深雪を蹴って、天地を凍らす寒気を物ともせず山又山をふみ越えて熊を狩り、夏の海には涼風泳ぐみどりの波、白い鷗の歌を友に、木の葉の様な小船を浮かべてひねもす魚を漁り、花咲く春は軟らかな陽の光を浴びて、永久に囀ずる小鳥と共に歌い暮して、蕗とり蓬摘み、紅葉の秋は野分に穂揃うすすきをわけて、宵まで鮭とる篝も消え、谷間に友呼ぶ鹿の音を外に、円かな月に夢を結ぶ。嗚呼何という楽しい生活でしょう。平和の境、それも今は昔、……

とあって、アイヌの祖先が豊かな自然に恵まれ、その自然を愛し、その自然にしたがって今まで生活してきた様子が偲ばれる。

そのような生活の中で、祭祀には、パスイ（pasuy、箸）が神へ祈りを届ける祭器として存在し、神と人との橋渡しをする役目を果たしている。祭器のパスイには、春の歓びあるいは秋の豊作を感謝する神々への祈り、四月と一二月に行なわれる祖霊祭、また、入植した人々によって普及した正月などの神祭で用いられるトゥキパスイ（tuki-pasuy、捧酒箸、へら状）、熊送りの祭りに用いられるキケウシパスイ（kike-us-pasuy、棒状）などがある。トゥキパスイはイクパスイ（iku-pasuy、奉酒へら）ともいわれる。いずれも一本で使用するがパスイ（箸）とよばれている。

食事用の箸はイペパスイ（ipe-pasuy）といい、以前は葭《よし》や柳で作った二本の箸を使用後二つに折って木や草の根元に感謝の言葉とともに納めることになっていた。

北海道のアイヌ語では箸のことをパスイというが、樺太のアイヌ語ではサハカ（sahka）というそうである。パスイのパは「みつける、手に入れる」、スイは「端、穴、すきま」の意味があり、箸の機能は狭いところにあるものをつまむ、あるいは取り上げるなど細かい作業ができるニュアンスがうけとれる。

アイヌの習慣では幼児が一人で食事するのに興味を持つようになると、祖父または父が胡桃の木などでペラ（pera、幅の広いスプーン、へら）を削り、マークを入れて持たせる。幼児は二本の箸がうまく使えるようになるまではもっぱらこのペラを使って食べ、子どもがこのへらの先をかじったり、折ったりすることは、子どもが元気に成長していることの証拠として喜ぶ。子どもの誕生にあたって、その子の厄を負う雛形の人形があり、子どもは自分の食事の前に食べ物をその人形の口へ人さし指でぬりつけて、食べさせる仕草をしてから食事をしたということである。

イペパスイ（食事の箸）

アイヌの人たちが日常の食事に使う箸をイペパスイという。イペは食べる意味である。桑（飴色）や、えりまき（カスップニ、檀《まゆみ》の種類、こまゆみ、象牙色）の木を削って作り、把持部は四角で箸先の方を丸くし、長さ二二〜二三センチ、把持部の径は八ミリ位である。えりまきは、美幌地方では虫歯が痛むときにこの木で箸を作って食べると治るといい、また、日常の食事にこの箸を用いて食べると歯が丈夫になるといわれている（図5-18）。

食事に用いる自分の箸は決まっており、誰の箸か区別するために、箸の上端に各自の切り込みや筋状の模様を入れ、大切に使う。

人が亡くなると、生前に使っていた箸は膳や椀と共に故人の側に埋葬される。神の国へ行っても使う道具に不自由させないように持たせるのである。

ちなみに火箸はアペパスイという。

キパスイ（かや箸）

熊送り、新築祝い、冠婚葬祭など大勢の人が集まる時や普段来客のあった時も、キ（ki、かや、すすきのこと）の箸を作ってもてなす。晩秋に鬼萱《かや》（シキ）を刈り取っておき、必要があると、萱の節の位置を揃えて節の上部を三センチのところで切り離し、箸の長さを揃える。この箸は一回限りで二度用いない一期一会の箸である。よく乾燥したものは割箸よりも丈夫で口あたりもよいという（図5－19）。

トゥムㇱコㇰパスイ（tumush-kok-pasuy、木鈴つきの箸）

アイヌは一位の木から独特の鎖彫箸を作った。子や孫が初めての誕生日を迎える頃のお祝いに贈る箸で、クネニ（おんこ、一位の木のこと）を用いて作る。箸を削る際に、箸の頭部に続けて鎖状に木鈴（トゥムㇱ）をくり抜いて飾りにする（図5－20）。

祖父や父が一日がかりで作り、孫や子に与えるアイヌ独特の箸は、もし子どもが鈴の部分を折っても、その子が強く丈夫に育っている証しとして喜ぶといわれる。

ペラパスイ（へら）

木製の平らな匙のことで、箸代わりに使う。しゃもじのようなへらのこともパスイ（箸）と呼んでいる（図5－21）。

トゥキパスイ（捧酒箸）

この箸は神に祈る時に用いられる幅約三センチ、長さ三〇センチほどの彫刻がほどこされた、へら状の一本箸である（図5－22）。トゥキとは杯のことで、トゥキパスイはイクパスイとも言われる。イクとは酒を飲む意味である。このパスイはアイヌ独特の信仰から生まれた魂を持った生きものと考えられている。そのため箸は祈る人の願い事を神々に伝え、神の心を人に伝える媒体であり、神と人とを結ぶ大切な接点となっている。アイヌの人々はこのような思想の中に生きている。神々に祈る時にはトゥキパスイの先に杯の酒をつけて祭壇の神々に御神酒を捧げる。アイヌの人々は、山でお祈りをする必要が生じたときのために備えて、矢筒にトゥキパスイを一本しばりつけて行くのが普通であった。

トゥキパスイの作り方にはいろいろな約束事がある。素材には柳、いたやなどを用い、節のない美しい

5－18　イペパスイ

5－19　キパスイ

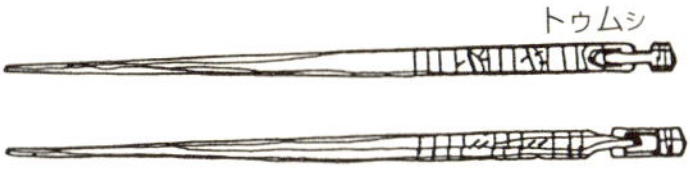

5－20　トゥムシコㇰパイ

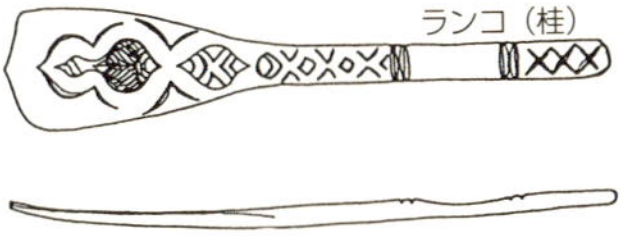

5－21　ペラパスイ

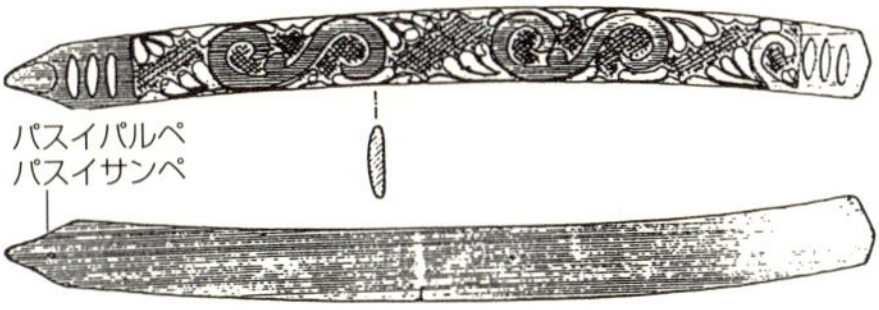

5－22　トゥキパスイ

部分を割り取り、木を逆さに使うことのないように木の根元の方を手元に、木の先の方をトゥキパスイの先になるように、木の木理《もくめ》に沿って削っていく。うろこ模様を彫る時は、先の方へ向けて一方向にうろこ状に削り出してゆく。

トゥキパスイの裏側の真ん中あたりにその家の家紋ともいえる印（イナゥシロシ）を入れておく。その先端の方にパスイパルペ（pasuy-par-un-pe、箸の舌）、またはパスイサンペ（pasuy-sampe、箸の心臓）と呼ばれる小さな三角の窪みをつける。これはトゥキパスイが魂を持った生き物だと考えられているからで、これがないと舌も心臓もないのと同じで神の国へ行っても何もしゃべれないことになるのである。アイヌの人々の願い事を伝える大切な使者の役目を果たすことができるように、トゥキパスイには三角の印が付けられている。

祭事で、神々に御神酒を捧げる時、必ず杯を左手に持ち、右手にパスイを持ってパスイの先を杯の酒に浸して祭壇にかけるようにする。したがって杯の上にトゥキパスイをのせる時に、右手で取りやすいようにパスイの根元の方を右手前になるように斜めに置く。

神へお祈りした後、お流れの御神酒をいただく時、杯が杯の受け皿から落ちないようにトゥキパスイで杯を押さえて御神酒をいただく。御神酒を飲む時に、このパスイで髭をおさえて酒が髭につかないようにするので、この箸を「髭篦」という説もある。

お流れの御神酒をいただいて祭事が終わる。一本のへらではあるがパスイ（箸）と呼んでいる。最近では祭事も厳密に行なわれなくなり、トゥキパスイの代わりに割箸を割り離さないで、そのままの形で使うことがある。

キケウシパスイ

削りかけ（kike）の房のついた捧酒箸で、熊の再生を信じて熊神を祀る熊送り（イヨマンテ、i-omant-te）に用いられ、熊神が神の国に帰る時の土産に持って帰っていただく箸である。

狩猟・採集民であったアイヌにとって「熊の霊送り」は大切な祭事の一つで、たいてい寒い時期に行なわれる。熊猟で仕留めた熊の魂を神の国に送る時と、一定期間（神から預かり）育てた熊を送る時とがある。どちらの場合も、熊に姿を変えて人間の国にきた神を元の神の国に返す儀式である。その様式は部落によって異なるが、祭壇にイナウ（木幣、後述）などを飾り、団子や干し鮭、弓矢、刀などおみやげを供えるのは共通している。熊送りの祭事は、神への感謝とふたたび豊かな恵みを返してくださるようにという願いもこめられている。

キケウシパスイはイナウを削って残った芯の部分を四〇センチ位の長さに切り、縦に半分に割って、割った面を下にし右手に持つ根元の肉を厚くし、先の方を薄くし、ややとがらせる。手に持つ部分と先の方の三カ所に横筋をそれぞれ三本入れ、その間に二カ所ずつ削りかけの房を作る。先の方にトゥキパスイと同じようにパスイパルペを彫り、中心部に熊送りを主宰する家の矢に付ける印アイシロシ（ay-sirosi）を刻み込む。このキケウシパスイが熊神によって神の国へ届けられた時に、今回の祭りがどこの家で行なわれたかわかるようにしておくためである。

熊神に御神酒を捧げるキケウシパスイはトゥキパスイと同様に用いる。このキケウシパスイをイナウキケで縛って祭壇の熊の頭骨にはさんでおき、神の国へ帰る熊神に持たせる。

イナウ（inaw）

イナウもアイヌ独自の信仰の中から生まれ、その精神文化を象徴するものの一つである。イナウはきちんとした神祭りをする時にはなくてはならない祭具であり、これを捧げることにより神はその力を倍増するといわれている。イナウは柳（川柳）やみずきで作られるが、これにはいわれがある。

昔、国造りの神が神の国へ帰られる時、食事に使った箸を大地にさしたところ、その箸に根が生えて一本の木になった。それが柳であった。そこでアイヌたちはこの柳の木を削って美しいイナウを作り神様にあげるようになった。柳は白くて美しい木なので、柳で作ったイナウは白金になるといわれ、木肌が少し黄味をおびたみずきで作ったイナウは黄金になるといわれた。

大きな祭りがあるたびに心身を清めてイナウを作ったということである。

アイヌの人々の生活も本州以南と同様に近代化し、現在では伝統的な祭事を厳密に行なうには困難が伴うようになってきている。しかし箸が神と人との橋渡しをする媒体として扱われる点は、本州以南での神事で、神饌のお下がりをいただく時の箸の役割と似たところがみられる。

一〇　マナーとしての箸の用い方

ブリア・サヴァラン（Jean-Anthelme Brillat-Savarin、一七五五〜一八二六年）はその著『美味礼賛』（原題 'Physiologie du Goût'）で、

禽獣《きんじゅう》は喰らい、人間は食べる。教養ある人にして初めて食べ方を知る。

といっている。彼は、動物とヒトとの食べ方の違い、鳥や獣は食べ物に直接、口を近づけて食べるが、人

間は上半身を立てて、手または箸やフォークを使って食べ物の方を口に運ぶ、という形の上の違いだけでなく、人間らしい食べ方があるというのである。

同様なことは『赴粥飯法』の、

仏の言《のたま》わく、「（汚れた）手を以て餅飯《びょうはん》（食べ物）を爬散《はさん》（掻き散ら）して食《じき》することを得ず。猶《なお》（まるで）鶏鳥のごとし」

にも表われている。

日々の糧を与えてくださる神に感謝しない人間はいない。言葉が通じなくても、食事に箸のような道具を使うか手で食べるかといったような、異なった文化を持っていても、人が食事をするのにマナーがあるのは共通している。

食事のマナーは、人が目上の人と食事を共にするとき、また祭祀や冠婚葬祭などで人々が飲食を共にするときに生まれ、整えられてきた。それは食事を勧める側と食べる側の両方に必要とされ、スムーズに食事が運び、食事の目的がよく達せられることが望まれるからである。

箸の作法の始まり

『管子』の「弟子職篇」には師弟間のマナーとして、

先生が食事をされようとしたら、手を洗い、自らを潔め、ひざまずいて食事を勧める。左手に食器と高杯を持ち、右手に梜匕（箸と匙）を持って給仕する

とある。紀元前三、四世紀頃の中国の有識階級では箸と匙のマナーがあった。

さらに詳細な食事のマナーは、第二章一節に述べたように紀元前二三〇年頃の古代中国で書かれた『礼

記』にある。その「曲礼篇」には、

料理を人に勧めるには、骨つき肉を（食べる人の、以下同）左に、肉の切り身は右に、飯（主食）は左に、羹（汁）は右に、膾（なます）と炙り肉はそれらの向こう側に置き、酢と醤（ひしお）、葱の刻んだもの、また酒漿など（の調味料や飲み物）は手前の左から右へと並べ、さらに右側に味付けした干し肉を並べる。干し肉は頭部の曲がった方を左に、末端を右になるようにおく。……（食前に食べ物の祭りが行なわれる）……客が飯を三口食べたら、主人は肉の切り身を客に勧め、それから骨付き肉へと順に勧め、主人が客に続いて食べる。主人が食べ終わるまで客は待ち、終われば（飲み物で）口をすすぐ。

このように、食事の目的に合わせた幾種類かの料理を、食べる人が食べやすいように配膳することや、食事を始める前の祭り、客と主人との間に交わされる心遣いが示されている。

この様式は食事のマナーが整っていなかったわが国へも伝えられ、古代の貴族のマナーとなった。現在でも和食では、飯は食べる人の左、汁物は右、汁の向こう側には刺身（中国の肉の切り身に対して魚の酢じめ）や焼き魚、魚を置くときは頭を左に尾が右になるように、といわれる。

曲礼篇には、第二章で述べたように「自分だけが貪って飽食してはならない」「同じ器から食べ物を手でつまんでとるのに、手指を揉んで汗をにじませるようなことをしてはならない」「手についた飯を元の器に戻してはならない」など手食のマナーが細かく示されている。箸がまだ補助的な道具であったため、「黍の飯を食べる時は箸でとってはならない」「羹に菜（汁の実）の入ったものは梜を用い、菜の入らないものは梜を用いない」などがあり、いずれも共に食べる人への配慮がマナーの基本になっている。

そして、同じ『礼記』の家庭内の礼儀作法を記した「内則篇」には、子どもが自分で食べることができるほど大きくなったら、右手で食事をすることを教えるように。と説いている。

中国では、料理を盛った食器を食卓毎に中央に並べ、食卓を囲んだまわりから各人が同時に料理を取って食べることが多い。『礼記』のころは食案を用いていたと思われるが、同席の人々が並んで食事するときでも、もし左手で食べる人が混じると、料理を取るときに右手で食べる人の手とぶつかるからである。したがって食事に箸が用いられるようになると、必然的に箸は右手に握られるようになった。

僧堂の食事マナー

わが国の食事のマナーとしては、平安時代の『衛生秘要抄』に、次の語がある。

食上不得語、語而食者常患胸背痛

すなわち、食事では会話をしない、話しながら食べるといつも胸や背の痛みを患う、とあるように、食べながら話をしないのを礼儀とする風習がある。この平安朝の食事作法は、最近まで影響を及ぼしている。鎌倉、室町時代になると各様式の料理が発達し、食事に関する礼法が重んじられて、各種作法書が残されるようになる。

鎌倉時代に曹洞宗を開いた道元禅師は、食事を作り勧める人の心構えを『永平清規《しんぎ》』(鎌倉時代の仏書)の中の『典座《てんぞ》教訓』に、修行僧が食事をする時の作法を『赴粥飯法《ふしゅくはんぽう》』に説いた。道元禅師は、食事をする場も修行の一環であるとして、食をいただけることへの謙虚な姿勢をいっている。それは、

①ご飯をいただく時、口を鉢の方にもっていって食べてはならない(鉢を口元の方に寄せて食べる)。

②鉢を取りあげたり置いたりする時、匙や箸を扱うのに音をさせてはならない。

③ひじをひざについて食べてはいけない。
④一度にたくさんのご飯を口に入れて、猿が口にためこんで、もぐもぐやっているようにしてはいけない。
⑤匙でご飯をすくって食べる時に、ちらかして食べてはいけない。
⑥食べ物を口にする場合、一粒の米も無駄にしないという道理を、理屈の上からも体験的にもみつめなさい。

など、このように食事というものはきわめて日常的な場でありながら、人間の存在にとって身も心も育てる大事な場であることを考えて食事をするようにと説いている。

現在でも『赴粥飯法』に則って厳しい戒律の中で生活している鎌倉の建長寺は、臨済宗大本山で、建長五年（一二五三）北条時頼によって創建され、鎌倉五山一位に列せられている臨済宗の道場であり、雲水（修行僧）が日々修行を重ねている。「座って半畳、寝て一畳」といわれるように畳一枚の範囲が個人の生活の場である。僧堂の起床は三時半、就寝は一一時、座禅をするのは三欲（眠気、空腹、色欲）を断つ修行ということである。

特に「臘八大摂心《ろうはちだいせっしん》」といって一二月一日から八日の朝二時半まで昼夜続けて座禅修行が行なわれる。この臘月八日は、釈迦が菩提樹の下で座禅を組まれ悟りを開かれた日とされ、この故事に倣って行なわれるのである。

ここで行なわれる食事は典座という台所担当の僧がたずさわり、上下の位に関係なく同じ食事が作られる。雲水の日常食は基本的には一汁一菜で、朝食を粥座、昼食を斎座、夕食を薬石という。雲水の食器は黒塗りの五つ重ねの椀からなり、各人の所有なので持鉢《じはち》という。日常食は五椀のうち三椀を用いる。飯用は径一二・五センチ、味噌汁用は径一一・七センチ、菜用は径一一センチである。

箸の材質は南天で長さ三四センチ、箸頭の大きさは一・二センチ角、箸先は径〇・四センチ角となっている。

持鉢は両手で持って運び飯台に置く。合掌して飯台の持鉢を取り、膝の上で袱子《ふくす》をひろげて飯椀を取り出し、飯台の上に置き、次に汁椀を取り出す。菜椀は三つ重ねの状態で置き、最後に箸を置く。箸は箸先を手前におき、手に持った時に箸の向きをかえる。箸先を出しておくのは、飯台を汚さないためということである。食事が終わると飯椀に湯を入れ箸先を洗ってから箸袋に入れ、湯は汁椀から菜椀へと入れてすべての椀を洗い終わると布巾で拭って重ねて袱子に包む。

三食とも麦ご飯、味噌汁、漬物である。汁と漬物は季節によって材料が変わる。味噌汁は基本的にはだし汁を取らない。味噌は寺で仕込んだものであり、野菜は雲水たちが寺のまわりの畑で作ったものである。食は生きるためのものなので贅につながるものは除いている。

箸は先にも述べたように、南天の素木で、一般に用いられる箸より大振りで太めである。京都東福寺の修行僧の箸は、紅梅の古枝を削って作った自分の箸を持って食堂《じきどう》に入る。箸はかなり太めで箸頭は二センチ近く、把持部でも一・五センチはある角箸、長さは二四センチ位で、直線的に細くなって箸先が尖っている。箸が太めなのは、冬、寒さで手がかじかんでいても持てるからだそうである。

江戸時代以降の食事マナー

『貞丈雑記』（一八四三年刊、一九六頁参照）には、食事をする時に避けたいこととして、次のようなことが書かれている。

汁の汁……本膳の汁を吸ってすぐ二の膳、三の膳の汁を吸うこと。

菜の菜……菜（おかず）を食べてすぐに他の菜を食べること（菜と飯を交互に食べるようにすること）。

膳ごし……膳の向こうにある料理を取ろうとして膳を越えて箸で取ること。

箸なまり……椀を持ったまま、菜をつづけて食べること。

もろこし……もろとは諸で、食事の食べ始めに、椀と箸を同時に取ること（椀か箸いずれかを取り上げてから次を取る）。

まどい箸……菜を食べるのに、これときめないで、あちこち迷って食べること。

調伏《ちょうぶく》の箸……食べ終わったあと箸を逆におくこと。

よこ箸……箸に飯つぶや菜などのついているのを、箸を横にしてねぶり取ること。

袖すり箸……菜や汁を取るのに、箸を上下とりなおし、箸先を逆にして持って取り、袖をよごすこと。

箸先はちょっと湿らせるもの……箸は先の方を少しだけ濡らすもの、多く汚さないこと。

以上は食事の時のマナーの一部であるが、箸の使い方のくせなどは、昔も現在の箸使いの注意と変わらないことは興味深い。

この他にも「言い伝え」られることとして、次のようなことがある。
①膳の上の右にある料理は右手でとる。器の蓋を取る場合は、右側にあるものは右手で蓋の糸底をつまみ、左手を食器のふちに添え、手前から向こうに蓋を仰向けて膳の右側に置く。
②箸は右手で、箸の重心のあたりをとり上げ、膝の近くに寄せ左手で受け、右手を静かに箸の下方にまわして持ち直す。
③刺身など醬油をつけて食べるものは、猪口に刺身をとり、膝の上に持ってきて、刺身を食べる。日本

料理は器を持ち上げて身体の前まで持ってきて食べてもよく、取り皿がそえられるのもそのためである。刺身など料理を遠くから挟んできて汁を落とすのは、涙箸といって不作法になる。

④食事は小笠原流や懐石などの作法で行なわれるように、箸をあらかじめ湿らせて用いる場合は、ご飯から食べる。そうでない場合には箸をとり、汁椀を手にして箸先で汁の実をおさえて汁を一口吸って香りと味をあじわって食欲をそそる状態にして食事を始める。箸先が濡れるのでご飯粒が箸につかない。

⑤汁などを食する時、音をたてて吸ったりかむ音を大きくたてたりするのはよくない。

⑥同じ菜ばかり一度に食することは避ける。渡り箸といって菜より菜に移らないで、菜の次には飯に戻って次の菜に移るようにする。

⑦汁などをお代わりする時は、箸を置いてから椀を差し出し、お代わりがきたら器を両手で受けて膳に置き、あらためて箸（椀）を取り、椀（箸）を取り上げる。

⑧食べ物を口に含みながら会話をしたり、箸を持ったまま手を振り上げたり、箸で人の方を指したりするのは避ける。

⑨箸で飯を押しつけたり、箸で食べ物を口に押し込んだり、箸をなめたりしない。

⑩魚肉の身など食べたあとは骨などを器の隅に小さく片寄せる。魚はまず上身を、次に骨を外して皿の片隅によせ、下の身を食べる。骨の間からせせり箸をしない。

⑪丸い芋など箸で挟みにくいものを、箸でつきさして口に運んだりしない。

⑫歯の間に挟まった食べ物を箸でとったりしない。歯を吸いならすこともよくない。

⑬うつむいて余念なく物を食べたりしない。

本田總一郎氏の著書『箸の本』には、明治一五年一一月に公布された「東京府告示」に、「凡そ物を喰うに慎むべきこと数々あり」として、人々が心得ておくべき儀式礼法の中に箸の用い方の注意がある。前出と重複するものは省略する。

「箸なまり」とは鱠を食わんか、汁を吸わんかと箸を掲げて見合わせ居ること。「こじ箸」とは煮物又は汁の実など底にある物を箸にてこじ起こして喰いつくこと。「くわえ箸」とは汁椀などを受けると き箸を膳の上に置かず口にくわえること。

是等は不行儀のこと、皆々きっと相心得《あいこころえ》よ。

といましめている。

このように箸の用い方の細かいところまで指示していたのは、多くの人の箸の用い方が良くないこと、箸で食事をすることの難しさを示している。

二〇世紀の前半までは膳や卓袱台《ちゃぶ》で食事をしていて、食器を持ち上げて口まで近づけなければならなかった。したがって箸の持ち方も伝統的な持ち方でないと食べ物を口まで運ぶのは明らかに困難であったが、現在では椅子式の食卓を使うために食べ物と口との距離が近く、食器を持ち上げるのが不自然になる場合もある。そのためか食卓に肘をついて食事をする人を見かけるが、肘を自由にして箸を持ち、箸を持たない方の手を食器に添え、左右のバランスのとれた姿勢で食べるのが本来のマナーである。

参考までに箸の取り上げ方を図5－23に示す。

マナーは人々が集団生活をする時の一つの秩序ともいえる。食事のマナーは人々が快くスムーズに食事を進めるために必要で、どんな場面でもふさわしく振る舞えるように、一人で食事する時も心得ておきた

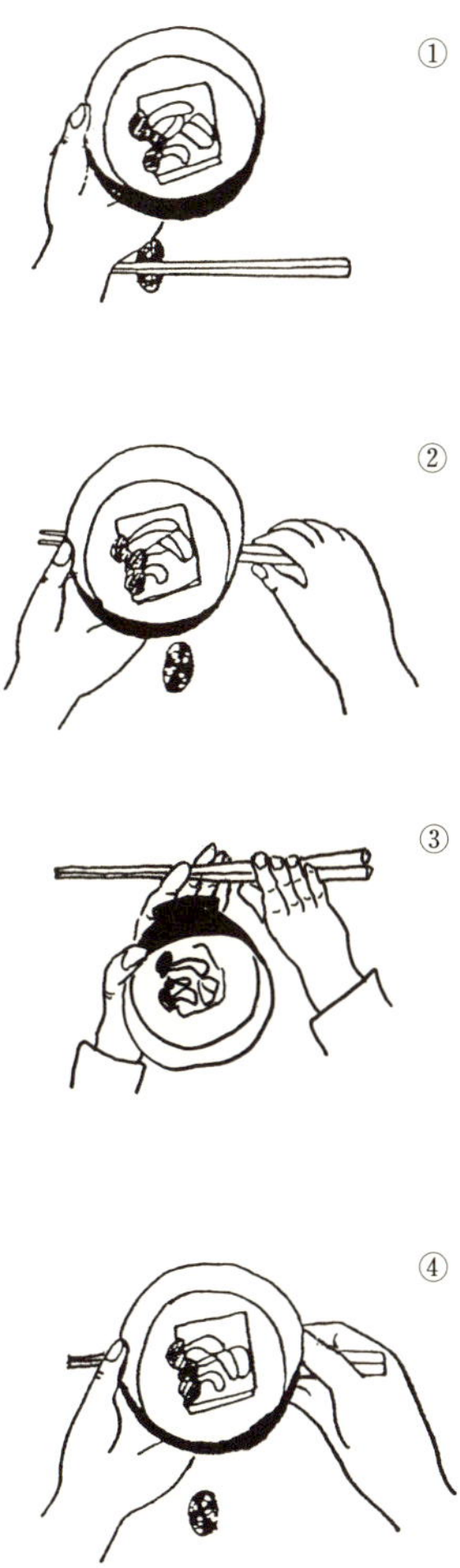

5-23②　お椀と箸の取り方
①お椀を右手で取り，左手に移す
②右手で箸を取り上げ，
③お椀の糸底を支えている指のどれかに
箸をあずけて，箸を持ち直す
④いただく

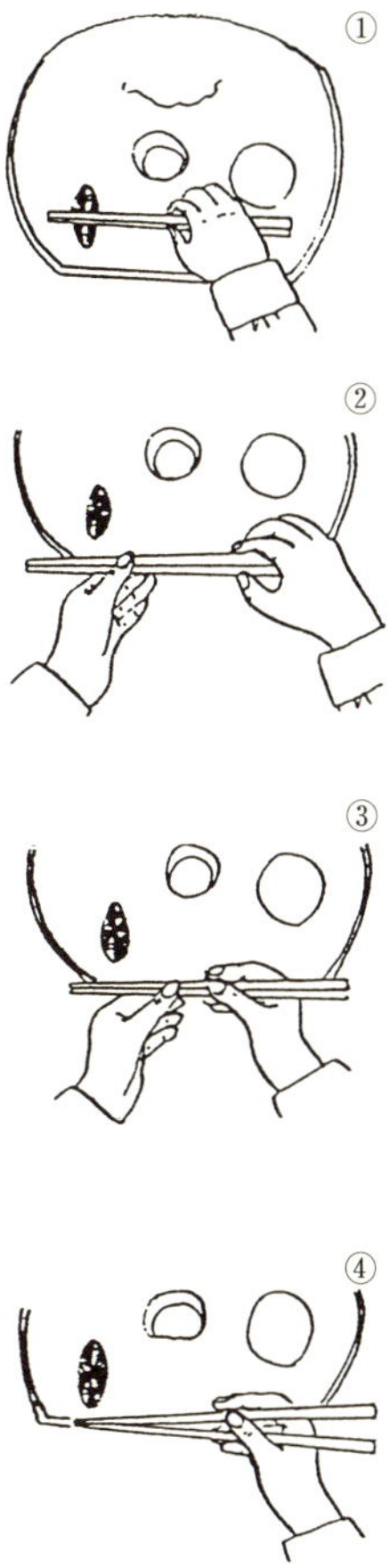

5-23①　箸の取り上げ方
①右手で箸を取り上げる
②左手で箸の下からそえて持ち，右手を
箸にそって右にすべらす
③箸の下から受けるように右手の向きを
かえ，箸を持つ位置へ
④箸を持つ，そえていた手をはなす
（箸を置くときは，この逆をする）

いものである。

一一　民話の中の箸

いつも身近にあり、食事に欠かせない箸は、金銀、玉や象牙のように高価な素材を使ったり、あるいは七宝、漆の技法を加えて芸術品の域にあるものもあれば、アイヌのトゥムシコクパスイのように小さな箸に小さな木鈴を彫りつけた愛らしいものもある。また、神事や懐石の杉箸のように、心をこめて削られ一回限りで姿を消すものもあり、食事の後、再び用いられることのない割箸や、日常の食卓で自分だけの箸として愛用される箸もある。それゆえに、箸を用いる国々にはさまざまな箸にちなんだ物語が語り継がれている。日本の民話では、「一寸法師がお椀の舟に乗って箸の櫂で漕ぎながら都に上り、お姫様に仕えて、鬼を退治し、鬼の忘れた打ち出の小槌に願いを懸けて立派な若者になり、お姫様と結ばれる」というおめでたい話が有名である。これは日本の食事で箸と椀はいつも一組であることを示している。

外国での箸の現われる民話や伝説は、その国の人々と箸のある生活との関連を理解する一助になる。ただ、後世の生活感覚で箸や匙の加筆があるのもあり、できるだけ必然的に箸の場面のある民話をピックアップすると次のようである。

中国の民話

中国では歴史的な逸話に箸がよく登場する。漢代の皇女、永福公主は、父皇帝の勧める縁談を断るのに、箸を折って決心のほどを示したという。箸は竹か木製であって、折られても意思は曲げられないことを比喩としている。

あの『三国志』（三世紀）には、劉備玄徳（一六一～二二三年）が曹操（一五五～二二〇年）と会食しているときに、曹操から「今、天下の英雄といえるのは君と僕だ」といわれて驚き、箸を取り落としたところ、ちょうど雷鳴が轟き豪雨になった。玄徳は曹操に怪しまれないように、「雷が怖かったので箸を落とした」と答えて彼の警戒心をそらすことができたと記されている。これに関して江戸時代の川柳に「玄徳が箸に曹操くらひ込み」などがあり、『三国志』が日本で愛読されていたことがわかる。

また、唐の玄宗（在位七一二～五六年）は、宰相宗環を、「彼の人柄は箸のようにまっすぐである」と誉めて、彼に金の箸を授けたという（箸はまっすぐの二本箸であった）。

そして、後唐の皇帝は首相を任命するのに、瑠璃瓶の中に候補者の名を書いた紙を入れて箸で挟み出して決めたという言い伝えもある。

これらは、箸の使用が庶民にも普及してからの逸話で、中国の神仙説話や怪異な言い伝えを含む古い民話を集めた『捜神記《そうしんき》』（四世紀中頃）の中には、膾《なます》や粥などを食べる場面に箸は記されていない。四世紀ともなれば中国では箸は普及しているのであるが、『捜神記』にまとめられている前時代の非日常的な話には、箸が使われていなかったのではなく、まだ重きを置かれる存在ではなかったと考えられる。

「鬼酒鬼肉」

清の時代、袁枚《えんばい》の撰である『新斉階』の中にあるが、四川省鄷都県の丁愷《ティンカイ》という人が冥府に迷いこんで死んだ妻に会った。妻と鬼に頼んで人間界に帰らせてもらうことになった。そこで供応を受けている時に、酒の肴を挟むために箸を取り上げようとすると、妻と鬼が慌てて箸をひったくって、「いけない、いけない、鬼がご馳走する酒はいくら飲んでもよいが、鬼の肉を食べると人間界に戻れなくなるからよしなさい」と注意をしてくれた。

箸で挟むとあるから、あらかじめ肉は箸で挟める大きさに切って調理してあることがわかる。モンゴルなどでは小刀で肉を切りとりながら手で食べるが、中国では箸で取りやすいように切って料理し、箸でつまんで食べることが民話の中にも表われている。

「あばた娘とこまち娘」

こまち娘は、継母とその娘あばた娘にいつもいじめられていた。こまち娘が立派な男性と結婚したので、あばた娘は嫉妬してこまち娘を殺してしまう。しかし、こまち娘の魂は生きていて、結婚した頃の隣人である老婦人に「お米の枡であたしの頭をつくり、二本の箸であたしの手をつくり、一枚の布巾であたしの臓腑をつくり、火挟み（火箸）であたしの脚をつくって下さい。そうすれば、あたしは元の形に戻ることができるのです」と頼み、元の体になって夫のところに帰ることができた。

という話である。箸がいつも身辺にあることがうかがえる。

「長生の宝物」

あるところに長保《チャンホ》と長生《チャンション》の兄弟がいた。兄の長保が財産を一人占めしてしまったので、弟の長生夫婦は貧乏であった。仕方なく家を出て、途中、怪物退治をしたりしているうちに竜女にあう。長生は竜王の誕生日に歌を唄うことになって竜女の案内で竜宮へ行く。宮殿の前で「金の敷居から入りましょうか、それとも、銀の敷居から入りますか」と聞かれ、「金の敷居からも、銀の敷居からも入りたくありません。木の敷居から入ります」と答える。次に「金の腰掛けに坐りますか、銀の腰掛けに坐りますか」「私は金のにも銀のにも坐りたくない。木の腰掛けに坐りたいのです」。そして食事の前には金のお椀と銀のお椀のどちらを使うか尋ねられ、素焼きのお椀で食事をしましょう、と答える。食卓に並んだ金の箸と銀の箸のどちらで食事をしますかと聞かれると、「金の箸も銀の箸もいらない。竹の箸を持ってきて下さい」と答え、竜女は「では、私たちは竹の箸で食事をしましょう」。そして無欲な長生は、竜女から魔法の瓢箪をお礼にもらって帰り、最後は幸せになるというお話（中国少数民族の白族の伝説）。

「鬼の善行」

むかし台湾の内埔郷に鍛冶屋があり、村人にうるさがられたため隘寮渓の上流に引っ越した。そこに鬼が住んでいると聞いていたので、鍛冶屋は、三度の食事のたびに自分の食べるのと同じご飯とおかずを盛った碗を出し、箸まで揃えてあげた。鬼とだんだん親しくなって、鬼が水から出て陸の生活をしたいといいだした時、陸も水の中も同じ苦労だから、おたがいに善行を積もうと約束を交わした。鬼は水に溺れる人を助けたりして善行を積み、玉皇大帝（宇宙を主宰する神様）に認められて、地方の城隍廟の神様になった。

という話で、台湾の内埔郷は広東省から渡台してきた客家《はっか》族の人たちが多く、箸の話があると思われる。台湾土着の卑南《ピーナン》社の民話には「檳榔樹《びんろうじゅ》の実と匙をおばさんにあげる話」というように、箸よりも匙がでてくることが多い。

「物は見方」

よく失敗をする男がいて、誕生祝いの席へ招かれた。彼の妻は失礼のないように箸を使うときは紐で合図をするから、他のときは静かにしているように注意をした。宴席のテーブルの下に子犬がいて紐をからめてしまったのを妻の合図と思って食べていたが、あまり引っ張られて男は箸が使えなくなってしまった。妻はこのような失敗をする夫のことをあきらめたけれど、ある時、川に入って穴で何かしている人を見つけて、その理由を聞くと、その人は川の中へ針を落としたので笊で掬おうとしていると答えた。妻はこれを聞いてからは、失敗をする夫をよく助けて働いた。

他にも、妻の実家でうどんを出された婿が、あまりにおいしそうだったので、箸を取り上げるのを我慢することができなかったとか、驚いて箸を取り落としたという話があり、箸が人々の生活に密着している様子がわかる。

朝鮮半島の民話

朝鮮半島の民話としては、一三世紀の『三国遺事』が最も古いようである。

百済の民話に、最も小さい生活必需品は「一枚の筵、一個のバガチ（乾燥した瓢簞を横に切り、器にしたもの）と一つの箸」である、という話がある。

「三つのみやげ」

兄に父の遺産を分けてもらえなかった弟が、家を出て善行をし、坊さんから「三つのみやげ」をもらって山を下りた。村はずれに来た時にふと、兄さんたちに会おうか会うまいかとためらっているうちに日は暮れてしまい、仕方なく坊さんからもらった筵を敷いて横になり、いつのまにか寝込んでしまった。目をさますと、あたりの様子がまるで宮殿のような屋敷になっているのでびっくりした。坊さんからもらった筵が豪華な邸宅になったのである。バガチは何だろうと、そっと傾けると山海の珍味が次々と溢れ出た。今度は箸を叩いてみた。すると美しい娘が数人現われて、彼の身の回りの世話をしてくれた。

という話である。日本の椀と箸のように、バガチと箸（あるいは匙）が生活の中の大事なものの一つになっていることがわかる。

次は、オリオンの三つ星にちなんだ話である。

「三台星の由来」

ある金持ちのところに托鉢の僧が来て米を乞うので鉢に入れてあげたが、いくら入れても鉢は一杯にならない。僧は「銀の箸で一粒ずつ九度入れれば一杯になるでしょう」というので、一粒ずつ箸で挟んで入れたが、なかなか一杯にならなかった。とうとう夜になって僧は金持ちの家に泊ることになった。……娘は僧の子供（三つ子）を産む。その子供たちはどの子も僧（実は神僧）の霊能を持っていた。三人の子は死んで天に上り、三胎子星（オリオンの三つ星）になった。彼らは母から縦に生まれ、彼らの地上の墓は横に並んで立てられているので、三台星（三胎子星）が空に出るときは縦に並んで出てきて、地平に沈むときは横に並んで沈むのである。

この中に銀の箸とあるのは、上流社会の描写であろうか。

朝鮮半島には箸だけでなく匙の話もある。

「不思議な蛇」

朝鮮の北の吉州というところのお金持ちに美しく気だての優しい一人娘がいた。この娘に蛇がとりついたけれども、娘は蛇に匙でご飯を食べさせてあげるくらいに蛇と仲良くなった。その後、有徳の老人が現われてこの蛇を除いて祈禱をし、娘は両班《ヤンパン》（貴族）に嫁いで幸せに暮らした。

他にも、「怠け者」では、
何もしないで飯を食べることさえおっくうがる怠け者の夫に、妻は三度三度の食事のたびに、飯の匙を夫の口までもっていって入れてやった。

とか、「コシネ」では、田や畑で食事をするとき、まず飯を一匙すくって「コシネ」といって田の神に投げてから食べる風習があったとか、また、「たにしの仙女」では、

ある百姓に捕らえられたたにしが、百姓の留守中に人間の姿になり夕飯の支度をする場面で、包丁さばきも鮮やかに、魚を料理し、湯気の立ったご飯と吸い物を膳に置き、匙と箸を揃え、……

というのもある。この「たにしの仙女」の原典は前出の『捜神記』にあり、中国の民話では箸匙の記載が無く、この話が朝鮮半島に伝わって、食事といえば匙と箸という後世の生活感覚によって加筆されたものと思われる。

以上からも、朝鮮半島では匙を使う頻度が高いことがわかる。

ベトナム、タイ、インドネシアの民話

箸文化圏のベトナムと、食材や食様式に似た面を持つタイとインドネシアの民話を見ると、ベトナムには必然的に箸が組み込まれた民話がしばしば登場する。

「実の息子と養子」

チュプ（鯉）という名の男に養子と実の子がいて、チュプとその妻が死んだ後、養子（兄）が財産を独り占めしてしまい裁判になった。裁判官は決めかねて法廷を一時中断し、ちょうど昼時になったので二人に食事を出して様子を観察することにした。まず、箸を片方さかさまにして置いたところ、実の息子（弟）の方は、箸を正しく揃えてから食事を始め、養子の方は箸を置いたまま、飯を手で口一杯につめこんでいった。次に夕食を出した。献立は飯と魚の料理二皿で、一方の皿には小魚が何匹かのせてあり、もう一方の皿にはおいしそうに料理された鯉がのせてあった。養子はすぐに鯉を食べた

が、実の息子の方は、小魚の方を好んで食べた。裁判官は法廷で、実の息子の方になぜ鯉を食べなかったか尋ねると、彼は「私の父はチュプ（鯉）という名前だったので、どうしても食べられなかったのです」と答えた。そこで、真の相続人が決められた。

この話は有名で、ベトナムの民話のどの本にもでているベトナム版「大岡裁き」のような話である。必ず箸の向きが問題になっているのと、箸が置いてあるときには箸で食べるのが正式であることが述べられている。「神様と蜜のかかった饅頭」の話には、「皿の上の饅頭を、箸で小さく割って口に入れて飲み込んだ」という場面があり、ナイフと異なる箸の機能がよく示されている。これらから、箸を常用している国の様子がよくわかる。

そして、「道ばたで、すきの柄をけずる」話、

昔むかし、あるところに住んでいた家具職人が道端に腰をおろして、堅い木から鋤の柄を削っていたところ、道行く人が次々に何を作っているのかと問いかけるので、はじめの人には「鋤の柄を削っているのさ」と答えたが、次の人が尋ねると「すりこぎを」、そして次の人には「箸を」、また「檳榔樹のきれっぱしを」、そして「つまようじを削っているのさ」と答えながら、そのうちに鋤の柄を削りあげた。

「百の節のある竹」の話、

あるところに一人の百姓がいた。その百姓には美しい娘がいた。そこに若くて忠実な召使いがいた。百姓はいつも「私のためにもっと働けば娘と結婚させる」といっていた。ところが、百姓は娘を村一番の金持ちと結婚させることにし、召使いには「娘の結婚式の祝宴のために箸を作るのだから、森へ行って節が百ある竹を探してこい。そうすれば娘をおまえの嫁にしよう」といいつけた。召使いは、

魔法使いのおじいさんのおかげで首尾よく百の節のある竹を手にいれ、百姓の娘と結婚することができた。

の上記二話から、箸は木や竹を削って作られることがわかる。

また、「祭壇スープ」では、

妻が間違って作ったスープがまずくて、客も夫もスープをスプーン一杯も飲むことができなかった。……

という話もあるので、中国と同様にスープには、スプーンを使っているのである。

タイの民話では、ベトナムと同じ竹がでてきても箸でなくて魚串になる。タイのナコーンパトム県の昔話に「美しい娘の婿取りに、魚串を要求した貧しい夫婦」の話がある。

あまり裕福でない夫婦に、美しくて両親のいうことをよく聞く娘がいた。求婚者が多く、誰もが魚串のように連れ添いたいといってきたので、保護者である両親は「娘を嫁にほしい独身の男性は一人一つ魚串を作って提出すること。娘の保護者がそれを魚串であると断定した場合、その者に、結納金、婚約の品など一切なしで、娘をさしあげる」と言った。独身の男たちは、木に美しい動物の模様を彫りこんだり、宝石をちりばめたり、いろいろな房をつけたり、人によっては、真鍮、プラチナ、銅などを使って魚串を作ってきたが、どれ一つ娘の保護者の気に入らなかった。そこへ一人の若い男がきて、二インチばかりの竹切れのちょうどまん中あたりに割れ目を入れ、片方の端はくっつけたまま、他方は二本の釘のように端を削って細くした魚串を作ってきた（日本の田楽の串と似ている）。娘の父は「これこそ本当の魚串である」といって娘と若者の結婚を許した。

タイではベトナムと同じように竹はあるが、箸は作らなかったのである。

インドネシアの民話には、食べ物は箸を使って食べる国々とほとんど同じであるのに、箸のことは書かれていない。たとえば、「やもめと魚」では、

とても貧しい生活をしているやもめが、その日の食べ物にも困っていたときに、乾期で干上がった川の水たまりでもがいている魚を見て、これを捕まえておいしい焼魚を作ろう、余った魚は売って、米、ココヤシの油、それと香料を買っておいしい料理を作ろうと思う。ところが、魚の苦しみを思い、捕るのを思いとどまる。すると、魚が「おお、アラーの神よ。あなたのしもべは雨をもとめております」と空へ向かって何回も呼びかけるのが聞こえた。やがてバケツをひっくり返したように雨が降ってきた。……(男は祈りの生活を教えられる)

この話にあるように、魚や米は箸文化圏の食物と共通で、他の話にも頻繁に出てくるが、食べる場面に、箸にちなむ話は見あたらない。

タイやインドネシアは、中国発祥の箸文化が伝わる以前、紀元一世紀頃までにインドの手食文化が伝播した地域である。これらの地域では、箸文化圏とほとんど同じ食材を用い、俎《まないた》で料理をするにもかかわらず、伝統的に手食文化圏にあり、現在では、一五、六世紀にヨーロッパより入ってきたスプーンとフォークが用いられている。食卓上でナイフを必要としない料理法であるから、スプーンが主に用いられる。

チベットとモンゴルの民話

次に、箸の発祥地である中国に近接するチベットやモンゴルを見ると、まず、モンゴルでは、河口慧海(一八六六～一九四五年)が一九〇四年に出版した『チベット旅行記』には、麦焦がし、小麦の焼きパン、小麦の油揚げ、乾乳、干葡萄、乾桃、乾肉などの食べ物がでてきて、特に麦焦がしなど「手でこねて食べ

る」とあって、二〇世紀初頭頃は手食が主であったと思われる。

しかし、W・F・オコナー（William Fredric O'Connor、一八七〇～一九四三年）が一九〇三年から四年にかけてチベットのギャンツェに滞在し、収集したチベットの民話の中の「二人の隣人の物語」に箸の話がある（図5-24）。


お金持ちと貧乏な人が隣りあって住んでいた。貧乏な人は、巣から落ちて足を折った燕の雛を助け、そのお礼に燕（ほんとうは妖精）から穀物の種子を貰った。その種子を蒔くとたちまち育って、実った穂にはぎっしり宝石が付いていた。おかげで貧乏な人は裕福になった。お金持ちはこの話を聞いて、燕の巣から、箸で雛をつまみ出してわざと下に落とし、折れた脚を介抱して巣にもどした。貧乏な人のときと同じように御礼に貰った穀物の種子を植えたところ、作物は育たないで、前世に金を貸したという債権者が現われ、お金持ちの財産を差し押さえてしまった。


この話は、二〇世紀初頭のチベットの都会では箸が使われていたことを示している。

一方、モンゴルの民話に現われる食べ物は、冷凍のベーコン、羊の肩甲肉、動物の骨髄、湖の魚、白いパン、小麦粉の饅頭、アロール（煎餅状乳製品）、アイラク（乳飲料）などで、チベットと同じく箸がなくても食べられるものが多い。

モンゴルの民話の一つ「バーリンの力士」には、

バーリンからきたすもう取りの若者に、ウジュムチンの王様が、髄入りの骨を「食べてみろ」と投げると、その力士は、その骨をつかんで高く持ち上げた。ウジュムチンの王様の家老と家来たちはさげすんでいった。「あいつはどうして肉切りナイフを使わないのだろう。どうして斧を使わないのだろう」。バーリンの力士は「ナイフも、のこもいりません」といって手で引き裂いた骨をウジュムチンの王様にさし出した。王様は「バーリンの力士は野蛮人だ」と思った。

また、「若きザン、男のなかの男」の話には、若きザン、男のなかの男といわれている人が、妻に、男の子が生まれたら、どうか「ナイフの刃、鋭い矢、征服者、馬のたて髪をした男の知恵の輪」と名づけてほしい、と頼むところがあり、さらに、この話の祝宴の描写には、「人びとは肉を食べるためにナイフを置くひまもなく、座ってブランデーを飲むために盃を脇へ置くひまもなかった」とあって、モンゴルでは箸よりもナイフが重要な位置にあることがわかる。

以上のように、古くから箸を用いている中国や朝鮮半島、ベトナムでは、箸に関係のある民話が伝えられているが、タイやインドネシア、モンゴルやチベットの民話には、箸が必然的に登場する場面は見あたらない。タイやインドネシアでは、箸を使って食事をする国と同様に、米や魚、野菜などが料理に使われているのに、箸の描写はない。箸発祥の地、中国に隣接するモンゴルやチベットでは、手に持って食べられる形の食物が多く、最近では箸やスプーンが普及しているが、手食のマナーが主であり、特にモンゴルでは、ナイフが重要な位置を占めている。元時代頃から日々携行する小刀の鞘に箸がセットされている蒙古刀があり、限られた階級の人たちが持つものと思われるが、そのセットの箸は角製または小型の金属製の箸で木や竹製の箸はない。手食の主な地方は、中国の箸食が伝播する以前にインドの手食文化が伝播したり、箸を手軽に削って作ることができ

5 -24
オコナー『チベットの民話』より

る木や竹が生活域の手近に得られなかったりしたのも箸食にならなかった原因の一つと考えられる。箸を用いるところには箸の、ナイフを用いて食事をするところではナイフの物語がある。

第六章　絵巻物などに描かれた箸

二本箸が広く一般に用いられるようになった平安時代の作品である絵巻や鎌倉時代の屏風絵、時代が下って江戸時代の浮世絵などには飲食の場面に箸が描き留められている。視覚に訴えるこれらの作品は印象深く、我々と箸との長い関わり合いを思わずにはいられない。国宝級の作品も含まれるそれらに描かれた人々の生活に登場する箸を、いくつかの作品から見ていくことにする。

一　絵巻物

絵巻は、横長の巻物に経時的に場面を展開させながら絵を描き、詞書《ことばがき》を入れていく作品で、今日の映画やビデオに通じるところがある。

中国文化の吸収時代である古代にわが国に入ってきた絵巻の手法は、遣隋使、遣唐使の制度が廃されたこともあり、平安時代以降は純日本的な独自の手法へと変化し、絵も書もその時代の最高の絵師（宮中内匠寮所属の絵師たち）や書家（天皇、法皇、公卿によるものもある）が担当して、記録としても絵画としても優れた芸術作品が多く残されている。

題材は『信貴山縁起絵巻』や『春日権現霊験記』のように寺社の創建由来や御利益を描いたもの、『源氏物語絵巻』や『紫式部日記絵詞』などの文学作品をもとにしたもの、鑑真和上の『東征絵伝』や『法然上人絵伝』など高僧の生涯の聖跡を描いたもの、『地獄草紙』や『餓鬼草紙』のように仏教的教訓のあるもの、『前九年合戦絵巻』や『後三年合戦絵詞』などの戦記物を扱ったもの、『年中行事絵巻』のように儀式の記録や『鳥獣戯画』のように詞書がなく絵巻作者の創作によるものなど、あらゆる場面が扱われていて多彩である。

これらの物語、説話、教訓などを表わした絵巻は、絵画（大和絵）としてあるいは書として美術史的に重要であるばかりでなく、その時代の人間の生活を具体的に視覚に示し、貴族から庶民にいたる日常の所作、たとえば調理や食事の場面もうかがうことができて貴重な記録である。

寺社の創建由来に関する絵巻物

これに属する絵巻物は、寺社成立の由来や霊験が民衆にわかりやすく描かれていて、宝物として残されている。その時代の生活風俗を偲ぶことができる。

『信貴山縁起絵巻』（図6-1、図2-3）

第五章七節にも取り上げた『信貴山縁起絵巻』は、およそ一一五〇年から一一八〇年の間に成立したといわれている。内容は、信貴山朝護孫子寺中興の僧命蓮《みょうれん》に関する説話を絵巻にしたもので、命蓮が、醍醐天皇（八八五〜九三〇年）の病を平癒したことが含まれているので、一〇世紀頃の出来事が記されているはずであるが、描かれたのは約二〇〇年後の風俗に従っていると思われる。

箸が出てくる最初の場面（絵巻一紙、図6-1）は、山崎長者が、信貴山で修行をしている命蓮の金の鉢を校倉《あぜくら》に閉じこめたところ、鉢が鍵を壊して飛び出したので、長者の家の人たちが騒いでいる図である。ちょうど山崎長者の家に加持にきていた祈禱師は、昼時に出された折敷高坏の高盛りの食べかけの飯に、箸を立てたまま立ち騒いでいる。この図柄は、『病草紙《やまいのそうし》』（一二世紀後半〜一三世紀初頭）の「歯槽膿漏を病む男」（図2－5）にある、板折敷の上の食べかけの飯に立てた箸と同じである。前者は、折敷高坏が漆器で、飯やおまわり（おかず）は土器に盛られているのに、後者は、素木の板折敷に飯やおかずは黒漆に朱で蒔絵がしてある器が描かれている。前者は客人の僧のための土器であり、後者は庶民の日常の個人食器であるから耐久性の漆椀が使われている。しかし両者とも箸は素木の二本箸である。このように箸を立てるのは忌箸《いみばし》の一つであるが、馬頭盤も箸置も見あたらないので、とっさに箸を置くときはこのようにしたのであろうか。

6－1　『信貴山縁起絵巻』

もう一つの箸の場面は尼公の巻、九紙にあって（図2－3）、信濃の国から信貴山近くまで弟である命蓮を尋ねてきた尼を、珍しい旅人が来たと驚いて田舎家から飛び出した家族の中の男の子が、食べかけの飯の入った椀と箸を持って立っている箇所である。椀は漆椀であるが、箸はやはり素木の二本箸である。食事中を家族の後を追って表まで出てきたただならぬ様子が見て取れる。

この時代は、日常の個人用の椀や皿は漆塗りであったが、箸は素木の箸であったのである。個人の日常の食事の箸は、冠婚葬祭でも旅先でもまた接客用でもないから、この箸は使用に耐える間は洗い返して用いていたのではないかと思われる。

『粉河寺縁起絵巻』（図2－4）

この絵巻は、一一七〇から一一八〇年頃の作かといわれているが、粉河寺の本尊千手観音の由縁と霊験を記している。この観音との出会いのきっかけになるのは、奈良時代の七七〇から七八〇年に紀伊国那賀郡（現和歌山県那賀郡粉河町）に住んでいた猟師大伴孔子古《おおとものくすこ》で、彼の生活風景が始めにある。彼の一家の炉端での食事風景には、『信貴山縁起絵巻』にある二本箸はみられない。

第六断片に猟師が真魚箸《まなばし》を左手に持って鹿肉をおろしているところがある（図2－4）。一旦手をやすめ、俎の端に刀子《とうす》をおいて、右手に酒杯をもっている。子供は串に刺した焼肉をほおばっている。猟師の妻は赤児に乳を含ませながら右手で椀をとろうとしている。折敷には、椀だけが置かれていて、箸は見あたらない。庭先には、むしろの上に肉を並べて乾肉を作っている。その左には、大鍋が火にかけられ、肉の串刺しも見える。ここでは食事用の箸は見えない。

すでに仏教は伝来しており、都では肉食禁止の時代であるが、紀州の山中だけでなく日本中どこでも猟師の生活は続けられていたのである。幾品かの料理を器に盛り、膳に並べて食べる場合と違って、串焼きの肉と汁のみの場合は箸が必要なかったのかもしれない。

『春日権現記絵』（図6－2）

一三〇九年に西園寺公衡《きんひら》によって春日神社に奉納されたといわれ、鎌倉時代初期には成立していたと思われる。藤原氏の氏神である春日明神の託宣と霊験が描かれていて、当時の風俗や生活を知ることができる。

図①は中級貴族の厨房の有様（上巻の巻十三の四紙）で、後に春日明神のおかげで病気が治癒すること

6－2　『春日権現記絵』

① 中級貴族の厨房

② 竹林殿の普請場

④ よろづ（箸入）

③ 坊での食事

になる病弱の童子のために、加持僧に祈禱してもらったお礼の料理を作っている。俎で蓮根を切っているところ、鍋で煮炊きしているところ、折敷高坏、鉢、小皿、酒瓶などが揃い、一方では箸でいそがしくおまわり（おかず）を盛りつけている。

図②は大工の硯水《けんずい》（朝夕二回定時の食事以外の飲食をいう）の場面であるが、箸を使って食事をしている。『枕草子』三一三段「たくみの物食ふこそ、いとあやしけれ」に「大工が食事をするのはたいそう変わっている。……大工たちが揃って並んで食事をしているのを、東面に出て坐って見ていると、まず持って来るのがおそいとばかりに、汁物を取ってみな飲んでしまって、空になった土器《かわらけ》はついっと置いてしまい、次にあはせ（おかず）をみな食べてしまったので、おもの（ご飯）は不用なのかと見ているうちに、すぐになくなってしまった。三、四人いた皆がそうしたのだから、大工はそういうふうに食事するのだと思う……」、という描写がある。忙しげな職人の食事風景である。

図③は法泉房での久しぶりの米飯の食事風景である。高麗べりの畳の上に懸盤がおかれ人々が箸で食事をしている（下巻の巻十五、十紙）。膳の中央に高盛り飯があり、おかずは飯の周囲に置くので「おまわり」といった。食事をする女房や僧の手に箸がある。

図④は、切り炉のある部屋に続いた奥の部屋に病の子どもが寝ており、母や祖母が看病している。その部屋の入口の左側の柱に節のままの竹が打ち付けてある。節毎に斜めに切り込みが入って口が開けてあり箸が立ててあるのが見える。「よろづ」といわれる炊事用具で、すぐに使えるように箸やしゃもじを入れておくものである。昭和二〇年前までは田舎でよく目にした。立ててある箸は木の削り箸であろうか。

『松崎天神縁起』（図6-3）

6－3　『松崎天神縁起』

①天神の託宣を伝える多治比綾子

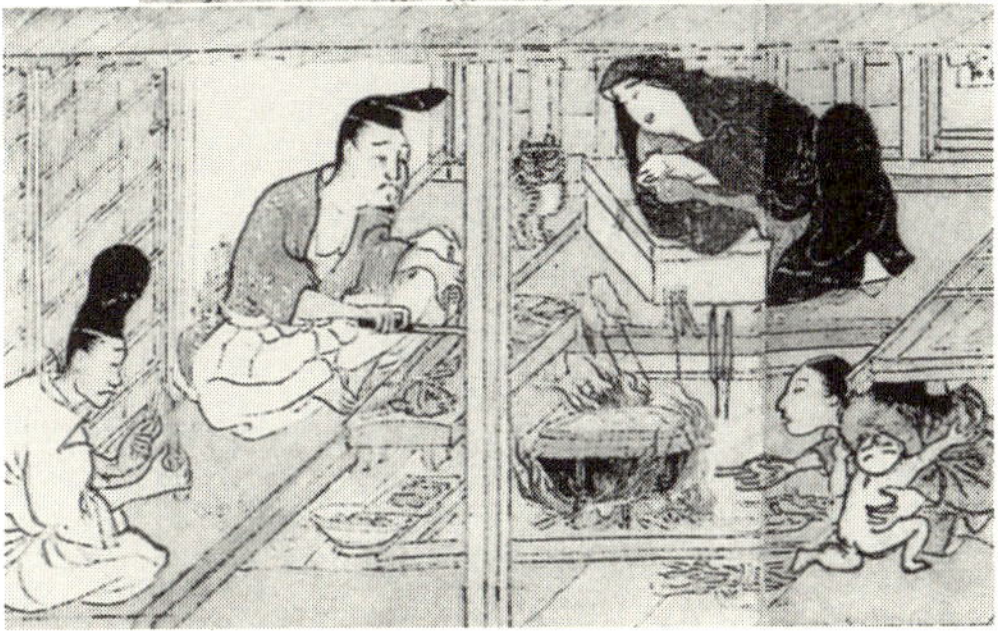

②銅細工師の囲炉裏端

鎌倉末期（一四世紀）に描かれた作品で、菅原道真の一代記と死後の霊験を中心に書かれている。

第四の二紙（図①）は天慶四年（九四一）に京に住んでいた多治比綾子という人が天神への信心が篤く、菅公から託宣を受けた。その時の様子を家族に話している場面である。綾子だけ特別な座に坐り、箸を持って高坏の食事をとりながら託宣の内容を話している。

巻五の一紙（図②）は銅細工師《あかがねさいくし》の家の囲炉裏端の場面で、『粉河寺縁起』の猟師の家の場面と似た構図である。銅細工師の後妻が炉端で鯉をおろす指図をしている。真魚箸の持ち方がわかる。囲炉裏には金《かね》火箸がさしてある。銅細工師の二人の娘は天神に参籠し、その御利益を受けて幸せになる話である。

文学作品に由来する絵巻

人々に愛読された物語は、現代では映画になったり、テレビドラマとして視覚化される。平安時代の有名な物語は鎌倉時代初期から続々と絵巻として視覚化され、上流階級の財産になった。

『源氏物語絵巻』（図6－4）

この絵巻は源氏物語の各巻の場面を題材にして描かれたもので、物語が一一世紀初頭に書かれたのに対し、推定一二世紀前半にできあがったとされている。したがって絵の風俗は物語の時代よりも下がっている。

6－4　『源氏物語絵巻』五十日の祝い

「柏木の巻」には柏木と女三ノ宮との間に御子が生まれてから五〇日目の「五十日《いか》の祝い」で、薫を抱いている源氏を描いている絵がある。当時の上流階級では、産後三夜、五夜、七夜そして九夜目に行なう祝いを産養《うぶやしない》といい、その後五〇日目と一〇〇日目に祝いをする。生まれたばかりの子供の命の消えやすい時代では、五十日や百日《ももか》の祝いは意味があったと思われる。子供が丈夫に育つようにと願って調えられた六本立の高坏の上に、箸が置かれてあるのがわかる。この箸は『紫式部日記』や『栄花物語』などから察するにおそらく銀製であると思われる。

現代でも命名式のお七夜や、三〇日前後のお宮参り、生後百日のお食《く》い初めと祝膳を用意し、箸を添えて赤児の無事成長を喜び将来を祈る儀式が残っている。ちょうど母乳依存から離乳食の準備に入る時期となる百日のお食い初めでは、箸を食べ物につける仕草をしてから子供の口元に運び、食べる真似をさせ、成人の食へ一歩踏み出したことを祝う。

『紫式部日記絵詞』

一一世紀初頭に著された『紫式部日記』をもとに、一条天皇の皇子敦成《あつひら》親王（後一条天皇）の産養から、敦良《あつなが》親王（後朱雀天皇）の生誕五十日の祝いまでを描いたもので、一三世紀中頃には完成していたといわれる。原著には当時の産養や五十日の祝いのしつらえが細かに記されていて、食具には銀《しろがね》が用いられていることがわかる。

第三段、五夜の産養の場面には左上に中宮彰子に抱かれた敦成親王が描かれ、手前には面を朱漆で塗った黒漆の台盤三脚が鍵型に置かれ、左手には折敷高坏が二つ、右側に高盛りの御膳をのせた丸い盤が三つ並んでいる。絵からは様器（儀式に用いる食器）の華麗さはわかるが、箸匙の所在は判然としない。この日記の本文に述べられているように、雛遊びの道具のように愛らしい銀の箸が添えられていたと思われる。

『住吉物語絵巻』

一〇世紀末にあった物語を鎌倉時代にあらためて書かれた『住吉物語』の絵巻で、一四世紀にできあったとされる。この絵巻は右大臣の息、四位の少将が姫君に求婚し、住吉に身をよせる姫をしたって探し求める物語を絵巻にしたものである。

旅の途中の住吉の浜辺での食事風景には、折敷に箸が添えられ、太鼓樽があり、酒を飲んでいる様子で、酒の肴を箸で手の窪に受けたと思われる。

6－5　『平家物語絵巻』源範頼酒宴の図

『平家物語絵巻』（図6－5）

この全三六巻ある作品の成立は室町時代とも江戸時代初期ともいわれ、絵巻で表現する手法が終わる時代頃に、これまであった平家物語関連の絵をもとにできあがったと思われる。平氏の興亡を主題とした大叙事詩を絵巻にしたものである。

巻第十下、図6－5には、元暦元年（一一八四）に行なわれた大嘗会《だいじょうえ》の際に、武士たちに下る除目《じもく》が詮議される中で批判された源範頼が、酒宴に明け暮れる様子を描いている。図の部屋は瀬戸内海を航行する船泊りで、重箱に素木の箸が見られる。料理は酒の肴で重箱から箸で取り、手の窪にとって食べた。当時、東国の大名・小名は、すべて大将軍源範頼の命令に従わねばならず、範頼たちの浪費のために民百姓は苦しんだといわれる。巻八には、公卿の猫間中納言が、都入りした木曾義仲を訪ねた際、田舎風の大盛り飯でもてなされたが、椀が汚れているように見え箸がつけられなかった件がある。義仲の気分を損ねてはよくないのでやむなく箸をとったという。箸の動きは食事への人の気持ちを雄弁に物語るといえる。

この絵巻は事件よりも四世紀を経ての完成なので、少なくとも一五世紀の風俗が主になっている。

高僧の生涯の聖跡

鑑真和上や弘法大師の遺徳を偲んでその行跡が具体的に絵画化され、信仰の対象となった絵巻は、信者にとってこれ以上尊い物はなかったと思われる。共通して、高僧の祈り（修行）、説教、施しが表わされ、当時、救いを必要とした人たちの姿もとどめている。ここに描かれている風俗は、高僧たちが実際に生きた時代よりも絵巻が制作された時代の風俗、すなわち鎌倉時代のそれらから憶測されて描かれていると思われるので、絵巻の成立年代順に記すことにする。

『東征伝絵巻』

奈良の唐招提寺の開祖鑑真《がんじん》（六八八〜七六三年）は、中国から海路来日し、仏教思想（戒律宗）を伝道すると共に中国の優れた美術、薬物などの知識を伝え、さまざまな面で日本文化の発展に貢献した人である。鑑真は、留学僧栄叡、普照の懇願によって日本へ渡航を企てたが、台風などで幾度も失敗し、ようやく六回（一二年）目に成功したという。中国での出家、日本への渡航の事情から絵巻が始まっている。

巻五の五紙に、ようやく太宰府に上陸して都に向かう途中、難波で唐僧崇道の饗を受けている場面がある。中央に鑑真、周囲に鑑真に教えを乞おうと集まった人たちが配され、鑑真の前に置かれた饗膳は本膳から三の膳まで用意されている。実際には中国風で供されたかもしれないが、箸匙の描き込みははっきりみえない。

鑑真が来日した時代は、孝謙天皇の天平勝宝六年（七五四）、奈良時代であるが、絵巻は永仁六年（一二九八）の作であるから描かれている風俗は鎌倉時代のものである。

『華厳宗祖師絵伝』（華厳縁起）

新羅国華厳宗の祖師義湘《ぎしょう》（六二五〜七〇二年）と元暁《がんぎょう》（六一七〜六八六年）両大師の行跡を描いたもの

で、明恵上人《みょうえ》（一一七三〜一二三二年）が華厳宗を興すために建てた高山寺に奉納された。したがってこの絵巻は一二三二年頃に日本で成立したといわれる。元暁は時の帝の病を治し、帝は帰依して元暁に金剛三昧教の訳をさせる。

義湘が唐に渡る道中の無事を祈る酒宴の場面では青磁の酒瓶と酒を汲み出す柄杓がある。料理は高坏に盛ってめいめいの前においてある場面や、唐に着岸した船の中で食事をしている場面に箸が描かれている。十八紙には中国の町中の食料品店の模様があり、台の上には魚や肉などが並べられていて、卓上の大椀には箸一膳がさしこまれている。また、二十一紙には大安聖者の持つ椀と箸がある。

絵師は七、八世紀の新羅や中国本土の風習を知らないだろうから、一三世紀の日本の箸を用いる生活感覚が基になって描かれていると思われる。

『一遍上人絵伝』（図6-6）

この絵伝は一遍《いっぺん》上人（一二三九〜一二八九年）がその生涯の大半を諸国を巡行して布教につとめた業績が描かれている。一二九九年に没後一〇年を祈念して奉納された。

巻四から巻七まで、筵で囲いをしたような粗末な小屋で生活する人たちが描かれているところがある（図①②）。彼らは何はなくとも乞食の資格として椀と箸は持っている。かつて『魏志倭人伝』に「手食す」といわれた人々もこの時代になると、椀と箸はなくてはならない生活用具であったのである。

巻九の当麻《たいま》寺曼荼羅堂では一遍上人は参詣人に念仏を授け、時宗《じしゅう》の僧侶たちに斎《とき》（昼飯）をさせている（図③）。人々は結縁《けちえん》のために喜捨《きしゃ》の食事を運んでいる。僧たちは曲物の飯櫃から杓子で飯を椀に山盛りにして箸で食べている。この時代、白飯はごちそうで、ここで使われている箸は木を荒削りしたもので、平

6－6　『一遍上人絵伝』

② 堀川のほとり

① 関寺の門前

③ 当麻寺曼荼羅堂の斎

城宮跡から出土した檜の箸と同じようなものではないかと思われる。

『法然上人絵伝』

浄土宗の開祖、法然上人《ほうねん》（一一三三〜一二一二年）の聖歴を、後伏見上皇の勅命で、比叡山功徳院の僧舜昌が一三〇七年から一〇年を要して描き上げた。

巻三十五に隠岐国塩飽《しあく》の豪族に接待を受け、折敷を出されている図はあるが、箸の存在は鮮明ではない。この絵巻は、法然上人の誕生から入寂《にゅうじゃく》までとその間の布教の内容、そして法然を偲ぶ高弟や帰依者が仏のご来迎に導かれ入寂される場面が描かれている。

『慕帰絵詞《ぼきえことば》』（図6-7）

本願寺第三世法主覚如上人（一二七〇〜一三五一年）の生誕から入寂までの一代の伝記を描いたもので、一四世紀に描かれ、当時の生活風俗を知ることができる。

巻二の六から八紙は覚如上人が一四歳で三井寺南滝院浄珍の弟子となったときの様子である。図①の絵の浄珍の前には衝重《ついがさね》が並べられ料理が運ばれている。膳の上には匙がなく箸だけである。八紙には南滝院の厨房での料理の様子がうかがえる（図②）。図には見えない左の方では田楽が焼かれ、中央では五徳に鍋をおいて煮物をしている。右側では飯や和え物を盛りつけ、右奥の膳に置かれるものと思われる。膳上には箸が見える。巻八の六紙にも厨房の絵があり、煮物が炊かれ、右手前に塗物の椀と高坏が用意されている。檜桶には柄勺が入って壁には串柿がつるされている。

① 南滝院浄珍の膳

② 南滝院厨房

6－7　『慕帰絵詞』

② 疫病からの避難民

① 長安での斎の取箸

③ 大師の退下を待つ人々

6－8　『弘法大師行状絵詞』

『弘法大師行状絵詞』（図6－8）

真言宗の祖師、弘法大師空海（七七四～八三五年）一代の伝記を描いたもので、一四世紀後半から一五世紀にわたって一五年間をかけて完成したとされる。

弘法大師は、八〇四年から二年間の長安留学中に数々の灌頂《かんじょう》（密教での一種の単位取得）を受け、最後に伝法大阿闍梨《でんぼうだいあじゃり》の僧位を受けたときに、五〇〇人の僧の斎《とき》を用意し披露した。その準備の様子が巻三の三十四紙にあり、ごちそうを盛った大きな二つの盤に太い取箸が付けられている場面がある（図①）。

巻七の二十八紙には弘仁九年（八一八）に蔓延した疫病のために、人々は伝染を怖れて加茂川や鳥辺野《とりべの》に掘立小屋を建てて暮らした様子が描かれている。そこでの炊事や食事に箸が用いられている様子が見える（図②）。

同じく三十二紙には、この疫病を鎮めるために、嵯峨天皇の命を受けて宮中に参内し、供養された大師の帰途を、路上で待ち受けている人々の姿が描かれている。「すべての人々を平等に救済する（箸を持つすべての人を救済する）」という思想に共鳴した当時の人たちは、身分のあるなし貧富を問わず、大師を迎えている。道の端にいる小屋掛けの人たちは箸と椀で食事しながらの様子である（図③）。この供養の御利益は、結願《けちがん》までに蘇生する人が現われたといわれているほどである。

巻八の二十紙には、大師は紀州田辺で会った老翁と京の東寺で再会を約し、その七年後に東寺を訪れた老翁が実は稲荷大明神で、東寺の南大門で大師が老翁をもてなしている場面がある。上面は赤漆で黒漆塗りの角（折敷）高坏にごちそうがあり、箸が添えられている。この箸は、仏教でのことなので、あるいは金属の箸すなわち唐箸《からはし》であったかもしれない。

6－9　『玄奘三蔵絵』

① 那爛陀寺の玄奘

② クマーラ王の饗応を受ける玄奘

『玄奘三蔵絵』（図6－9）

この絵巻は、宮中絵所で一三世紀後期に描かれたといわれ、未知の世界を描いている。唐の玄奘《げんじょう》三蔵が法を求めてインドへ旅し、一七年を要して長安に帰洛し、経典を翻訳した大事業を描いた絵巻で一二巻からなる。

巻二の二十九紙には滞留を強請する高昌国トルファン王に対して玄奘はこれを拝辞し、次々運ばれる御馳走にいっこうに箸を取ろうとしなかったという場面や、巻三の九紙には亀《キ》茲《シ》国王に歓迎されもてなしを受けているところで、肉が使ってあったので「大乗仏教では肉食を禁じております」と箸をつけなかったのに対して、王は手抜かりを詫び精進料理にかえたという場面の膳上に箸がある。

巻六の十二紙はインド最大の学問所那爛陀寺で厚遇を受けている場面である。泉の涌き出る泉殿に面した部屋で饗応にあずかる玄奘三蔵は、八足の机上の山海の珍味を匙を手にして食べている（図①）。

巻八の四紙にはクマーラ王の饗応を受ける玄奘があり、卓上には亀茲国王の場面と同じく耳かわらけ様の小皿に箸が置かれている（図②）。

6-10『華厳五十五所絵巻』

① 具足優婆夷の場面

② 普眼長者の場面

このように作者は、中国では箸と匙が使われていたことを念頭に描いている。

仏教的教訓

絵巻の多くは平安末期から鎌倉時代にかけて著されている。この時代は、遣隋使、遣唐使制度が廃された後の、直輸入の中国文化を日本的に発展熟成させていく時代であるが、貴族の制度から武家の制度に移行する時代でもあり、うち続く戦乱、疾病の流行など政情、世情共に不安定な時代である。心のよりどころとして仏教思想に関連した絵巻も編纂された。

『華厳五十五所絵巻』（図6－10）

これは善財童子が五五人の高徳の聖人を歴訪するさまを描いたもので、一二世紀末の作品である。

第十一紙（図①）は聖人の一人、具足優婆夷《うばい》との対面の場面で、善財童子が海住域に到着して、具足優婆夷から尽きることのない御飯の入った茶碗をみせてもらっている場面である。庭前左手には食を与えられた人々が箸で食事をしている。

第十三紙（図②）は普眼《ふげん》長者との場面で、この長者はもろもろの病を知り尽くして、すべての治療法をわきまえていて、訪ねて来る病人には、それを治療した上に施し物まで与えた。画面には、食を勧められる者、衣装を貰って帰る者や、やせ犬に餌が与えられているところが描かれてある。食を施された人の膳の上には高盛飯とお菜と思われる三つの椀があり、箸を手に持っていることがわかる。

『餓鬼草紙』（図6-11）

餓鬼草紙は一二世紀後半から一三世紀初頭までに成立したといわれ、平安朝末期から鎌倉時代初頭の社会情勢から生まれた六道《ろくどう》思想を反映したもので、六道の内、この草紙は餓鬼道について描かれている。河本家本（東博蔵）の一段、一紙目に「欲色《よくしき》餓鬼」の絵がある。貴族の宴席では表が朱の黒漆の折敷高坏にはごちそう、素木の折敷には酒杯や木の実を入れた鉢があり、箸が添えられている。鎌倉期にも入れば、貴族でも匙は使わなくなっていて、おそらく素木の箸であると思われる。貴族に、人間の眼には見えないが飲食を盗むという餓鬼がとりついている。

同じく第九段の九紙に、食べてもすぐ吐かせるという「食吐《しょくど》餓鬼」にとりつかれた絵（図①）があり、折敷に載った食べかけの高盛飯の上に長い箸が二本立てられている。これは『信貴山縁起絵巻』（図6-1）や『病草紙』（図2-5）にある絵と同じである。

曹源寺本（京博蔵）の第七段の十七紙には、比丘《びく》阿難の教えによって餓鬼に食物を施している絵（図②）があり、飯は地面に撒かれ、餓鬼は、手で、飯をむさぼっている。箸を用いないことが餓鬼の特徴を示している。

同じく六道思想を反映した『地獄草紙』（一二世期半ば成立）の益田家本甲巻の第六段二紙には「解身《げしん》地

獄」の場面があり、鬼が、頑丈そうな真魚箸や箸で作業する様子があり、当時の箸の用いられ方がわかる。

『善教房絵巻』（図6－12）

この絵巻は善教房という僧侶が三位中将の邸を訪れて浄土教の教えを説いて人々を導く話が描かれている。『源氏物語絵巻』のように物語がはじめにあって、あとで絵が加えられた絵巻ではなくて、多くの登場人物の対話を借りながら善教房が仏教の教えを説いた絵巻である。図は真魚箸を持ち、鳥をさばいている源七と、菜箸を持った九らう（九郎）の問答の場面で、源七は「まったくあたらしいこい（絵は鳥）であるよ。ああ、なますにするか」といい、九郎は「ややあれは私の父が、私がひもじいのを夢に見て（私に）食べられようと出てこられたのだ。それを食べてはいかがなものか」と書き込んである。この場面の前後には、魚や鳥や兎は両親の生まれ変わりかもしれない。それを殺生する罪深い猟師や漁夫でも往生したのはなぜかと問われ、善教房は臨終に阿弥陀を念じるから往生できたのだと説く。

「食べる」ことは地球上の生命を人の身に受けることであり、箸を持つときにそれを常に思い、祈るのは人類に共通のことである。

この場面は南北朝時代の台所の様子がわかり、手前には母親が幼児に粥を与えているのか、椀の中のものを吹きさましており、幼児は箸の片方らしいものを持っている。一三世紀後期の絵巻である。

儀式や戦記物の記録

『年中行事絵巻』

後白河天皇（一一二七～一一九二年）は在位わずか四年にすぎなかったが、朝儀の再興に非常に情熱を

① 食吐餓鬼の場面

② 比丘阿難の施し

6 -11 『餓鬼草紙』

6 -12
『善教房絵巻』

燃やした。この絵巻は後白河天皇の要望によって、宮廷で行なわれる年中行事を詳細に描いたもので、一一六五年前後に完成する。

巻四の十五紙の射遺賭弓《いのこしかけゆみ》の場面には、射遺の宴で幄舎《あくしゃ》の中に朱の広盤や高坏に盛ったご馳走が見え、巻五の十四紙、献詩披講の内宴では台盤の上に高盛飯やおまわり（副食）がおかれている。巻六の十五から十七紙には大饗、中宮大饗の膳部、巻七の三十と三十一紙は御斉会《おんときえ》右近陣饗《うこんのじんあえ》の様子があり、出席の公卿の前には朱漆丸高坏、殿上人の前には春日机がある。巻八の二十七紙の騎射穏座の饗や巻十の六月祓大饗踏歌でも饗宴の膳が描かれている。

図が細かいために箸匙の具体的な描写は確認できないが、これらの場面には平安時代の箸匙（第二章八節）でみたように馬頭盤または耳かわらけに箸匙が用意されているはずである。

『後三年合戦絵詞』（図6－13）

一一世紀の末、奥羽の豪族清原家衡が血族の争いをした時、源義家が家衡の異父兄清衡を助け、家衡を討伐する史実を描いている。義家軍が金沢柵で雁の列の乱れを見て伏兵を知り、これを攻めた有名な話がある。この絵詞《えことば》は鎌倉後期（一四世紀）の作品である。

第一段の三紙、図①は清原武衡をもてなす家衡邸の一場面で、厨房から酒、肴を運ぶ様子が描かれ、男の持つ膳に箸が見える。第二段の十紙には、将軍源義家の陣で、弟義光らと対面の場面があり、丸高坏に配された高盛飯やおまわりを箸で食事するのが描かれている。図②は供応の準備に忙しい軍兵たちで、手前の方では雉子や鯉の料理が進められ、奥では刺身がつくられ土器に箸で盛り付けている。十三紙には家衡邸の重臣たちの食事の場面（図③）があり、素木の衝重《ついがさね》には十紙に描かれているのと同様の献立で箸を用いている。一四世紀における料理や食事と箸の様子がわかる。

その他

『病《やまい》草紙』

諸国の奇病や不健康な題材を集め、一場面ずつ解説が付いている草紙で、一二世紀半ば過ぎに成立したとされる。

箸が明らかに見えるのは、「歯槽膿漏を病む男」が食事中の箸を置いて痛い箇所を女に見せている場面（図2-5）である。素木の折敷の上に食べかけの飯があり、箸が無造作に立てられている。汁や魚、刻んだ野菜らしい料理が飯のまわりにあり、取皿も添えられている。漆塗りの椀や皿は朱漆で蒔絵が施されているのに、箸は素木で、庶民でも耐久性の漆塗りの食器を使うようになったが、塗箸はまだであることがわかる。

同じ草紙の「小坊師の幻覚に悩む男」では、幻覚に悩まされ食事もとれない男の枕元に、折敷に箸を添えた飯が置かれた場面がある。椀は漆椀で箸は素木ではなく漆が塗られているようにみえる。この時代は漆が貴族階級の独占でなくなり、武具にも広く用いられた時代であるから、量産ということではなくて、身の回りの品にも漆が塗られ始めていたと思われる。

『直幹申文絵詞』（図6-14）

村上天皇（九二六〜九六七年）と文章博士橘直幹《なおもと》の申文《もうしぶみ》を巡る説話は一三世紀後期の作品とされる。図は直幹の自邸付近の庶民の生活を描いていて、京では平安時代に定期的に東西市《とうざいのいち》が開かれるようになり、

6 -13 『後三年合戦絵詞』

① 武衡をもてなす家衡邸

② 義家の陣の調理場

③ 家衡邸重臣たちの食事

6 -14 『直幹申文絵詞』
13世紀後期の京の雑貨屋

商品を持った人々が市に集まって物々交換をしたが、鎌倉時代には市を中心に店屋が増え、日常の食べ物や雑貨が「見せ棚」に並ぶようになる。この店は干魚や木の実、饅頭らしい物以外に草鞋《わらじ》や薪など日用雑貨も売っていて、店の中で女の人が売物の煮物を桶の中から箸で小皿に盛りわけている。この取りわけたり盛り付けたりするための箸使いは、伝統的な箸の持ち方の方が上手にできる（第四章三節の三参照）。

『天狗草紙』（6－15）

鎌倉時代に、奈良、叡山などの諸大寺の僧徒が寺の由緒を誇り驕慢な振る舞いがあるのを天狗《てんぐ》になぞらえて風刺した絵巻である（一二九六年）。図（十七紙）には箸を使って食事をしている者もいるが、飯櫃から直接飯を手づかみで食べる者もあり、横暴な僧の驕る様を描いている。

この時代になると第五章七節や、図6－6、図6－8にもあるように、乞食でも御器（箸と椀）を持つのに、箸で食事をしない者は不作法ということがすっかり定着していて、手づかみで食べ物を食べるのはもっともわかりやすい人間性の表現であったと思われる。

『絵師草紙』（図6－16）

この草紙はある絵師の身の上話を描いたもので、一四世紀初期の作とされる。

都に住む貧しい絵師に、伊予国の中に知行地を授けるという宣旨が下り、一族は大喜びする。壁は所々落ちて下地が見え、縁側も踏み抜けるような荒屋であるが、宴席では一同酒を飲み踊る人も出る。人々の前には酒の肴の幾品かが皿に盛られ折敷に載っている。どの折敷にも箸が添えてあり、置き方がばらばらなのも喜びの大きさがわかる。ところがこの知行地は他人にとられ、年貢米は持ち去られ、やむなく絵の奉行に頼るが、かなえられず、息子も絵師も出家する話である。

この時代は絵巻物が盛んに作成された時代からやや下がり、宮中にあったという絵師所の絵師にも似た経験の人がいたのかもしれない。

『福富草紙絵巻』

6 -15 『天狗草紙』

6 -16 『絵師草紙』

『お伽草子』から題材を得て、放屁の芸の名人が富を得たのでその隣に住む福富《ふくとみ》という人が真似をして失敗する話を絵巻にしたものである（一五世紀の作品）。

貴族の邸で芸を披露しようとして失敗し退座した場面には、庭に円座と折敷が残されてあり、折敷には飯や酒肴が載せられ箸が添えられている。芸を披露する前に一献頂戴し、芸の紹介をしたのであろう。他に貴族の館の台所の描写もあり、足のついた俎の上に調理用の真魚箸と思われる箸が並んでいる場面もある。

また、福富の妻が夫の芸を認められ、これからお金持ちになると期待して古着を燃やしている場面があり、火箸が伝統的な箸の持ち方で描かれている。

二　屏風絵と浮世絵など

貴族文化から武家文化に移る一五世紀以降は、絵巻の表現様式は衰退し屏風絵への記録が盛んになる。屏風は室内の実用的な調度品である一方、インテリアとして古くから持主あるいは屏風が置かれる部屋の格式や目的に応じて、さまざまなデザインが施されてきた。平安時代には、それまで唐詩などの書や唐風俗の人物風景が題材であったのに、屏風全体に絵が描かれるようになり、江戸時代初期には、絵巻の題材であった『伊勢物語』や『山王霊験記』が『伊勢物語図屏風』や『山王祭礼図屏風』として一枚の画面に構成される。

室町時代には、京の都をとりまく自然や、名所、祭礼などが屏風絵の題材になったが、織田信長や豊臣秀吉らは、都の活況を記録した六曲一双の屏風、『洛中洛外図』という精密で絢爛たる作品を制作させた。

6-17 『伊勢物語図屏風』

そこには、洛中洛外の名刹、名所、四季の景観や行事などが描き込まれ、それに参加する貴顕から庶民の風俗、とくに庶民の生き生きとした実生活の瞬間が活写されている。料理店や飲食の場面も俯瞰的に描かれ、箸のある場面も見られる。

屏風絵

『伊勢物語図屏風』（図6-17）

『伊勢物語』を屏風絵にしたもので、図は第四十五段「行く蛍」を題材にして蛍（男）をもてなすための調理をしている場面である。左側で男が鳥をおろしている。その隣の男は焼き串を削っているのであろう。右側の女は赤児をひざにのせて囲炉裏の火加減をみている。中央奥では女性が指図をしている。これによく似た構図は『粉河寺縁起絵巻』（図2-4）や『松崎天神縁起』（図6-3②）にあり、俎上には前者は鹿、後者は魚、この屏風では鳥になっている。この画材は『粉河寺縁起絵巻』が原画と思われ、囲炉裏のまわりの人物の配置が似ており、真魚箸の使い方を示している。一七世紀前期の作品である。

『日吉山王、山王祭礼図屏風』

この屏風は日吉祭神七座が上坂本を出発し下坂本を経て琵琶湖岸七

本柳浜に到着する様子が描かれている。この祭には後三条天皇（在位一〇六八〜七二年）の行幸をはじめ、たびたび行幸啓があり、摂関家以下の日吉参りも盛んであった。四月一四日に行なわれる例祭は山王祭とよばれ、この祭りのクライマックスは船祭りである。これを見物に来た人の観音堂の縁での食事の様子に、椀と箸が用いられている。一七世紀の作品。

『津島神社祭礼図屏風』

名古屋市西近郊にある津島市は津島牛頭天王社（津島神社）の門前町として発展した。旧暦六月に行なわれる船祭りは、尾張三大祭りの一つである。その祭礼の様子を描いたのがこの屏風である（一七世紀の作品）。津島の見世物と飲食の小屋の場面には、飲食小屋の中で串ざし団子、煮物、漬け物などの食べ物を売っている。その隣には酒を飲ませる店があり、酒の肴を盛った足つきの皿に箸がそえてある。

『洛中洛外図屏風』

洛中洛外図は最も古い室町時代の町田家本や上杉家本、江戸時代の舟木家本など数種類があり、いずれも六曲一隻屏風で、当時の京の都の中心部から周辺部までの、宮中からあらゆる職業の庶民にいたる日常生活あるいは祭り、行事などが俯瞰的に、精密に描いてあり、諸階級の登場人物だけでも二五〇〇人以上という大観である。洛中洛外図の中に当時の箸の使われ方がみられる。ここでは町田家旧蔵本、上杉家本に船木家旧蔵本の三つの屏風絵を参考にする。

○町田家旧蔵本

現存する最古の洛中洛外図屏風である（一五二五〜一五三五年）。右隻は下京の街なみを西側から見て東山一帯の春夏の景を描いた下京屏風で、左隻は東側から見た上京の町なみで、北山、西山の秋冬の景観を描いた上京屏風から構成されている。酒食の場は少なく、左隻第六扇の臨川寺の門前と桂川畔での酒宴の場に、盃、徳利、膳、重箱などがあり、殿様らしい人の前にある膳には箸がおかれているように見える。

町田家旧蔵本では飲食の場の明らかなのはこの場面のみのようである。

○上杉家本（図6-18）

天正二年（一五七四）織田信長が上杉謙信に贈ったと伝えられる屏風である。町田家旧蔵本よりも範囲が拡大され、描写も細密化されて、活況を呈する京の都を力強い筆で描いている、登場人物も二五〇〇人近くに及んでいる。

この屏風の特色は、右隻第四扇3の「室町通の繁華街」と左隻第四扇3の「小川通の歳末風景」の二つの場面に、箸を商う店が描かれていることである。前者は店先に素木の箸を並べ、店の奥で女が箸を削っている様子に見える。この店に箸の材料を届けるのか、板売りの男も描かれている。店には近在から来たらしい菅笠《すげがさ》の女性が二人、箸をもとめている（図①）。後者の箸店（図②）は水落地蔵前の橋の取っ掛かりにあり、『京町鑑』（宝暦一二年、一七六二）に出ている「水落町、俗に地蔵辻子、箸箱辻子ともいう」場所の店である。店先には、箸を収める箱や朱塗りの箸がみえる。門松売りが行き交う通りから供を連れた被衣《かつぎ》の女性が箸をもとめに来た様子が描かれている。庶民は素木の箸、上流階級では塗箸を用いていたと思われる。どちらも箸の店は女性が商っている。

○舟木家旧蔵本（図6-19）

上杉家本も町田家本と同様に飲食の場面は少ない。

上杉家本より新しい洛中洛外図で、一六一五年頃の洛中と洛東の主要部に限る構成となっている。画面

② 箸箱辻子の塗箸屋　① 室町通の箸屋

6-18 『洛中洛外図』上杉家本

6-19 『洛中洛外図』舟木家旧蔵本

①（右）鴨川の河猟のしじみ汁

②（左）五条橋通りの食べ物屋街

③ 二条城台所と御殿の真魚箸

は両方にわたり連絡性を持っている。右隻に豊臣氏ゆかりの方広寺大仏殿を、左隻に徳川氏の二条城がある。この屛風の特徴は老若男女の人物一人一人の描写が具体的で、二七〇〇人に及ぶ人物群像が仕事や行楽の各場面でいきいきと描かれている。

食べ物に関係する場面は上杉家本、町田家本に比して一〇数カ所あり、もっとも多い。「鴨川の河猟」の場面では川縁で採れたばかりのしじみ汁を客に提供している（図①）。図②は「五条橋通の食べ物屋街」の場面で、客が折敷を前に座り、椀と箸を使っている。右隣では魚を串焼きにし、飯の用意をしている様子である。

その他、「豊国社境内」の花見の酒宴では蒔絵の重箱に箸が添えられているし、「建仁寺門前」では女性だけで遊山にきたのか、料理を隣の人に箸でとっている。「知恩院」と「祇園門前町」の場面では、門前の茶屋で腰掛けの客が抹茶をいただいたり、客に茶をすすめたりしている。この茶屋は門前左右に出るので二軒茶屋とよばれる。

「二条城台所と御殿」（図③）の場面では、包丁師が真魚箸で魚を調理している様子や鳥をさばいている様子が描かれている。

以上のように飲食の場面は舟木家旧蔵本では多く、箸と椀、あるいは箸を使う場面も具体的に見られる。

洛中洛外関連の屛風

洛中洛外での諸行事、祭礼などを主題にした屛風の中にも箸が見られる場面がある。

『賀茂競馬図屛風』（一六七三年）

江戸時代初期の作品といわれる『賀茂競馬図』は、京都の上賀茂神社での年中行事、五穀豊穣を祈って行なわれる祭事を描いている。この祭礼に来た人たちが木陰で食事をしている場面があり、箸も描かれている。祭礼のように人の集まる所は社交の場でもあり、食事の楽しみの情景が描かれている。

『豊国祭礼図屏風』（一七八三年）

江戸時代に描かれた豊臣秀吉を祭神とする豊国社の祭礼図は、秀吉の七回忌のための臨時祭礼を描いたものである。豊臣から徳川へと政権が移りゆく時の世情を反映して、町の衆を巻き込んだ盛大なものであったらしく、いくつかの作品がある。その中の場面の一つに、祭礼に店出しするために地方から出てきたのであろうか、屏風中央に描かれた祭りの華麗や喧騒から離れて、社の縁で弁当をとっている姿が屏風の右下隅に描かれており、箸の持ち方がよくわかる。

他に、『東山遊楽図屏風』（一七世紀初期）には桜の名所で知られる東山周辺での野外遊楽の場面があり、桜の花につつまれた中で真魚箸と包丁を使って魚を切り開いている。また、『東山名所図屏風』（寛永期、紙本金雲著色）には茶屋で男が箸で食事をしている様子が描かれている。

浮世絵などの箸

江戸時代には生活風俗の場面は、絵巻や屏風絵に代わって庶民文化ともいえる浮世絵や読物の挿絵に見られるようになる。江戸時代後期に盛んになった浮世絵は独特な表現法と構図の斬新なことで高い評価を得ているが、絵巻類と異なって、絵師の目の当たりにした市民生活の一場面を取り上げていることから当時の模様をうかがうことができて大変興味深い。画面に箸がみられるものをとりあげてみた。

6-20 「吉原の躰」

「吉原の躰《てい》」（図6-20）

元禄時代に、菱川師宣（?～一六九四年）によって描かれた新吉原遊郭の連作の一つ、図には座敷の有様が描かれていて、酒の肴を入れた縁高や鉢皿に取箸がそえられている。

「劇場内部図」（図6-21）

歌川豊国（一七六九～一八二五年）が浮世絵の技法を生かして描いたこの錦絵は、舞台上の役者絵を中心にこれを囲んだ桟敷席を遠近法で描いて劇場内部の規模を表現している。絵の右側中ほどの席では箸で食べ物をつまんで口に運んでいる人がいる。現在では劇場内で飲食することはひかえられているが、当時は芝居見物と飲食はつきものであったようで、箸から箸へと食べ物を渡している様子も見える。箸渡しは不作法といわれているが、そのようなことも日常行なわれていたらしく面白い。

「伊呂波《いろは》画合《あわせ》」（図6-22）

歌川国芳（一七九七～一八六一年）の作品。これは忠臣蔵四十七士と仮名四八文字から「ん」の字を除いた数が同じであることから、「い、ろ、は、…」に合わせて「仮名手本忠臣蔵」の一シーンずつ一コマを団扇《うちわ》絵判に描いたものである。

図は「い」の一力茶屋で、大石由良之助が仇討報復の意図をかくすための遊興の場を取り上げ、赤い盆にのった大皿から、蛸の輪切りを箸で小皿に取っている女が描かれている。箸の持ち方がきわめて正確に描かれており、江戸時代から「伝統的な持ち方」があることが示されている。

「溝店《どぶだなの》 夜雨《よるのあめ》」（東叡麓八景の一つ）

上野の山の下から、やや離れた場所に出される溝店は、上野の山の下にある店よりさらに安価であった

6-21 「劇場内部図」

6-22 「伊呂波画合」一力茶屋の場

6-23 『近世職人尽絵詞』そばの屋台

らしい。雨にもかかわらず路上で屋台のそばを食べている場面があり、三代豊国（国貞、一七八六〜一八六四年）の役者絵や国貞の「神無月はつ雪のそうか」にも同じ題材の図がある。また浮世絵ではないが、鍬形蕙斎《くわがたけいさい》（一七六四〜一八二四年）の『近世職人尽絵詞』にも町衆がそばの立ち食いをしている図（図6-23）がある。江戸時代には二八そばの他、すしや天ぷら、ところてんの屋台も出て、箸立や箸籠の箸が立ち食いに用いられたと思われる。

このように江戸時代には庶民がどこででも箸を用いていたことがわかる。これらの図から麵食と箸の必然性をいう人もあるが、石毛直道氏の『麵食の文化史』にはチベットの人がざるそば様のそばを手で食べている写真があるし、ネパールではフォークで汁麵を食べている写真もある。麵だから箸というのではなく、日本では食事には箸が必ず使われていたことを示している。

『東海道中膝栗毛』（図6-24）

十返舎一九（一七六五〜一八三一年）のこの作品は、弥次郎兵衛と喜多八とが道中随所に失敗や滑稽を演じながら、東海道を京、大坂に向けて旅する紀行文であり、膝を栗毛の馬の代用とする意味の徒歩旅行中の出来事が書かれている。その十返舎一九自筆の挿絵の中に飲食の場もあり、箸も描かれている。図は、今の掛川市近くの一膳飯屋に立ち寄ったときの情景である。「一ぜんめし」と「にしめ」の書き込みがある。旅中の飲食は旅人にとって楽しみの一つであったと思われる。

渡辺崋山（一七九三〜一八四一年）が江戸から相州厚木村まで乳母や知己を訪ねたときの『游相日記』にも自筆の挿絵が入っていて、質素な膳や交遊の宴で食事をしている場面があり、手には必ず椀と箸が持たれている。

6－24　『東海道中膝栗毛』

6－25　『農業図絵』
「稲刈上の日祝」

『農業図絵』（図6－25）

浮世絵とは趣が異なるが、加賀藩の元禄期の農業を一年の月を追って描かれた『農業図絵』には、四月の「表田植仕廻一日休」や九月の「稲刈上の日祝」、「稲蔵入れして少祝」として飲食の図がある。「稲刈上の日祝」では農民が村の長の家に集まって酒宴の場に箸が描かれている。右手前の酒の応酬のところにある縁高《ふちだか》に入っている箸は、手の窪に酒の肴をとるための取箸と思われる（取箸は直接口にはこぶものではない）。

絵巻や浮世絵などから食事の場面で箸がどのように使用されているかをみると、絵巻物が描かれた一一世紀にはすでに食事は箸のみで行なわれ、常に個人用の膳椀と共に用いられていることがわかる。『玄奘三蔵絵』では匙を使った場面もあるが、中央アジアやインドの習慣を見聞して表わしたものである。

室町時代に絵巻物に代わって盛んになった屏風絵には、壮大な構図の『洛中洛外図』のように、貴族から庶民までの日常生活や祭礼が細かくいきいきと描かれている。そのうちの江戸時代に描かれた舟木家旧蔵本には京の庶民の動きが活写され、箸を用いて料理し、箸で精力的に飲食しているのがわかる。

江戸時代に入ると町人文化の発展と共に浮世絵が現われ、美人画ばかりでなく、世相や農事を扱った作品も多く、庶民の生活模様を力強く浮き彫りし、料亭や屋台の場面も盛んに描かれた。


以上のように絵巻物や浮世絵などは、その時代の人の生活風俗を目で確かめられるので、箸の用いられる場面を調べるのに格好の資料と思われたが、次の点で難点があることもわかった。

一つは、原作や事件のあった時代と絵巻物にされた時代との間に同時性のないことである。記録映画やビデオでは、その時代のその時の記録ができるが、絵巻物は後世になって絵画化されることが多い。ゆえに絵巻物の多くは箸が用いられ伝播されてからの描写であって、唯一、内容は八世紀の事件であるが、一二世紀の成立という『粉河寺縁起』に、猟師の手食の場面が描かれているのみである。

二つめは絵師たちの経験で、史実にないことや行ったことのない外国の生活風俗を描くときに文書や聞き伝えに頼らねばならないことである。八世紀の事柄である『東征絵伝』や『華厳宗祖師絵伝』は一三世紀の作品で、絵師たちは八世紀の中国や新羅の生活は描きようがなく、そこに描写されている風俗は絵巻が成立した年代の日本の生活風俗がもとになっているのである。絵巻物は版画や印刷物と違って模写されたり、長年の間に断裂欠損した元絵を編集し、参考にしてできあがったものもあり、それぞれの絵師たちの考証に拠っている。それでも、絵巻物の盛んに描かれた一二、三世紀は日本で箸が一般化した時代である。絵巻物に現われた箸は匙との併用ではなく、箸のみ用いられ、高坏や膳に飯を中心にそれぞれ盛り分けられたおまわり（副食品）は箸で食べやすいように料理してある。箸を用いないで手づかみで飯を食べる僧たちの不作法を『天狗草子』は示している。

絵巻物の中には、火箸の描かれている場面もある。『信貴山縁起絵巻』の山寺の火桶は、木の曲げ物で囲った中に土器の火鉢が埋めてあり、火桶と同じ材質の木の柄のついた火箸が挿してある。『枕草子絵巻』（一四世紀初頭）に中宮の部屋におそらく木の切り株を加工したものと思われる大きな火鉢（桶）があり、胴部は龍田川の紅葉や菊唐草の紋様を蒔絵にしてある。その火箸の把持部は木製で、火桶の胴部と同じデザインの蒔絵がほどこされている。火桶の胴部と火箸の把持部は材質もデザインも同じに描かれているのである。寺では持ち運びできるように耳のついた火鉢もある。『松崎天神縁起』にあるように、庶民の家は囲炉裏が切られていることが多く、ここでは火箸は頭部に金属製の輪をつけたりしている。

火箸は、火鉢に炭を補ったり火力を調整したりするのに細やかな作業ができ、便利な必需品であったと思われる。ちなみに西欧では、暖炉のような火の側にはファイアアイアンという火掻き棒やシャベル、三つ又があり、薪や石炭のような大型の燃料を扱うのに便利である。こういう点からも箸食、ナイフ・フォーク食の違いに気づかされる。

第七章　日本文化と箸

天文一二年（一五四三）に種子島に鉄砲が伝えられたときの記録が僧文之《ぶんし》によって慶長一一年（一六〇六）『鉄炮記』として残されている。

天文癸卯《みずのとう》（一五四三年）秋八月二五丁酉《ひのととり》、種子島の西村、小浦に大きな船が来て、乗っている人とは話が通じないし、姿形も違う。同船者に明の儒生、五峯がいて、西村の織部丞と砂上で筆談した。彼らは西南蛮種の賈胡《ここ》（ポルトガルの商人）であると紹介された。初めて遭った異文化の人は、飲むのに杯飲するが、杯のやりとりはしない。食べるのに手食して、箸は用いない。

とある。

また、樺太や北海道のアイヌと通商を求めようとしたオランダ東インド会社のメルテン・ゲリッツ・フリース（Maerten Gerritsz de Vries、一六四七年没、オランダの航海家）は寛永二〇年（一六四三）に樺太の旧恵庭湾（原文、アニワ湾）に入り、アイヌの人たちの供応を受けた。その航海日誌に、

……小さい日本の四角か五角形の深皿を渡したが、その中には料理のしてある鰈が二切れ入っていて……

……坐ってアラック酒を飲み、みんなで煙草をまわし飲みしている間に女の一人が、足の付いた三個の漆塗りの椀の中に入っている若干の鮭と緑色の野菜を差し出してくれ、私たちのひとりひとりに

その一つを渡し食べるようにといった。また各人に、日本風にそれを使って食べるための二本の小さな箸をくれた。箸で食べることのできなかった私の部下の一人は笑われてしまったのである。……といっている。

文化は人間によって、気候風土、宗教信条の中で生まれ、育まれ、受け継がれ、物質的にも精神的にも生活の中で価値ある位置を占めているので、人は異文化と遭遇して初めて自分をとりまく文化を自覚する。人間である以上お互いの価値を理解できるが、根本的に相容れられない要素も含まれる。人が食事をする時に、それぞれの様式があるのは、その人が所属する文化によるとされる。その表現である所作になると、文化の異なる生活を取り入れることはむずかしい。人間がコミュニケーションに言葉を使うのは共通であるが、表記や発音は違っているのと同じである。交流のなかった西欧人を初めてみた日本人は彼らを箸を使わない人々としてとらえ、西欧人は、日本人は食事に一対の箸を用いる人々としてとらえた。日常の食事に箸を用いるかそうでないかは、あなたとわたしは異なった文化をもつという意味になる。箸は、日本文化の象徴といってよいであろう。

箸の精神性

木の椀に盛った食べ物を口に運ぶ道具として箸が生まれたのには必然性がある。椀のように深みのある食器から食べ物をつまむには箸が最も使いやすい。『信貴山縁起絵巻』（一二世紀）には珍しい旅人に驚いて家から飛び出した男の子が、右手に素木の箸を持ち左手に木の椀を持っているのが描かれている。庶民の生活では椀に箸がセットになっていたことを示している。木の箸を手にする感触、金属製のあるいは陶磁器製の碗にはない木の椀の温もりは、生活の安定をも意味し、かつては、木を愛する日本人にとって言葉では表わせないほどの安心感を与えたと思われる。

二〇年位前に奈良県吉野地方に箸のことで調べに行った時、ある長老が家族の箸を持ってみえて、この箸は裏の山から手頃な木を取ってきて削って作ったものだと話された。『今昔物語』(一一世紀)に「木の枝を折りて箸とし夫(人夫)にも食わしければ……」とあるように、昔は家のまわりにある木の枝を削って箸として使ったのである。現在でも自分で箸を作る風習が残っている所もある。このことは、昔は木が手近にあったということと、一期一会のもてなしの心をこめて手作りの素木の箸を削るという日本的精神につながるのである。箸は木の文化の中から生まれてきたのである。

不思議なことに、漆の技術は縄文時代からあったが、漆の塗箸が現われるのは江戸時代に入ってからである。平安時代の貴族は塗物の家具調度を使い、たとえば屋内で用いる火桶に添えられる火箸の柄は、火桶の胴部と同じデザインの漆塗りであった。しかし、日常の食事に用いる箸は素木で、一回の食事に一度きり用いられていた。神事では、神に捧げる御饌《みけ》には俗手を使わないという信条が箸を用いる形となっている。神事のたびに清浄な純白の素木《しらき》で折敷が作られ、箸が削られ、土器が焼かれ、これらは神事が終わると穢れたとしてすべて土に戻された。素木や土器は食物の色がしみこみやすく、神事では魚など生物も供えるので、一目で一度使われたことがわかる。仏事での供物の食具は、三宝や膳、椀も、後に陶碗が使われるようになるが、金属製あるいは漆器である。漆器は素木と違って食物がついても生地に染まらないのでくりかえし使うことができる。この違いは、日本古来の神道と外来文化の仏教との違いで、仏教伝来以前に、今よりももっと手近にあった木々を用いて神事が行なわれ、一回使った食具を土に返す伝統が素木の箸に残っているのである。仏事でも民間では、お盆の供物を山帰来の葉に盛ったり、苧殻の箸を添えたり、葬儀の箸は青竹を削り、一回の使いきりにするのは、神事での原始の木の文化の精神が底流となっている。

江戸時代の朝鮮通信使は慶長一二年（一六〇七）から文化八年（一八一一）までに一二回来日した。その記録の中には、特別の接待に用いる食器について次のように記されている。その記録『海槎録《かいさ》』（一六〇七）には、

飲食物は清潔にすることに努め、木箸を用いて匙は無い。器は漆木器或いは絵の付いた沙器（土器?）を用いる。尊者をもてなすには必ず白木の床《ソン》（膳）と新しい土器を用い、すべて金銀が塗ってある。一度使用するとすぐこわして再び使用しないことを示す。こうすることによって客を尊敬する礼とする

とあり、金属の箸匙や碗を用いる朝鮮の人々には珍しく思われたであろう。元和三年（一六一七）の記録『東槎日記』には、

床（膳）用の盤には彫刻し、金銀を塗り、花磁を間におく。喫飯には箸を用いて、匙は用いない

とあり、朝鮮と異なって匙は用いないことが記されている。寛永元年（一六二四）、三代将軍家光襲《しゅう》職祝《そ》賀に来日の折の『東槎録』には、

常用する器皿は、金属器、漆器、唐画を入れたものなどで、木器はみな紅、黒の漆を塗り、箸も同じである。客に敬意を表す盛宴の時は、みな白木や生土の器を用い、金銀を塗る。筋（箸）も白木で造る。一度使えば捨てて、二度と用いない。杯を取りかわす際の膳にも必ず絹の造花をさし、互いに贈り物にする食べ物は、必ず白木の薄い板の器に盛る。それは四角の箱に造ってある。雲型の足を彫刻し、これを白折箱という。雲足でなくて金銀を塗ったものを花折箱という。その他敬礼用には皆、白木の盤を用い、砂土の器を用いる。

とあり、正式の宴席では清浄な素木の膳で、やはり素木の箸と土器を用い、一度用いたらすぐ壊し、二度用いないことが客に対する最高の礼とされた。このことについて「器具等は、一度用いるとそのたびごとに捨てて、再び用いることはなかった。それゆえ、久しく留まったところには、垣根の下に捨てた器が山のように積まれていた」と書かれているところがあり、総勢四百人余の内、位のある人たちだけでも接待側を入れて百人近くの人の食器が、対馬から江戸までの道中で、一回の正餐ごとに捨てられていたのは壮観であったであろう。

天和二年（一六八二）の綱吉襲職祝賀の折には、角白箸と銀匙の記録があり、さらに、年代が下り、享保四年（一七一九）、八代将軍吉宗襲職祝賀の折の『海遊録』には、小田原城での接待に、

匙箸、盃椀は、金銀をもって作り、酒食および別饋《べっき》（コース外の食べ物）は中下官にまで及ぶ

とあり、朝鮮風の器具でもてなすこともあった。

文化八年（一八一一）一一代将軍家斉の折の『朝鮮通信使絵図集成』にある江戸城での「朝鮮人御饗応七五三膳部図」には、素木の三宝に耳かわらけが置かれ、そこに素木の削り箸が描かれている。料理はかわらけや素木の器に高盛りの幾品かで、たぶんに形式的である。

これらから想像するに、最高のもてなしは神饌に用いる食具と同様に一回ずつ神聖な素木で調製し、一度穢れた食具は二度使わないのである。

伊勢神宮で、神様に朝夕神饌をお供えする「日別朝夕大御饌祭」では、土器の御箸台に一片のトクラベ（ミミズバイ）の葉を載せ、その上に長さ四〇センチの檜製の御箸を添える。神様の食器は一回用いたら土に返すのがしきたりで、このことからも朝鮮通信使の供応にあたっては最高のもてなしをしていたことがわかる。

箸の文化性

箸で食事をするのは、米食だから、あるいは麵食に必要だからと思いがちであるが、実は、古代黄河文明の波及した地域で、まず、箸が使われている。米食の場合、古代インド文明やイスラムの文化が黄河文明よりも先に伝播した東南アジアの地域では、インドと同様に手食であるし、最近ではスプーンを使う。麵食の場合、チベットの一部では現在でもそばの麵を手食しているし、地中海沿岸の国々では米料理を食べるとき箸は使わないし、麵料理でもフォークやスプーンを使っている。わが国はスプーンを使う文化よりも先に箸を使う文化が入り、食事と箸は、切り離せない感覚がある。

同じ箸食圏でも匙を併用する国もあるので、初めてアジアを訪れたヨーロッパ人から見れば、日本は箸のみ使う国として印象深かったと思われる。箸のことを「二本の細い編み棒」と形容したり、「箸が用意してあったが食べられなかった」といったりしている。

二〇世紀になって箸文化圏外から来日する人々は、日本を研究し、日本文化に関心を寄せる人が多く、箸使いも違和感がない。実際に、コネティカット州の大学生に日本料理の実習と箸での試食をしてもらったところ、「思ったよりも使いやすい」という感想であった。また、日本にきて初めて箸を知ったフランス人のシェフが、繊細な盛り付けには最適であると細い竹串二本を伝統的な持ち方で愛用していた。

日本人は器用であるから箸を使うといわれたりしたが、現代では伝統的な箸の持ち方ができる日本人は減ってきている。これは食卓上のマナーや忌み箸、嫌い箸を伝える家庭環境が変化し、それらに価値を認めなくなったことと、神と箸との関わりが稀薄になったためと思われる。

伊勢神宮で、日々の、あるいは数々の行事の御饌《みけ》を神にお供えするのに、まず案上に素木の御箸が土器の御箸台に載せて供えられ、次いで御饌を盛った器が供えられる。この箸は神との境で、箸が存在して、案上の御饌が各行事の御饌として認められる。このような箸の置き方は、ちょうど襲名披露や結納の口上などに用いる扇子の置き方と同じで、自己と他との境界を示している。自分の正面、料理との境に真横に置かれた箸は、生きる人と生きるための糧との橋渡しとして、単に食べ物を挟んで口に運ぶ道具以上に食事を意識させるところがある。

奈良県宇陀郡大宇陀町近辺では、八八歳の米寿の祝いに、引き出物として、柄を水引でくるんだ飯杓子を贈る習わしがある。その飯杓子は各家の入口に掛けて長寿にあやかるという縁起である。そしてこの年齢より高齢で亡くなると、葬儀の折に箸紙に故人の名と享年を記した長寿箸を配る。箸は素木ではなくて奈良に縁故のある若狭塗の塗箸が使われる。最近では箸の種類に決まりはなくなり、またこの習わしも廃れつつある。箸を長寿で亡くなった人の記念にするのは、長く命の糧に恵まれるようにという願いがこめられている。

宮城県塩釜市の塩釜神社総本社ではご祈禱の後、長寿箸を分けてくださる。ここの別宮の祭神が塩土老翁神であることにも由来するのであろう。その箸は角に削った一七センチ位の素木で二膳分（四本）が箸紙に包まれている。その箸紙に本居宣長の歌という、

朝よひに　物喰うごとに　豊受の　神のめぐみを　思へ世の人

が印刷されている。名古屋市天白区に宮城県より分社された安産・虫封じの守護神八事塩竈神社がある。ここでは七歳のお詣りの際、お下がりとして箸紙にくるんだ一膳の箸が渡される。「延寿箸」といい、黄楊製約二一センチ、素漆塗りである。

また、江戸時代の書物『通俗経済文庫』巻八の「御代の恩沢」に家族が食事をしている図があり、「箸とらば　天地《あめつち》御代の御恵　主人や父母の　御恩あじはへ」が添えられている。

このように、日本の食事用の箸は、単なる食器具でなく、精神性が込められていたことがわかる。

これからの箸

箸はこのように日本人の食生活と密接に関係し、一五〇〇年の歴史をもつ食事用具である。箸はただ二本の棒にすぎないが、食事が始まり、箸として手に持つと、さまざまな働きをすることができる。食べ物をきりわける、つまむ、はさむ、すくいあげる、（海苔などを）まきつける、ほぐすなどの食事中に必要な機能を、単なる二本の棒であるのに、あたかも手の指の延長のように自由に操ることができる。これに対して、ナイフやフォークやスプーンなどはその形状から予想できるように、器具そのものがもつ具体的な機能のための道具である。

ナイフやフォークは平らな皿（プレート）に盛られた料理を食べるのに適している。箸は平らな皿からでも深い椀からでも、食べ物を自由にはさんだりつまみ上げたりすることができる。魚の骨から容易に身を取り外したり、見た目にも美しく食品を一つの皿に盛り合わせるのも箸ならではの機能である。箸という食事道具を用いるようになったのは二〇〇〇年以上も前の中国においてであるが、ヨーロッパでは手以外の食事道具を用いる試みはこれより少なくとも約一〇〇〇年遅れて始まっている。

中国では斉家文化時代（紀元前二〇〇〇年頃）餐叉《さんさ》が用いられたことがある。しかし、あまり使われないまま姿を消し、箸が食事用具として早くから定着したのであった。中国は箸と匙を用いるが、日本は箸が食事道具の中心となった。日本で箸だけで食事をするのは調理形式や食事様式によるということが大きな理由であるが、それは日本の文化と深いつながりがある。

日本で箸だけで食事をするようになった大きな理由は、膳の上の食器を持ち上げて食べること、そして木の椀を用いることである。箸を右手に持ち、左手に椀を持つことによって食事は円滑にできるわけである。日常、ナイフやフォークを使っている人にとっても、箸は少し馴れれば充分使うことができるので、食事用具としての合理性を一面から肯定するものであると考えられる。それは先にも述べたように、人間の手指はこのような食事用具を操ることができるようになっているからである。

食習慣、食様式の違いから、フォークを持つか箸を持つかという二つの食事様式に分かれたのである。ヨーロッパでは獣鳥肉の焼き物が主であり、日本では肉質のやわらかい魚介類や野菜などの煮物が主であったという違いはあるが、なんらかの食事用具を用いるという点は共通している。現在の日本は和、洋、中華と、ほとんど世界のあらゆる料理を取り入れた食事様式になっており、将来ますますその傾向は進むと考えられる。しかし、食べ物を口に運ぶ用具はどのようにあるべきかを考えるとき、食様式によってスプーンまたはフォークがふさわしい用具であっても、やはり箸が中心の食様式になっていくと思われる。近頃の箸は長く細身になる傾向があるが、テーブルの雰囲気に合わせたものであろう。このように、箸の形がどのようになれば使いやすいか、また、食事様式にマッチするか、日本人は箸の形にいつも繊細な心配りをしているのである。食事様式が複雑になればなるほど、数多くの食品の中から必要なものを取り出す機能においては箸が最もふさわしい食事用具であることを日本人は自覚しているといえる。

わが国は地理的な位置関係から、古代より中国大陸から先進文化を学んできた。一六、七世紀にはポルトガルやオランダを通して初めて直接ヨーロッパ文化に出会った。この後、徳川幕府は鎖国政策を採るのであるが、その二五〇年余の年月の間に、それまでに影響を受けた国々の文化および唯一開かれた長崎から入る諸外国の文化を自国流に消化し、純粋に日本の風土に育まれる文化と同化させ、いわゆる日本文化を醸成させたといえる。

日本を紹介するのに挙げられる能や歌舞伎、茶道、華道、伝統的な日本料理などはこの時代に洗練されたのである。料理の面からいえば、北半球のほぼ温帯に位置し、四季の変化がはっきりしているわが国では、折々の滋味豊かな海の幸、山の幸の食品材料を使って、食品本来の持ち味を活かすように調理することが重視された。幸いに現代と違って山紫水明の時代であったので、調理に使う水の質の良いことは食品の持ち味を引き出すのに適していた。諸外国の料理にあるような何種類かの食品を共に煮るとか炒めるのではなくて、箸でつまめる大きさで、その食品の形に合った切り方をし、それぞれの食品の色を生かし、素材の固さに合わせた煮方をした。そうした各々の煮物を、色、形、味の調和よく一つの器に盛る「炊き合わせ」のような料理が生まれた。仏教の影響で獣肉食は避けられ、魚介類の料理が発達した。鳥類や魚介類を切り捌くのを「割」といい、煮ることを「烹」というので、日本料理の多くが「割烹」と称し、特に魚介類の料理が専門であることを示した。すなわち、「さしみ」に見られるように「包丁の冴え」が望まれた。また、日本料理の調理には終始「菜箸」が使われ、天ぷらには太い菜箸を使い、盛り付けには細身の菜箸あるいは真魚箸が使われる。盛り付け用の菜箸は、料理された品を組み合わせて器に姿よく盛り付けるのに適している。そして食事には、二本の細い棒の箸が用いられた。それは、食品の個性を生かして料理された繊細な味を他の味と混じることなく味わえるという特長をもつ。

一八世紀に入り、イギリス、アメリカ、フランスなどの諸国との積極的な接触があり、一七世紀以来の鎖国政策が解けて一九世紀（一八六八年）の明治維新となり、中国の濾過器なしに欧米文化に全面的に浴することになった。二〇世紀半ばの第二次世界大戦敗戦後は交通通信機関や物流部門のめざましい発達により、世界各国の文化に個人レベルで接することができるようになった。最近では外国の品々が日本にいながら簡単に手に入れることができ、生活様式も伝統的といわれる様式から欧風を取り入れた折衷式に変化した。

食事は江戸時代の個人用の膳から、昭和初期の卓袱台《ちゃぶ》へ、そして戦後は食卓と椅子で行なわれるようになった。卓上に載る料理は、江戸時代にさかのぼることができるいわゆる「日本料理」は少なくなり、季節感なく店頭に並ぶ限られた種類の食品を、欧米風、中国風、エスニック風といろいろな国の調味・調理法で作った料理が増えた。調理法は個々の食品の持ち味を引き出すよりも、数種の食品が一緒に調理されることで新たな味を作り出す方法が加わった。調理には包丁や菜箸の他に、調理鋏、スパテラ、フライ返し、トングなどが使われ、食器は、季節や料理に合わせた形や材質、色目や模様の器を用いることが減り、食物を盛るだけの機能が優先するようになった。

手に持てる大きさで深さのある碗や椀、あるいは坪（和え物や煮物を入れる）や猪口（〆魚や刺身を入れる）よりも、食卓に置いたまま使う口径の広い深皿（ボール）や皿（プレート）類が増えた。食べ物を口に運ぶ道具は箸だけでなくて、スプーンやナイフ・フォークも使うようになった。

味についても、日本ほど許容範囲の広い国は少ない。搾菜《ザーサイ》でもキムチでもトムヤムクンでもほとんどの人が抵抗なく味わっている。過去もそうであったように、外国の文化を充分に理解して受け入れるのではなくて、自国流に解釈し、自分の感覚に合うものを取り入れる傾向が見られる。鎖国時代には自国の文化に浸る時間があり、異文化の流入は緩慢であり、それを同化する時間も充分にあった。現在はそういう時間がなく、伝統的な文化は形でしか見えなくて、理念とか思想が稀薄になっているのではないかと思われることもある。それは、わが国に宗教上の制約がないのも一因である。江戸時代にはどんなに狭い長屋にも神棚と仏壇があり、日々の祈りの中に人間の力のおよばない大きな存在のあることや、自分の命の拠って来たった祖先の霊を意識したが、一九四五年以後の集合住宅にはそれらを設ける空間がなくなり、祈りの意識をもつ時間が少なくなっている。

日本の文化は、箸を神の依り代として大切にし、むずかしい箸の用い方が躾けられていた時代から変容しつつあると思われる。二五〇年の鎖国時代に比べて、中国からの翻訳抜きの諸外国の文化をもろに受けて約一〇〇年、現代の世界の中の日本の文化は、新しい価値観の中にあると思われる。

日本の箸の種類は実に多い。材質を生かしたもの、漆塗りその他の塗りものなどで耐久性や華やかさを出したもの、男性用、女性用、子供用と長さ、重さ、形も違っており、取箸のような共用するもの、属人器といって個人別のものなどがある。さらに、もてなしの心のこもった利久箸などもある。箸は小さいながらも静かな美を表現して芸術品といってもよいものまである。

木の箸が主で一部竹も使われているが、金属の箸はない。木や竹のほうが手にも口にも軟らかくあたり、他の食器を傷つけない。箸を使う国々の料理は箸で挟めるくらいに切って調理してある。日本料理に添えられた二本の箸の美しさはわれわれのもっとも心よせられるところである。

現在、日本には世界の料理が混在している。フォークもよいが、箸を用いれば手にやさしい二本の箸で初めから終わりまで食事をすることができる。目でも楽しみ、五感を満足させ、さらに、箸を通して楽しむことができる。もし、われわれの目の前から箸が消えたら食生活は貧しいものとなるであろう。食事用具として万能な箸はこれからも食卓に合わせて形をコーディネートされながらますます大事に使われてゆくと思う。

箸のエコロジー

過去に、割箸は森林破壊の元凶のようにいわれ、割箸を廃止して自分の箸を持参する運動が起こされたことがあった。資源を大切にしよう、森の破壊はこれ以上進めてはならないという風潮が日本中に満ち満ちていた。確かに日本で消費される割箸は年間二四〇億膳という大きな量であり、そのための木材は五〇万立方メートルになるが、それは年間の木材消費量の僅か〇・四％にすぎないのである（通産省生活産業局日用品課　神宮勉氏、一九八九年）。しかも割箸に用いる木材は用材の端材や間伐材であって、建築用材の端材から作るのである。また、間伐材は森林の育成上、数年ごとに木を間引く必要がある。そのために伐採されたものであって、建築などの用材としては使用できないものである。また、近年増えている輸入材にしても、たとえば東南アジアから輸入されるメルクシマツは松やにを取った後の老朽した松を伐採したものであり、グバスは元来マッチの軸材であったが、マッチがあまり用いられなくなり、他に利用価値がなかったのであるが、割箸として使えることから輸入されるようになった。いずれも建築用材とならないものから割箸として利用されるようになったのである。このように割箸の原料を実際に検討してみると、けっして森林資源を破壊しているのではなくて、他に利用する道のない廃材を利用しているのであり、資源の浪費ではなく、むしろ資源の有効利用の面もあるのである。

一九九一年に、東京都世田谷区のある生協で次のような割箸が出回った。'SAVE FOREST'の商品名で、

一〇〇％間伐材を活用、森林を育てる割箸、割箸は森林資源の有効利用です。

というキャッチフレーズが付けられている（製造元マルヨシ）。間伐材とは植林中、樹木の生長に応じて弱い木を取り除く〝間引き〟や、樹木の主幹を保つために行なう〝下枝打ち〟で出る低利用木材のことである。

この商品は北海道産白樺材の間伐材から製造されていること、この白樺材は山火事などの跡に群生する

天然木で、成長が早く通常約二〇年で樹齢が終わり朽ち果てること、白樺材は小径木で虫害に侵されやすい性質から品質・規格とも建材や合板に利用できない低利用木材で、主に先駆樹（次の樹木を育てる下地作りの役目）として森林を守り育てるために間伐されること、そもそも割箸は貴重な天然木を有効に余すところなく利用しようという目的で考案されたものであり、割箸はわが国独自の省資源活用の知恵で、魚にたとえれば「あら」の部分を「刺身」と同様に利用することにより資源を有効に活用し、かつ森林への投資や労働投下を容易にし森林資源を維持し守っているのであると説明が入っている。

割箸は、このように、森林資源の有効な活用につながるはずであったが、現状は必ずしもそうなっていない。森林資源の荒廃の原因は割箸にのみあるとはいえないが、割箸は、その最もわかりやすい象徴として、植林の問題にしても、単一の経済価値のある樹種のみの植林ではなくて、共に生育する動植物の環境も考えた上での植林がなされるように、常に、環境保護へのキーワードであるべきである。もともと廃材利用として割箸が作られるようになった原点に立ち返って、われわれの生活物資は、地球上の有限な資源の持続可能な計画のもとに生産されていかなければならない。

参考文献

ア行

『アイヌ社会探訪記』北構保男著（メルテン・ゲリッツセン・フリース）雄山閣出版　一九八三
『アイヌ神謡集』知里幸恵編訳　岩波書店　一九七八
『アイヌ語辞典』萱野茂著　すずさわ書房　一九七七
『アイヌの民具』萱野茂著　アイヌの民具刊行運動委員会　すずさわ書房　一九七八
『青木正児全集　第九巻』「用箸喫飯考」春秋社　一九七〇
『アジア　I』小沢俊夫編、笹谷雅訳『世界の民話9』「バーリンの力士」ぎょうせい　一九八三
『アジア　II』小沢俊夫編訳『世界の民話10』「神様と蜜のかかった饅頭」「百の節のある竹」ぎょうせい　一九八四
『アジアのうるし　日本の漆』大西長利監修　東京美術　一九九六
『伊勢神宮の衣食住』矢野憲一著　東京書籍　一九九二
「伊勢物語図屏風」平山郁夫・小林忠編著『秘蔵浮世絵大観I』大英博物館　講談社　一九八七
「一遍上人絵伝」『日本絵巻大成　別巻』巻七　中央公論社　一九七八
『伊場』伊場遺跡調査団編　第4次遺跡調査月報5　遠江考古学研究会　一九七一
『伊場遺跡遺物編1』浜松市立郷土博物館編　伊場遺跡発掘調査報告書第3冊　浜松市教育委員会　一九七八
『伊豆／山木遺跡』後藤守一編「弥生時代木製品の研究」築地書館　一九六二
『伊呂波字類抄』橘忠兼著　波の部　現代思潮社　一九七八

「伊呂波画合」『秘蔵浮世絵大観　別巻』図65　歌川国芳　講談社　一九九〇
『殷周時代青銅器の研究　上下』林巳奈夫著　吉川弘文館　一九八四
「殷代銅器」陳夢家『考古学報』北京　中国考古研究所　一九五四（七）
『インドネシア・ベトナム』小沢俊夫編訳『世界の民話22』ぎょうせい　一九七九
『宇陀の祭りと伝承』桜井満・瀬尾満編　おうふう　一九九五
『宇津保物語　一・二』河野多麻校注『日本古典文学大系10・11』岩波書店　一九七四
「内蒙古哲理木盟奈林稿遼代壁画墓」『考古学集刊』第一集　中国社会科学出版社　一九八一
「雲南祥雲大波那木椁銅棺墓清理報告」『考古』一九六四（一二）
「雲夢大墳頭一号漢墓」湖北省博物館『文物資料叢刊』一九八一
『運歩色葉抄』静嘉堂文庫蔵本　白帝社　一九六一
『絵師草紙』『日本絵巻大成11』中央公論社　一九七七
『淮南子　中』楠山春樹著『新釈漢文体系第55巻』明治書院　一九八二
『江馬務著作集』第五巻　江馬務著　中央公論社　一九七六
『延喜式　前・中・後編』黒坂勝美編『新訂増補國文大系』吉川弘文館　一九七二
『黄土地帯』J・D・アンダーソン著　松崎寿和訳　学生社　一九七〇
『岡持家集』「我がおもしろ　上」手柄岡持　京都出雲寺文次郎他　江戸和泉屋金右衛門版　一八一九
『奥多摩町誌』民俗編　奥多摩町誌編纂委員会編　一九八五
『御伽草子集』大島建彦校注・訳『完訳日本の古典49』小学館　一九八三

カ　行

『海槎録』慶暹著　辛基秀・仲尾宏責任編集『大系朝鮮通信使』第一巻　明石書店　一九九三
「筷子小史」楽干時『中国烹飪』北京中国商業出版社　一九八二
「筷子古今趣談」陳光新『中国烹飪』北京中国商業出版社　一九八二

『海遊録』申維翰著、姜在彦訳注　平凡社　一九七四
『餓鬼草紙・地獄草紙・病草紙』小松茂美編『日本絵巻大成7』中央公論社　一九七七
『春日権現験記絵上下』『続日本絵巻大成14・15』中央公論社　一九八二
『嘉峪関魏晋墓室壁画』張朋川著　北京　人民美術出版社　一九八二
『漢代画象の研究』長廣敏雄著「山東省嘉祥県武氏祠堂」中央公論美術出版　一九六五
『韓非子　上』竹内照夫著　明治書院　一九六二
『管子』「弟子職」小柳司気多校訂『漢文大系第二十一巻』冨山房　一九七七
『漢字起源の研究』影山修著　テンセン社　一九四一
「餓鬼草紙」『日本絵巻大成7』河本家本　中央公論社　一九七七
『韓国食品文化史』李盛雨著「匙箸の文化」ソウル　教文社　一九八四
「韓国匙著の形式分類」李蘭暎『韓国史学誌』第六十七輯　一九七五
「甘粛省酒泉下河清第一八号墓発掘簡報」甘粛省文管会『文物』一九七六（一〇）
『完訳三国志　二』小川環樹・金田順一郎訳　岩波書店　一九八二
「聞き書きアイヌの食事」『日本の食生活全集48』農山漁村文化協会　一九九二
『魏志倭人伝・後漢書倭伝・宋書倭国伝・隋書倭国伝』和田清・石原道博編訳　岩波書店（文庫）一九五一
『饗宴の研究（祭祀編）』倉林正次著　桜楓社　一九八七
「仰韶文化的埋葬制度」金則恭　考古編集部編『考古学集刊』第2集　中国社会科学出版社　一九八二
「陝西綏徳発現和収蔵的商代青銅器」綏徳県博物館考古編集部編『考古学集刊』第二集　中国社会科学出版社
一九八二
「近世職人尽絵詞」鍬形蕙斎著　高橋誠一郎・楢崎宗重監修『近世風俗図巻　第三巻』毎日新聞社　一九七四
『百済武寧王陵発掘報告書』文化広報部文化財監理局　ソウル　文化広報部　一九七三
『慶州雁鴨池発掘報告書』文化広報部文化財監理局　ソウル　文化広報部　一九七八（一二）
『荊楚歳時記』宗懍著　守屋美都雄訳注　布目潮渢・中村裕一補訂　平凡社　一九七八

「華厳宗祖師絵伝（華厳縁起）」『日本絵巻大成17』中央公論社　一九七八
「華厳五十五所絵伝」『続日本絵巻大成10』中央公論社　一九八四
「劇場内部図」『秘蔵浮世絵大観　二』大英博物館II　歌川豊国　講談社　一九八九
『言海』大槻文彦著「私版日本辞書」第四冊一〇八　大修館書店　一九七九
「源氏物語絵巻」『日本絵巻大成1』柏木　中央公論社　一九七七
『源氏物語　五』「宿木」山岸徳平校注『日本古典文学大系18』岩波書店　一九七五
「玄奘三蔵絵　上」『続日本絵巻大成7』中央公論社　一九八一
「現代における家庭と食卓──銘々膳からチャブ台へ」『国立民族学博物館研究報告別冊16号』国立民族学博物館編集・発行　一九九一
「弘法大師行状絵詞　上下」『続日本絵巻大成5・6』中央公論社　一九八二・一九八三
「江陵鳳凰山一六七号漢墓発掘簡報」『文物』一九七六（一〇）
「粉河寺縁起」小松茂美編『日本絵巻大成5』中央公論社　一九七七
「後三年合戦絵詞」『日本絵巻大成15』中央公論社　一九七七
「古代中国画像の割烹と飲食」田中淡　石毛直道編『論集　東アジアの食事文化』平凡社　一九八五
『古事記』益田勝実著　岩波書店　一九八四
『古代中国の遺産』江上波夫監修「敦煌莫高窟宴飲図」講談社　一九八八
「湖南省密県打虎亭漢墓」『世界美術全集7』中国II　平凡社　一九五二
「湖南常徳東漢墓」湖南省博物館考古編集部編『考古学集刊』第2集　中国社会科学出版社　一九八二
「湖北随県曾侯乙墓発掘簡報」随県擂鼓墩一号墓考古発掘隊『文物』一九七九（七）
『今昔物語集　五』山田孝雄・山田忠雄・山田英雄・山田敏雄校注『日本古典文学大系26』岩波書店　一九七五

サ行

『史記』『国訳漢文大成』東洋文化協会　一九五六

「信貴山縁起」小松茂美編『日本絵巻大成4』 中央公論社 一九七七
『詩経 下』加納喜光訳 学習研究社 一九八三
『四条流包丁書』塙保己一著『群書類従 第十九輯』群書類従完成会 一九五九
「四川忠県涂井蜀漢墓」四川省文物管理委員会『文物』一九八五（七）
『漆芸品の観賞基礎知識』小松大秀、加藤寛著 一九九六
『児童心理学講座』桂広介・園原太郎・羽多野完治・山下太郎・依田新監修 第二巻 金子書房 一九六五
『萩園雑記』陸容撰『元明史料筆記叢刊』北京 中華書局出版 一九三五
『酒飯論』馬場一郎編『別冊太陽』「料理」平凡社 一九七六
『春秋左氏伝 一・二』鎌田正著 明治書院 一九七一・一九七二
『春秋生活学』石毛直道著 小学館 一九八七
『荀子』藤井専英著 解蔽篇 明治書院 一九六九
「聖徳太子絵伝の真魚箸」馬場一郎編『別冊太陽』「料理」平凡社 一九七六
『小児生理学』中川一郎著 朝倉書店 一九六一
『食具』山内昶著 法政大学出版局 二〇〇〇
『食卓のフォークロア』春山行夫著 柴田書店 一九七五
『食事の文明論』石毛直道著 中央公論社 一九七二
『食卓の文化誌』石毛直道著 文芸春秋社 一九七六
『食事の文化』石毛直道他著 朝日新聞社 一九八〇
『食の文化』多田道太郎・中尾佐助・加藤秀俊・河野友美・鯖田豊之・東畑朝子・宮本常一著 講談社 一九八〇
「食事用の箸」橋本慶子 『学芸』十七号 青山学院女子短期大学懇話会 一九七八
「食の用具に関する研究——割箸」奥田和子・渡辺裕季子『調理科学』24巻 一九九一
「女子学生における食生活調査（1）（2）」大久保洋子『文教女子短期大学部紀要23・24』一九八九、一九九〇
『食と料理の世界』K・スチュワート著、木村尚三郎訳 学生社 一九八一

『人体生理学入門』伊藤真次・黒島晨汎著　朝倉書店　一九八二
『神農伝説の分析と祭礼式の嘗』三浦三郎　学生社　一九七八
『新編川柳大辞典』粕谷宏紀編　東京堂出版　一九九五
『人倫訓蒙図彙　五』　食具―七　中村幸彦・日野龍夫編『稀書複製会叢書　雑』　臨川書店　一九九一
「住吉物語絵巻」『日本絵巻大成19』　中央公論社　一九七八
「西欧史からの展望⑨美食の系譜」松本紘宇　彩の会『ラ・クロシュ』一七号　光琳社出版　一九九〇
『生活と民俗』中山太郎著　三笠書房　一九四一
『生体観察』藤田恒太郎著　南山堂　一九五〇
『西洋食事史』山本直文著　三洋出版貿易　一九七七
『世界の食事文化』石毛直道編著　ドメス出版　一九七三
『説文解字』許慎撰「説文上」　北京　中華書局出版　一九六三
「善教房絵巻」『国文東方仏教叢書第一輯』第九巻　名著普及会　一九二六
「先秦吃飯不用箸、匕」胡志祥『中国烹飪』　北京　中国商業出版社　一九九一（三）
『捜神記』干宝著　平凡社　一九七〇

タ　行

『台所用品は語る』神崎宣武著　筑摩書房　一九八四
『タイの昔話』古井利治・赤木攻訳　三弥井書店　一九七六
『台湾の昔話』施翠峰編著　三弥井書店　一九七七
『竹』室井綽著（ものと人間の文化史10）　法政大学出版局　一九七三
『竹と日本人』上田弘一郎著　日本放送協会　一九六九
『竹取物語・伊勢物語・大和物語』板倉篤義外校注　岩波書店　一九七三
『チベットの民話』W・F・オコナー編、金子民雄訳　白水社　一九八〇

『チベット旅行記』河口慧海著　白水社　一九八七
「中国古代における箸の定着に関する一考察」太田昌子『風俗』一三号（四）日本風俗史学会　一九七五
「中国古代における箸使用の定着について」太田昌子『風俗』一一号（二）日本風俗史学会　一九七三
「中国古代進食具匕箸叉研究」王仁湘『考古学報』第三期　中国社会科学院考古研究所　一九九〇
『中国少数民族の昔話』李星華編著　君島久子訳　三弥井書店　一九七七
『中国の食文化』周達生著　大阪創元社　一九八九
『中国食物史』篠田統著　柴田書店　一九七四
『中国・台湾の神話伝説』松村武雄・中村亮平編　名著普及会　一九七九
『中国の詩人7　杜甫』森野繁夫　集英社　一九八二
『中国の昔話』沢田瑞穂訳　三弥井書店　一九七五
「厨事類記」塙保己一著『群書類従　第十九輯』続群書類従完成会　一九五九
「長沙馬王堆一号墓副葬の食物」林巳奈夫『Museum』第二八〇号　一九七四
『長沙馬王堆一号漢墓　上集』関野雄訳　湖南省博物館中国科学院考古学研究所編　平凡社　一九七六
『長沙馬王堆一号漢墓　下集』中国科学院考古研究所編　北京　文物出版社　一九七三
『朝鮮通信使絵図集成』講談社　一九八五
『朝鮮の神話伝説』中村亮平編『世界神話伝説大系12』名著普及会　一九二九
『朝鮮の神話と伝説』申来鉉編　太平出版社　一九七一
『朝鮮の民話』孫晋泰著『民俗民芸双書7』岩崎美術社　一九七二
『町人嚢』巻四　西川如見　西川忠亮編輯・発行　一八九八
「箸探」沈涛『中国烹飪』中国商業出版社　一九八七
「使いやすい箸の長さについて」向井由紀子・橋本慶子『家政誌』vol. 28(3)　一九七七
『図解　乳幼児の発達』H・S・ヘルッカ著　辻井正・荒井征子訳　誕生から就学まで　同朋舎出版　一九八一
「津島神社祭礼図屛風」『秘蔵浮世絵大観I』大英博物館I　講談社　一九八七

『貞丈雑記』新訂増補「故実叢書第十六回」故実叢書編集部編　明治書院　一九五二
「鉄炮記」洞富雄著『種子島銃』付録　南浦文之　雄山閣　一九五八
『手相術』浅野八郎著　光文社　一九六二
「天狗草紙」『続日本絵巻大成19』中央公論社　一九八四
『典座教訓・赴粥飯法』中村璋八ほか著　講談社　一九九一
『東雅』新井白石著　杉本つとむ編　早稲田大学出版部　一九九四
『東海道中膝栗毛　上』十返舎一九作　岩波書店　一九七三
『東槎日記』朴梓著　辛基秀・仲尾宏責任編集『大系朝鮮通信使第一巻』明石書店　一九九六
『東槎録』姜弘重著　辛基秀・仲尾宏責任編集『大系朝鮮通信使第一巻』明石書店　一九九六
『唐書』長澤規矩也解題、巻二百二十二上、列伝九　汲古書院　一九七〇
「東征伝絵巻」『日本絵巻大成16』中央公論社　一九七八
『唐長安城郊隋唐墓』「李清訓墓」中国社会科学院考古研究所編著　「中国田野考古報告集」、「考古学専刊丁種」
第二二号　北京文物出版社　一九八〇
「溝店夜雨」『秘蔵浮世絵大観別巻』講談社　一九九〇
『登呂』日本考古学協会編輯　毎日新聞社　一九四九

ナ　行

「直幹申文絵詞」『日本絵巻大成20』中央公論社　一九七八
『長屋王邸宅と木簡』奈良国立文化財研究所編　吉川弘文館　一九九二
『奈良県割箸製造業産地診断書』奈良県商工労働部中小企業指導課　一九八八
『奈良朝食生活の研究』関根眞隆著　吉川弘文館　一九六九
『新嘗の研究　2　稲と祭儀』にいなめ研究会編　学生社　一九七八
『日本巡察記』ヴァリニャーノ著　松田毅一・佐久間正・近松洋男訳　平凡社　一九七三

『日本食物史』樋口清之著　柴田書店　一九六〇
『日本誌　下巻』エンゲルト・ケンペル著　今井正訳　霞ケ関出版　一九七三
『日本西教史　上』ジャン・クラセ編　太政官訳　太陽堂　一九二五〜二六
『日本の食生活全集』「聞き書き栃木の食事」「聞き書き兵庫の食事」「聞き書き岡山の食事」「聞き書き広島の食事」「聞き書き千葉の食事」「聞き書き東京の食事」「聞き書き北海道の食事」「聞き書き秋田の食事」「聞き書き石川の食事」　農山漁村文化協会　一九八六〜一九九二
『日本渡航記』ゴンチャロフ著　井上満訳　岩波書店　一九四一
「年中行事絵巻」『日本絵巻大成8』　中央公論社　一九七七
『農業図絵』清水隆久校注『日本農書全集26』　農山漁村文化協会　一九八三

ハ　行

「箸頭上辺有学問」李蒼彦編著『中国民間工芸史話』　北京　軽工業出版社　一九八七（四）
『箸と俎』鳥越憲三郎著　毎日新聞社　一九八〇
「箸について」橋本慶子『日本食生活学会誌』vol. 15(1)　一九九四
『箸の源流について』太田昌子著　汲古書院　二〇〇一
「箸の今昔」中山ハルノ『調理科学』vol. 5(1)　一九七二
「箸の使い勝手について——箸の持ち方」向井由紀子・橋本慶子　『家政誌』vol. 29(7)　一九七八
「箸の使い勝手について——箸の持ち方（その二）」向井由紀子・橋本慶子　『家政誌』vol. 32(8)　一九八一
「箸の使い勝手について——箸の持ち方（その三）」向井由紀子・橋本慶子　『家政誌』vol. 34(5)　一九八三
『箸の文化史』一色八郎著　お茶の水書房　一九九〇
「箸のはなし　上・下」白鶴坊『月刊食道楽』二巻一・二号　一九〇六（『復刻　食道楽』五月書房　一九八四）
『箸の本』本田總一郎著　柴田書店　一九七八
「箸のもてない子どもの増加と正しい箸のもち方を考える」向井由紀子『学校の食事』　学校の食事研究会　一九

七八

「箸の文化」橋本慶子・向井由紀子『調理科学』vol. 23(4)　一九九〇
『箸の物語』橋本慶子　青山学院女子短期大学学芸懇話会　一九九〇
「箸のルーツの謎を秘める古代中国の食習」太田昌子『生活文化史』五号　雄山閣出版　一九七五
『八遷（仙）卓燕（讌）式記』奥村彪生編『日本料理秘伝集』第十三巻　同朋舎出版　一九八五
『ハンドブック乳幼児の発達診断』R・S・イリングワース著　松田富士男訳　岩崎学術出版社　一九八九
『東アジアの食の文化』石毛直道著　平凡社　一九八一
「東山遊楽図」『洛中洛外図』　淡交社　一九九七
「引裂箸と鰻丼飯」喜多川守貞著『類聚近世風俗誌』　更生閣書店　一九〇八
「日吉山王祭礼図屏風」平山郁夫・小林忠編著『秘蔵日本美術大観1』大英博物館Ⅰ　講談社　一九九二
「福富草紙絵巻」『日本絵巻大成25』　中央公論社　一九七九
『藤原宮』奈良県教育委員会編　大和歴史館友史会　一九六九
『フロイスの日本覚書』松田毅一・E・ヨリッセン著　中央公論社　一九八三
『文化麵類学ことはじめ』石毛直道著　フーディアム・コミュニケーション　一九九一
『平城宮発掘調査報告Ⅳ』奈良国立文化財研究所学報第23冊　奈良国立文化財研究所　一九七五
『平城宮跡第一次伝飛鳥板葺宮発掘調査報告』奈良国立文化財研究所学報第23冊　真陽社　一九七二
「平家物語絵巻」巻十の下　中央公論社　一九九一
「方言」揚雄撰、郭璞注『輶軒使者絶代語釋別國方言』第五、二、右　北京　中国書店　一九五七
「豊国祭礼図」『日本風俗絵集成13巻』　講談社　一九七八
「暮帰絵詞」『続日本絵巻大成4』　中央公論社　一九八五

マ　行

『枕草子』松尾聰・永井和子校注・訳　小学館　一九八四

「松崎天神縁起絵巻」『続日本絵巻大成16』中央公論社　一九八三
『万葉集注釈　巻第二』沢瀉久孝著　中央公論社　一九七八
『紫式部日記』池田亀鑑・岸上慎二・秋山虔校注『日本古典文学大系19』岩波書店　一九七一
「紫式部日記絵詞」『日本絵巻大成9』蜂須賀家本　中央公論社　一九七八
『ものさし』小泉袈裟勝著（ものと人間の文化史22）法政大学出版局　一九七七
『モンテッソーリの研究』M・モンテッソーリ著　林信二郎・石井仁訳　あすなろ書房　一九八〇
『モンゴル　他』小沢俊夫訳『世界の民話21』ぎょうせい　一九七九

ヤ　行

『柳田國男全集』柳田國男著　第一、八、一三、二六巻　筑摩書房　一九六三
『柳多留』山澤英雄校訂　岩波書店（文庫）一九五〇
「病草紙」『日本絵巻大成』中央公論社　一九七七
『大和唐古弥生式遺跡の研究』梅原末治（代表）桑名文星堂　一九四三
「大和下市の割り箸」菊田仁郎『吉野風土記』第二三集　奈良県吉野郡下市町立図書館　一九六三
『大和の民俗』近畿民俗学会編　大和タイムス社　一九五九
『（改訂）幼児心理学』山下俊郎著　朝倉書店　一九五五
『吉野の祭りと伝承』桜井満・岩下均編　桜楓社　一九九〇

ラ　行

『洛中洛外図大観』　小学館　一九八七
『楽浪彩篋塚』朝鮮古蹟研究会編　一九三四
『礼記　上・中』竹内照夫著　明治書院　一九七一、一九七七
『梁思永考古論文集付録殷墟発掘展覧目録』中国科学院考古研究所編輯　北京科学出版社　一九五九

『料理通四編』八百善著「普茶卓子略式心得」 甘泉堂 一八三五
「遼寧省棒台子墳墓壁画楽技図」米沢嘉圃『中国美術（1）』 講談社 一九六三
『類聚名義抄』正宗敦夫編纂・校訂 日本古典全集刊行会 一九三八
『歴史の中の単位』小泉袈裟勝著 総合科学出版 一九七〇
『論語』貝塚茂樹訳注 中央公論社 一九七三

ワ 行

『我が国と中国、朝鮮半島、ベトナム等における食事用箸の変遷とその歴史的背景及び食事形態の差異による比較検討』向井由紀子・橋本慶子 日本食生活文化財団 第一集 一九八五
「我が国における食事用の二本箸の起源と割り箸について」向井由紀子・橋本慶子『調理科学』vol. 10(1) 一九七七
『和漢三才図会 上』寺島良安著 東京美術 一九七〇
『和訓栞』谷川士清著 井上頼国・小杉榲邨増補 東京皇典講究所印刷部 一八九九
『私の食物誌』池田弥三郎著 河出書房新社 一九六五
「割箸の起源をさぐる」坂口宏司『民具マンスリー』第一九巻九号 一九八四
『倭名類聚鈔 二』（倭名類聚鈔十四、六ウ）辻村敏樹編 早稲田大学出版部 一九八七
『倭名類聚鈔 四』源順撰 述厨膳具第百八十二「和名巻十四―十三」 大阪書肆 寶文堂 一八六九

あとがき

箸は食具であるから、機能性と使いやすさが重要である。機能性は手指の働きに左右されるが、使いやすさは、箸の長さや太さ、重さに影響されると考えられる。著者の一人、向井がかねてから無作為に収集していた飲食店の割箸には種々の長さの箸があることに興味を持ち、「使いやすい箸の長さについて」共同研究を始めた。一定時間に一定距離をいくつ豆を運んだかという作業能率だけで、箸の使いやすさを論じて良いものかどうか、箸は、ナイフ・フォークと違って、手の筋肉の働きがないと機能しないところに気がつき、筋電図をとって調べることにした。使いやすい箸の長さは筋電位の低い、筋肉にあまり負担をかけない長さであることがわかった。

この使いやすい箸の長さを研究しているうちに、箸の持ち方が人によってさまざまであることがみられた。従来、正しい持ち方といわれる持ち方が、豆を運ぶ回数も多く、筋肉に負担をかけない持ち方であろうという予想のもとに実験を行なっていた。ところが、正しい持ち方をしていなくても豆を運ぶ回数の多い人もいて、正しい持ち方という語は適切でないことがわかった。正しいといえば、間違った、食べ物を食べるのに不適当な持ち方があることになるからである。そこで、著者らは本文中にあるように「伝統的な箸の持ち方」という語を用いることにした。この伝統的な箸の持ち方は、他の持ち方に比べて意外にも作業中の筋電位が高く、特に、母指（親指）の動きに関係する筋肉の働きが大きいことがわかった。伝統的な箸の持ち方での母指は、一方の箸を固定し、もう一方の箸を第二指（人さし指）と第三指（中指）と共に持って操作しなければならない。他の持ち方でもっとも多い鉛筆型の持ち方では、二本ある箸を揃えて持つために親指の負担が少なく、筋電位も低くなる。

しかし、伝統的な箸の持ち方がもっともよく機能すると考えられる「魚の身をほぐす」、「ふろ吹き大根を一口大に割りほぐす」といったような箸先を開く作業では、伝統的な持ち方では、始めに箸を持った指の位置を変えることなく、最初から最後まで作業ができるのに対し、他の持ち方では、始めに箸を持った位置が作業中に変動し、作業後には箸を持つ指の位置が移動することがわかった。伝統的な箸の持ち方は、手の潜在的な能力を引き出し、どんな食べる操作にも即応できる持ち方といえる。

年々伝統的な箸の持ち方をする人が減る傾向にある。箸の持ち方やマナーは主として家庭での躾の一つであったが、現代ではこの意識がうすれつつあって、それは、日本人と箸の関係が、箸の文化が培われてきた過去の時代と大きく変化してきているからではないかと考えられる。

そこで、箸の歴史を振り返り、人々が生活の中で箸とどう関わりあってきたかについて調べたところ、いくつかの発見があった。

箸がいつ頃から用いられ始めたのか、その発祥は中国中原地方であるといわれ、著者らは中国の発掘文献などを調べたり、向井は竹筴の発見された曾侯乙墓に取材したりした。日本で、箸の字が見られるのは、七世紀以降で、『古事記』や『万葉集』にある。けれども、漢字は箸で、発音は「ジョ」、読みは「ハシ」となっている。日本には文字がなかったので、「波之」とか、「波志」をあてている。「ジョ」は中国の読みで、朝鮮半島でも箸を「ジョ」と発音する。したがって、「ジョ」と発音する箸の字が伝えられたときに、すでに同形の「はし」があって「箸」の字を「はし」と発音したと推察される。

この「はし」の語源は、口と食べ物の橋わたし、端と端を合わせる、あるいは鳥のくちばしのはしなどがあげられるが、柱のはしともいわれ、これは神の御柱を意味し、箸を神と人を結ぶ神聖な道具としてとらえている。各種の年中行事が箸と深いつながりのもとに行われていることが、日本の箸の特徴である。二本の棒からは想像できない働きは、人間の手指で生かされて初めてできるのであり、そしてわれわれの健康な生命が維持され、食事の楽しみが満たされるのである。

そこから、箸は、単なる道具ではなくて精神性を帯びた存在になっていると思われる。箸も一つの道具であるから、合理的に使いこなす必要のある反面、箸は、各個人の、その時代の生活への価値観を反映する。今まで箸と共にあった文化、それを生み出し、育み、今に至っている現実を、あらためて認識したいと考えている。

著者らは一九七五年以来箸を研究し、箸の文化、風俗に接し、それらを一冊にまとめたいと思いはじめてから十数年を費やしてしまった。今回、法政大学出版局より〈ものと人間の文化史〉シリーズの一冊に加えられることは、大きな喜びである。

執筆途中、励ましの言葉をくださり、序文までお寄せ下さった故樋口清之先生、私どもの研究に興味を持って、韓国語文献の翻訳まで労を執ってくださった漢陽大学名誉教授故李盛雨先生、早くから箸の起源の研究をされた恩師故太田昌子先生にご存命中に成書を見ていただけなかったことはまことに心残りである。

本書をまとめるに当たり、「箸」について早くから研究してこられた諸先輩に敬意を捧げ、数々の資料を寄せていただいた各位に謝意を表します。

なお、中国語文献の翻訳にあたり、米村美智子、吉沢栄両女史のご助力のあったことを記して厚く御礼申し上げます。また、筋電位測定のためにご懇篤なご指導とご助力を賜りました神奈川県総合リハビリテーションセンター外科部長（当時）丹羽信善医学博士、山田雅史先生に御礼申し上げます。

最後に、出版に至る一〇数年の間、終始、ご尽力とご指導を賜りました法政大学出版局の稲義人氏ならびに松永辰郎氏に心より感謝申し上げます。

二〇〇一年八月

著　者

著者略歴

向井由紀子（むかい　ゆきこ）

1925年広島県生まれ．日本女子大学家政学科卒．ソニー学園湘北短期大学教授，青山学院女子短期大学非常勤講師を歴任．管理栄養士．著書：共著『食生活論』『日本料理由来事典』ほか．

橋本慶子（はしもと　けいこ）

1930年大阪生まれ．奈良女子大学理家政学部家政学科食物および農芸学専攻卒．現在，日本調理科学会，日本家政学会食文化研究部会会員．（一社）大学女性協会教育委員会委員，文化交流委員会委員，青山学院女子短期大学名誉教授．医学博士（大阪大学）．著書：共著『食生活論』『食文化論』『調理学』『調理科学事典』ほか．共編共著『調理科学講座』4～7巻，『理論と実際の調理学辞典』『調理のための食品学辞典』ほか．

ものと人間の文化史　102・**箸**（はし）

2001年11月26日　初版第1刷発行
2015年3月20日　　　第3刷発行

発行所　一般財団法人　法政大学出版局
〒102-0071 東京都千代田区富士見2-17-1
電話03(5214)5540／振替00160-6-95814
印刷／平文社　製本／誠製本

Printed in Japan

ISBN978-4-588-21021-1

ものと人間の文化史

★第9回梓会出版文化賞受賞

人間が〈もの〉とのかかわりを通じて営々と築いてきた暮らしの足跡を具体的に辿りつつ文化・文明の基礎を問いなおす。手づくりの〈もの〉の記憶が失われ、〈もの〉離れが進行する危機の時代におくる豊穣な百科叢書。

1 船　須藤利一編

海国日本では古来、漁業・水運・交易はもとより、大陸文化も船によって運ばれた。本書は造船技術、航海の模様の推移を中心に、漂流、船霊信仰、伝説の数々を語る。四六判３６８頁 '68

2 狩猟　直良信夫

人類の歴史は狩猟から始まった。本書は、わが国の遺跡に出土する獣骨、猟具の実証的考察をおこないながら、狩猟をつうじて発展した人間の知恵と生活の軌跡を辿る。四六判２７２頁 '68

3 からくり　立川昭二

〈からくり〉は自動機械であり、驚嘆すべき庶民の技術的創意がこめられている。本書は、日本と西洋のからくりを発掘・復元・遍歴し、埋もれた技術の水脈をさぐる。四六判４１０頁 '69

4 化粧　久下司

美を求める人間の心が生みだした化粧―その手法と道具に語らせた人間の欲望と本性、そして社会関係。歴史を遡り、全国を踏査して書かれた比類ない美と醜の文化史。四六判３６８頁 '70

5 番匠　大河直躬

番匠はわが国中世の建築工匠。地方・在地を舞台に開花した彼らの造型・装飾・工法等の諸技術、さらに信仰と生活等、職人以前の独自で多彩な工匠的世界を描き出す。四六判２８８頁 '71

6 結び　額田巌

〈結び〉の発達は人間の叡知の結晶である。本書はその諸形態および技法を作業・装飾・象徴の三つの系譜に辿り、〈結び〉のすべてを民俗学的・人類学的に考察する。四六判２６４頁 '72

7 塩　平島裕正

人類史に貴重な役割を果たしてきた塩をめぐって、発見から伝承・製造技術の発展過程にいたる総体を歴史的に描き出すとともに、その多彩な効用と味覚の秘密を解く。四六判２７２頁 '73

8 はきもの　潮田鉄雄

田下駄・かんじき・わらじなど、日本人の生活の礎となってきた伝統的はきものの成り立ちと変遷を、二〇年余の実地調査と細密な観察・描写によって辿る庶民生活史　四六判２８０頁 '73

9 城　井上宗和

古代城塞・城柵から近世代名の居城として集大成されるまでの日本の城の変遷を辿り、文化の各領野で果たしてきたその役割を再検討。あわせて世界城郭史に位置づける。四六判３１０頁 '73

10 竹　室井綽

食生活、建築、民芸、造園、信仰等々にわたって、竹と人間との交流史は驚くほど深く永い。その多岐にわたる発展の過程を個々に辿り、竹の特異な性格を浮彫にする。四六判３２４頁 '73

11 海藻　宮下章

古来日本人にとって生活必需品とされてきた海藻をめぐって、その採取・加工法の変遷、商品としての流通史および神事・祭事での役割に至るまでを歴史的に考証する。四六判３３０頁 '74

12 **絵馬** 岩井宏實

古くは祭礼における神への献馬にはじまり、民間信仰と絵画のみごとな結晶として民衆の手で描かれ祀り伝えられてきた各地の絵馬を豊富な写真と史料によってたどる。四六判３０２頁 '74

13 **機械** 吉田光邦

畜力・水力・風力などの自然のエネルギーを利用し、幾多の改良を経て形成された初期の機械の歩みを検証し、日本文化の形成における科学・技術の役割を再検討する。四六判２４２頁 '74

14 **狩猟伝承** 千葉徳爾

狩猟には古来、感謝と慰霊の祭祀がともない、人獣交渉の豊かで意味深い歴史があった。狩猟用具、巻物、儀式具、またけものたちの生態を通して語る狩猟文化の世界。四六判３４６頁 '75

15 **石垣** 田淵実夫

採石から運搬、加工、石積みに至るまで、石垣の造成をめぐって積み重ねられてきた石工たちの苦闘の足跡を掘り起こし、その独自な技術の形成過程と伝承を集成する。四六判２２４頁 '75

16 **松** 高嶋雄三郎

日本人の精神史に深く根をおろした松の伝承に光を当て、食用、薬用等の実用の松、祭祀・観賞用の松、さらに文学・芸能・美術に表現された松のシンボリズムを説く。四六判３４２頁 '75

17 **釣針** 直良信夫

人と魚との出会いから現在に至るまで、釣針がたどった一万有余年の変遷を、世界各地の遺跡出土物を通して実証しつつ、漁撈によって生きた人々の生活と文化を探る。四六判２７８頁 '76

18 **鋸** 吉川金次

鋸鍛冶の家に生まれ、鋸の研究を生涯の課題とする著者が、出土遺品や文献・絵画により各時代の鋸を復元・実験し、庶民の手仕事にみられる驚くべき合理性を実証する。四六判３６０頁 '76

19 **農具** 飯沼二郎／堀尾尚志

鍬と犂の交代・進化の歩みとして発達したわが国農耕文化の発展経過を世界史的視野において再検討しつつ、無名の農民たちによる驚くべき創意のかずかずを記録する。四六判２２０頁 '76

20 **包み** 額田巖

結びとともに文化の起源にかかわる〈包み〉の系譜を人類史的視野において捉え、衣・食・住をはじめ社会・経済史、信仰、祭事などにおけるその実際と役割とを描く。四六判３５４頁 '77

21 **蓮** 阪本祐二

仏教における蓮の象徴的位置の成立と深化、美術・文芸等に見る人間とのかかわりを歴史的に考察。また大賀蓮はじめ多様な品種とその来歴を紹介しつつその美を語る。四六判３０６頁 '77

22 **ものさし** 小泉袈裟勝

ものをつくる人間にとって最も基本的な道具であり、数千年にわたって社会生活を律してきたその変遷を実証的に追求し、歴史の中で果たしてきた役割を浮彫りにする。四六判３１４頁 '77

23-I **将棋I** 増川宏一

その起源を古代インドに、我国への伝播の道すじを海のシルクロードに探り、また伝来後一千年におよぶ日本将棋の変化と発展を盤、駒、ルール等にわたって跡づける。四六判２８０頁 '77

23-Ⅱ 将棋Ⅱ　増川宏一

わが国伝来後の普及と変遷を貴族や武家・豪商の日記等に博捜し、遊戯者の歴史をあとづけると共に、中国伝来説の誤りを正し、将棋宗家の位置と役割を明らかにする。四六判３４６頁 '85

24 湿原祭祀　第2版　金井典美

古代日本の自然環境に着目し、各地の湿原聖地を稲作社会との関連において捉え直して古代国家成立の背景を浮彫にしつつ、水と植物にまつわる日本人の宇宙観を探る。四六判４１０頁 '77

25 臼　三輪茂雄

臼が人類の生活文化の中で果たしてきた役割を、各地に遺る貴重な民俗資料・伝承と実地調査にもとづいて解明。失われゆく道具のなかに、未来の生活文化の姿を探る。四六判４１２頁 '78

26 河原巻物　盛田嘉徳

中世末期以来の被差別部落民が生きる権利を守るために偽作し護り伝えてきた河原巻物を全国にわたって踏査し、そこに秘められた最底辺の人びとの叫びに耳を傾ける。四六判２２６頁 '78

27 香料　日本のにおい　山田憲太郎

焼香供養の香から趣味としての薫物へ、さらに沈香木を焚く香道へと変遷した日本の「匂い」の歴史を豊富な史料に基づいて辿り、我国風俗史の知られざる側面を描く。四六判３７０頁 '78

28 神像　神々の心と形　景山春樹

神仏習合によって変貌しつつも、常にその原型＝自然を保持してきた日本の神々の造型を図像学的方法によって捉え直し、その多彩な形象に日本人の精神構造をさぐる。四六判３４２頁 '78

29 盤上遊戯　増川宏一

祭具・占具としての発生を『死者の書』をはじめとする古代の文献にさぐり、形状・遊戯法を分類しつつその〈進化〉の過程を考察。〈遊戯者たちの歴史〉をも跡づける。四六判３２６頁 '78

30 筆　田淵実夫

筆の里・熊野に筆づくりの現場を訪ねて、筆匠たちの境涯と製筆の由来を克明に記録しつつ、筆の発生と変遷、種類、製筆法、さらには筆塚、筆供養にまで説きおよぶ。四六判２０４頁 '78

31 ろくろ　橋本鉄男

日本の山野を漂移しつづけ、高度の技術文化と幾多の伝説とをもたらした特異な旅職集団＝木地屋の生態を、その呼称、地名、伝承、文書等をもとに生き生きと描く。四六判４６０頁 '79

32 蛇　吉野裕子

日本古代信仰の根幹をなす蛇巫をめぐって、祭事におけるさまざまな蛇の「もどき」や各種の蛇の造型・伝承に鋭い考証を加え、忘れられたその呪性を大胆に暴き出す。四六判２５０頁 '79

33 鋏（はさみ）　岡本誠之

梃子の原理の発見から鋏の誕生に至る過程を推理し、日本鋏の特異な歴史的位置を明らかにするとともに、刀鍛冶等から転進した鋏職人たちの創意と苦闘の跡をたどる。四六判３９６頁 '79

34 猿　廣瀬鎮

嫌悪と愛玩、軽蔑と畏敬の交錯する日本人とサルとの関わりあいの歴史を、狩猟伝承や祭祀・風習、美術・工芸や芸能のなかに探り、日本人の動物観を浮彫りにする。四六判２９２頁 '79

35 **鮫** 矢野憲一

神話の時代から今日まで、津々浦々につたわるサメの伝承とサメをめぐる海の民俗を集成し、神饌、食用、薬用等に活用されてきたサメと人間のかかわりの変遷を描く。四六判２９２頁 '79

36 **枡** 小泉袈裟勝

米の経済の枢要をなす器として千年余にわたり日本人の生活の中に生きてきた枡の変遷をたどり、記録・伝承をもとにこの独特な計量器が果たした役割を再検討する。四六判３２２頁 '80

37 **経木** 田中信清

食品の包装材料として近年まで身近に存在した経木の起源を、こけら経や塔婆、木簡、屋根板等に遡って明らかにし、その製造・流通に携った人々の労苦の足跡を辿る。四六判２８８頁 '80

38 **色** 染と色彩 前田雨城

わが国古代の染色技術の復元と文献解読をもとに日本色彩史を体系づけ、赤・白・青・黒等におけるわが国独自の色彩感覚を探りつつ日本文化における色の構造を解明。四六判３２０頁 '80

39 **狐** 陰陽五行と稲荷信仰 吉野裕子

その伝承と文献を渉猟しつつ、中国古代哲学＝陰陽五行の原理の応用という独自の視点から、謎とされてきた稲荷信仰と狐との密接な結びつきを明快に解き明かす。四六判２３２頁 '80

40-Ⅰ **賭博Ⅰ** 増川宏一

時代、地域、階層を超えて連綿と行なわれてきた賭博。——その起源を古代の神判、スポーツ、遊戯等の中に探り、抑圧と許容の歴史を物語る。全Ⅲ分冊の〈総説篇〉。四六判２９８頁 '80

40-Ⅱ **賭博Ⅱ** 増川宏一

古代インド文学の世界からラスベガスまで、賭博の形態・用具・方法の時代的特質を明らかにし、夥しい禁令に賭博の不滅のエネルギーを見る。全Ⅲ分冊の〈外国篇〉。四六判４５６頁 '82

40-Ⅲ **賭博Ⅲ** 増川宏一

聞香、闘茶、笠附等、わが国独特の賭博を中心にその具体例を網羅し、方法の変遷に賭博の時代性を探りつつ禁令の改廃に時代の賭博観を追う。全Ⅲ分冊の〈日本篇〉。四六判３８８頁 '83

41-Ⅰ **地方仏Ⅰ** むしゃこうじ・みのる

古代から中世にかけて全国各地で作られた無銘の仏像を訪ね、素朴で多様なノミの跡に民衆の祈りと地域の願望を探る。宗教の伝播、文化の創造を考える異色の紀行。四六判２５６頁 '80

41-Ⅱ **地方仏Ⅱ** むしゃこうじ・みのる

紀州や飛騨を中心に草の根の仏たちを訪ねて、その相好と像容の魅力を探り、技法を比較考証して仏像彫刻史に位置づけつつ、中世地域社会の形成と信仰の実態に迫る。四六判２６０頁 '97

42 **南部絵暦** 岡田芳朗

田山・盛岡地方で「盲暦」として古くから親しまれてきた独得の絵解き暦を詳しく紹介しつつその全体像を復元する。その無類の生活暦は、南部農民の哀歓をつたえる。四六判２８８頁 '80

43 **野菜** 在来品種の系譜 青葉高

蕪、大根、茄子等の日本在来野菜をめぐって、その渡来・伝播経路、品種分布と栽培のいきさつを各地の伝承や古記録をもとに辿り、畑作文化の源流とその風土を描く。四六判３６８頁 '81

44 **つぶて** 中沢厚

弥生投弾、古代・中世の石戦と印地の様相、投石具の発達を展望しつつ、願かけの小石、正月つぶて、石こづみ等の習俗を辿り、石塊に託した民衆の願いや怒りを探る。 四六判３３８頁 '81

45 **壁** 山田幸一

弥生時代から明治期に至るわが国の壁の変遷を壁塗＝左官工事の側面から辿り直し、その技術的復元・考証を通じて建築史・文化史における壁の役割を浮き彫りにする。 四六判２９６頁 '81

46 **簞笥**（たんす） 小泉和子

近世における簞笥の出現＝箱から抽斗への転換に着目し、以降近現代に至るその変遷を社会・経済・技術の側面からあとづける。著者自身による簞笥製作の記録を付す。 四六判３７８頁 '82

47 **木の実** 松山利夫

山村の重要な食糧資源であった木の実をめぐる各地の記録・伝承を集成し、その採集・加工における幾多の試みを実地に検証しつつ、稲作農耕以前の食生活文化を復元。 四六判３８４頁 '82

48 **秤**（はかり） 小泉袈裟勝

秤の起源を東西に探るとともに、わが国律令制下における中国制度の導入、近世商品経済の発展に伴う秤座の出現、明治期近代化政策による洋式秤受容等の経緯を描く。 四六判３２６頁 '82

49 **鶏**（にわとり） 山口健児

神話・伝説をはじめ遠い歴史の中の鶏を古今東西の伝承・文献に探り、特に我国の信仰・絵画・文学等に遺された鶏の足跡を追って、鶏をめぐる民俗の記憶を蘇らせる。 四六判３４６頁 '83

50 **燈用植物** 深津正

人類が燈火を得るために用いてきた多種多様な植物との出会いと個個の植物の来歴、特性及びはたらきを詳しく検証しつつ「あかり」の原点を問いなおす異色の植物誌。 四六判４４２頁 '83

51 **斧・鑿・鉋**（おの・のみ・かんな） 吉川金次

古墳出土品や文献・絵画をもとに、古代から現代までの斧・鑿・鉋を復元・実験し、労働体験によって生まれた民衆の知恵と道具の変遷を蘇らせる異色の日本木工具史。 四六判３０４頁 '84

52 **垣根** 額田巌

大和・山辺の道に神々と垣との関わりを探り、各地に垣の伝承を訪ねて、寺院の垣、民家の垣、露地の垣など、風土と生活に培われた生垣の独特のはたらきと美を描く。 四六判２３４頁 '84

53-Ⅰ **森林Ⅰ** 四手井綱英

森林生態学の立場から、森林のなりたちとその生活史を辿りつつ、産業の発展と消費社会の拡大により刻々と変貌する森林の現状を語り、未来への再生のみちをさぐる。 四六判３０６頁 '85

53-Ⅱ **森林Ⅱ** 四手井綱英

森林と人間との多様なかかわりを包括的に語り、人と自然が共生するための森や里山をいかにして創出するか、森林再生への具体的な方策を提示する21世紀への提言。 四六判３０８頁 '98

53-Ⅲ **森林Ⅲ** 四手井綱英

地球規模で進行しつつある森林破壊の現状を実地に踏査し、森と人が共存する日本人の伝統的自然観を未来へ伝えるために、いま何が必要なのかを具体的に提言する。 四六判３０４頁 '00

54 **海老**（えび）　酒向昇

人類との出会いからエビの科学、漁法、さらには調理法を語り、めでたい姿態と色彩にまつわる多彩なエビの民俗を、地名や人名、詩歌・文学、絵画や芸能の中に探る。四六判４２８頁 '85

55-Ⅰ **藁**（わら）Ⅰ　宮崎清

稲作農耕とともに二千年余の歴史をもち、日本人の全生活領域に生きてきた藁の文化を日本文化の原型として捉え、風土に根ざしたそのゆたかな遺産を詳細に検討する。四六判４００頁 '85

55-Ⅱ **藁**（わら）Ⅱ　宮崎清

床・畳から壁・屋根にいたる住居における藁の製作・使用のメカニズムを明らかにし、日本人の生活空間における藁の役割を見なおすとともに、藁の文化の復権を説く。四六判４００頁 '85

56 **鮎**　松井魁

清楚な姿態と独特な味覚によって、日本人の目と舌を魅了しつづけてきたアユ――その形態と分布、生態、漁法等を詳述し、古今のアユ料理や文芸にみるアユにおよぶ。四六判２９６頁 '86

57 **ひも**　額田巖

物と物、人と物とを結びつける不思議な力を秘めた「ひも」の謎を追って、民俗学的視点から多角的なアプローチを試みる。『結び』、『包み』につづく三部作の完結篇。四六判２５０頁 '86

58 **石垣普請**　北垣聰一郎

近世石垣の技術者集団「穴太」の足跡を辿り、各地城郭の石垣遺構の実地調査と資料・文献をもとに石垣普請の歴史的系譜を復元しつつ石工たちの技術伝承を集成する。四六判４３８頁 '87

59 **碁**　増川宏一

その起源を古代の盤上遊戯に探ると共に、定着以来二千年の歴史を時代の状況や遊び手の社会環境との関わりにおいて跡づける。逸話や伝説を排して綴る初の囲碁全史。四六判３６６頁 '87

60 **日和山**（ひよりやま）　南波松太郎

千石船の時代、航海の安全のために観天望気した日和山――多くは忘れられ、あるいは失われた船舶・航海史の貴重な遺跡を追って、全国津々浦々におよんだ調査紀行。四六判３８２頁 '88

61 **篩**（ふるい）　三輪茂雄

臼とともに人類の生産活動に不可欠な道具であった篩、箕(み)、笊(ざる)の多彩な変遷を豊富な図解入りでたどり、現代技術の先端に再生するまでの歩みをえがく。四六判３３４頁 '89

62 **鮑**（あわび）　矢野憲一

縄文時代以来、貝肉の美味と貝殻の美しさによって日本人を魅了し続けてきたアワビ――その生態と養殖、神饌としての歴史、漁法、螺鈿の技法からアワビ料理に及ぶ。四六判３４４頁 '89

63 **絵師**　むしゃこうじ・みのる

日本古代の渡来画工から江戸前期の菱川師宣まで、時代の代表的絵師の列伝で辿る絵画制作の文化史。前近代社会における絵画の意味や芸術創造の社会的条件を考える。四六判２３０頁 '90

64 **蛙**（かえる）　碓井益雄

動物学の立場からその特異な生態を描き出すとともに、和漢洋の文献資料を駆使して故事・習俗・神事・民話・文芸・美術工芸にわたる蛙の多彩な活躍ぶりを活写する。四六判３８２頁 '89

65—I 藍（あい）I 風土が生んだ色　竹内淳子

全国各地の〈藍の里〉を訪ねて、藍栽培から染色・加工のすべてにわたり、藍とともに生きた人々の伝承を克明に描き、風土と人間が生んだ〈日本の色〉の秘密を探る。四六判４１６頁 '91

65—II 藍（あい）II 暮らしが育てた色　竹内淳子

日本の風土に生まれ、伝統に育てられた藍が、今なお暮らしの中で生き生きと活躍しているさまを、手わざに生きる人々との出会いを通じて描く。藍の里紀行の続篇。四六判４０６頁 '99

66 橋　小山田了三

丸木橋・舟橋・吊橋から板橋・アーチ型石橋まで、人々に親しまれてきた各地の橋を訪ねて、その来歴と築橋の技術伝承を辿り、土木文化の伝播・交流の足跡をえがく。四六判３１２頁 '91

67 箱　宮内悊

日本の伝統的な箱（櫃）と西欧のチェストを比較文化史の視点から考察し、居住・収納・運搬・装飾の各分野における箱の重要な役割とその多彩な文化を浮彫りにする。四六判３９０頁 '91

68—I 絹 I　伊藤智夫

養蚕の起源を神話や説話に探り、伝来の時期とルートを跡づけ、記紀・万葉の時代から近世に至るまで、それぞれの時代・社会・階層が生み出した絹の文化を描き出す。四六判３０４頁 '92

68—II 絹 II　伊藤智夫

生糸と絹織物の生産と輸出が、わが国の近代化にはたした役割を描くと共に、養蚕の道具、信仰や庶民生活にわたる養蚕と絹の民俗、さらには蚕の種類と生態におよぶ。四六判２９４頁 '92

69 鯛（たい）　鈴木克美

古来「魚の王」とされてきた鯛をめぐって、その生態・味覚から漁法、祭り、工芸、文芸にわたる多彩な伝承文化を語りつつ、鯛と日本人とのかかわりの原点をさぐる。四六判４１８頁 '92

70 さいころ　増川宏一

古代神話の世界から近現代の博徒の動向まで、さいころの役割を各時代・社会に位置づけ、木の実や貝殻のさいころから投げ棒型や立方体のさいころへの変遷をたどる。四六判３７４頁 '92

71 木炭　樋口清之

炭の起源から炭焼、流通、経済、文化にわたる木炭の歩みを歴史・考古・民俗の知見を総合して描き出し、独自で多彩な文化を育んできた木炭の尽きせぬ魅力を語る。四六判２９６頁 '93

72 鍋・釜（なべ・かま）　朝岡康二

日本をはじめ韓国、中国、インドネシアなど東アジアの各地を歩きながら鍋・釜の製作と使用の現場に立ち会い、調理をめぐる庶民生活の変遷とその交流の足跡を探る。四六判３２６頁 '93

73 海女（あま）　田辺悟

その漁の実際と社会組織、風習、信仰、民具などを克明に描くとともに海女の起源・分布・交流を探り、わが国漁撈文化の古層としての海女の生活と文化をあとづける。四六判２９４頁 '93

74 蛸（たこ）　刀禰勇太郎

蛸をめぐる信仰や多彩な民間伝承を紹介するとともに、その生態・分布・捕獲法・繁殖と保護・調理法などを集成し、日本人と蛸との知られざるかかわりの歴史を探る。四六判３７０頁 '94

75 曲物（まげもの） 岩井宏實

桶・樽出現以前から伝承され、古来最も簡便・重宝な木製容器として愛用された曲物の加工技術と機能・利用形態の変遷をさぐり、手づくりの「木の文化」を見なおす。四六判318頁 '94

76-I 和船I 石井謙治

江戸時代の海運を担った千石船（弁才船）について、その構造と技術、帆走性能を綿密に調査し、通説の誤りを正すとともに、海難と信仰、船絵馬等の考察にもおよぶ。四六判436頁 '95

76-II 和船II 石井謙治

造船史から見た著名な船を紹介し、遣唐使船や遣欧使節船、幕末の洋式船における外国技術の導入について論じつつ、船の名称と船型を海船・川船にわたって解説する。四六判316頁 '95

77-I 反射炉I 金子功

日本初の佐賀鍋島藩の反射炉と精練方＝理化学研究所、島津藩の反射炉と集成館＝近代工場群を軸に、日本の産業革命の時代における人と技術を現地に訪ねて発掘する。四六判244頁 '95

77-II 反射炉II 金子功

伊豆韮山の反射炉をはじめ、全国各地の反射炉建設にかかわった有名無名の人々の足跡をたどり、開国か攘夷かに揺れる幕末の政治と社会の悲喜劇をも生き生きと描く。四六判226頁 '95

78-I 草木布（そうもくふ）I 竹内淳子

風土に育まれた布を求めて全国各地を歩き、木綿普及以前に山野の草木を利用して豊かな衣生活文化を築き上げてきた庶民の知られざる知恵のかずかずを実地にさぐる。四六判282頁 '95

78-II 草木布（そうもくふ）II 竹内淳子

アサ、クズ、シナ、コウゾ、カラムシ、フジなどの草木の繊維から、どのようにして糸を採り、布を織っていたのか——聞書きをもとに忘れられた技術と文化を発掘する。四六判282頁 '95

79-I すごろくI 増川宏一

古代エジプトのセネト、ヨーロッパのバクギャモン、中近東のナルド、中国の双陸などの系譜に日本の盤雙六を位置づけ、遊戯・賭博としてのその数奇なる運命を辿る。四六判312頁 '95

79-II すごろくII 増川宏一

ヨーロッパの鵞鳥のゲームから日本中世の浄土双六、近世の華麗な絵双六、さらには近現代の少年誌の附録まで、絵双六の変遷を追って時代の社会・文化を読みとる。四六判390頁 '95

80 パン 安達巖

古代オリエントに起ったパン食文化が中国・朝鮮を経て弥生時代の日本に伝えられたことを史料と伝承をもとに解明し、わが国パン食文化二〇〇〇年の足跡を描き出す。四六判260頁 '96

81 枕（まくら） 矢野憲一

神さまの枕・大嘗祭の枕から枕絵の世界まで、人生の三分の一を共に過す枕をめぐって、その材質の変遷を辿り、伝説と怪談、俗信と民俗、エピソードを興味深く語る。四六判252頁 '96

82-I 桶・樽（おけ・たる）I 石村真一

日本、中国、朝鮮、ヨーロッパにわたる厖大な資料を集成してその豊かな文化の系譜を探り、東西の木工技術史を比較しつつ世界史的視野から桶・樽の文化を描き出す。四六判388頁 '97

82-Ⅱ 桶・樽（おけ・たる）Ⅱ　石村真一

多数の調査資料と絵画・民俗資料をもとにその製作技術を復元し、東西の木工技術を比較考証しつつ、技術文化史の視点から桶・樽製作の実態とその変遷を跡づける。　四六判３７２頁　'97

82-Ⅲ 桶・樽（おけ・たる）Ⅲ　石村真一

樹木と人間とのかかわり、製作者と消費者とのかかわりを通じて桶樽と生活文化の変遷を考察し、木材資源の有効利用という視点から桶樽の文化史的役割を浮彫にする。　四六判３５２頁　'97

83-Ⅰ 貝Ⅰ　白井祥平

世界各地の現地調査と文献資料を駆使して、古来至高の財宝とされてきた宝貝のルーツとその変遷を探り、貝と人間とのかかわりの歴史を「貝貨」の文化史として描く。　四六判３８６頁　'97

83-Ⅱ 貝Ⅱ　白井祥平

サザエ、アワビ、イモガイなど古来人類とかかわりの深い貝をめぐって、その生態・分布・地方名、装身具や貝貨としての利用法などを豊富なエピソードを交えて語る。　四六判３２８頁　'97

83-Ⅲ 貝Ⅲ　白井祥平

シンジュガイ、ハマグリ、アカガイ、シャコガイなどをめぐって世界各地の民族誌を渉猟し、それらが人類文化に残した足跡を辿る。参考文献一覧／総索引を付す。　四六判３９２頁　'97

84 松茸（まつたけ）　有岡利幸

秋の味覚として古来珍重されてきた松茸の由来を求めて、稲作文化と里山（松林）の生態系から説きおこし、日本人の伝統的生活文化の中に松茸流行の秘密をさぐる。　四六判２９６頁　'97

85 野鍛冶（のかじ）　朝岡康二

鉄製農具の製作・修理・再生を担ってきた農鍛冶の歴史的役割を探り、近代化の大波の中で変貌する職人技術の実態をアジア各地のフィールドワークを通して描き出す。　四六判２８０頁　'98

86 稲　品種改良の系譜　菅　洋

作物としての稲の誕生、稲の渡来と伝播の経緯から説きおこし、明治以降主として庄内地方の民間育種家の手によって飛躍的発展をとげたわが国品種改良の歩みを描く。　四六判３３２頁　'98

87 橘（たちばな）　吉武利文

永遠のかぐわしい果実として日本の神話・伝説に特別の位置を占めて語り継がれてきた橘をめぐって、その育まれた風土とかずかずの伝承の中に日本文化の特質を探る。　四六判２８６頁　'98

88 杖（つえ）　矢野憲一

神の依代としての杖や仏教の錫杖に杖と信仰とのかかわりを探り、人類が突きつつ歩んだその歴史と民俗を興味ぶかく語る。多彩な材質と用途を網羅した杖の博物誌。　四六判３１４頁　'98

89 もち（糯・餅）　渡部忠世／深澤小百合

モチイネの栽培・育種から食品加工、民俗、儀礼にわたってそのルーツと伝承の足跡をたどり、アジア稲作文化という広範な視野からこの特異な食文化の謎を解明する。　四六判３３０頁　'98

90 さつまいも　坂井健吉

その栽培の起源と伝播経路を跡づけるとともに、わが国伝来後四百年の経緯を詳細にたどり、世界に冠たる育種と栽培・利用法を築いた人々の知られざる足跡をえがく。　四六判３２８頁　'99

91 珊瑚（さんご） 鈴木克美
海岸の自然保護に重要な役割を果たす岩石サンゴから宝飾品として知られる宝石サンゴまで、人間生活と深くかかわってきたサンゴの多彩な姿を人類文化史として描く。四六判370頁 '99

92-Ⅰ 梅Ⅰ 有岡利幸
万葉集、源氏物語、五山文学などの古典や天神信仰に表れた梅の足跡を克明に辿りつつ日本人の精神史に刻印された梅を浮彫にし、梅と日本人の二〇〇〇年史を描く。四六判274頁 '99

92-Ⅱ 梅Ⅱ 有岡利幸
その植生と栽培、伝承、梅の名所や鑑賞法の変遷から戦前の国定教科書に表れた梅まで、梅と日本人との多彩なかかわりを探り、桜との対比において梅の文化史を描く。四六判338頁 '99

93 木綿口伝（もめんくでん） 第2版 福井貞子
老女たちからの聞書を経糸とし、厖大な遺品・資料を緯糸として、母から娘へと幾代にも伝えられた手づくりの木綿文化を掘り起し、近代の木綿の盛衰を描く。増補版 四六判336頁 '00

94 合せもの 増川宏一
「合せる」には古来、一致させるの他に、競う、闘う、比べる等の意味があった。貝合せや絵合せ等の遊戯・賭博を中心に、広範な人間の営みを「合せる」行為に辿る。四六判300頁 '00

95 野良着（のらぎ） 福井貞子
明治初期から昭和四〇年までの野良着を収集・分類・整理し、それらの用途と年代、形態、材質、重量、呼称などを精査して、働く庶民の創意にみちた生活史を描く。四六判292頁 '00

96 食具（しょくぐ） 山内昶
東西の食文化に関する資料を渉猟し、食法の違いを人間の自然に対するかかわり方の違いとして捉えつつ、食具を人間と自然をつなぐ基本的な媒介物として位置づける。四六判292頁 '00

97 鰹節（かつおぶし） 宮下章
黒潮からの贈り物・カツオの漁法から鰹節の製法や食法、商品としての流通までを歴史的に展望するとともに、沖縄やモルジブ諸島の調査をもとにそのルーツを探る。四六判382頁 '00

98 丸木舟（まるきぶね） 出口晶子
先史時代から現代の高度文明社会まで、もっとも長期にわたり使われてきた刳り舟に焦点を当て、その技術伝承を辿りつつ、森や水辺の文化の広がりと動態をえがく。四六判324頁 '01

99 梅干（うめぼし） 有岡利幸
日本人の食生活に不可欠の自然食品・梅干をつくりだした先人たちの知恵に学ぶとともに、健康増進に驚くべき薬効を発揮する、その知られざるパワーの秘密を探る。四六判300頁 '01

100 瓦（かわら） 森郁夫
仏教文化と共に中国・朝鮮から伝来し、一四〇〇年にわたり日本の建築を飾ってきた瓦をめぐって、発掘資料をもとにその製造技術、形態、文様などの変遷をたどる。四六判320頁 '01

101 植物民俗 長澤武
衣食住から子供の遊びまで、幾世代にも伝承された植物をめぐる暮らしの知恵を克明に記録し、高度経済成長期以前の農山村の豊かな生活文化を愛惜をこめて描き出す。四六判348頁 '01

102 **箸**（はし）　向井由紀子／橋本慶子

そのルーツを中国、朝鮮半島に探るとともに、日本人の食生活に不可欠の食具となり、日本文化のシンボルとされるまでに洗練された箸の文化の変遷を総合的に描く。　四六判３３４頁　'01

103 **採集**　ブナ林の恵み　赤羽正春

縄文時代から今日に至る採集・狩猟民の暮らしを復元し、動物の生態系と採集生活の関連を明らかにしつつ、民俗学と考古学の両面から山に生かされた人々の姿を描く。　四六判２９８頁　'01

104 **下駄**　神のはきもの　秋田裕毅

古墳や井戸等から出土する下駄に着目し、下駄が地上と地下の他界を結ぶ聖なるはきものであったという大胆な仮説を提出、日本の神々の忘れられた側面を浮彫にする。　四六判３０４頁　'02

105 **絣**（かすり）　福井貞子

膨大な絣遺品を収集・分類し、絣産地を実地に調査して絣の技法と文様の変遷を地域別・時代別に跡づけ、明治・大正・昭和の手づくりの染織文化の盛衰を描き出す。　四六判３１０頁　'02

106 **網**（あみ）　田辺悟

漁網を中心に、網に関する基本資料を網羅して網の変遷と網をめぐる民俗を体系的に描き出し、網の文化を集成する。「網に関する小事典」「網のある博物館」を付す。　四六判３１６頁　'02

107 **蜘蛛**（くも）　斎藤慎一郎

「土蜘蛛」の呼称で畏怖される一方「クモ合戦」など子供の遊びとしても親しまれてきたクモと人間との長い交渉の歴史をその深層に遡って追究した異色のクモ文化論。　四六判３２０頁　'02

108 **襖**（ふすま）　むしゃこうじ・みのる

襖の起源と変遷を建築史・絵画史の中に探りつつその用と美を浮彫にし、衝立・障子・屏風等と共に日本建築の空間構成に不可欠の建具となるまでの経緯を描き出す。　四六判２７０頁　'02

109 **漁撈伝承**（ぎょろうでんしょう）　川島秀一

漁師たちからの聞き書きをもとに、寄り物、船霊、大漁旗など、漁撈にまつわる〈もの〉の伝承を集成し、海の道によって運ばれた習俗や信仰の民俗地図を描き出す。　四六判３３４頁　'03

110 **チェス**　増川宏一

世界中に数億人の愛好者を持つチェスの起源と文化を、欧米における膨大な研究の蓄積を渉猟しつつ探り、日本への伝来の経緯から美術工芸品としてのチェスにおよぶ。　四六判２９８頁　'03

111 **海苔**（のり）　宮下章

海苔の歴史は厳しい自然とのたたかいの歴史だった――採取から養殖、加工、流通、消費に至る先人たちの苦難の歩みを史料と実地調査によって浮彫にする食物文化史。　四六判１７２頁　'03

112 **屋根**　檜皮葺と柿葺　原田多加司

屋根葺師一〇代の著者が、自らの体験と職人の本懐を語り、連綿として受け継がれてきた伝統の手わざを体系的にたどりつつ伝統技術の保存と継承の必要性を訴える。　四六判３４０頁　'03

113 **水族館**　鈴木克美

初期水族館の歩みを創始者たちの足跡を通して辿りなおし、水族館をめぐる社会の発展と風俗の変遷を描き出すとともにその未来像をさぐる初の〈日本水族館史〉の試み。　四六判２９０頁　'03

114 古着（ふるぎ） 朝岡康二
仕立てと着方、管理と保存、再生と再利用等にわたり衣生活の変容を近代の日常生活の変化として捉え直し、衣服をめぐるリサイクル文化が形成される経緯を描き出す。四六判292頁 '03

115 柿渋（かきしぶ） 今井敬潤
染料・塗料をはじめ生活百般の必需品であった柿渋の伝承を記録し、文献資料をもとにその製造技術と利用の実態を明らかにして、忘れられた豊かな生活技術を見直す。四六判294頁 '03

116-Ⅰ 道Ⅰ 武部健一
道の歴史を先史時代から説き起こし、古代律令制国家の要請によって駅路が設けられ、しだいに幹線道路として整えられてゆく経緯を技術史・社会史の両面からえがく。四六判248頁 '03

116-Ⅱ 道Ⅱ 武部健一
中世の鎌倉街道、近世の五街道、近代の開拓道路から現代の高速道路網までを通観し、道路を拓いた人々の手によって今日の交通ネットワークが形成された歴史を語る。四六判280頁 '03

117 かまど 狩野敏次
日常の煮炊きの道具であるとともに祭りと信仰に重要な位置を占めてきたカマドをめぐる忘れられた伝承を掘り起こし、民俗空間の壮大なコスモロジーを浮彫りにする。四六判292頁 '04

118-Ⅰ 里山Ⅰ 有岡利幸
縄文時代から近世までの里山の変遷を人々の暮らしと植生の変化の両面から跡づけ、その源流を記紀万葉に描かれた里山の景観や大和・三輪山の古記録・伝承等に探る。四六判276頁 '04

118-Ⅱ 里山Ⅱ 有岡利幸
明治の地租改正による山林の混乱、相次ぐ戦争による山野の荒廃、エネルギー革命、高度成長による大規模開発など、近代化の荒波に翻弄される里山の見直しを説く。四六判274頁 '04

119 有用植物 菅 洋
人間生活に不可欠のものとして利用されてきた身近な植物たちの来歴と栽培・育種・品種改良・伝播の経緯を平易に語り、植物と共に歩んだ文明の足跡を浮彫にする。四六判324頁 '04

120-Ⅰ 捕鯨Ⅰ 山下渉登
世界の海で展開された鯨と人間との格闘の歴史を振り返り、「大航海時代」の副産物として開始された捕鯨業の誕生以来四〇〇年にわたる盛衰の社会的背景をさぐる。四六判314頁 '04

120-Ⅱ 捕鯨Ⅱ 山下渉登
近代捕鯨の登場により鯨資源の激減を招き、捕鯨の規制・管理のための国際条約締結に至る経緯をたどり、グローバルな課題としての自然環境問題を浮き彫りにする。四六判312頁 '04

121 紅花（べにばな） 竹内淳子
栽培、加工、流通、利用の実際を現地に探訪して紅花とかかわってきた人々からの聞き書きを集成し、忘れられた〈紅花文化〉を復元しつつその豊かな味わいを見直す。四六判346頁 '04

122-Ⅰ もののけⅠ 山内昶
日本の妖怪変化、未開社会の〈マナ〉、西欧の悪魔やデーモンを比較考察し、名づけ得ぬ未知の対象を指す万能のゼロ記号〈もの〉をめぐる人類文化史を跡づける博物誌。四六判320頁 '04

122-II **もののけ Ⅱ** 山内昶

日本の鬼、古代ギリシアのダイモン、中世の異端狩り・魔女狩り等々をめぐり、自然＝カオスと文化＝コスモスの対立の中で〈野生の思考〉が果たしてきた役割をさぐる。四六判２８０頁 '04

123 **染織**（そめおり） 福井貞子

自らの体験と厖大な残存資料をもとに、糸づくりから織り、染めにわたる手づくりの豊かな生活文化を見直す。創意にみちた手わざのかずかずを復元する庶民生活誌。四六判２９４頁 '05

124-I **動物民俗 Ⅰ** 長澤武

神として崇められたクマやシカをはじめ、人間にとって不可欠の鳥獣や魚、さらには人間を脅かす動物など、多種多様な動物たちと交流してきた人々の暮らしの民俗誌。四六判２６４頁 '05

124-II **動物民俗 Ⅱ** 長澤武

動物の捕獲法をめぐる各地の伝承を紹介するとともに、全国で語り継がれてきた多彩な動物民話・昔話を渉猟し、暮らしの中で培われた動物フォークロアの世界を描く。四六判２６６頁 '05

125 **粉**（こな） 三輪茂雄

粉体の研究をライフワークとする著者が、粉食の発見からナノテクノロジーまで、人類文明の歩みを〈粉〉の視点から捉え直した壮大なスケールの〈文明の粉体史観〉 四六判３０２頁 '05

126 **亀**（かめ） 矢野憲一

浦島伝説や「兎と亀」の昔話によって親しまれてきた亀のイメージの起源を探り、古代の亀卜の方法から、亀にまつわる信仰と迷信、鼈甲細工やスッポン料理におよぶ。四六判３３０頁 '05

127 **カツオ漁** 川島秀一

一本釣り、カツオ漁場、船上の生活、船霊信仰、祭りと禁忌など、カツオ漁にまつわる漁師たちの伝承を集成し、黒潮に沿って伝えられた漁民たちの文化を掘り起こす。四六判３７０頁 '05

128 **裂織**（さきおり） 佐藤利夫

木綿の風合いと強靭さを生かした裂織の技と美をすぐれたリサイクル文化として見なおす。東西文化の中継地・佐渡の古老たちからの聞書をもとに歴史と民俗をえがく。四六判３０８頁 '05

129 **イチョウ** 今野敏雄

「生きた化石」として珍重されてきたイチョウの生い立ちと人々の生活文化とのかかわりの歴史をたどり、この最古の樹木に秘められたパワーを最新の中国文献にさぐる。四六判３１２頁〔品切〕 '05

130 **広告** 八巻俊雄

のれん、看板、引札からインターネット広告までを通観し、いつの時代にも広告が人々の暮らしと密接にかかわって独自の文化を形成してきた経緯を描く広告の文化史。四六判２７６頁 '06

131-I **漆**（うるし） **Ⅰ** 四柳嘉章

全国各地で発掘された考古資料を対象に科学的解析を行ない、縄文時代から現代に至る漆の技術と文化を跡づける試み。漆が日本人の生活と精神に与えた影響を探る。四六判２７４頁 '06

131-II **漆**（うるし） **Ⅱ** 四柳嘉章

遺跡や寺院等に遺る漆器を分析し体系づけるとともに、絵巻物や文学作品の考証を通じて、職人や産地の形成、漆工芸の地場産業としての発展の経緯などを考察する。四六判２１６頁 '06

132 **まな板** 石村眞一

日本、アジア、ヨーロッパ各地のフィールド調査と考古・文献・絵画・写真資料をもとにまな板の素材・構造・使用法を分類し、多様な食文化とのかかわりをさぐる。 四六判３７２頁 '06

133-I **鮭・鱒**（さけ・ます）**I** 赤羽正春

鮭・鱒をめぐる民俗研究の前史から現在までを概観するとともに、原初的な漁法から商業的漁法にわたる多彩な漁法と用具、漁場と社会組織の関係などを明らかにする。 四六判２９２頁 '06

133-II **鮭・鱒**（さけ・ます）**II** 赤羽正春

鮭漁をめぐる行事、鮭捕り衆の生活等を聞き取りによって再現し、人工孵化事業の発展とそれを担った先人たちの業績を明らかにするとともに、鮭・鱒の料理におよぶ。 四六判３５２頁 '06

134 **遊戯** その歴史と研究の歩み 増川宏一

古代から現代まで、日本と世界の遊戯の歴史を概説し、内外の研究者との交流の中で得られた最新の知見をもとに、研究の出発点と目的を論じ、現状と未来を展望する。 四六判２９６頁 '06

135 **石干見**（いしひみ） 田和正孝編

沿岸部に石垣を築き、潮汐作用を利用して漁獲する原初的漁法を日・韓・台に残る遺構と伝承の調査・分析をもとに復元し、東アジアの伝統的漁撈文化を浮彫りにする。 四六判３３２頁 '07

136 **看板** 岩井宏實

江戸時代から明治・大正・昭和初期までの看板の歴史を生活文化史の視点から考察し、多種多様な生業の起源と変遷を多数の図版をもとに紹介する〈図説商売往来〉。 四六判２６６頁 '07

137-I **桜I** 有岡利幸

そのルーツと生態から説きおこし、和歌や物語に描かれた古代社会の桜観から「花は桜木、人は武士」の江戸の花見の流行まで、日本人と桜のかかわりの歴史をさぐる。 四六判３８２頁 '07

137-II **桜II** 有岡利幸

明治以後、軍国主義と愛国心のシンボルとして政治的に利用されてきた桜の近代史を辿るとともに、日本人の生活と共に歩んだ「咲く花、散る花」の栄枯盛衰を描く。 四六判４００頁 '07

138 **麹**（こうじ） 一島英治

日本の気候風土の中で稲作と共に育まれた麹菌のすぐれたはたらきの秘密を探り、醸造化学に携わった人々の足跡をたどりつつ醱酵食品と日本人の食生活文化を考える。 四六判２４４頁 '07

139 **河岸**（かし） 川名登

近世初頭、河川水運の隆盛と共に物流のターミナルとして賑わい、船旅や遊廓などをもたらした河岸（川の港）の盛衰を河岸に生きる人々の暮らしの変遷としてえがく。 四六判３００頁 '07

140 **神饌**（しんせん） 岩井宏實／日和祐樹

土地に古くから伝わる食物を神に捧げる神饌儀礼に祭りの本義を探り、近畿地方主要神社の伝統的儀礼をつぶさに調査して、豊富な写真と共にその実際を明らかにする。 四六判３７４頁 '07

141 **駕籠**（かご） 櫻井芳昭

その様式、利用の実態、地域ごとの特色、車の利用を抑制する交通政策との関連から駕籠かきたちの風俗までを明らかにし、日本交通史の知られざる側面に光を当てる。 四六判２９４頁 '07

142 **追込漁**（おいこみりょう） 川島秀一

沖縄の島々をはじめ、日本各地で今なお行なわれている沿岸漁撈を実地に精査し、魚の生態と自然条件を知り尽した漁師たちの知恵と技を見直しつつ漁業の原点を探る。 四六判３６８頁 '08

143 **人魚**（にんぎょ） 田辺悟

ロマンとファンタジーに彩られて世界各地に伝承される人魚の実像をもとめて東西の人魚誌を渉猟し、フィールド調査と膨大な資料をもとに集成したマーメイド百科。 四六判３５２頁 '08

144 **熊**（くま） 赤羽正春

狩人たちからの聞き書きをもとに、かつては神として崇められた熊と人間との精神史的な関係をさぐり、熊を通して人間の生存可能性にもおよぶユニークな動物文化史。 四六判３８４頁 '08

145 **秋の七草** 有岡利幸

『万葉集』で山上憶良がうたいあげて以来、千数百年にわたり秋を代表する植物として日本人にめでられてきた七種の草花の知られざる伝承を掘り起こす植物文化誌。 四六判３０６頁 '08

146 **春の七草** 有岡利幸

厳しい冬の季節に芽吹く若菜に大地の生命力を感じ、春の到来を祝い新年の息災を願う「七草粥」などとして食生活の中に巧みに取り入れてきた古人たちの知恵を探る。 四六判２７２頁 '08

147 **木綿再生** 福井貞子

自らの人生遍歴と木綿を愛する人々との出会いを織り重ねて綴り、優れた文化遺産としての木綿衣料を紹介しつつ、リサイクル文化としての木綿再生のみちを模索する。 四六判２６６頁 '09

148 **紫**（むらさき） 竹内淳子

今や絶滅危惧種となった紫草（ムラサキ）を育てる人びと、伝統の紫根染を今に伝える人びとを全国にたずね、貝紫染の始原を求めて吉野ヶ里におよぶ「むらさき紀行」。 四六判３２４頁 '09

149-Ⅰ **杉Ⅰ** 有岡利幸

その生態、天然分布の状況から各地における栽培・育種、利用にいたる歩みを弥生時代から今日までの人間の営みの中で捉えなおし、わが国林業史を展望しつつ描き出す。 四六判２８２頁 '10

149-Ⅱ **杉Ⅱ** 有岡利幸

古来神の降臨する木として崇められるとともに生活のさまざまな場面で活用され、絵画や詩歌に描かれてきた杉の文化をたどり、さらに「スギ花粉症」の原因を追究する。 四六判２７８頁 '10

150 **井戸** 秋田裕毅（大橋信弥編）

弥生中期になぜ井戸は突然出現するのか。飲料水など生活用水ではなく、祭祀用の聖なる水を得るためだったのではないか。目的や構造の変遷、宗教との関わりをたどる。 四六判２６０頁 '10

151 **楠**（くすのき） 矢野憲一／矢野高陽

語源と字源、分布と繁殖、文学や美術における楠から医薬品としての利用、キューピー人形や樟脳の船まで、楠と人間の関わりの歴史を辿りつつ自然保護の問題に及ぶ。 四六判３３４頁 '10

152 **温室** 平野恵

温室は明治時代に欧米から輸入された印象があるが、じつは江戸時代半ばから「むろ」という名の保温設備があった。絵巻や小説、遺跡などより浮かび上がる歴史。 四六判３１０頁 '10

153 檜（ひのき） 有岡利幸

建築・木彫・木材工芸に最良の材としてわが国の〈木の文化〉に重要な役割を果たしてきた檜。その生態から保護・育成・生産・流通・加工までの変遷をたどる。 四六判320頁 '11

154 落花生 前田和美

南米原産の落花生が大航海時代にアフリカ経由で世界各地に伝播していく歴史をたどるとともに、日本で栽培を始めた先覚者や食文化との関わりを紹介する。 四六判312頁 '11

155 イルカ（海豚） 田辺悟

神話・伝説の中のイルカ、イルカをめぐる信仰から、漁撈伝承、食文化の伝統と保護運動の対立までを幅広くとりあげ、ヒトと動物との関係はいかにあるべきかを問う。 四六判330頁 '11

156 輿（こし） 櫻井芳昭

古代から明治初期まで、千二百年以上にわたって用いられてきた輿の種類と変遷を探り、天皇の行幸や斎王群行、姫君たちの輿入れにおける使用の実態を明らかにする。 四六判252頁 '11

157 桃 有岡利幸

魔除けや若返りの呪力をもつ果実として神話や昔話に語り継がれ、近年古代遺跡から大量出土して祭祀との関連が注目される桃。日本人との多彩な関わりを考察する。 四六判328頁 '12

158 鮪（まぐろ） 田辺悟

古文献に描かれ記されたマグロを紹介し、漁法・漁具から運搬と流通・消費、漁民たちの暮らしと民俗・信仰までを探りつつ、マグロをめぐる食文化の未来にもおよぶ。 四六判350頁 '12

159 香料植物 吉武利文

クロモジ、ハッカ、ユズ、セキショウ、ショウノウなど、日本の風土で育った植物から香料をつくりだす人びとの営みを現地に訪ね、伝統技術の継承・発展を考える。 四六判290頁 '12

160 牛車（ぎっしゃ） 櫻井芳昭

牛車の盛衰を交通史や技術史との関連で探り、絵巻や日記・物語等に描かれた牛車の種類と構造、利用の実態を明らかにして、読者を平安の「雅」の世界へといざなう。 四六判224頁 '12

161 白鳥 赤羽正春

世界各地の白鳥処女説話を博捜し、古代以来の人々が抱いた〈鳥への想い〉を明らかにするとともに、その源流を、白鳥をトーテムとする中央シベリアの白鳥族に探る。 四六判360頁 '12

162 柳 有岡利幸

日本人との関わりを詩歌や文献をもとに探りつつ、容器や調度品に、治山治水対策に、火薬や薬品の原料に、さらには風景の演出用に活用されてきた歴史をたどる。 四六判328頁 '13

163 柱 森郁夫

竪穴住居の時代から建物を支えてきただけでなく、大黒柱や鼻っ柱などさまざまな言葉に使われている柱。遺跡の発掘でわかった事実や、日本文化との関わりを紹介。 四六判252頁 '13

164 磯 田辺悟

人間はもとより、動物たちにも多くの恵みをもたらしてきた磯——その豊かな文化をさぐり、東日本大震災以前の三陸沿岸を軸に磯漁の民俗を聞書きによって再現する。 四六判450頁 '14

165 タブノキ　山形健介

南方から「海上の道」をたどってきた列島文化を象徴する樹木について、中国・台湾・韓国も視野に収めて記録や伝承を掘り起こし、人々の暮らしとの関わりを探る。　四六判３１６頁　'14

166 栗　今井敬潤

縄文人が主食とし栽培していた栗。建築や木工の材、鉄道の枕木といった生活に密着した多様な利用法や、品種改良に取り組んだ技術者たちの苦闘の足跡を紹介する。　四六判２７２頁　'14

167 花札　江橋崇

法制史から文学作品まで、厖大な文献を渉猟して、その誕生から現在までを辿り、花札をその本来の輝き、自然を敬愛して共存する日本の文化という特性のうちに描く。　四六判３７２頁　'14

168 椿　有岡利幸

本草書の刊行や栽培・育種技術の発展によって近世初期に空前の大ブームを巻き起こした椿。多彩な花の紹介をはじめ、椿油や木材の利用、信仰や民俗まで網羅する。　四六判３３６頁　'14

169 織物　植村和代

人類が初めて機械で作った製品、織物。機織り技術の変遷を世界史的視野で見直し、古来より日本と東南アジアやインド、ペルシアの交流や伝播があったことを解説。　四六判３４６頁　'14